中国社会科学院创新工程学术出版资助项目

 社会发展与社会治理文库

ORAL HISTORY, MEMORY
AND SUBJECTIVITY

Toward a
Humanistic Turn
in Chinese Sociology

刘亚秋

——

著

口述、记忆与主体性

社会学的人文转向

社会科学文献出版社
SOCIAL SCIENCES ACADEMIC PRESS (CHINA)

| 前言 |

人作为社会学研究的另一主题

对人的研究，按照费孝通先生的学术转向来划分，可分为人的生态研究和心态研究两个方面的内容，后者正是费先生晚年学术反思的起点和关注。在社会学理论中，理论家们一直绕不开的也是社会结构和主观能动性之间的关系问题。而生态和心态、结构和能动性两组提法大略可以分别对应得上。在很大程度上，它们也分别对应社会学的科学传统和人文传统。按照费孝通先生晚年的学术反思，社会学对于社会的科学性研究较为成熟和系统，而对于人文性的研究则相对薄弱，尤其是1979年以来的中国社会学传统。因此，费先生在2003年才提出发展社会学人文性的倡议。简言之，这里的人文性便是社会学对人的精神世界的研究。本书便是在这一基础上讨论人作为社会学研究的另一个主题。其具体含义在于，社会学对于客观社会结构的研究，我称其为社会学对"社会"的探究，而社会学对"人的精神世界"议题的讨论，便是社会学对"人"的研究。相比于主流的客观社会结构研究，对于人的研究是社会学中相对薄弱的一个方面，可被称为"社会学研究的另一个主题"。

在全球化时代，世界各国间的交流和联系日益紧密。各国人民在全球化的交流中亦获益匪浅，但也不时面临冲突和困境，其中很多问题来自现象背后的文化差异。那么，如何在这样一个类似"战国"的时代，增进各国人民之间的和谐共处，从而让人们继续彼此获益？这个问题在今天显得愈发紧迫。事实上，费孝通先生在1990年代之后就一直在思考这样的问题。1990 年，费先生开启了他漫长而深情的文化反思历程，而"文化自觉"概念便得自这一历程。

可以看到，费先生晚年的学术反思，与对中国文化主体性和人的主体性的反思几乎是同步的。文化与人，构成了费孝通 2003 年提及的社会学的"人文性"的两个重要内容。2003 年，他在里程碑式作品《试谈扩展社会学的传统界限》中明确指出，社会学兼具科学性和人文性两个特征，认为以往中国社会学在科学性方面发展得较为系统，而对人文性有所忽视；以后中国社会学应该重视人文性问题，并发出发展社会学人文性的倡议。其中的关键就在于对中国文化和中国人的主体形象做探究。

我们在费先生近 15 年的学术反思中，看到了他对中国传统文化的反思，同时还看到了迈向以"人的主体性"为特征的社会学，也可以说这是一种以人为中心的社会学，其目的是让人们能够安所遂生，这也是费先生的老师潘光旦先生一贯的学术主张。

根据费先生的倡议，在社会学研究中关注人，就是要求学者们在面对不同文明之间相处的问题时，去除以往那种像是在做"力学"关系的分析模式（如仅关注国与国、民族与民族之间政治、军事、综合国力等方面的比较），而关注到"人"的事情。他指出，搞清楚国与国相处的问题还需要从"人"的层面入手。[①] 费先生在 2003 年提倡"人文性"的社会学，其在根本上就是围绕着人的文化社会学。这种以人为基础的特征，亦出现在他对社会学学科的重新定位上。

费先生给社会学的重新定位就是：社会学一方面教给人们如何去理解社会变化的规律，学习认识社会的研究方法；另一方面也在教导人应当如何在社会中生活，应当如何做人。而中国传统文化很强调这两点，儒家首先讲的就是修身齐家，然后才是治国平天下。费先生还认为，21世纪绝不会是一个平静的世纪，全球化是一个不可抗拒的发展大势，它增进了不同国家、不同文化之间的接触与交流，同时在国家利益的相互

---

① 费孝通：《"美美与共"和人类文明》，载《费孝通全集》第 17 卷，内蒙古人民出版社，2009，第 546 页。

碰撞中、在不同文化的相互碰撞中也隐藏着矛盾和冲突，甚至会出现局部的战争。① 因此，他认为，认识自己和他人，做到文化自觉，也是为21世纪的局势准备知识上的条件。而对人的社会学研究就是在准备这样的条件。

费先生对社会学的期待已经远不是吴文藻时代的社会学中国化问题，今天我们已经进入一个需要用中国思想影响世界的阶段，这体现在费先生的"美美与共、天下大同"的思想中。

费先生给了中国社会学期待和定位（作为本书第一部分的内容），接下来是我们怎么做的问题。在中国社会学领域中，近年来出现的历史和文化转向，也是这样的努力。本书的第二部分就是将中国从1990年代中期以后开始的一个质性研究取向——口述史和社会记忆研究放在费孝通先生所言的社会学发展历程中进行检视。可以认为，这一时期的口述-记忆脉络的质性研究探索，也是社会学人文性的一个初期阶段，它强调叙事在社会学研究中的价值。孙立平、应星都曾在方法论上讨论过这方面的问题。② 在根本上，它们也都是对人的精神世界的探索路径。

首先，无论是口述方法，还是记忆研究，在一开始就表现出很强的人的主体性特征。例如王汉生等③对知青的关注，事实上转化为知青们在后知青时代对意义的追寻：知青"自我"意义和"群体"意义通过叙事生成；在此基础上，知青通过对"代"的认同，使自己的经历与国家历史相连，以确定自我形象，并将其在更宏大的社会结构中进行定位。方慧容的"无事件境"概念④描述的是农村女性主体对宏大历史和周遭

---

① 费孝通：《〈社会学精品原版教材系列〉序言》，载《费孝通全集》第17卷，内蒙古人民出版社，2009，第332-335页。

② 参见孙立平《迈向实践的社会学》，《江海学刊》2002年第3期；应星：《略论叙事在中国社会研究中的运用及其限制》，《江苏行政学院学报》2006年第3期。

③ 王汉生、刘亚秋：《社会记忆及其建构——一项关于知青集体记忆的研究》，《社会》2006年第2期。

④ 参见方慧容《"无事件境"与生活世界中的"真实"——西村农民土地改革时期社会生活的记忆》，载杨念群主编《空间·记忆·社会转型——"新社会史"研究论文精选集》，上海人民出版社，2001。

生活环境的一种反映。郭于华对骥村女性口述史的关注，[①] 包含了对女性解放境况的一种焦虑。"召回主体"是口述史的重要特征之一，正如约翰·托什所说的，"口述史努力赋予社会史人性的一面"。[②]

其次，中国社会学的口述和记忆研究的另一个重要特征是强烈的中国关怀，也可以说，口述和记忆研究是社会学中国化的一个努力。应星指出，叙事方法的独特价值在于可以展现中国转型实践的复杂过程性、中国社会体制运作的变通性、中国社会日常生活的模糊性等特点，[③] 他强调以叙事为基础的质性研究对于认识中国社会的重要性。叶启政指出，社会学定量研究在美国迅猛发展的根本原因在于美国社会的均质性，以及西方现代性对于同一性的追求，而中国社会的非均质性决定了质性研究在中国社会学中的重要位置不可撼动。[④] 这也是口述史方法和记忆研究的价值所在。

事实上，这一时期社会学的口述史和记忆研究实践依然没能跳出吴文藻、费孝通对社会学的安排，即它也是一种取道西方返回中国的看问题方法。所谓口述史，在社会学领域，事实上就是用人类学的方法做社会学，不过它更强调"谈话"的意义。当然，相比于人类学方法，"谈话"还显得单薄了一些，因为人类学调查会对被调查者的处境做更细致的分析，包括生活环境及其变迁情况，甚至还会考察人们所走过的路的痕迹，如石板上的辙痕。这也是以口述方法研究中国社会的学者应该有所反思的地方。

在社会学领域，对口述史资料的分析，较多采用了社会记忆理论视角，这一脉络的研究也应该构成费先生所说的对社会学视野下人文世界探索的一部分。费先生认为，西方的学术概念"记忆"与中国文化中的"心"有相通之处。研究人的精神状态/心态，可从正面、反面，以及其

---

① 郭于华：《心灵的集体化：陕北骥村农业合作化的女性记忆》，《中国社会科学》2003 年第 4 期。

② 约翰·托什：《口述史》，载定宜庄、汪润编《口述史读本》，北京大学出版社，2011，第 8 页。

③ 应星：《质性研究的方法论再反思》，《广西民族大学学报》2016 年第 4 期。

④ 转引自应星《质性研究的方法论再反思》，《广西民族大学学报》2016 年第 4 期。

他角度进行。费先生对这类议题的研究方法的思考，也是一个不断拓展的过程。在1992年的《孔林片思》中，他提及，作家们用小说的体裁来表现人们的心态，但还没有上升到科学化的程度；弗洛伊德试图从科学化角度研究人，但他却从"病态"入手来研究人的心态。费先生认为，我们需要从正面来研究心态，孔子就是从正面来研究的，但孔子陷入封建人伦关系中拔不出来，从实际出发而没能超越现实，不能适应当今的时代。[①] 2003年费先生提及对人的精神世界的探索方式，则完全是一种开放的态度了。他指出，我们可以借鉴各文明的表述方式，也可以借助各种理论视角，包括韦伯的解释社会学、现象学社会学的主体间性，等等。事实上，费先生在2003年的《试谈扩展社会学的传统界限》中提及的生死和文化传承问题，已经涉及了文化记忆这一主题。而有关社会记忆的研究一直是探索人类精神世界的最好方式之一。在西方社会学中，自1920年代涂尔干的弟子莫里斯·哈布瓦赫的集体记忆（collective memory）概念提出以后，便对历史学、文化研究等影响颇深。至1980年代前后，西方又兴起了记忆研究的思潮，对社会记忆理论有了进一步的推进。这些都可作为我们今天研究中国人精神世界的理论工具。

本书第三部分内容主要以知青的口述资料为依据，对知青群体的记忆特征进行了描画。这里涉及的知青群体主要以老三届知青为主体，他们是"文革"时期上山下乡运动的亲历者。根据1999~2019年的访谈资料，我们发现"青春无悔"依然是这代人对这段经历的主要记忆特点，尽管知青们心目中的"无悔"含义丰富，甚至充满了争论，但这个判断依然是多数知青所认可的，深层原因在于他们对自身价值的肯定，是这代人心态的基本特征。甚至可以说，"青春无悔"是最能表现知青群体主体性的一个概念，无论人们对此是怀着赞赏还是厌恶。作为人，在根本上无法将自己与其所处的历史境遇完全分开，但是人有主动赋予自己经历以意义的冲动，人也从中获得了继续前行的理由和希望。在某种意

---

① 费孝通：《孔林片思》，载《费孝通全集》第14卷，内蒙古人民出版社，2009，第42页。

义上，甚至可以说，它也是人在精神层面"安所遂生"的一个表现。

在人的研究方面，"安所遂生"概念意义深远，它也是潘光旦先生位育论的核心。也就是说，对个人而言，只有安其位，才能获得健全的状态，才会有一个健全的人格，也才能在这个基础上建设一个健全的社会。费先生对此是十分认可的，他认为潘先生社会思想给他启发最大的是"中和位育"理论。这也是本书中提到的中国记忆研究的归宿和目标。不安其所，就不能遂其生。记忆研究中有一部分内容是对"不安其所"现象的研究，例如创伤记忆就属于"不安其所"的现象，它是精神世界中的深层次问题。当然，对于创伤记忆的关注，也可以认为是西方个人主义和求真传统的一个产物。从安所遂生的角度来看记忆研究尤其是创伤记忆研究，便可以看到记忆的正面、积极的力量，这也应该是开展创伤记忆研究的信念。费先生早年建议从正面去研究人的精神世界，事实上，也不够全面。因为人的精神世界总有灰暗的部分，或者按照阿莱达·阿斯曼[1]所说，在这个世界上，总有部分"垃圾"存在，对于这些我们该如何处理？"垃圾"并不总意味着废物，今天的"垃圾"可能就是明天的宝物。对于这部分内容，如果不进行有效的处理，那么，精神世界的建设就会面临一些亏欠。在这方面，我们可以继续借鉴西方理论的视角。但是，不要忘记让人们"安所遂生"是学人的使命，如果研究记忆仅仅是为了满足个人的好奇心或固执坚守某个立场，那么显然容易失去研究的方向，甚至会误入歧途。做记忆研究的目的，应该是让人能有一个安身立命之处，这也是社会学视角下人的研究的意义之所在。

人的研究还构成文化自觉的基础。而文化自觉概念带给我们的启示，如同苏国勋先生所总结的，"胸怀全局，全面地了解和掌握世界脉搏和各民族文化发展变化的信息，吸取世界各民族文化中的精华，在相互学习中共同努力克服全球化为世界带来的风险，为一个更为和谐的世界的

---

[1] 阿莱达·阿斯曼：《回忆空间：文化记忆的形式和变迁》，潘璐译，北京大学出版社，2016，第 239–243 页。

早日到来而贡献力量"①，这也是我们今天坚持文化自主性的一个重要原因。

这里不妨说说我作为一个研究者的心路历程。我一直对人的研究议题充满极大的热情。在北京大学求学时，1999 年我将《生命历程理论综述》作为本科毕业论文（王汉生老师指导）；2001 年我将《当代西方社会学理论中的主体形象》②作为李猛老师的"当代西方社会理论"的课堂论文。我最初对"生命历程"视角的关注，也源自对人的理解的冲动。不过，生命历程视角毕竟提供的也仅是一个框架，而且国外的已有研究大部分还是定量的研究，更难以观照到生命意义一类的议题。当时在北京大学社会学系任教的孙立平老师带着一批青年教师和学生做口述史研究，对我产生了非常大的影响。这类资料比一般访谈资料更加细腻，可直接用于探究人们的精神世界，这类研究成为我很长一段时间的追求。跟随王汉生老师做知青研究时，我也使用了类似口述史的方法，使用的理论工具最后定为"社会记忆"，也是深受孙立平老师的口述史研究思路的影响。硕士学位论文题为"'青春无悔'：一个社会记忆的建构过程"，收入本书的"'青春无悔'：知青一代的心态史"部分。我对知青一代人的研究初衷，来自对这一代人的生命历程的好奇，也就是说，是来自对人的理解的冲动。直到 2013 年，我仍然坚持以口述资料的方法去做知青的记忆研究，2016 年完成了以知青记忆为主题的博士学位论文（《社会如何遗忘》，郝大海老师指导）。本书中的女知青记忆研究成果在2019 年完成，受中国社会科学院妇女/性别研究中心项目（课题编号：fnzx23 - 2018）的资助。我对知青社会记忆的持续追踪，一方面是为了探究记忆理论的社会基础，另一方面是想通过对知青一代人的心态研究，试图探寻社会学视角下的人的研究路径。但至今，我仍时常感觉茫然无措。对人的研究，社会学目前依然缺乏成熟的范式，甚至也很难成为这

---

① 苏国勋：《社会学与文化自觉——学习费孝通"文化自觉"概念的一些体会》，《社会学研究》2006 年第 2 期。

② 该文发表于《北京大学研究生学志》2001 年第 2 - 3 期，第 17 卷，第 151 - 157 页。

个学科的主要关注点。除了本书提及的记忆和口述议题，我还尝试对当代知识分子的形象做讨论，[①] 但也没有找到有效的人的研究方法。我使用的方法和视角还是传统社会学的科学分析路径，即结构分析。在知青的社会记忆研究中，本书也没有离开社会学的范式，如在"社会记忆结构"[②] 一章中对知青集体记忆的文化因素的研究，还是结构范式的。

对人的研究，如潘光旦先生和费孝通先生的判断，它不是传统社会学的内容。即便在社会理论中，学者们也一直本着对人的关心，将结构和能动性作为一对重要议题，但西方理论中对该问题的处理一直存有张力。总体上，社会学范式一直将"社会"作为自己的核心议题，尽管讨论"社会"时不能离开人的要素，但社会学对人的研究，用潘光旦先生在1940年代的话来说，"总觉得有些空疏"。潘先生用点、线、面、体来比拟社会学所面对的世界层次，其中"点"就是人，"线"是人与人之间的关系，"面"是线条的总和，"体"是引入时间维度的"面"。潘先生指出，社会学把精力主要用于研究人与人之间的关系（"线"），而对于"点"是忽视的。他认为，主流社会学关注人与人之间的关系，就是"线"，而且停留于一种抽象的讨论，不注意人性问题——一般的人性与个别的人性。潘先生认为，这"总若有好几分不着边际，不得要领"。[③]对人的研究，尚需要一个跨学科的视野。潘先生指出，我们希望从事社会学的人多有一些生物、遗传、生理、心理乃至病理学诸种学科的准备，同时也能涉猎人文学科，包括哲学、历史、文学乃至宗教、艺术等。本书探讨的口述和记忆方法，事实上就是一个跨学科的尝试。我在对知青精神世界的探究中有着很强的结构特征，"作为记忆结构的关系型记忆和义务型记忆"就是将知青的精神世界做了结构性的描述：关系型记忆

① 参见刘亚秋《声望危机下的学术群体：当代知识分子身份地位研究》，《社会》2007年第6期。

② 根据这部分内容修改而成的文章发表在《社会学研究》2020年第2期，题为《作为社会记忆结构的关系型记忆与义务型记忆》。

③ 潘光旦：《社会学者的点、线、面、体》，载吕文浩主编《中国近代思想家文库·潘光旦卷》，中国人民大学出版社，2016，第499页。

和义务型记忆。如费先生所提示的，对人的研究就是用社会学的视角去研究人的精神世界。但如何研究，还需要继续探索。

按照潘先生的期待，人的"安所遂生"，应该不仅包括人能"群"（合作），还包括人能"独"（独处），甚至相比前者来说，后者更为重要，也更为丰富、更为隐秘。大概出于这个原因，潘先生在 1948 年对别尔嘉耶夫的《论人的奴役与自由》给予了极高的评价。

对于人的社会学研究，我们还在路上。

目 录

下篇　社会变迁中的人：知青的记忆

费孝通对人的精神世界的探索

第一章
人的研究及其时代意义

如何在全球化时代，增进各国人民之间的和谐共处？费孝通先生在1990年代之后就一直在思考这样的问题。他提出的一个解决方案是"和而不同"，具体言之就是"各美其美、美人之美、美美与共、天下大同"，而要达到这样的境界尚需准备很多知识上的条件，"文化自觉"便是其中的一个关键概念。我们从费先生的学术反思历程中，重新审视这一概念，试图进一步理解费先生相关思想带给我们的启示。

"文化自觉"概念来自费先生从1990年代开始的学术反思历程。可以认为，他的学术反思开始于与他的同窗好友埃德蒙·利奇的一次学术对话，这便是被命名为"缺席的对话"的演讲。其全称为"缺席的对话——人的研究在中国——个人的经历"，这是费孝通先生于80岁之际在一个研讨会上的演讲题目。[①] 这是一个命题作文，最初的题目"人的研究在中国——个人的经历"，是由中根千枝教授和乔健教授给出的。费先生思考了很久，最后决定以"缺席的对话"为主题发表演讲，内容发表于1990年的《读书》杂志。[②]

这个演讲以费先生回顾总结自己的学术生涯为主要内容，形式上呈

---

① 1990年为祝贺费孝通先生八十诞辰召开的"东亚社会研究"讨论会。

② 费孝通：《缺席的对话——人的研究在中国——个人的经历》，《读书》1990年第10期；收入《费孝通全集》中的题目是：《人的研究在中国——缺席的对话》，载《费孝通全集》第13卷，内蒙古人民出版社，2009，第340－349页。

现为与曾经的同窗利奇的对话。当时已故的利奇给他留下的两个提问分别是：第一，像中国人类学者那样，以自己的社会为研究对象是否可取？第二，在中国这样广大的国家，个别社区的微型研究能否概括中国国情？费先生对这两个问题的回答，标志着其进入了学术生命的反思阶段。他通过一系列自我反思，提出了他第二个学术阶段的重要概念——"文化自觉"，以及"扩展社会学学科的传统界限"等议题。虽然"缺席的对话"这个演讲并没有完成对利奇提问的最后回答，但在这个回应中，费先生意识到儒家文化对自己学术志向的深刻影响，那就是"从实求知"，寻觅有用于社会的机会，"志在富民"，保持儒家的务实的精神传统，即学以致用的价值观。① 他此后的学术反思就是从对中国传统文化以及自身入手的。他所谓的学术反思，"其实就是自我讨论或称自我对话，针对我自己的过去的学术成果，通过自己的重新思考，进行自我反思"。② 也恰恰是从自身入手，使得他的学术反思历程充满了主体性特征，他最终提出的概念"文化自觉"，以及对文化自觉的探知途径——扩展社会学学科的传统界限的倡议，都是以反思自我为基础的。

关于费孝通的"文化自觉"思想，学界已有很多讨论。譬如，苏国勋指出了费孝通"文化自觉"概念中蕴含的人文性，认为它在根本上是一个文化自主性问题；而从社会学视角立论，文化就是一个价值体系，它是由理念价值、规范价值、实用价值（即所谓道德理想、典章制度、器物行为）三个层面共同构成的统一整体，它是一个民族 - 国家自我证成的根本特征；而"各美其美、美人之美、美美与共、天下大同"是中国文化自主性的根本前提，费先生的"文化自觉"概念也标志着其关注点从生态到心态的一个转向。③ 李友梅认为，费孝通 1940 年代形成的是

---

① 费孝通：《人的研究在中国——缺席的对话》，载《费孝通全集》第 13 卷，内蒙古人民出版社，2009，第 348 页。
② 费孝通：《反思·对话·文化自觉》，载《费孝通全集》第 16 卷，内蒙古人民出版社，2009，第 13 页。
③ 苏国勋：《社会学与文化自觉——学习费孝通"文化自觉"概念的一些体会》，《社会学研究》2006 年第 2 期。

充满矛盾情感的自由主义文化观，到 21 世纪转变为以儒家文化为主导，力图克服西方文化的工具理性弊病，形成了一个推动"美美与共、天下大同"的人类世界建设的文化主体性概念。① 陈占江、包智明从差序格局的角度，讨论了费孝通文化思想的转变：费先生早年认为，差序格局是一个富于伸缩性的网络，无论是向内回缩还是向外伸展，均以"己"为中心；这一逻辑从根本上与现代社会所追求的公平、博爱、自由、法治等理念相抵触，既消解了市场经济的公平秩序，阻碍了公共空间的自发生成，也与现代制度和组织相冲突。也就是说，晚年费先生似乎忽略了"差序格局"原有意涵而开始转向重新评估传统，并希望以传统文化中的"推己及人""中和位育""天人合一""克己复礼"等儒家思想化解现代性蕴含的生态危机和心态危机。②

周飞舟也将费孝通的文化自觉的理解纳入其思想的整个脉络中，并将文化自觉看作对利奇提问的回应结果，认为费先生的文化自觉的内容主要来自他对中国传统文化的逐渐看重，同时，这个文化自觉也是他学术反思的结果。周飞舟主要讨论的问题是，文化反思中的中国传统文化的问题，譬如文化自觉中"差序格局"和"推己及人"的内涵。赵旭东指出，理解费孝通思想的途径或许有多种，但从文化自觉的角度去理解可能是一捷径；③ 费孝通反思自己早年的研究犯了"只见社会不见人"的错误，强调关于"人"的研究，构建一个看得见个人内心的世界图景，提出"推己及人，将心比心"的方法论原则；④ 费孝通晚年的研究重心也转向对于文化心态的研究，人的地位在研究中得到凸显，其中交织的问题是：中西方文化的碰撞融合，古今历史的交织重奏，经验与理

---

① 李友梅：《文化主体性及其困境——费孝通文化观的社会学分析》，《社会学研究》2010 年第 4 期。

② 陈占江、包智明：《"费孝通问题"与中国现代性》，《中央民族大学学报》2015 年第 1 期。

③ 赵旭东：《文化自觉与人的相互看——由作品去理解费孝通思想的一种途径》，《武汉科技大学学报》2019 年第 5 期。

④ 赵旭东、王蹊：《反思中的文化自觉——基于费孝通文化观的人类学方法论》，《学术界》2019 年第 9 期。

论的合唱复调，这标志着费孝通文化观理论的生成。①

综上，我们发现，既有的"文化自觉"研究，对费先生理论层面的"主体"维度的讨论尚没有做充分阐发，本书将在这方面做出进一步的努力。

一　文化主体性和人的主体性并重

在80岁之际，费先生总结之前60年的学术生涯，② 觉得"志在富民"四个字可以概括它的特征。但显然费先生认为这一总结还不足以表达他的全部心志。此后15年，他用尽余生的所有时间，开启了漫长而深情的学术反思之旅。从他的学术思考中，可以清晰地发现他的文化观是分阶段的，譬如对严复一代学者的重新审视，对差序格局文化意涵的重新理解。按照周飞舟的理解，他走过了以西学为主、中西并重和偏向中国文化的历程；他对文化问题的逐步深入思考，主要动力来自1990年开始的对利奇学术提问之回应的层层推进，而且，费先生最后所得到的答案远远超出了利奇提问的范畴。③ 费先生由此进入对中国文化、对人的研究的深入体察之中。

费先生对文化和人的探索，是一个逐渐深入的过程。按照费先生的定义，文化本身带有两面性："人为、为人"。"人为"，是说文化是人所创造的，也就是所谓人文世界；"为人"，是说文化是为人民服务的设施。④ 这四个字反映了我们生活于其中的世界。但仅仅有"人为"和"为人"的维度还远远不够。费先生认为，这个维度的文化世界，没有

---

① 赵旭东、宋欣仪：《从对话看文化——费孝通文化观中的对话人类学路径》，《中南民族大学学报》2020年第1期。
② 他认为自己是1930年代投身学术领域，以《江村经济》为标志。参见费孝通《文化论中人与自然关系的再认识》，载《费孝通全集》第17卷，内蒙古人民出版社，2009，第304页。
③ 周飞舟：《从"志在富民"到"文化自觉"：费孝通先生晚年的思想转向》，《社会》2017年第4期。
④ 费孝通：《文化论中人与自然关系的再认识》，载《费孝通全集》第17卷，内蒙古人民出版社，2009，第304页。

体现出中国传统的"天人合一"的维度，也就是人文世界和周遭世界的和谐共生问题。这一讨论意味着他思想的转向。

一般认为，在他的文化反思中，《孔林片思》的发表是一个重要的事件，① 这确定了他文化反思的儒家底蕴。他提到 1992 年 6 月的孔庙之行让他更深刻认识到中国文化对人的研究的历史由来已久，这便是人与人之间相处的伦理。费先生还意识到这应该高于他之前的研究层次，即生态层次，也就是说，儒家的人伦是一个心态层次的东西。② 这意味着费先生的思考对象从人的生态层次进入了人的心态层次。

在《孔林片思》中，他还提到，世界正在进入一个全球性的"战国"时代，需要学者们新的"自觉"，用以解决世界上不同文化、不同历史、不同心态的人的和平共处的问题。③ "自觉"在费先生的学术反思中是较为频繁出现的概念，它有时候与"自在"一起出现。譬如在《中华民族的多元一体格局》中，他提出民族意识（即民族共同体）的形成过程要有一个从"自在"到"自觉"的过程。④ 而中华民族就是一个自觉的民族实体。⑤ 这个"自觉"事实上是一种主体意识，后来他提的文化自觉中的"自觉"也包含这样的意涵。

1997 年初，费先生提出"文化自觉"概念，⑥ 是为了回应以下问题：在这个时代，我们为什么这样生活？这样的生活有什么意义？这样生活会为我们带来什么结果？这些疑虑需要我们知道：我们的文化是从哪里

① 费孝通：《孔林片思》，载《费孝通全集》第 14 卷，内蒙古人民出版社，2009，第 39 - 44 页。

② 费孝通：《孔林片思》，载《费孝通全集》第 14 卷，内蒙古人民出版社，2009，第 40、42 页。

③ 费孝通：《孔林片思》，载《费孝通全集》第 14 卷，内蒙古人民出版社，2009，第 42 - 43 页。

④ 费孝通：《中华民族的多元一体格局》，载《费孝通全集》第 13 卷，内蒙古人民出版社，2009，第 116 页。

⑤ 费孝通：《中华民族的多元一体格局》，载《费孝通全集》第 13 卷，内蒙古人民出版社，2009，第 109 页。

⑥ 费孝通：《反思·对话·文化自觉》，载《费孝通全集》第 16 卷，内蒙古人民出版社，2009，第 7 页。

来的？怎样形成的？它的实质是什么？它将把人类带到哪里去？① 文化自觉概念回应的是后工业时期的文化转型问题，而文化自觉概念具体是指生活在一定文化中的人对其文化有"自知之明"，明白它的来历、形成过程、所具有的特色和它发展的趋向。"自知之明"包括对自身文明和他人文明的反思，这个反思必然需要一套科学的认识方法。② 概言之，"自知之明"是为了加强应对文化转型的自主能力，取得适应新环境、新时代的文化选择的自主地位。它所要到达的方向是：在这个正在形成中的多元文化世界里确立自己的位置，然后经过自主的适应，和其他文化一起，取长补短，共同建立一个得到共同认可的基本秩序和一套各种文化都能和平共处、各施所长、联手发展的共处守则。可以说，"文化自觉"就是对"各美其美、美人之美、美美与共、天下大同"内在机制的一个诠释。③

"文化自觉"就是文化主体性，这一文化主体意识至少包括两个基本过程：一是自知之明，二是自主适应。事实上也包括个体主观能动性的过程，个体性内在于这一文化主体性的中心。对此，保罗·利科曾做过讨论。本书在"文化大相遇时代的文化自觉"部分也对相关问题做了讨论。

事实上，费孝通的学术反思一直是带着"我"这个主体的。如他所说，他的学术反思，便是对自己学术历程的总结和反思。同时，他学术上的自我反思也是一种文化自觉的尝试，而他自己和许多人一样，是一个在不同文化的接触、矛盾中求安身立命的人。④ 他认为，在这个时代，很多人（包括普通人）都是生存在文化转型过程中的人物，都有类似的

---

① 费孝通：《反思·对话·文化自觉》，载《费孝通全集》第 16 卷，内蒙古人民出版社，2009，第 17 页。

② 费孝通：《"美美与共"和人类文明》，载《费孝通全集》第 17 卷，内蒙古人民出版社，2009，第 544 页。

③ 费孝通：《反思·对话·文化自觉》，载《费孝通全集》第 16 卷，内蒙古人民出版社，2009，第 22 页。

④ 费孝通：《反思·对话·文化自觉》，载《费孝通全集》第 16 卷，内蒙古人民出版社，2009，第 18 页。

心态特点。

"心态"概念可追溯至费先生的老师史禄国,它的英文是 psycho-mental complex。其中 psycho 来自拉丁文 psukhe,本意是呼吸、生命和灵魂;psycho-mental 指群体所表现的生理、心理、意识和精神境界的现象,又因为这个现象是一种复杂而融洽的整体,史禄国加上 complex,构成人类学研究的最上层的对象。费孝通认为,他在英国的老师马林诺斯基没有像史禄国那样深入生理基础去阐明社会行为的心理机制,因此这方面没有史禄国的理论那样深入。史禄国的民族(ethnos)分析框架是:地、人、文相生相合的综合。地是空间和资源;人包括成员的数和质,即生物基础;文是人造的环境,包括社会结构和文化积累。在史禄国看来,人类学就是这样一门研究一个民族兴衰消长的动态过程的学科。这里的人不仅涉及体形学(人体测量学),还深入生理现象。费先生认为,史禄国的贡献就是将生物现象接上社会和文化现象,突破人类的精神领域,再从宗教信仰进入所谓意识形态和精神境界,而且将人类历史作为自然界演化过程中的一个阶段,在史禄国的讨论中甚至可以预见后人类时期,足见其理论宽厚、广博。①

心态,对于学者个人而言,就是一种感情和志向,指思想意识、感情、爱好。② 费先生对史禄国的学术之路和心路历程的探究,就属于这一范畴。我们对费先生学术反思历程的追忆,也属于这样一个范畴。如费先生所说,它是人类最高的活动,涉及一系列行为、思维和感情上的活动。

就文化而言,也是如此。在文化方面,心态就是"文化的心态",也就是费先生所说的"文化自觉"。在文化层面的"心态",影响我们整个文化的基础。文化自觉就是对自己的文化,要从"由之"到"知之",

---

① 费孝通:《人不知而不愠》,载《费孝通全集》第 14 卷,内蒙古人民出版社,2009,第 325 – 327 页。

② 费孝通:《我对中国农民生活的认识过程》,载《费孝通全集》第 16 卷,内蒙古人民出版社,2009,第 406 页。

它需要一套科学的方法方可达到目的。费先生采用的方法就是吴文藻先生早年建议的：社会学要中国化，且社会学一定要走上人类学的路子，用人类学的方法来研究自己的社会。① 费先生还进一步按照马林诺斯基的鼓励，把研究文明国家的社会文化作为他的社会人类学研究的奋斗目标。②

文化自觉分个人层面的文化自觉和民族－社会层面的文化自觉。学术反思就是费先生个人层面的"文化自觉"，相比较而言，更高（民族－社会）层面的文化自觉是用以了解孕育个体思想的文化。③ 不过，个人层面的文化自觉是基础，费先生指出，认识个体和认识文化是不可分的，这个过程的起点就是认识自己。个人作为一个生物体，是在既定的文化里长起来的，一切离不开自己所属的文化。文化，就是人造的人文世界。④ 人文世界是我们祖先和我们自己创造出来的。认识这个文化，是在认识这个社会，也是在认识自己，认识个体和认识社会是一个同步的过程。人文世界是在个体死后还会延续下去的东西，这个超越个体的东西也会激发个体的能动性。这种精神力量使得费先生在 90 岁的高龄仍生命未已、奋斗不息，依然在展望社会学这个学科的未来、我们民族的未来，甚至是世界的未来。⑤

费先生明确指出，"文化自觉"就是他对人文价值的再思考⑥，这个人文价值也是对潘光旦人文思想的再发展。他的人文世界概念来自对潘先生思想的总结，包括人与物的关系世界、人与人的关系世界。其中蕴

① 费孝通：《我对中国农民生活的认识过程》，载《费孝通全集》第 16 卷，内蒙古人民出版社，2009，第 405－406 页。
② 费孝通：《重读〈江村经济〉序言》，载《费孝通全集》第 15 卷，内蒙古人民出版社，2009，第 247 页。
③ 费孝通：《从反思到文化自觉和交流》，载《费孝通全集》第 16 卷，内蒙古人民出版社，2009，第 251 页。
④ 笔者认为，人文世界就是对 2003 年费先生提出的社会学人文性的一个注解。
⑤ 费孝通：《从反思到文化自觉和交流》，载《费孝通全集》第 16 卷，内蒙古人民出版社，2009，第 251－253 页。
⑥ 费孝通：《人文价值再思考》，载《费孝通全集》第 16 卷，内蒙古人民出版社，2009，第 43 页。

含了人的主体性特征：人是自然界的一部分，人逃不出这个客观的自然世界，但人有能力用这个自然世界来创造一个人文世界，再以人文世界的方式利用自然以取得人的生存和发展。①

二 大时代中的文化反思

在全球化时代，费先生关心的一个问题是：今天的人类学、社会学的主题是什么呢？这是我们大家都很关心的问题。他认为，要回答这个问题，必须先看清楚我们现在处在一个什么样的大环境下，看清楚全人类的文化是在怎样变化，这样才能看到我们努力的方向。费先生认为，人类的文化正处在世界文化统一体形成的前夕，要形成一个统一体，而又尚未形成。要成而未成的这样一个时期，就表现出"战国"的特点。这个特点中有一个方向，就是多元一体的世界文化的出现。他指出，我们要看清这个方向，向这个方向努力，为它准备条件。他从老师马林诺斯基的《文化动态论》中得到启发：人类必须有一个共同的、一致的利益，文化才能从交流到融合。他对"多元一体"的感悟直接来自中国传统文化，认为解决问题的方法是中国式的：中国人讲，以力服人为之霸，以理服人为之王；王道才能使天下归心，进入大同。②

他早年学术思想上的主要授业老师是外国人，包括他晚年时常提起的三个人：派克、史禄国、马林诺斯基，他们的思想属于西方文化范畴。费先生的学术思想深受他们的影响，这导致费先生要处理的一个重要问题是对待中西学的态度。对于这个问题，费先生经历了一个取道西方返回中国的过程。早年，费先生是更看重西方文化的，认为西方文化是现代化进程的一个助推剂，而中国文化则似乎是起阻碍作用的，这从他最

---

① 费孝通：《从反思到文化自觉和交流》，载《费孝通全集》第 16 卷，内蒙古人民出版社，2009，第 254 页。

② 费孝通：《从反思到文化自觉和交流》，载《费孝通全集》第 16 卷，内蒙古人民出版社，2009，第 256 - 258 页。

初对"差序格局"概念的阐发中就可以看出来；在晚年，费先生对东西方文化的态度，应该是一种折中态度，即对西方有选择地引进和吸收。① 他认为，不论哪种文明，都不是完美无缺的，都有精华和糟粕，所以对涌进来的异文化，我们既要"理解"，又要有所"选择"，这就是"各美其美、美人之美、美美与共"的含义。在这个视野下，他提倡，在人文的层次上，在人们的社会活动中树立一个"美美与共"的文化心态，为建设一个和而不同的美好社会贡献力量。② 也就是说，虽然目标是中国式的，但是途径不能仅靠中国文化来完成。

在晚年，他颇为赞赏的是中国人对待学术研究的态度，并对早年自己以中国社会作为研究对象，有了新的体会。他指出，中西方学者对人类学是两种态度，不同于中国学者（例如费先生自己），西方学者（尤其是早期人类学者）的研究对象是"他者"。对此，马林诺斯基也不满意，甚至"对自己的工作感到不耐烦"。据费孝通回忆，马老师用了"好古、猎奇和不切实际"来贬责当时的许多人类学者，而对费孝通用自己的研究成果真正"为人类服务"竟"时感令人嫉妒"。③ 费孝通一以贯之的学术实践代表了儒家的"学以致用"精神，而西方学者则多持一种为学术而学术的态度，这从儒家的立场看来，容易导致泛滥无归和某种虚无主义。

费先生回忆了吴文藻先生的治学态度。吴文藻将社会学中国化的主张就代表了中国学者的治学态度，即学以致用：学术的用处是为人民服务，这门学科所包括的知识必须有中国的内容，用人类学的方法去做社会学（强调它是"社会学调查"，而不是"社会调查"），不是用书本上的史料来填充西方的理论，或基本上借用西方的调查问卷来填入访问资

① 费孝通：《文化论中人与自然关系的再认识》，载《费孝通全集》第 17 卷，内蒙古人民出版社，2009，第 303 页。

② 费孝通：《"美美与共"和人类文明》，载《费孝通全集》第 17 卷，内蒙古人民出版社，2009，第 550–552 页。

③ 费孝通：《人文价值再思考》，载《费孝通全集》第 16 卷，内蒙古人民出版社，2009，第 45 页。

料，这些都不能充分反映中国社会的实际。费先生的体会是，中国人研究中国必须注意中国特色，即中国社会和文化的个性，这也是吴文藻提倡用人类学方法研究社会学的基本用意。费先生认为，当时的"魁阁"就是吴先生这一研究思想的实验室。①

费先生还批评韦伯在隐喻的层面否定了其他人文类型在现代世界的存在权利，没能在跨文化的关怀中获得人文价值的自我反思和宽容，导致他在步入老年时逐渐变成一个厌世的悲观论者。② 马克斯·韦伯基于西方的文化传统和社会实践，探寻现代性的历史起点、内在动力、社会逻辑等问题，对现代性议题做出精彩论述。③ 他的宗教研究主题，指出西方现代性生成的主要原因是"理性"，而西方之外的社会，譬如中国就缺少这个因素。他的理论中确实带有明显的西方中心论意味。这里，暂不论费先生判断的对错，他看问题的方式告诉我们，一个学者的立足点，决定了他的高度和自我超越性。这里颇值得一提的是潘光旦先生的位育论，费先生在晚年学术反思中多次提及潘先生的思想。潘先生位育思想的核心就是安所遂生，其原意是针对个人和社会关系的。一门学术及观点，对于学者个人来说，它能否位育这个社会和个人，也就意味着它是否具有安所遂生的价值和意义。而费先生的"美美与共"学说，就是对潘先生位育论的一个很好的回应和发展。

费先生的学以致用态度，就是一种"脚踏实地、胸怀全局"的格局，在这方面，费先生和潘光旦先生的心志是一样的。这也是马林诺斯基提及的"文野之别"背后的深刻意涵，即不同文化的"文化自觉"导致它们对"文野"的不同处理态度，在西方的二元对立思想中，才有了"文野之别"。费先生引用萨义德的一个观点来进一步说明这个问题：对

---

① 费孝通：《开风气 育人才》，载《费孝通全集》第 15 卷，内蒙古人民出版社，2009，第 182-183 页。

② 费孝通：《人文价值再思考》，载《费孝通全集》第 16 卷，内蒙古人民出版社，2009，第 58-59 页。

③ 参见陈占江、包智明《"费孝通问题"与中国现代性》，《中央民族大学学报》2015 年第 1 期。

西方来说，亚洲代表一种潜在的危险，原因在于它的神秘文化在西方科学的体系里面无法解释和操作，而且可能在未来给西方带来挑战。但世界文化体系中是讲求"适者生存"的。对于这个问题的进一步思考是：在文化转型中，是保留文化还是保留人？费孝通给出的答案是"文化自觉"，即以"保留人"为基础，在原有文化之上修订规则，防止跌入以欧美为中心的文化霸权主义的陷阱。① "文化自觉"的内在核心是"自知之明"，即从相互交往中获得对自己和"异己"的认识，创造文化上兼容并蓄、和平共处的过程。② 这是为了加强自身应对文化转型的自主能力，是一个文化主体性的问题。

此外，他还认为，在东西方文化的差异方面，扬己和克己是一个关键。③ 不同文化对待自己的态度是不同的，整体上看便是人类文化的自身特征。中国文化讲究对自己的克制，西方讲究个体的自由度；费先生认为，后者以"己"为中心来看待人，导致天人对立观，进一步促成全球化的人文社会科学的知识特点和国家交往的特点：知识的科学化、理论的"西方中心论"。这种观念在认识论上强调人与自然的对立，在方法论上用研究物的方法来研究人。费先生明确指出，主体是人，物仅为客体。但在清末以后，就逐步出现了只见物不见人的趋势。费先生认为，21 世纪需要一种重视人与物结合的人文思想，"活生生的生物人是构成群体的实体"，④ 以往我们对这个关注不够。他也对自己的社区研究进行了反思，提出社区不仅要看到社会结构，还要看到群体中活生生的人。潘光旦的中和位育思想表达了这一层意思，他主张在自然、历史和社会中找到适合人的位置；而且，大部分优秀的社会科学家都认为，

---

① 费孝通：《人文价值再思考》，载《费孝通全集》第 16 卷，内蒙古人民出版社，2009，第 48－51 页。
② 费孝通：《人文价值再思考》，载《费孝通全集》第 16 卷，内蒙古人民出版社，2009，第 59 页。
③ 费孝通：《文化论中人与自然关系的再认识》，载《费孝通全集》第 17 卷，内蒙古人民出版社，2009，第 307 页。
④ 费孝通：《对文化的历史性和社会性的思考》，载《费孝通全集》第 17 卷，内蒙古人民出版社，2009，第 523－524 页。

研究人不能将人的生物性、自然性与他的社会性和文化性割裂开来。费先生认为，这个时代面对的是怎样确立文化关系的礼的秩序，这个秩序需要建立在人这个基础之上，社会科学需要务实求新，以回应这个问题。①

费孝通对人的思考深受他的老师们的影响。史禄国的人观较为复杂，其中不仅包括自然和社会环境，还包括文化，更包括人的生理、心理特征。这一人观启发了费孝通对社会学中人的研究的思考。他的老师派克的人文区位学把人的世界分为四个层次：② 基层是与动植物等同的，被称为区位层或生物层，往上升一层是经济层，再升一层是政治层，最高层是道德层。而人文区位学的任务就是研究生物秩序和社会秩序两者如何取得平衡的过程。费先生指出，用潘先生的位育论来说，就是"致中和，使天地位焉，万物育焉"，即人要位育于天地万物之间。费先生考察了有关人在天地万物之间的地位和发展的思想，涉及人的本性和社会的本性，他认为，这是派克的理论要旨；而且，派克的思想和潘光旦的思想是相近的。他说，潘光旦用了我们两千多年前的老前辈孔孟的经典话语表达了派克用拉丁语词根拼出的人文区位学，这就是位育论。

费先生认为人包括三个层次：生物人、社会人和文化人。其中，生物人是生理人，有生死的限制；社会人意味着人与人之间有交往；文化人意味着人有精神的交流。他认为最后一个层次是人的最高境界，而文化自觉概念就是建立在文化人这个假设基础之上的。

"文化自觉"概念同时是在反思"人是什么"的基础上提出来的。其中的关键词是"自知之明"，这是从生物学意义上人的觉知开始的，是他对中国天人观考察的一个基础。他认为，东方文化最关键的一个特

①　费孝通：《对文化的历史性和社会性的思考》，载《费孝通全集》第17卷，内蒙古人民出版社，2009，第521－523页。

②　费孝通：《补课札记——重温派克社会学》，载《费孝通全集》第17卷，内蒙古人民出版社，2009，第96－107页。

点是天人合一的宇宙观，反对无止境地用功利主义态度片面改造自然来满足人的需要（反面是西方的天人对立观），主张尽可能地适应自然，以此来解决人类的前途问题，保存有差别的多元文化，让人们能在各自的发展中走向和平共处的世界。① 尽管在东西方的近现代遭遇中，一个总体趋势是在迫使中国文化面对一个被物和工具支配着的世界，例如德先生（民主）和赛先生（科学）的形象在中国知识界得到广泛的接受乃至推崇。随着科学的推广，现代文化逐步在中国大地扎下了根。② 但是，隐藏在现代化背后的西方中心主义就是以欧美的价值观来取代其他文化的不同观点，这显然不合乎费先生设定的"美美与共"的路径。③

费先生的研究对象是本土文化，但他并没有把自己的视野限制在本土文化的界限之内，而是为了在了解自己的前提下，寻求不同文化类型和平共处的经验。他通过漫长的学术反思，将自己一生的研究编织成一条脉络，他的不同阶段的研究尽管主题不同，形式上也多以短文形式呈现，但学术思想已然变成了一个整体。这便是一个学人的奋斗史，贯穿始终的是他如一的心志。他认为自己的人类学研究，就是强调田野工作和理论，会对社会产生应用的作用，同时强调"使之回到本土社会去推进文化发展"的必要性。④ 对于后者，主要来自他对自身学术反思的结果，其中包括对中国文化传统的进一步认识。

三　作为主体人的"安所遂生"

我们在费先生的学术反思中，不仅看到了他对中国传统文化的反思，

---

① 费孝通：《文化论中人与自然的关系再认识》，载《费孝通全集》第17卷，内蒙古人民出版社，2009，第311-312页。
② 费孝通：《对文化的历史性和社会性的思考》，载《费孝通全集》第17卷，内蒙古人民出版社，2009，第518页。
③ 费孝通：《人文价值再思考》，载《费孝通全集》第16卷，内蒙古人民出版社，2009，第55页。
④ 费孝通：《人文价值再思考》，载《费孝通全集》第16卷，内蒙古人民出版社，2009，第55、58页。

还看到了迈向以"人的主体性"为核心的社会学，其目的就是让人们能够安所遂生。

费先生认为，西方文化里的个人主义加上人通过自己创造的文化，取得日益进步的现代生活内容，于是在西方的文化里出现了个人（主义）的傲慢，不仅把人与自然对立起来，也把文化和自然对立起来。这也是当前西方文化发展的一个显著特点。他认为，西方文化中确实有这样一个偏向：强调文化是"人为"和"为人"的性质，人成了主体，"自然"成了受这主体支配的客体，夸大了人的作用，以致有一种倾向把文化看成人利用自然来达到自身目的的成就，最后出现了人定胜天的逻辑。[①] 因此，西方这一脉络的主张，没有很好地处理个人与社会之间的关系。

对于这个问题的处理，取决于一个文化的主流如何看待人的问题。对于人的存在条件，费先生认为可以有三个设定来说明，这便是人的社会的三层秩序：第一层是经济的秩序；第二层是政治上的共同契约，有共同遵守的法律；第三层是大众认同的意识。而第三层秩序就是道义的秩序，意味着一种人和社会之间的恰切关系处理方式，目的是形成这样一个局面：人同人相处，能彼此安心、安全、遂生、乐业，大家对自己的一生感到满意，对于别人也能乐于相处。费先生认为，最后一点对于21世纪来说至关重要，我们的任务就是要围绕这个主要的轴心问题进行研究。[②] 事实上这是一个人化的道德问题，即伦理问题。

关于人与社会之间的关系，他认为，用"人为、为人"四个字来说明文化的本质还不够，对于"人"还需要多说几句。在人的精神世界方面，人除了能够接受外界的刺激，以获得意识上的印象外，还能通过印象的持续保留而成为记忆，而且还能把前后获得的印象串联成认识外界

---

① 费孝通：《文化论中人与自然的关系再认识》，载《费孝通全集》第17卷，内蒙古人民出版社，2009，第305页。

② 费孝通：《略谈中国社会学》，载《费孝通全集》第14卷，内蒙古人民出版社，2009，第243–244页。

事物的概念，并产生文字和符号，使得人与人之间的心灵得以相通，并进一步完成分工合作，达到共同的理想。[①] 这就涉及如上所述的人的道德和伦理问题。

他对中国文化特点的总结，多带有这样的道德性特征。这便是从人、人心的角度提及人的形象，例如对推己及人概念的诠释，强调"能想到人家、不光想到自己"的文化心态，以及"老吾老以及人之老，幼吾幼以及人之幼"；多元一体的观念也有类似的含义：能够从别人和自己的不同的东西中发现美的地方，形成一种发自内心的认同和欣赏，这便是"各美其美、美人之美"的含义。[②] 他强调儒家文化便是从人和人心的角度开始的，所谓"正心、诚意、修身、齐家、治国、平天下"。从儒家角度认识的世界关系不同于亨廷顿的"文明冲突论"，儒家强调"美美与共、天下大同"。相比亨廷顿来说，费先生有了一个更具体的世界各民族相处的方式，他认为，我们有使命把我们文化中好的东西讲清楚，使其变成世界性的东西，影响世界的格局。譬如"和而不同"概念可以根据新形势再加以创造利用。[③]

安所遂生的另一面是对人的精神世界的研究。费先生通过对他的老师派克作品的再思考，发现派克对当时欧美社会学忽视人们的精神世界部分深为忧虑，并重提人的精神世界的问题。在科学范式下，只承认看得见、听得到的现象为研究对象，而忽视了在人的生活中很重要的内心活动（这是别人看不到、听不到的），但社会学至今还被困在"科学的社会学"范畴，无视人的内心活动。颇值得深思的是，费先生的几位老师都是专注于这方面思考的，尤其是史禄国"苦心孤诣"地研究人类精神方面的文化。史禄国从人的生物学基础出发，研究人和人相互传递共

---

① 费孝通：《文化论中人与自然的关系再认识》，载《费孝通全集》第 17 卷，内蒙古人民出版社，2009，第 307 - 308 页。

② 费孝通：《关于"文化自觉"的一些自白》，载《费孝通全集》第 17 卷，内蒙古人民出版社，2009，第 348 - 349 页。

③ 费孝通：《关于"文化自觉"的一些自白》，载《费孝通全集》第 17 卷，内蒙古人民出版社，2009，第 352 页。

识以获得共同活动的语言的过程，并提出 psycho-mental 的概念。费先生认为，人的研究工作，至少在史禄国这个时代，一直不愿意把精神层面的文化作为科学研究的对象。①

费先生在 2003 年提倡"人文性"的社会学，从根本上说就是围绕着人的文化社会学。这种以人为中心的特征，亦出现在他对社会学学科的重新定位上。他认为，社会学的科研和教学，就是一个社会人文精神养成的一部分——社会学的知识、价值和理念，通过教育的渠道，成为全社会的精神财富，帮助社会成员更好地认识、理解自我和社会之间的关系，以提高修养、陶冶情操，完善人格，培养人道、德性、公允的生活态度和行为，这也就是所谓"位育"教育的过程，这是建设一个优质的现代社会所必不可少的。② 他认为，人文性涉及一些基本问题的研究，如人、群体、社会、文化、历史等，这些基本问题可以为社会学的学科建设提供一个坚实的认识基础。在讨论人文性时，他首先讨论到传统文化的"天人合一"问题，认为中国的传统文化就是一种人化的道德，譬如人与自然的关系，与其说是一种观点，不如说是一种态度。事实上，我们人作为主体，对所有客体的态度，是具有伦理的意涵的，决定着人如何处理自己和周围世界的关系，就是从人这个中心，一圈圈推出去，也构成一个差序格局。费先生指出，人异于其他动物的最关键的特殊性是人有一个"精神世界"。与之密切相关的文化，其传承的不仅是客观的知识和技能，还包括认识问题的方法、思维方式、人生态度等，其实后者就是人化的道德。费先生在讨论人的问题时，还提出"我"和"心"的问题。他认为，"人"这个概念，不必从旁观者的视角来讨论，而要从主体（subjective）的、第一人称的角度去理解，也就是研究"我"这个概念。其中，对于"讲不出来的我"，是需要"直觉"方法

① 费孝通：《文化论中人与自然的关系再认识》，载《费孝通全集》第 17 卷，内蒙古人民出版社，2009，第 306 页。
② 费孝通：《试谈扩展社会学的传统界限》，载《费孝通全集》第 17 卷，内蒙古人民出版社，2009，第 438 页。

的，需要从主体的角度对人际关系互动过程中的"意会"部分进行研究。而对"人"的最深处的理解，来自中国传统文化由内及外的看问题方式，这也是一个差序格局。他认为更深一层的是"心"，它常常倾向和暗示一种"主体性"[①]（subjectivity），就是从一种设身处地的"主体"角度，将心比心，而非"客观"的旁观者角度。而且，这个"心"是伦理性的，意味着由内至外的一层层外推的关系，是差序格局式的，将"我"与世界的关系"伦理化"，构建每个人心中的世界图景。费先生认为，对"心"的理解构成理解主体的一个关键，中西文化中对它都有诠释，中国文化有"宇宙即是吾心，吾心就是宇宙"，西方文化有"记忆""自我"等概念，其实有共通之意。中西文化有很大区别，并不意味着理解主体等问题完全摒弃西方视角，而是有必要借鉴之。费先生对"主体"的理解深植"文化自觉"的核心。

四 社会学的重新定位和学科未来

尽管从"我"的关注入手，费先生解决的是一个大问题，这便是新时代不同文明之间如何相处的问题，这个问题构成费先生晚年思考的一个核心。他认为，这个问题中涉及文化、文明、人性、族群性等基本概念，涉及认识论和方法论这样的高层次问题。[②] 而对文明的基础和特质进行研究时，就要谈到"人""人性"这些更基本的问题。对于不同文化相互接触、碰撞、融合而产生的新问题，还没有现成的答案。因此，对于这个问题的解决，要发挥多学科、跨学科的优势，不要局限在常识性、常规性的和偏狭的框框里。费先生特别指出，要以各种文化中人们的现实社会生活为基础，而不是以某种意识形态为基础来构建人类跨文

---

① 费孝通：《试谈扩展社会学的传统界限》，载《费孝通全集》第 17 卷，内蒙古人民出版社，2009，第 457 - 458 页。

② 费孝通：《"美美与共"和人类文明》，载《费孝通全集》第 17 卷，内蒙古人民出版社，2009，第 526 - 537 页。

化的共同理念。他强调要深入"他人"的生活去观察、研究，这也反映了研究者心态：是不是真正要去理解、接受他人的文化与文明？设身处地用当地人眼光去看待周围事物，这是今天各种文明交流的一个关键。他反诘：如果连这种最基本的平等态度都没有，还谈什么交流和沟通？在处理跨文明关系、跨文化交流这样更复杂、更微妙的人文活动时，要求我们运用一套特殊的方法规则，最大限度地注意到"人文关怀""主体感受"。这相当于质疑了社会学传统的主流方法，费先生认为，我们需要的是"一项涉及历史、文化、传统、习俗、文学、艺术等诸多领域里的、以'人'为中心的系统工程"。[1] 在探讨文明、文化问题时，不可避免地要涉及价值观和信仰问题，而这些又极容易变成情感和心理因素，在科学研究中，一旦掺杂了这些因素，就会产生巨大的阻力。[2] 这增加了社会学研究相关问题的难度。

费先生重新给社会学做了定位：社会学一方面教给人们如何去理解社会变化的规律，学习认识社会的研究方法；另一方面也在教导人们应当如何在社会中生活，应当如何做人。而中国传统文化很强调这两点，儒家首先讲的就是修身齐家，然后才是治国平天下。他提出要使中国社会学发展起来有三条路径：第一，继续学习和了解西方社会学的最新研究方法和成果；第二，脚踏实地地做中国实地调查研究，验证各种社会学理论对于中国社会的适用性，研究中国社会的发展规律；第三，提出具有创新性的命题与理论，再经过跨国比较研究，使这些从中国社会提炼出的知识变成世界知识体系的组成部分。这一学科格局设定的背后是他对 21 世纪世界格局的关心。他认为，21 世纪绝不会是一个平静的世纪，在不同文化的相互碰撞中也隐藏着矛盾和冲突，甚至会出现

---

① 费孝通：《"美美与共"和人类文明》，载《费孝通全集》第 17 卷，内蒙古人民出版社，2009，第 546 页。

② 费孝通：《"美美与共"和人类文明》，载《费孝通全集》第 17 卷，内蒙古人民出版社，2009，第 537 - 547 页。

局部的战争。① 因此，费先生认为，认识自己和他人，做到文化自觉，也是为这个世纪的局势准备知识上的条件。

而所谓学问和知识，在费先生看来，就是个人的思考所形成的众多的议论，反映了这个时代的各种想法，反映的方法可以不同，但各种反映都是时代的反应；新时代，就会有新的想法，这就是学者的想法、观念和意识，也是学者心态，是学人的心理和意识形态。② 费先生的学术反思就充分表达了他的心态，以及作为一位社会学家的心志和格局。费先生对社会学的期待已远不是吴文藻时代的社会学中国化问题，今天我们已进入一个需要用中国思想影响世界的阶段，这体现在费先生的"美美与共、天下大同"的思想中。

---

① 费孝通：《〈社会学精品原版教材系列〉序言》，载《费孝通全集》第 17 卷，内蒙古人民出版社，2009，第 332－335 页。
② 费孝通：《略谈中国社会学》，载《费孝通全集》第 14 卷，内蒙古人民出版社，2009，第 244 页。

第二章

以"我"为起点的社会学人文性

中国社会学自 1979 年恢复以后，进入一个重建期。它经过 40 余年的发展，建立了一套相对完整的学术规范，并凸显了科学性格和实证主义性格[1]，促进了中国社会学的发展。但其中也存在一些问题。近年来，社会学界出现了一股反思浪潮。在这股浪潮中，学者们主要关注的是定性与定量研究之争、中国社会学本土化路径两大主要问题，其中也有很多学者重新思考费孝通先生 2003 年发表的"扩展学科界限"思想，试图为中国社会学的学科建设方向提供智识。

反思中国社会学自 1979 年以后的重建问题以及中国社会学的学科发展方向问题，无法避开费先生晚年提出的"扩展学科界限"思想，而在重新解读费先生的扩展学科界限思想时，若不对他提到的"人文性"进行深入的思考，就无法真正理解他的拓展学科界限思想，以及当下中国社会学的人文转向。[2]

---

[1]　赵旭东：《超越社会学既有传统——对费孝通晚年社会学方法论思考的再思考》，《中国社会科学》2010 年第 6 期。

[2]　当下的人文转向，包括社会学的历史转向和文化转向，如近年来历史社会学的凸显，文学社会学和艺术社会学也初见端倪。历史社会学的代表人物如应星、周飞舟等，艺术社会学的代表人物如渠敬东等。相关方法论讨论，参见应星《略述历史社会学在中国的初兴》，《学海》2018 年第 3 期；周飞舟《论社会学研究的历史维度——以政府行为研究为例》，《江海学刊》2016 年第 1 期；渠敬东《"山水"没落与现代中国艺术的困境》，《文化纵横》2017 年第 2 期。相应地，也有一些研究，这里暂不赘述。

众所周知，2003 年，费孝通先生在《北京大学学报》上发表了《试谈扩展社会学的传统界限》一文，明确指出社会学除了科学性之外，还具有人文性，但人文性在社会学的学科范式中是被大大忽略的一个维度。① 费先生认为，后者蕴含着更多的中国文化特征，它也是中国特色社会学的重要基础。那么，费先生所谓的社会学的人文性是指什么？它还可以朝哪个方向进一步拓展？本章以费先生的"扩展学科界限"思想为基础，试图梳理和探讨中国社会学的人文性问题及其可能，反思与之相关的中国社会学的学科建设工作。

目前，学界对于费先生晚年思想转向的问题已有很多讨论。例如周飞舟总结了费先生的思想转向轨迹及其思想意义。② 他认为，费先生的方法论/认识论从早年的"从实求知"，到 1990 年代开始对自己的调查方法和方法论进行反思，费先生从个人与社会关系角度入手，形成了新观念：人是宇宙和自然的一部分，人类被赋予一种自觉的能力，是个体通过社会实体变得自觉，是"我"的自觉。在这里，费孝通有一个转变，即从"只见社会不见人"到对主体人的关注。周飞舟认为，费先生所说的心态是社会实体下的个人的"自我感觉"，这种心态是人与人相处时如何理解对方、如何看待对方的"道义关系"，也就是费先生所说的人文世界，是文化的核心部分。笔者认为，周飞舟的理解确实是费先生有关"心态"和社会学视角"人"的问题的主要答案，也因此费孝通才提出了"设身处地""意会""将心比心"等探究精神世界的主要方法/方法论。不过，笔者认为，费先生对"人"的关注不仅限于此，因为上述社会学视角下的"人"的特点，也容易使"人"等同于社会关系、社会制度，或者社会道义性，从而消解了作为主体人的更为复杂和难以言说的东西。③

---

① 费孝通：《试谈扩展社会学的传统界限》，《北京大学学报》2003 年第 3 期。
② 周飞舟：《从"志在富民"到"文化自觉"：费孝通先生晚年的思想转向》，《社会》2017 年第 4 期。
③ 费先生曾如此反思自己"只见社会不见人"的缺陷：只讲了社会生活的共性而没有讲社会里生活的人的个性，只画了乐谱，没有听到琴音，只看了剧本，没有看到台上演员的精彩表演。参见费孝通《小城镇研究十年反思》，载《费孝通全集》第 15 卷，内蒙古人民出版社，2009，第 24～34 页。

实际上，费先生在以"我"为基础的人的"主体"形象的描画中，人的主体形象不仅限于社会制度下的"我"，还包括生物的"我"，以及由此生发的人的各种特点，包括欲望、很多需要"意会"甚至自己都说不清的模糊领域，他认为文学、电影等艺术常有这方面的表达，① 也因此费先生才对"讲不清的我"以及社会学方法的扩展有着极为迫切的期待。笔者将在这一起点上，讨论费先生的人文性的意涵，从而试图讨论他的"学科界限"到底可以扩展到一个什么样的度的问题，以期为今天中国社会学的学科建设提供些许启发和建议。

本章的一个基本观点是，费孝通的人文性是以理解"我"为起点的。以此为起点的社会学的人文性，如费孝通所说，"可以成为全社会的精神财富，有助于社会成员更好地认识、理解自我和社会之间的关系"。② 这个"自我"的根基又与"人""群体""社会""文化""历史"等重要问题密切相关。可以说，以"我"为根基的社会学重建维度，就是费孝通晚年提的社会学"人文性"意涵的一个基本问题。

笔者认为，以费孝通的社会学之"人文性"为起点和根基，中国社会学界出现了一个"人文性"的转向，例如近年来出现的历史社会学、文学社会学、艺术社会学，等等。当然，这股浪潮中，当属历史社会学的呼声和阵容最为强大。本章试图为这种人文转向提供一些思想层面的说明。

一 费孝通的人文性意涵

费孝通先生的人文性的根本意涵首先是回到了对人的关注上。费孝

---

① 周飞舟指出，费孝通所理解的潘光旦的生物个人由两方面组成：一方面是纯粹生物性的，作为自然演化的一个阶段，人的精神领域和人文领域也是这个过程的一个阶段；另一方面，这个生物人有一个精神领域，能够自觉地认识到这个自然演化的世界。周飞舟认为，这是潘光旦的中和位育的新人文思想和早年史禄国的思想的产物。文化心态不仅包括人的行动，还有背后的思想意识、感情、爱好。参见周飞舟《从"志在富民"到"文化自觉"：费孝通先生晚年的思想转向》，《社会》2017 年第 4 期。
② 费孝通：《试谈扩展社会学的传统界限》，《北京大学学报》2003 年第 3 期。

通提出在"天人合一"的中国文化观下理解"人"的问题。他指出，我们把"人"放到自然历史演化的总的背景下去理解，人是自然界演化的一个过程和结果，同样的，所谓"社会""人文"也是自然的一部分，它是人根据自身的需要造出来的第二环境，同时，"人文"也只能建立在自然规律和原则的基础上。费孝通指出，中国社会学应该继承这种传统，从自然存在和演化的角度，对"人"和"社会"进行最基本的定义。可以发现，这与伯格森的观点类似，伯格森在《道德和宗教的两个来源》中表达了相近的人观和社会观，[①]并指出涂尔干对于人如何适应社会关注较少，导致人的形象在涂尔干的理论中较为单一的问题。应该说，费孝通的初衷与伯格森也有不谋而合之处。伯格森的讨论中有纠正涂尔干传统中社会学范式只关注社会不关注人的弊病。费孝通也指出，自己早年研究也犯了"只见社会不见人"的弊病，因为"在社会学领域，不太习惯把人、社会、自然放到一个统一的系统中来看待，而是常常自觉不自觉地把人、社会视为两个独立的、完整的领域，忽视社会和自然之间的包容关系"。[②]这种弊病看来是社会学既有范式的一个弊端，这也是费孝通反思的深层动力。可以说，费孝通提出的社会学的人文转向有着深厚的理论传统。

而且，在回归对人的关注层面，费孝通并不是说说而已，而是回到人的主体性的最深层面，表现在他的立足点是"我"。他以认识"我"为基础（并认为这可以帮助社会成员更好理解、认识自我与社会之间的关系），延展至对"他人""群体""社会""文化""历史"等基本问题的探究。费孝通认为，沿着这一脉络的思考可以为社会学的学科建设奠定更为坚实的认识基础。

费孝通谈及的"我"首先以"有限性"作为基本特征："我们的感知方式和能力、我们自身的存在形式本身、我们在时空方面的有限性等

---

① 伯格森：《道德和宗教的两个来源》，彭海涛译，北京时代华文书局，2018。
② 费孝通：《试谈扩展社会学的传统界限》，《北京大学学报》2003年第3期。

等，就是我们的局限性"，① 而感知能力的有限性是人之有限性的根源。
费孝通认为，也只有在能够感知的有限性领域，人们才能做出有意义的
判断。言外之意，人们的判断是有局限的，其看到的意义也是有局限的。
社会学人需要认识到人的这一特征。费孝通还指出，社会学作为一门
"学"，应该认识到人的各种特殊性和普遍性。这里的人之特殊性的突出
表现是：人有一个"精神世界"，费孝通说，可以笼统称之为人的意识
能力，但目前仍没有被说清楚，它是一个有待探索的领域。显然，社会
学对此的讨论更是匮乏，但大有讨论的必要。

　　费孝通认为，对精神世界的理解，构成我们理解社会的不可或缺的
基石："忽视了精神世界这个重要的因素，我们就无法真正理解人、人
的生活、人的思想、人的感受，也就无法理解社会的存在和运行。"② 就
社会学的学科建设而言，对精神世界的探索和说明是社会学这个学科的
人文价值不可缺少的一部分。

　　在费孝通这里，人的构成是一个体系。他指出，人的构成包括人的
生物性、社会性（群体性），后者还包括文化性和历史性。它们融会贯
通于一体，即落实在个体的身上。例如，提及人的生物性，费孝通以人
的生死作为切入点，这一问题也是古往今来中西社会理论的核心问题之
一。在这里，费孝通观点具体化为一种中国特点的生死观，它是"生生
不息"的，即个体生命是有限的，但通过代际传递和跨文化传播，个体
的精神世界在某种程度上可以是无限的，可以超越个体/肉体的生与死。

　　而"我"/个体在西方社会理论传统中，是相对于社会的另一端，
围绕社会与个人之间的关系，形成了不同的观点，甚至派别。对今天社
会学的发展起到至关重要作用的、社会学的经典人物涂尔干当属于"社
会"这一派。在涂尔干传统下发展起来的中国社会学，例如 1979 年后恢
复起来的社会学，大有"只见森林不见树木"（"只见社会不见个人"）
的特征，也经常被反思学科范式的人所诟病。可以说，费孝通对社会学

---

① 费孝通：《试谈扩展社会学的传统界限》，《北京大学学报》2003 年第 3 期。
② 费孝通：《试谈扩展社会学的传统界限》，《北京大学学报》2003 年第 3 期。

视角下的人的位置反思，也是对这类研究的一个反思或反转。

费孝通对于社会学视角的人的位置的反思，最为鲜明的特点是，如前面提及的，他的讨论践行了以自我为中心的反思方式。那么，他的有关"我"的讨论蕴含着怎样的意义呢？笔者认为，在他对"我"的讨论中，最为关键的一点是他找回了人的主体形象。"人"在社会学的视野下，不再是屈尊于社会结构、社会功能之下的"傀儡"，而是有着自己的主见、自己的价值的主体。

那么，费孝通是如何叙述这一主体的呢？如他所说，他看到的"我"并不是哲学、心理学等传统下的"我"，而是社会学视角下的"我"。首先表现在他将"我"纳入社会学的永恒研究主题——"社会关系"之中，并试图从"我"的角度拓展对"社会关系"的理解。这一点依然表现出费孝通的"社会学主义"或社会学立场（下文将会讨论到）。这也是韦伯传统的社会科学范式的特征，即在兼顾主体意义的同时，保持对"普遍性"的追求。

在费孝通分析的"我"的形象中，我们意识到，社会学角度下的人也需要回到主体的核心部位，即从"主体"的、第一人称的角度理解"人"，也就是研究"我"这个概念。费孝通指出，社会学意义上的"我"是多方面的：生物的"我"、社会的"我"、文化的"我"、表面的"我"、隐藏的"我"、说不清楚的"我"、"讲不出来的我"和"不想讲出的我"，乃至于梦中的"我"和醒时的"我"、"被忽略掉的我"和"被否定掉的我"，等等。

他指出，在诸多"我"中，有些"我"是看得见摸得着的，是可以公开说清楚的，但这部分的"我"很有限，而每个人都有很大一部分"我"只在心里，讲不出来（甚至是自己也不清楚的"我"），这部分"我"实际上是"公众"之外的"我"。而这部分看不见的自我"难以言传""意在言外"，构成了人际关系中的重要基础。

笔者认为，其中的"讲不出来的我"尤为凸显了社会学中的人之主体形象的复杂性，更需要社会学在方法上的创新和开拓。在这里费孝通指出，社会学需要重视"直觉"的作用。

> 那种"讲不出来的我"，不是完全没有办法感知，实际上很多人是能够通过"直觉"感觉到的，这种"直觉"，现在好像还不能用实证的方法来解释，也常常引起人们的怀疑和否定，但有些类似直觉的东西，又不能完全否认。①

对于这个问题，在资料获取上，费孝通似乎也有一些明示，例如他提到，诗歌以及其他很多艺术（绘画、音乐等）也常常反映人的这部分"我"。在此，在费孝通讨论的基础上，我们不妨进一步推测，可否以"文学"等"艺术品"作为资料，而社会学对待这类资料，可以如同历史学对待史料，从对这些资料的不断梳理和"考古"中，去找寻这部分讲不出的我，以及费孝通强调的"意会"中的种种关系，以此夯实社会学的认识论和方法论基础。笔者认为，这种设想是可以实践的。费孝通还给了我们这种拓展的思想基础。

> 艺术、文学、电影等，只是利用和表达这部分存在，不是从学理上研究和探索。在各种社会科学中，社会学作为一种以逻辑因果和系统分析见长的学科，是有条件也有责任对这方面进行探讨的。②不管是从工具性的应用角度来说，还是从人文教育的角度来说，社会学在这方面应该实现某种突破性的进展，这将是社会学整体发展的一个重要的里程碑，使得社会学作为一门科学，在人类知识探索上跨上一个新的台阶。③

---

① 费孝通：《试谈扩展社会学的传统界限》，《北京大学学报》2003 年第 3 期。
② 我们可以发现，费孝通对人文性的扩展坚持着韦伯的立场，即一方面强调理解的意义，另一方面则坚持社会科学对于普遍性的追求。对韦伯立场的讨论参见孙飞宇《方法论与生活世界：舒茨主体间性理论再讨论》，《社会》2013 年第 1 期；孙飞宇：《流亡者与生活世界》，《社会学研究》2011 年第 5 期。
③ 费孝通：《试谈扩展社会学的传统界限》，《北京大学学报》2003 年第 3 期。

更进一步，费孝通还提出由"我"至"心"、"将心比心"的方法论设想，为社会学提供了一个认识自我以及自我与世界之间关系的方法论。在费孝通看来，这也是中国社会学的方法论特点。

中国的世界观，更像是一种基于"内"、"外"这个维度而构建的世界图景：一切事物，都在"由内到外"或"由表及里"的一层层递增或递减的"差序格局"中体现出来。因此，在中国的传统思想探索中，对于"我"的关注，自然地就继续向"内"的方向深入，也就引出比"我"更接近"内"的概念——"心"这个范畴。①

费孝通还指出：

在古典人文思想中，"心"是个人自我体验和修养的一个核心概念，它的内涵十分广泛，包括思想、意识、态度、情感、意愿、信念等等，但我们特别要关注的一个重要的内涵，那就是它常常倾向和暗示一种"主体性"（subjectivity），就是说当人们谈到"心"的时候，总是自然产生一种"心心相通"的感觉，即使讨论别人的"心"的时候，其描述的口吻，也好像一种"设身处地"地类似于"主体"的角度在说话，而不是所谓"客观"的旁观者的角度。②

而且，"心"这个概念具有更广泛、更深厚的意涵，在某种程度上也可以说是一种"主体间性"。

当你使用这个概念的时候，背后假设的"我"与世界的关系，就已经是一种"由里及外"、"由己及人"的具有"伦理"意义的"差序格局"，而从"心"出发的这种"内"、"外"之间一层层外

---

① 费孝通：《试谈扩展社会学的传统界限》，《北京大学学报》2003 年第 3 期。
② 费孝通：《试谈扩展社会学的传统界限》，《北京大学学报》2003 年第 3 期。

推的关系，应该是"诚"、"正"、"仁"、"爱"、"恕"等，翻译成今天的语言，就是说这种"内"、"外"之间的关系应该是真诚、共存、协调、和睦、温和、宽厚、利他、建设性等等，是符合"天人合一"、"推己及人"、"己所不欲，勿施于人"等人际关系的基本伦理的关系。"心"的主观性和它的道德性，包含着对认知主体的——"人"——本身的鞭策和制约……从"心"开始，通过"修、齐、治、平"这一层层"伦"的次序，由内向外推广开去，构建每个人心中的世界图景。[①]

费孝通认为，"心"这个概念反映了中国古代思想在方法论方面的一种特点，这是我们今天在科学实证方法论之外，应该注意研究的一个新领域，其中包括宋明理学的思想。

理学讲的"修身"、"推己及人"、"格物致知"等，就含有一种完全不同于西方实证主义、科学主义的特殊的方法论的意义，它是通过人的深层心灵的感知和觉悟，直接获得某些认识，这种认知方式，我们的祖先实践了几千年。[②]

这种方法不是我们今天实证主义传统下那些"可测量化""概念化""逻辑关系""因果关系""假设检验"等所能理解的，甚至是被这些方法所拒斥的。但费孝通指出，中国的社会学必须研究"心"，"心"在中国社会学的学科建设中意义重大。

要在中国文化背景下研究社会，不讲这个"心"是肯定不行的。"心"作为古人认识"自我"和人际关系的一个核心基础概念，已经渗透到我们社会文化的方方面面，也是日常口语中出现频率极高的词

---

① 费孝通：《试谈扩展社会学的传统界限》，《北京大学学报》2003 年第 3 期。
② 费孝通：《试谈扩展社会学的传统界限》，《北京大学学报》2003 年第 3 期。

语，它作为文化传统的一个重要部分，代代相传，构成亿万人民的思想观念基础，又反过来在不断构建和塑造着人们的态度与行为。①

周飞舟认为，费孝通的反思是从"社会"到"人"到"心"这样一条路径，而且，费孝通所说的"心"主要指一种关系中的心，归根结底这是一种社会伦理，"将心比心"就是指一种关系中的"心"。确实，迈向一种人文转向的费孝通对人文性的讨论，还带有很大的结构性因素，这是由他的社会学立场导致的。在社会学对社会与个人关系的假设中，社会优先于个人是一个潜在的前提，譬如涂尔干、哈布瓦赫的"社会决定论"传统。因此可以说，费孝通对此的反思，未尝不是对整个社会学范式的反思。

二 社会学视野下的人的精神世界

从"社会"到"人"到"心"的转变中，背后是费先生的人观和社会观的再阐释。② 费孝通将个人、社会、自然放在一个体系中。在人的社会性与生物性二重属性方面，他根据中国的"天人合一"观，指出人的社会性也是自然的一部分，没有将人的社会性与生物性二者对立起来。而最能体现二者之间融合思想的案例是费孝通对于生死关系的讨论。个人生死本是一个生物性事件，但其中蕴含了极强的社会性意涵。费孝通指出，生老病死在人的生命中是起到重要作用的生物性因素，个人的生死意味着人的生命存在着明显的（时间上的）有限性，相比较而言，由个人组成的社会则显得更长久。这是为什么呢？费孝通的回答是，因为社会有文化，文化是基于人的群体性/社会性而产生的，群体可以借助社会/文化去超越个体的有限性。通过群体/社会，个体的经验、知识、感

---

① 费孝通：《试谈扩展社会学的传统界限》，《北京大学学报》2003 年第 3 期。
② 所谓人观和社会观，在这里主要指社会科学的两个基本命题："人格是怎样建构的"和"社会是怎样组成的"。参见阎云翔《差序格局与中国文化的等级观》，《社会学研究》2006 年第 4 期。

受、发现、发明等，可以互相交流、学习和传递。个人的知识库存因此
可以不随其生命的终结而消逝。而且，人和人之间还可以跨越时间交流，
分享知识和经验，这一时间因素包含了代际更替。在记忆理论中，这种
代际之间的记忆传承可分为交流记忆和文化记忆两种类型，前者一般不
超过100年，是祖孙三代范围内的文化交流，后者是阿斯曼夫妇提到的
更为久远的甚至可以跨越千年的文化传递。[①] 因此，通过文化，人的精
神世界可以"永恒"，或者"死而复生"。

　　在社会与自然的关系方面，费孝通秉持的是大的自然观，即认为社
会也是自然的一部分。他指出，人的社会性本身也是自然性，人的创造
物/人造物归根结底也是生物性的，因为人本身就是生物性的存在，无法
违拗自然的规律。这也是费孝通所说的"天人合一"思想的内涵之一。
费孝通认为，人的文化性与历史性，是与人的生物性密切相关的两个概
念。他指出：

　　　　作为人类存在方式的"社会"，也是"自然"的一种表现形式，
　　是和"自然"合一的……人类社会的规律，也就是自然的规律，人
　　类社会的原则，也就是自然的原则；同样自然的原则（如古人说的
　　"天道"），就是人类社会的原则……[②]

　　费孝通的这种思想与伯格森的社会观颇为类似，即信奉大的自然观，
笔者的这种联想并不是有意与西方思想勉强比附，[③] 而是说，伯格森以
之为基础的生命哲学，在费孝通这里也有共鸣。费孝通指出，人文性是
人的主观活动的产物，是人根据自身的需求造出来的第二环境，人利用

---

① 阿莱达·阿斯曼、扬·阿斯曼：《昨日重现——媒介与社会记忆》，陈玲玲译，载冯亚琳、
　　阿斯特莉特·埃尔主编《文化记忆理论读本》，北京大学出版社，2012，第20－42页。
② 费孝通：《试谈扩展社会学的传统界限》，《北京大学学报》2003年第3期。
③ 伯格森的自然观将人的主体性完全召唤回来，而且将主体安置于（社会/自然）一个恰当
　　的位置。伯格森指出，涂尔干对于个体如何适应社会是缺乏讨论的，这导致他的社会理论
　　充满了社会决定论的色彩。参见伯格森《道德和宗教的两个来源》，彭海涛译，北京时代
　　华文书局，2018。

自然特性，自然为人所用。生命哲学对于个体性/主体性的强调，是颇值得社会学重视的。如费孝通所说，在社会学领域，学者不太习惯把人、社会、自然放到一个统一的系统中来看待，而是常常自觉（或不自觉）地把人、社会视为两个独立、完整的领域，忽视社会与自然之间的关系。费孝通强调，社会与自然并不是二分的概念，更不是相互对立的范畴，而是同一事物的不同方面、不同层次而已。这就是费孝通先生的社会观。

诚然，费孝通的人观/社会观依然带有很强的社会结构意味（如一直强调在社会学视野下去看待主体这个问题），但在上述大的自然观下，他的"人观"事实上溢出了传统社会学的学科视野。例如，他提到人的有限性问题（包括感知方式和能力、自身的存在形式本身、在时空方面的有限性等），而且指出，在感知能力之外，我们就无法做出有意义的判断了（指出人类认识的有限性）。他对人的精神世界做出了特别的强调。他指出，关于"人是什么"这个问题本身涉及人类对世界和自身的最基本假设，往往也是精神信仰和世界观的基石，构成文明的基础。费孝通认为，人的最重要的属性是人有一种精神世界，而人的复杂性首先体现在人的精神世界方面。人的精神世界可以笼统称为人的一种意识能力，它具有精神世界的自身特点，具有不可替代性。

费孝通从社会学角度对精神世界进行了解释，揭示了精神世界具有文化性和历史性两个基本特点。那么，哪些现象是人的精神世界内容呢？费孝通的例子包括代际的更替、文化的传承（包括文化的"死而复生"）和创新、个人（的精神世界）如何在时间流逝中不朽等。事实上，费孝通的这几个例子都是社会记忆研究中的主题，他讲的文化的传承和创新，也是哈布瓦赫在讨论记忆的社会变迁时的主题。① 因此，从这个角度可

---

① 到目前为止，对文化记忆研究的经典人物和集大成者是阿斯曼夫妇。扬·阿斯曼立足于古埃及的历史社会研究，阿莱达·阿斯曼则主要从文学的角度考察了记忆问题。他们的"文化记忆"概念主要是指长时段的文本记忆，哈布瓦赫的集体记忆则被他们定义为延续80～100年的"交流记忆"。参见阿莱达·阿斯曼、扬·阿斯曼《昨日重现——媒介与社会记忆》，陈玲玲译，载冯亚琳、阿斯特莉特·埃尔主编《文化记忆理论读本》，北京大学出版社，2012；莫里斯·哈布瓦赫：《论集体记忆》，毕然、郭金华译，上海人民出版社，2002。

以说，哈布瓦赫的记忆研究本身就是对精神世界的拓展研究。从社会记忆的角度来看，社会学对精神世界的研究就不是一个开拓新领域的问题了，而是在既有的积累中，针对新时代的问题，不断创新和深化的问题。

费孝通对精神世界探究的最为详尽的案例，除社会/文化的传承外，还包括社会关系中的 "交流" 这一他认为社会学始终没有说清楚的问题。在这里，他提到一个重要概念——"意会"（指不能用逻辑和语言说清楚，总是表现为一种言外之意，显示了人与人交往的微妙），以及对于作为主体的 "我" 的社会学研究。笔者认为，对于后一个研究对象的深入解析，在社会学范式中具有突破性意义。因为在既有的社会学研究中，主体的形象往往是抽象的，或者是被忽略掉的，导致社会学视角下的主体 "我" 总是呈现为一种 "深渊状态"（指暧昧不清、无法看清），而费孝通提到的 "我" 接近 "我" 的真实存在状态，如上所述，包括生物的我、社会的我、文化的我、表面的我、隐藏的我、说不清楚的我，等等。在 "我" 的身上，文化性/社会性和生物性相互交融。我们发现，在这方面，费孝通走得比我们预想的要远，甚至梦境中的我、自己也不清楚的我，也成为费孝通探索的对象，自 1979 年中国社会学恢复重建以来，中国主流学界中尚没有人这么深入地谈及主体 "我" 的问题。因此，费孝通的这一扩展极具开创意义。

当然，这一扩展中还有一些问题尚待反思。例如，可能是受制于费孝通坚守的社会学视野的局限性，我们发现，即便他力求破除这一局限性，他的讨论中也不可避免又带有这种局限性。诸如对于说不清楚的我，他提到的方法是 "意会"，显然，在这一方法下的探索，仍会使 "我" 停留于一个模糊的区域而无法说清楚。其实，"意会" 是一个不容易表达的感觉（或关系），费孝通后来又将其对应于 "直觉"，并指明了文学、电影、诗歌、音乐、绘画等艺术可能触及了这些，但是这些艺术/"学" 在解读它时又都做得远远不够，尚需加入社会学的视野，以求在学理上对其进行相对系统的探索。这里，费孝通注意到了文学等艺术门类提及了这类精神现象，但对于文学等发掘这类现象的意义的认识又不够明晰。

也因为费孝通的社会学视野的局限性，他对"意会"的讨论，仍然秉持的是一种以关系为视角的方法。例如"将心比心"方法，这是一种由内而外的方法，它终究是处于人际关系/社会结构之中的。费孝通指出，在"内"，"心"是个人自我体验和修养的一个核心概念，包括思想、意识、态度、情感、意愿、信念等；向"外"，是指人与人之间的"心心相通""设身处地""良苦用心"等，本质上它是指人的一种态度，具有较强的道德伦理意涵，可相应拓展至"诚""正""仁""爱""恕"等领域，从而可以通过"心"构建每个人心中的世界图景。

笔者认为，对于精神世界的探究，如果从费孝通提出的社会学角度进入（从 1979 年恢复后的社会学角度来看），那么就存在社会学的方法论创新问题，甚至这是一个从无到有的问题。但如果从研究对象（精神世界）的角度进入，则不是创建领域，而是在既有领域内，纳入社会学的思考或明晰社会学的视角的问题。笔者认为，从后一个角度介入，更容易扩展社会学的视域，因为对精神世界的探究一直都不是从无到有（关于这一点，费孝通也提到了），而是在既有的其他学科的相关讨论中，纳入社会学的思考，诸如当下历史学和文学研究中有关文化记忆或社会记忆的讨论。而社会记忆本身就是一个精神世界的问题，自 1920 年代哈布瓦赫开展社会学视角的记忆研究以来，西方学术界对社会记忆（现象）的讨论，一直都是历史学的记忆研究、文学的记忆研究占据主导的，如扬·阿斯曼、阿莱达·阿斯曼、皮埃尔·诺拉的讨论。由此可见，社会学视角的记忆研究也有待复苏和扩展。此外，更值得注意的是，社会学对精神世界的探究，并不是从哈布瓦赫开始，事实上，晚年的涂尔干已经做了很充分的工作，例如《宗教生活的基本形式》讨论的就是精神世界的问题。① 也因此，在世界范围内的社会学研究中，对精神领

---

① 参见涂尔干《宗教生活的基本形式》，渠东、汲喆译，上海人民出版社，2006。

域的讨论并不是一个空白。

不过，中国社会学对精神领域的探究，尤其是在1979年社会学恢复重建以来，是一个亟待加强的领域。可以说，费孝通的感受来自中国社会学恢复重建以来的发展状态：实证主义和科学主义占据主流，社会学的工具性凸显，而人文性一直很弱，甚至处于边缘地位。在这种情况下，费先生的晚年思考，更多的是基于中国社会学学科发展的既有路径的局限性；而他提出的这个问题，归根结底，是一个有关中国社会学的学科体系建设的问题。

我们可以看到，费先生对于2000年后中国社会学的学科建设，持一种更为开放、海纳百川的态度。他提出不拘一格借鉴各种文明中关于精神世界的思考成果的想法，例如在研究精神、"我"、"心"等问题时，一些宗教文化中对虔诚、内省、忏悔等概念的探讨，西方现象学等学术传统下的互为主体性等方法论思潮，马克斯·韦伯的理解社会学，中国理学传统中的"修身""推己及人""格物致知"等观念和方法，尤其是后者，其中有一种和中国社会现实生活天生的"气脉相通"的东西，颇值得关注。

之所以说费孝通的态度是较为开放的，原因在于他走得比我们预料的更远。笔者认为，在社会与个人关系方面，他的思考路径在经由"社会"到"人"到"心"的结构性转换中，他进一步走到更具主体形象的"自我"之中，从对"我"的讨论中（尤其是对"讲不清的我"和"直觉"的肯定），最能看到费孝通的人文转向的彻底性和革命性。事实上，就这点而言，他已经颠覆了传统社会学范式。当然，这不是否定原有社会学范式，费孝通的社会学主义还是极其强烈的，他是为了社会学的未来发展而去修订社会学的既有不足。

讨论社会学人文性的费孝通，事实上是为社会学引入了历史和文化的维度，譬如上文提及的他对于生死问题、文化的代际传递问题的思考。他还认为，今天的社会学思考有必要再回到先贤们早已关注、探讨和归纳的那些基点上，事实上这也是历史的回顾和文化的复归。

他认为，这一路径有助于中国社会学在人类社会发生巨大变化的时代，从总体上把握社会现象和社会问题的脉络。可以说，费孝通的宗旨是想推进并加强社会学这一学科对"文化反思"和"文化自觉"的理论贡献。

需要指出的是，社会学的历史、文化转向的背后，还蕴含着一个重要的基本理论命题，那就是从集体到个体的转向，这个转向不仅是方法方面的，还有着重要的政治意涵。可以说，费孝通的社会学转向中也包含这样的意义，就是转向对人本身的关怀，并给予人必要的尊重。笔者认为，他对于天人之际、自我、意会的讨论暗示了这一关怀。陈亚军谈到的自由与释放个体的观点则有更加明确的意义。陈亚军认为，真理是主观的（更多指符合"真诚"的原则）抑或客观的（指符合外在实在的原则）并不重要，重要的是保全自由（就是说，我们有能力谈论自己以为真实的东西，而实际上并不真实，而且个人不受到伤害），保全了自由，也就保全了自我（罗蒂语）。陈亚军进一步说，保全了真诚，也就保全了真理。①

在人/主体性的关怀方面，进一步的疑虑是，即便是根据常识，我们也都知道，人的本质、人的本性是具有普遍意义的词语，在人群中有广泛的影响，可是为什么社会学不去关心呢？这确实也是社会学一直以来的主流假设中存在的先天问题。例如，孔德的社会物理学就假设，社会学应该像研究天体物理一样去研究社会。涂尔干也大体上继承了这样的思路，并被后代社会学人发扬光大，到今天更被发挥到极致，其程度甚至远远超出了孔德和涂尔干的预期和思考范畴。在这一传统社会学的"社会观"中，个人占据很低的地位，涂尔干的重要观点就是"社会神圣"观，即社会本身是自成一类的存在，它对个人具有绝对的优势。如伯格森所说，对于个体如何适应社会（在很大程度上，也就是个人的能动性）这一问题，涂尔干讨论得远远不够。②

---

① 陈亚军：《真诚比真理重要》，《甘肃社会科学》2018 年第 2 期。
② 伯格森：《道德和宗教的两个来源》，彭海涛译，北京时代华文书局，2018。

另一个疑虑则来自社会学的另一假设：像物理学一样去研究社会，这是社会学所受影响颇深的一个类自然科学假设。事实上，传统真理的代言"科学"也并不是如人们所想象的那般客观、公正。对此，已经有很多人做了讨论。如陈亚军指出的，库恩通过对科学史的考察，已经明确揭示了：

> 科学并非如人们想象的那样，是一种纯粹理性的、追求与大写实在相对应的事业。科学关于世界的探索是在范式下进行的，而范式是一种科学研究的历史传统，它不仅包含了科学共同体成员所共享的思维模型、科学符号，同时也充满了诸如心理学甚至形而上学信念等非理性因素……范式的改变与真理无关，只涉及解决问题的能力，也就是说，只是作为工具被评价的。[①]

叶启政先生也做了很多这方面的反思。这种反思对于社会学的人文性地位之提高，具有根本意义。[②] 在诸如陈亚军的这种澄清之下，叶启政的社会学家编织故事说法、王明珂的田野拓展设想、费孝通的扩展社会学人文性界限的设想就都具有深层的支撑了。

也就是说，社会学的缘起根基，诸如孔德时代的社会物理学假设、涂尔干的社会事实的客观主义立场，都有着大可商榷的空间。反思者如叶启政等击毁了客观主义的炫目的外壳，承认了人的主体地位及其意义，承认了追求"真理"路上人的作用以及人与人之间关系的作用，转而面向更为真实的"事实"本身和现象本身，这对于真正推进一门"学"的意义是十分重大的。可以说，费孝通晚年也是基于这样的假设在做学科范式的反思工作，当然，他对一直以来一家独大的客观主义的批评要委婉、温和得多。

---

① 陈亚军：《真诚比真理重要》，《甘肃社会科学》2018 年第 2 期。
② 叶启政：《社会学家作为说故事者》，《社会》2016 年第 2 期。

三 迈向一种主体研究的思考

在这次社会学的人文性转向中，费孝通提到了四个主题尤其需要社会学的关注，它们分别是"人"和"自然"、"人"和"人"、"我"和"我"，以及"心"和"心"的关系。费先生对这四个主题都分别做了讨论。笔者认为，其中"人"和"人"、"心"和"心"的关系，即便使社会学进入人的层面和精神世界的讨论，也还是一种"社会关系"的再阐释，对它们的分析依然带有很强的传统社会学的意味，即社会结构的味道十足而人的形象有些模糊。当然，关注社会是社会学的看家本领，不过单靠这一点还不能真正凸显社会学的转向及其未来，真正有推进意义的是费先生对"人"和"自然"、"我"和"我"的关系的再讨论。费孝通对于这些问题的讨论方式，意味着社会学对人的关注，真正面向了人本身（这个现象），面向了精神世界本身的特点，唯有持这一态度（真正面向事实本身），社会学对精神世界的讨论，才会真正深入，而且才会打开视域。

我们在讨论部分，不妨对费孝通的扩展学科界限思想做一些就近的联想。费孝通的学科界限扩展思想，首先指出了社会学的研究对象扩展之必要性（扩展的内容主要包括心、神、性），其次指出了方法上扩展的可能性（如不同文明之间的借鉴、对中国传统文明的借鉴等）。笔者认为，在方法上的借鉴，还可以是一种跨学科的借鉴，当然，费孝通的讨论中蕴含了这一意涵。例如，从文学中借鉴，即以社会学视野为立足点对文学文本展开讨论，关于这点王明珂做过特别有趣的讨论，[①] 这里不做过多讨论。笔者认为，这种大胆的借鉴完全可以发展为一个成熟的范式，从而给社会学学科增加必要的智识。

而且，在面对人的精神世界时，文学是一个绕不开的领域/文本，费

---

① 王明珂：《田野、文本与历史记忆——以滇西为例》，《思想战线》2017 年第 1 期。

孝通在分析中也提到，文学、电影等艺术门类对于"心""意会"等类型的精神世界的关注和反映，但他也指出，仅从文学的角度难以全面认识文学等反映的精神世界的社会性。笔者以为，这恰可以成为一个社会学的生长点，也可以是社会学的一个扩展方向。即文学文本已经在现象上给我们做出了很好的有关精神世界的描画，我们为什么不可以在这个基础上往前走一步，去探索一下这个描画所蕴含的社会意涵呢？这不仅是扩展社会学界限的问题，也是社会学认识社会途径（涉及认识论和方法论）扩展的问题。

笔者认为，以费孝通的人文性讨论为起点，以费孝通的扩展精神为基础，社会学的人文性扩展的"度"，可以是更加广阔的。譬如，经由叶启政先生到普鲁斯特就是一个扩展路径，后者基于生活的经验，对社会中的人文性因素阐述得十分充分，它可以为社会学的扩展提供很多智识。而且，普鲁斯特的《追忆似水年华》文本具备了社会学人文转向的一些关键因素，如费孝通强调的直觉、叶启政提到的"超凡特例"、王明珂提及的扩大田野、陈亚军所说的真诚等。①

叶启政指出，社会学家原本只不过是一个编织故事的艺匠而已，他大体上犹如都市中漫游的行走者，一直处于当下/此刻，在一再分岔的街道上一边行走一边浏览沿途的景观，以不断分岔的方式来编织社会的图像。② 社会学家编织的故事要兼具历史和文化意涵，如同韦伯对"理性"理念型的编织，它呈现出"非凡例外性"，足以创造出惊奇感受。在韦伯眼里，"理性"出现在西方世界，既是一种特殊例外的历史现象，更是非凡的事件。概言之，"理念型"是社会学家韦伯对社会"迷宫"加以破解、反复萃取而型构出的图像。韦伯对这一"超凡例外"社会图景的编织给我们带来了惊奇感受，它深具艺术成分，并具有启发意义，丰富了我们对特定社会（历史）现象的感受性理解。

---

① 参见普鲁斯特《追忆似水年华》7卷本，李恒基等译，译林出版社，2012。
② 叶启政：《社会学家作为说故事者》，《社会》2016年第2期。

王明珂指出①，我们在田野中所看到的现象都是文本，也都是表征，在这个意义上，他提议把田野的概念放宽。他认为，人类学家常宣称他们可深入田野，观察及了解该社会的民族志事实，但事实上，他们看到的仍然是表象，多数情况下对背后的本相仍然不清楚。在这个意义上，以文学文本作为田野与以生活为田野是类似的，它们展现的都是有待探究本相的表象/表征。

陈亚军指出，传统真理观是主客体之间的一种对应关系，"真诚"则是主体间的交往态度，属于伦理学范畴。传统真理观应该被修订，因为传统真理观仅为一种宣称，它往往占据"神"的位置而压制个体的自由和尊严；"真理"其实就是我们凭什么把一个东西称作事实的问题，不同的处境有不同的"真理"，同时"真诚"和历史、传统中积淀形成的各种规则的相对客观性能够避免相对主义和虚无主义。②

在根本上，费孝通的人文性扩展讨论涉及一种迈向主体的方法论。不过，有类似主张的主流学者，大多还是在韦伯的方法论框架下思考问题，即一方面承认普遍性的科学价值，另一方面强调对人的主体性之解释的意义。费孝通、叶启政等秉持的也都是韦伯的立场，认为自然科学和人文社会科学虽有分歧（后者有主体的意义问题），但社会科学也不放弃对普遍性的追求。

对于韦伯来说，只遵循价值中立的原则来研究社会，是无法履行作为一名社会科学家的天职的。孙飞宇通过对舒茨主体间性思想的讨论，提出了这一脉络下颇具代表性的问题：社会学作为一门经验性的科学，如何在遵循理性的同时，又能够照顾到地方性的文化和传统？社会科学方法论如何在面对普遍性的主张与地方性的历史之间的矛盾的情况下，发展自己的可能性？作为一名社会学家，又该如何来面对生命之中的重大意义问题？③

---

① 王明珂：《田野、文本与历史记忆——以滇西为例》，《思想战线》2017 年第 1 期。
② 陈亚军：《真诚比真理重要》，《甘肃社会科学》2018 年第 2 期。
③ 参见孙飞宇《方法论与生活世界：舒茨主体间性理论再讨论》，《社会》2013 年第 1 期。

笔者发现，那些主张界限跨度较大的社会科学家们，如费孝通、叶启政、王明珂等，都坚持一种客观的立场，而不是一种相对主义和虚无主义的立场。因为他们对于既往学科范式的反思并不是推翻式的，而是修订式的。譬如，大体上，王明珂还是相信"本相"或陈亚军所说的"真理"，不过，他对自己使用的工具和秉持的立场持冷静和审慎的态度，对学科偏见有自省，认为我们的观看就像以凹凸镜看物体，一般情况下看到的是扭曲的表象，而不是本相，对本相的获得/接近尚需不断的反思。

迈向主体的方法论需要警惕相对主义和虚无主义。例如，陈亚军超越了主客体的界限，认为属于主体的"真诚"的品质最重要，但并不是不要客观性，去走向一个相对主义甚至虚无主义，而是在尊重历史、传统的客观权威性的背景下，"真诚"这种品质对于社会、个体的意义比所宣称的"真理"要更为重要。

大体上，在费孝通扩展社会学传统界限这条路径上思考的学者，例如叶启政、王明珂、陈亚军等，基本属于解构既有科学路径的学者，但他们没有走向相对主义，而是在避免相对主义。诚如陈亚军所指出的，质疑传统的真理观，并不是说放弃真理，而是修正真理。他将对真理的定义由传统的主体和客体间的对应关系，转变为主体间的关系（指我们在什么情况下把什么称作事实，"真理"来自语言和环境的共同建构）。王明珂则在扩大田野意涵的背景下，仍然认为存在人文社会科学所追求的本相。叶启政所讲述的"社会学家作为编织故事者"，将韦伯的关于"理性"的理念型作为社会学家编织故事的经典代表，而韦伯恰是处于主观主义与客观主义之间的。费孝通则更强调社会学的因果逻辑和系统分析，认为这种思路分析也会给人文领域增辉。他认为，即便文学等说出了人们精神世界中的一些特征，但还嫌不够深入和系统，尚需社会学的介入。

从科学史角度来看，目前发生在中国学界的社会学的历史和文化转向现象，更像是一个钟摆运动。启蒙运动中人们为摆脱权威、追求人的独立自主，而崇尚不以人的意志为转移的科学精神，现在则认为这种科学精神也成为一个"神"从而束缚了人的独立自主，于是一些学者转向了历史和文化（而启蒙运动中历史、文化是为统治阶级和权威服务的，用于论证他们统治的根基），也是为了恢复人的主体性。① 目前看来，人的主体性不能寄托于任何一类范式。

范式作为一套认识问题的思路、方法，相当于一个学科（作为一个存在体系）的既有习惯，和一个人（作为一个存在的生态系统）日渐养成的习惯类似。如同王明珂一针见血指出的范式的局限性：成年人经常忽略一些异常的和特别的事情，而其实我们身边充满了种种"异例"，只是我们都对它视而不见，或者把它纳入我们熟知的知识体系中。也就是说，我们把一些自己不熟悉、异常的现象，纳入我们熟知的知识体系中，将它们驯化或熟悉化。笔者认为，上述的成年人或我们，完全可以改成"范式"。范式是一种既定的看问题和解决问题的方法，如同人们借以视物的凸凹镜一样，它观察到的东西可能并不是真实的东西，而是真实的变形。也是在这个意义上，陈亚军认为，范式的改变与真理无关，而与解决问题的方法推进有关。但科学家们一直以来试图通过转换范式，让手中的工具更有利于接近真相，而并不是仅仅立足于解决问题。例如，王明珂突破田野、文本等既有概念的初衷就是如此——"我们（试图）透过一些新方法、角度、概念来突破认知的茧，因而能深入认识社会本相，也因此对社会本相有所反思和反应"。尽管这种范式的改变被陈亚军认为与"真相"无太大关系，因为归根结底，任何范式都是带有偏见的。

按照陈亚军的判断，学科的范式尤其是它的变迁并不是天然为"求真"所设立的，它主要是为"解决问题"而不断改善自我的。笔者认为，确实有很大一部分情况如此。不过，在此我们需要反思"求真"与"解决问题"之间的差异。笔者认为，费孝通提出的社会学的人文性和

① 参见孙飞宇《方法论与生活世界：舒茨主体间性理论再讨论》，《社会》2013 年第 1 期。

科学性之别，在一定程度上也对应着上述的"求真"与"解决问题"这两个不同的问题。社会学作为一个范式，它从什么角度来说是为了解决问题，从什么角度来说又是为了"求真"？费孝通的思考给了我们一些启发。但我们往往容易混淆"求真"与"解决问题"之间的区别，学者们往往以为自己是在值得信赖的"范式"下"求真"，而少有人区分费孝通提出的类似"人文性"和"科学性"之别，结果导致很多讨论出现问题。笔者认为，"解决问题"层面的问题相对简单一些，而"求真"则是一个更为复杂的问题，它不仅涉及科学传统，还涉及人文传统。例如陈亚军的相关讨论，他从真诚的角度，对"求真"问题做了限定，这样，我们对"求真"问题的理解就更客观一些。当然，有关此问题的澄清，尚需要更多的讨论。

值得一提的是，与费孝通的人文性转向相关的一个属于社会学学科的特有现象是，近年来，有关定性与定量研究的争论较为激烈。它在根本上涉及的是"科学"与"人文"之争。按照费孝通的说法，社会学的科学性与人文性是可以并行不悖的，因为它们同时构成了社会学这一学科的两个支点。它们各司其职："科学性"履行工具的职责，用于解决具体问题，如预测一个社会的发展走向，调查一个群体的态度和行为，分析某个社会组织的运行机制，解决某个紧迫的社会问题，等等；"人文性"是指非科学性、非工具性的一面，费孝通讨论的相关内容主要包括社会学对人的精神世界、对社会的文化和历史传统的探索方式等。不过，社会学的"人文性"至今还是一个暧昧不清的概念，而且在局外人看来，在社会学的定量和定性之争中，"人文性"是属于力争"上位"的边缘形象，因为它来得不如科学那么硬气。在人们的心目中，定量被称为硬科学，阐释社会学则被称为软科学。但是，社会学的学科范式，按照库恩的说法，也是一种套路，定量方法也同样是"套路"之一，有着极大的局限性，但这点经常被操作者所忽视或弱化。

与此同时，多数定性研究的践行者是否也没有找准人文性的定位？如应星所说，目前社会学定性研究至少对案例的复杂性没有展示充分，从而导致对案例的处理不当，弱化了它的解释力，影响了它的权威性和影响力。[①] 对此，还有很长的路要走。如费孝通的讨论，扩展社会学的传统界限主要是对社会学的人文性界限的探索，而界限在哪里？这是一个需要在实践中不断摸索的问题。

---

① 应星：《"田野工作的想象力"：在科学与艺术之间——以〈大河移民上访的故事〉为例》，《社会》2018 年第 1 期。

第三章
费孝通社会学思想中的主体观念

一 "主体"与"社会关系"：回顾与反思

如前所述，提倡社会学人文转向的费孝通指出，社会学需要在人的精神领域进行耕耘，走出"只见社会不见人"的社会学的结构分析局限，并指出分析人的精神世界对于中国社会学的学科体系具有重要意义。那么，他的社会学思想中作为人的主体形象是什么样的呢？本章试图围绕费孝通扩展学科界限思想，来回应中国社会学视野下的主体形象问题。

2003 年费孝通在讨论人的概念时，认识上深入了一步，从既往的生物人、社会人的区分，提出社会学的人的"主体"维度，尤其是提出主体"我"的问题，意味着从生物人、社会人，进入精神人的层面。以笔者的理解，这里的"主体"包含一种迈向主体这一现象本身的努力，也可以说，这是一个"整全"的个体概念，区别于西方理性的主体与感性的主体等二元认识论。费先生的很多表述都可以用来描述这一"主体"的形象，诸如属于个体的"人生经验、知识、感受、发现、发明"，等等①，这一主体形象围绕着一系列"社会关系"而展开。也就是说，归根结底，费先生考虑的核心问题是人与人之间的关系，诸如代际关系

---

① 费孝通：《试谈扩展社会学的传统界限》，《北京大学学报》2003 年第 3 期。

（不觉得自己重要，要紧的是光宗耀祖、培育出色的子孙）、他人与自我的关系（能想到人家，不光想到自己，所谓推己及人）、不同民族和不同部分的关系（所谓多元一体、和而不同以及"一国两制"）。可见，费先生对"主体"的认识，立足于对中国文化本质的认识，他认为，上述各种关系大体上是从中国人讲究的"正心、诚意、修身、齐家、治国、平天下"的儒家所指出的方向发展出来的。① 费孝通论述的"主体"形象是在社会学视域下的，表现在他将主体纳入一系列社会关系之中，这为社会学视野下的主体现象研究定下了基调。人/主体作为"文化自觉"概念的一个基础，在费先生的理论体系中具有重要的意义，需要我们做进一步的探索。

费先生转向心态的历程，目标之一是解决社会学中"只重视社会不重视人"的问题。表面上看，这是一个学科建设工作，事实上，也是人们理解世界、解释世界乃至改造世界的一个环节。社会学者希望从社会学角度为重建中华文明贡献一份独特的力量。费先生从社会关系角度理解主体，并将其与"文化自觉"等问题勾连起来，这种对主体的理解和处理方式将构成信息时代中国文化转型的基本动力和基本理论问题。

本节从费孝通的"主体"概念出发，试图讨论社会学学科如何去研究人的问题，涉及他为我们设定的主体研究路径启示以及主体研究的未来方向问题。

（一）费孝通对主体研究的扩展

费先生探索人的精神世界的方式留给我们的最基本的启示是：对人的精神世界的探索，还需要坚守社会学的视角，否则，我们对主体的探究在既有的知识传统中也很难提供新的智识，因为文史哲等传统学科对"主体"的讨论文献已经浩如烟海。其中的一个社会学视角是费先生所明示的，那就是通过对"主体"的描画，更深入地理解"社会关系"这

---

① 费孝通：《文化自觉的思想来源与现实意义》，《文史哲》2003 年第 3 期。

一概念。

费孝通指出，社会学没有必要不断创造新词，对于旧有概念的探究，仍然是一项亟待完成的任务，譬如"社会关系"这个概念。在《试谈扩展社会学的传统界限》中，他指出从"我"出发对社会关系进行重新理解的意义。

> 在社会学最基本的"社会关系"的研究中，实际上还存在着很多空白的领域，有待我们去进行探索。特别是在"人际关系"中各种"交流"的部分，始终是社会学没有说清楚的领域……对"讲不出来的我"的研究，也就是从主体的角度对人际关系互动过程中的"意会"部分的研究，是社会学面临的又一个挑战。①

这里"我"与社会关系之间的关系是复杂的，极富主体性的"意会"过程被费先生给予重要地位，说明"我"在建构世界过程中发挥着极为重要的作用。他指出，"我"这一概念，构成了我们理解周遭世界和行动的伦理基础。

> 对于"人"和"自然"的关系的理解，与其说是一种"观点"，不如说是一种"态度"，实际上是我们"人"作为主体，对所有客体的态度，是"我们"对"它们"的总体态度。这种态度，具有某种"伦理"的含义，决定着我们"人"如何处理自己和周围的关系，而这种关系，是从我们"人"这个中心，一圈圈推出去，其实也构成一个"差序格局"。②

---

① 除特别注明之外，本章的直接引文皆来自费孝通《试谈扩展社会学的传统界限》，《北京大学学报》2003 年第 3 期。

② 费孝通：《推己及人》，载《费孝通全集》第 16 卷，内蒙古人民出版社，2009，第 472、474 页。

费孝通在《推己及人》中提到，"己"是最关键、最根本的东西，是一个核心，决定一个人怎么对待人家的关键是他怎么对待自己。而孔子的社会思想的关键就是推己及人，这也是儒家思想的核心。在中国文化中，还存在由"己"字出来的超越一己荣辱的境界。"我"所处的关系的一个重要维度是纵向的，费先生讲到，中国人讲究的是一个上有祖宗、下有子孙的社会，个人生命只是长江中的一滴水，一个人的生命总是要结束的，但有一个不死的东西，那就是人们共同创造的人文世界，而且这个人文世界是不断发展的。①

可以看到，"自我"在费先生提到的社会关系格局乃至文化格局中占据重要地位。从"自我"到社会关系，也是费先生指给我们的社会学探索主体世界的一个基本路径。

费先生对主体的理解，指示给我们的另一个路径是扎根于中国文化传统。在提出"自我"概念后，他又进一步提出"心"的层面，"心"是一个加深主体理解的中国概念。② 如费先生所说，"心"是个人自我体验和修养的一个核心概念，内涵十分广泛，包括思想、意识、态度、情感、信念，等等。在社会学视角下，费先生从这一概念中引申出"将心比心"的关系主义的意涵，从而转向一种"我"与世界之间的关系层面的分析。这里面蕴含着丰富的中国方法论意涵。费先生指出，"由里及外""由己及人"是一个具有伦理意涵的差序格局，即由心出发，在内外之间层层外推，这种关系的理想特征是诚、正、仁、爱、恕等，即真诚、共存、协调、和睦、温和、宽厚、利他、建设性，等等，具有天人

---

① 费孝通：《完成"文化自觉"使命 创造现代中华文化》，载《费孝通全集》第16卷，内蒙古人民出版社，2009，第233页。

② 在"心"/心态概念方面，费先生颇受他的老师史禄国先生的影响。史禄国的心态概念用来指群体所表现的心理、意识和精神境界的现象，这一现象又是一种复杂而融洽的整体。费孝通认为史禄国在理论上的贡献就在于把生物学接上社会和文化现象，突破人类的精神领域，再从宗教信仰进入现在所谓意识形态和精神境界。这样一以贯之地把人之所以为人，全部放进自然现象之中，作为理性思考的对象，建立一门名副其实的人类学。参见费孝通《暮年漫谈》，载《费孝通全集》第17卷，内蒙古人民出版社，2009，第484页；费孝通：《人不知而不愠》，载《费孝通全集》第14卷，内蒙古人民出版社，2009，第325页。

合一，推己及人，己所不欲、勿施于人等人际关系的伦理特征。这一套讲法更多受到儒家思想的影响。费先生说，到孔庙后他更深刻认识到中国文化中对人的研究已有悠久历史，孔子的"仁"讲的就是处理人与人之间的关系，讲人与人之间如何相处。他对人的研究也从生态的层次进入了心态的层次。①

在"心"的层面，费先生对主体性的特征有一些直接的描述，如主观性、道德性、伦理化。他将主体探索世界的过程本身解释为一种"修身"以达到"经世济民"的过程：从心开始，通过修、齐、治、平这一层层"伦"的次序，② 由内向外推广开去，构建每个人心中的世界图景。大体上，他对"心"的探索，以传统文化为纲，呈现的是一种具有中国文化特征的主体。

在《试谈扩展社会学的传统界限》中，他尽最大努力，推进我们对社会学中"主体"概念的理解，甚至提出了最具个人性的"意会"等心理活动过程。这里所谓的"意会"，是指人际交往中的"不言而喻""意在言外"的境界，具体指人际交往中能自然理解、领悟，感觉上甚至比说出来还清楚的区域。"意会"的主要内容在费先生看来是彼此默契的"风俗习惯和价值观念"，它归属于社会和文化的范畴。可以说，费先生的"意会"概念将结构与能动混融在一起，某种程度上克服了西方理论中一直存有的二元问题。

---

① 他指出，文艺界正在接触心态这个问题，但没有上升到科学化的程度；弗洛伊德仅从"病态人手"，论域又过窄；孔子关注心态，又落入封建人伦议题，都无法回应我们这个大时代。参见费孝通《孔林片思》，载《费孝通全集》第 14 卷，内蒙古人民出版社，2009，第 41 页。费先生认为，生态和心态都是在研究人，只是关注的角度不同。依笔者的理解，"生态"更多关注的是人存在的条件，譬如费先生早年做的社区研究，它容易产生"只见社会不见人"的弊病。"心态"则是进入人的主体层面，譬如费先生在《试谈扩展社会学的传统界限》中所做的反思，它关注人的感情、欲望等，但社会学所做的"主体"分析往往是对主体之社会条件或社会价值的分析，譬如潘光旦先生关于人的研究，他从位育思想出发，终点是"学为好人"。这与文学等其他学科讨论的人性问题有很大差异。

② 周飞舟指出，按照潘先生的理解，"伦"的第一个含义是"类别"和"差别"，第二个含义才是"关系"。如果只注重第二个含义，只讲究关系，就容易将"关系"功利化和利益化。参见周飞舟《人伦与位育：潘光旦先生的社会学思想及其儒学基础》，《社会学评论》2019 年第 4 期。

（二）对费孝通主体思想的反思

费先生注意到主体的重要意义和作用，但从社会理论的视野来看，他对个体主观能动性的关注又有所不足，这也是社会学在扩展学科界限中，需要继续往下走的一个方向。众所周知，一直以来，社会学范式的一个"痼疾"就是一直存在主体形象缺失的问题。在费先生的很多研究中，也或多或少存在这样的问题，例如，对于个人如何创造文化和社会这一问题，他的研究相对薄弱。① 长期以来，社区研究有"只见社会不见人"的弊病。即便在《试谈扩展社会学的传统界限》中他提出了主体"自我"的重要性，但还是对"社会和文化可以使人不朽"这一维度讨论得更为充分一些。他谈到诗人李白这一个体时指出，李白作为个人是有限的生命个体，但他的诗歌是有风格的，这就是个人的风格；他留下来的诗作，则又成为社会和文化的遗产。李白从个体到社会的升华路径看起来很清晰，即作为个体的他死后，个人的创作成为社会文化得以传承。但其中的关键链条没有被表现出来，这便是个体如何创造/适应社会。在社会学讲述的故事中，社会提升/规制个体往往是被强调的，但个体影响社会还是一个暧昧不清、有待探索的环节。费先生对李白的相关讨论如下。

　　社会和文化可以使人"不朽"。像唐朝的诗人李白，他作为一个人，他的生物性决定了他必然会逝去，但他的诗作，连同他的诗

---

① 费孝通 1993 年就指出，处于社会结构中的人，应当承认其有主动性。个人的行为既要符合社会身份的要求，还得善于适应演变的形势。关于人的"自觉"，要承认个人跳不出社会的掌握，同时社会的演进也依靠社会中个人所发挥的能动性和主观作用。"文革"试验证实了那个超乎个人的社会实体的存在，但也有一个对抗这个实体的"个人"的存在。这个"个人"固然外表上按照社会制定的行为模式行动：扫街、清厕、游街、批斗，但还是出现了一个行为上看不见的而具有思想和感情的"自我"，从表面顺从到直接拒绝（自杀），都是社会的"对立体"。他指出，应该充分关注人怎样思想、怎样感觉、怎样打算。参见费孝通《个人·群体·社会——一生学术历程的自我思考》，载《费孝通全集》第 14 卷，内蒙古人民出版社，2009，第 235 页。

词的风格，都保存在各种文献中。李白这个人，是一个具有有限生命的"人"，而他的诗和诗的风格，则是"文化"，"人"是会消失的，但"文化"保留下来了，社会长存，文化不死，创造文化的人也就"不朽"了。一个人创造的文化不仅能保留，还能传递，还能影响别人，能激发别人的灵感，实现"再创造"，所以传统可以成为新文化生长的土壤。李白的诗作，经过几百年、一千年后，还能重新影响、塑造出别的诗人，他们可能接近李白，可能超过李白……文化把不同时间空间的人"接通"了，可以共享生活的经历和生命的体验；文化能够超越个体生命的生死和时空的障碍，能够生生不息、发扬光大。①

总体上，费先生对结构的强调要更多一些，而对于能动问题的理解，还没有达到足够细化的程度。他在提出李白的诗作和个体性（他的诗和诗的风格）会保留在文化中，成为不死的文化，进而影响他人之后，又提出他人可以在这一基础上再创造。事实上是一个文化传承的问题，即费先生的重点在于文化及其传承，而不是人的创造；即便提及了创造一词，对于如何创造的问题也还停留于一个相对抽象的层面。可以说，他对文化以及文化传承的讨论，所做的工作还多是"结构层面"的。他提到：

　　从"个人和群体"的角度理解文化，"文化"就是在"社会"这种群体形式下，把历史上众多个体的、有限的生命的经验积累起来，变成一种社会共有的精神、思想、知识财富，又以各种方式保存在今天一个个活着的个体的生活、思想、态度、行为中，成为一种超越个体的东西。当一个新的生命来到这个世界上时，这套文化传统已经存在了，这个新的生命就直接生活在其中，接受这些由很

①　费孝通：《试谈扩展社会学的传统界限》，《北京大学学报》2003年第3期。

多人在很长时间里逐步创造、积累的文化，所以，文化具有历史性，它是跨越时间、空间和生命的东西，也是先于个体而存在，不随个体的消失而消失的东西。[①]

可见，他谈及的文化相对于个体而言，是一个先验存在。诚然，他在很多地方都提及个体对文化的学习、继承，然后才是修正、创新，甚至创造。但对于后者，总是点到为止。对于这一问题，就像伯格森批评涂尔干一样，伯格森认为，涂尔干对于个体适应社会的问题谈得太少了。[②] 可以说，在费先生的讨论中，有"主体"形象，但缺乏"主体能动性"的观照，个体适应社会和改造社会的部分甚少。

对此，还可以费先生最为强调的社会关系中的"意会"为例。在这个概念中，他提及对社会关系中人与人之间交往的不可言说部分进行探究的重要性，但在这个"不可言说"的论说中，费先生提及的多是"习惯""习以为常"等文化特征，而不是主体本身的特征。当然，他也提及了人们可以不断地"试错"修正、更新这种"意会"的内涵，但对于人们如何"试错"等问题，又有些语焉不详，主要因为这没有成为他讨论的重点。他说"意会"是人际交往中的"不言而喻""意在言外"，是"人们日常的细微的人际关系、交往方式、交往心态以及与之有关的风俗习惯和价值观念"，且常常"是一种文化中最常规、最平常、最平淡无奇的部分，但这正是文化中最基本、最一致、最深刻、最核心的部分，它已经如此完备，如此深入融合在生活的每一个细节中，以至于人们根本无需再相互说明和解释。而从社会运行的角度看，这种真正弥散在日常生活中的文化因素，看似很小很琐碎，实际上是一种活生生的、强大的文化力量，它是一个无形的无所不在的网，在人们生活每个细节发生作用的东西，制约着每个人每时每刻的生活，它对社会的作用，比那些貌似强大、轰轰烈烈的势力，要深入有效得多，它对一个社会的作用，

---

① 费孝通：《试谈扩展社会学的传统界限》，《北京大学学报》2003 年第 3 期。
② 伯格森：《道德和宗教的两个来源》，彭海涛译，北京时代华文书局，2018。

经常是决定性的"。因此，看似"意会"是一个心理过程，是内化于主体的现象，而在费先生的社会学范式解释下，主要留下的却是"结构"的形象。

费先生将"主体"拉向了"我"这个概念，看似通达了主体的最深层，这个最深层不是他人、他者，而是"我""自己"。这似乎可以给我们提供通达个体深层的全部"洞察"，但事实上却不常如此。

费先生讲到社会学意义上"我"的不同层次：生物的我、社会的我、文化的我、表面的我、隐藏的我、说不清楚的我，甚至还有梦中的我、醒时的我、喝醉的我，等等。他讨论的结论是：这些不同的"我"的背后起决定作用的是文化（结构）。他尤其区分了"说得清的我"和"说不清的我"，而且认为"说不清的我"更值得探究，也可以说，有时这个"说不清的我"就是"意会"的主体，背后起决定作用的是"习以为常"的"习惯"，如此，又将对主体的解释拉回到结构分析路径。当然，社会学视角下对"人"的概念分析，离不开对结构的讨论。不过，也确实需要在结构之外给予主体一个独立性，否则就无法说明"主体能动性"。而"整全"的主体（指主体既在结构之内又在结构之外的状态）是社会学必须说明的问题，否则，就会如同伯格森所说，只讲清楚了社会如何制约人，而对于人如何适应/创造社会则几乎是失语的。

总体上，费先生将社会学分析引导至对人的精神世界探索的方向，尤其提到了对社会关系中"意会"部分的研究的重要性，事实上，"意会"是综合了结构和主体二元的概念。在这里，费先生意识到"主体"在社会关系中的位置，并提及了深一层的主题概念："我"和"心"。尽管他对"意会"和"我"的讨论，还是侧重于文化结构的视野，却也提及了人们在实践中的创造、修正中的主体作用。至于人们是如何创造社会的，借用费先生的话，这是需要进一步扩展社会学的视野才能完成的任务。他在扩展社会学的路径探索中，为我们今天进一步思考社会学视野下的"主体"概念，提供了很多启示。

二 主体的自觉：探究深度自我的可能性

费先生对主体的关注，主要是将"主体"纳入社会关系的视角来进行的，即自我与世界的关系成为他考察的核心，这为社会学视野下对主体的讨论设立了视域，也将是社会学对主体问题讨论的核心问题。本节尝试在这一视域下，增进对主体问题的思考。

事实上，在以"自我"为起点的社会关系中，有一个"我"的自觉/觉醒的主体过程，然后才是个体主动适应社会、改造社会和建设社会。但这往往被社会学的既有范式所忽视。

当然，在1979年以来恢复期的中国社会学的既有研究中，很多学者也注意到了主体的问题，但学者们多将主体作为"策略"的运作者来使用。如权力的"非正式运作"概念，便是一种表述方式。这种表达方式难以认识到主体的复杂面向。它表面上关注的是人本身的行为，但实质上关注的是人所在的环境及其文化规则。如孙立平、郭于华对农村收粮案例的解释[①]：1990年代中期，村干部用各种方法都无法说服老农交出粮食，最后说了句，"你就把我当成是要饭的"，结果老农就交了粮食。他们将其解释为"正式权力的非正式运作"，认为是基层干部对正式权力之外的本土性资源的巧妙利用，使得国家意志能够在农村得以执行，在这一过程中，村干部－农民的关系情境被定义成乞讨情境。周飞舟则进一步指出，这种"乞讨情境"来自背后的村干部和村民都认同的道理，即无论是谁，只要以乞求的态度对待自己，自己就应该给予帮助。这个道理比服从国家、做安分良民都重要，也比要交的15斤花生重要。周飞舟认为，这些道理也就是中国人的行动伦理，它包括体察人情、有施有报、帮助弱者等。周飞舟的解释冲破了既往认识这些社会关系的权

---

① 孙立平、郭于华：《软硬兼施：正式权力非正式运作的过程分析》，载清华大学社会学系主编《清华社会学评论》特辑，鹭江出版社，2000。

力－利益解释路径。① 即对于社会关系的认识，冲破既往的权力－利益导向的行为主义范式，走向行动伦理范式，是一大推进。周飞舟提出的行动伦理范式与费孝通晚年倡导的对社会关系的重新认识有着密切关系，都走向了对更具体的中国文化的认识，深化了社会学对中国文化和中国社会运行规则的研究，主要在于包含了"人如何适应"社会的主题。所谓行动伦理，可谓是人化的道德。

郭于华也是较为关注主体问题的社会学学者，她呈现的是一种被压制和抵抗的主体形象。② 如她在骥村女性口述史研究中呈现的女性形象，强调的是在集体化时期，尽管女性参加集体劳动对原有父权是一种解放，但女性又进入另一种权力体系，即国家权力的控制中。因此，她认为女性中出现的类似"集体欢腾"一样的快乐，只是解放的幻象。

可以发现，既有研究对主体的认识方面，仍然有重视结构轻视能动性的局限。当然，这是社会学范式的基本假设所致，自涂尔干以来社会学一直都有这样的路径依赖，而换一个角度，这未尝不是这个学科的优势所在。不过，我们还需注意到，号称对社会进行"整体"研究的社会学，对其重要的甚至是唯一的社会成员——人的关注，始终存在力有未逮之处，这便是伯格森所说的个体如何适应社会的问题。也就是说，个体的创新、修改和创造社会的过程，在人类历史上不容忽视，也应该纳入社会学的思考范围。

按照我们的直观经验，人的能力在推动人类历史的进程中发挥了巨大作用。个体绝不仅仅是社会和结构的傀儡，一方面，他是文化的继承者；另一方面，他也是文化的修改者和创造者。哈布瓦赫③在研究集体记忆的社会变迁时，就曾提到作为集体的文化是如何更新的。他指出，新文化寄生于旧有的体制之内，然后渐渐生长出来。凭借历史经验和直

---

① 周飞舟：《论社会学研究的历史维度——以政府行为研究为例》，《江海学刊》2016 年第 1 期。

② 郭于华：《心灵的集体化：陕北骥村农业合作化的女性记忆》，《中国社会科学》2003 年第 4 期。

③ 莫里斯·哈布瓦赫：《论集体记忆》，毕然、郭金华译，上海人民出版社，2002。

觉，背后的人发挥了决定性的作用。那么，社会学该如何描画这一创造过程呢？显然，关注人的精神世界的哈布瓦赫对此也是忽略的。

值得指出的是，社会学范式容易忽视主体问题，不等于中国社会学的传统中缺乏这方面的深入讨论。例如，潘光旦先生提到了人的"自觉"的问题。周飞舟通过重新梳理潘光旦先生的社会学思想后指出，潘先生以"新人文思想"为基石的社会学就是"人化的社会学"，关键就在于一个"人"字。而真正的人的学术包括每一个人的自我认识与自我控制。[①] 以下一些讨论主要借鉴了周飞舟对潘先生思想的阐发线索。

潘先生明确指出，社会学不能"只晓得在人身外围兜着圈子"，而对于人如何自我认识和自我控制却"茫如捕风"。潘先生提出"人化的社会学"的方向，目的是使人类能够增强自我认识和自我控制的能力，即自明、自强。《论语》中孔子曰，"不患人之不己知，患不知人也"。所谓"患不知人"，正是通过"知人"而知己，获得自知之明；"自强"就是自我的控制，就是要有稳定的情绪和坚强的意志，这主要属于情感和意志的范围。

潘先生的人化社会学的基础是位育思想。其中，"位"是天、是自然，"育"是人、是文明，"位育"一词隐含了儒家对于天人关系的基本认识。潘光旦指出，位育是两方面的事，环境是一事，物体又是一事。位育就等于二事间的一个协调。世间没有能把环境完全征服的物体，也没有完全迁就环境的物体，所以结果总是一个协调。位育源自对"adaption"或"adjustment"的翻译，潘先生反对日本人的"适应"或"顺应"的翻译，认为这个译法太"迁就环境"（包含对结构路径的批评）。[②] 他的"位育"思想的关键是"天人合一"。

潘先生的"新人文史观"讨论了人与自然、个人与社会的关系，并将

---

① 周飞舟：《人伦与位育：潘光旦先生的社会学思想及其儒学基础》，《社会学评论》2019 年第 4 期。

② 潘光旦：《当前民族的另一种说法》，载潘乃穆、潘乃和主编《潘光旦文集》第 9 卷，北京大学出版社，2000，第 47 - 48 页。

个人放置于重要的位置。认为社会的形成、历史的演进既从人而来又离不开人，而且是"好人"。而"好人"出现的关键因素有两个：一是遗传，二是教育。① 遗传代表先天和自然，潘先生的优生学就是以此为基础的；教育是儒家思想最为强调的，教育与环境有关，环境代表后天和养育。

周飞舟认为，潘光旦建立的社会理论以"究天人之际"为基础，其关键在于以人为本，通过人而知天。人与其他无机、有机现象的差别在于，不但"有知"而且"有觉"，即有灵明的自觉——这构成了社会的基础。文化决定论的错误比较隐蔽，忽略了人的"自觉"与"自动的力量"。潘光旦社会理论中的人，具有一种内发的"自由"，这是一种有着自我意识和自我控制能力状态下的自由；而人也在与他人的互动中让自己的"个性"和人与人之间的"通性"达到"和"的状态。这也是中国人的主体特征之一。

周飞舟指出，潘光旦的社会学思想中，"关系"或"社会关系"是有特定规定的。交相感应、有着自觉意识的行为才能发生社会关系。先是区分"类别"，对每一类别应如何对待，包括自己的类别应如何定位，人都能形成明确的自我意识，而对类别规范的理解和反应就形成了人格。② 所谓"明伦"，"明"是"自觉"，"伦"是"类别"和"关系"。③ 只有关系而无类别就是功利交换，只有类别而无关系就是愚忠愚孝。周飞舟认为，正是由于明伦的自觉，各种类别和关系才构成了由己到人、由内到外的次序结构，这种次序结构是理解社会的关键所在。由人到伦，从类别到关系，潘先生构建了一个从个人到社会的思想体系。他的个人与社会的思想可以概括为：个人和社会不存在根本的对立，例如社会对秩序的追求可能压抑个性的发展，但却是基于众多个人之通性的部分而

---

① 潘光旦：《文化的生物学观》，载《人文史观》，群言出版社，2014，第 8 页；《人文史观与"人治""法治"的调和论》，载《人文史观》，群言出版社，2014，第 22 页。
② 周飞舟：《人伦与位育：潘光旦先生的社会学思想及其儒学基础》，《社会学评论》2019 年第 4 期。
③ 潘光旦：《明伦新说》，载潘乃穆、潘乃和主编《潘光旦文集》第 5 卷，北京大学出版社，2000，第 23 页。

来；个人的发展和社会的发展可以达到协调，理想的社会秩序是建立在通性的基础上而又不妨碍个性的发展。为达到各方协调的平衡体，自由教育和民主政治是前提条件。潘先生的自由教育和民主政治思想是用来说明他的"自我认识"和"自我控制"人格论的条件的，这里不展开论述。

潘光旦还将人的研究放置于文明危机中来理解，即人类控制物力的力量与人类自我控制的力量差距越来越大，前者是势如破竹、一往无前，后者却如同童子婴孩，问题出在人和社会本身，因此教育是社会学的根本使命，研究人如何安其所遂其生，关键是存养省察。正己而物正，乃能尽己之性，尽人之性，尽万物之性，乃能赞天地之化育。事实上，费先生关于文化的思想也深受潘先生新人文思想的影响，不过二人的思想之间仍有很大差异。周飞舟指出，潘先生曾对费先生的生育制度的文化功能主义立场做过委婉的批评，① 即文化决定论的倾向忽视了基于自然的、人性的力量，同时也忽视了人的"自觉"和"自动的力量"，将社会文化和礼法制度建立在外而非内的基础上，容易导致人定胜天等"不自量、无根据的玄学"，也必然导致人类的碰壁和失败。②

在潘先生的思想脉络下，从强调他人与自我的关系，到人的"主体的觉醒"的作用，走向了一种深层自我，这是一种社会所期待的良好的主体状态。关系视角下的人首先是在他人/他者的影响下发生"自觉"，进而改变自我、适应社会乃至改变社会。

在潘先生的人文思想中，"自觉"的完成得自一种"教育"的过程，这个"教育"的过程十分复杂，途径也是多样的。周飞舟指出，潘光旦教育思想的核心是"自由"，实质就是儒家的"明、诚"，是人格培养的学问，是一种内发的、有着自我意识和自我控制能力的自由。"学者为

---

① 费孝通：《个人·群体·社会——一生学术历程的自我思考》，载《费孝通全集》第 14 卷，内蒙古人民出版社，2009，第 237 页。

② 周飞舟：《人伦与位育：潘光旦先生的社会学思想及其儒学基础》，《社会学评论》2019 年第 7 期。

己",就是为了完成自我而教育自我。品格的内容是"和",即通过与他人的互动,让自己的个性和人与人之间的通性达到和的状态。

潘先生较为强调遗传对人的作用,不过,他也认为,如果仅从"遗传"概念讨论人的先天和自然,还是无法全面揭示人的"有知"和"有觉"这一内在动力。潘先生指出,在具体实践中,难以区分人的生物性和文化性,譬如一位青年男子喜欢某位女子,生物性发挥了基础作用,但喜欢什么类型的女子则又是文化所致。因此,单就青年男子喜欢某位女子这一简单现象而言,就是人的生物性和文化性的混融。

潘先生以生物为体的人的精神分析包含丰富的启示,即关注人的生物性(有知、有觉)与人的社会性(人文环境的作用)之间的混融及其实践表现形态,这是未来社会学之人学发展的重要方向。事实上,这也是社会理论所谓"能动性"和"结构性"之间的混融。人的"有知"和"有觉"看似超越了生物性,事实上就是经常被忽略的生物性,在文化决定论那里尤其如此。而如何在社会学范式下,将潘先生的人的生物性所指范围,如从遗传、气质等概念生发开来,将"有知"和"有觉"等抽象概念具体化,将它们与人的后天环境的作用相契合,在学术上探究各因素的作用情况,从而更深入理解人文世界,这不仅需要丰富的实践,而且需要研究中的"主体视角"。

目前,潘先生启发给我们的一条主体的社会学解释路径,是经由"教育"—"学习"—"自觉"—"学为好人"的路径。它具有相当的普遍性,它蕴含的意义甚至是跨文化的。它表达的是一种自我成长的历程,即经历一番世事,一般称之为磨炼,自我成长是一种真正的主体性和主观能动性,它表现为面对一些结构性(命运)的限制,个体的选择路径和改变自我乃至社会的能力。在一定程度上可以说,改变了自我,也就改变了社会,自我是社会的重要组成部分。而自我与世界的关系,也是自我与他人/他者的关系。

文学中的"自我"描述常常处理类似问题。如前所述,在《试谈扩展社会学的传统界限》中,费先生提到作为"主体"的人对于认识社会关系深层的必要性，同时，他又指出，艺术、文学、电影等只是利用和表达这部分存在，缺乏学理上的探索和研究。而社会学是以逻辑因果和系统分析见长的学科，有条件也有责任对这方面进行探讨。而在探究"主体"与社会的关系问题时，费先生转向中国的儒家等传统思想，以及其他文明中对于"精神""我""心"等问题的探索。这在中国社会学的历程中，对于扩展社会学的传统界限，以及发展一种迈向主体的社会学分析，具有十分重要的奠基意义。

在费先生的讨论中，笔者认为，还存在一种隐含在其中的意涵，如费先生所指出的，艺术、文学、电影利用和表达了"主体"方面的复杂意涵，但往往又缺乏系统性；社会学范式对表达"人"这一现象本身虽力有未逮，但又擅长逻辑因果和系统方法。因此，何不以社会学的逻辑因果和系统方法，以及它的视角来分析文学等艺术提供的对"主体"现象的描述呢？这或可成为扩展社会学界限的重要路径，也是迈向主体社会学的探索路径之一。在文学的主体表达中，有关"主体的觉醒"的现象可谓俯拾即是；潘光旦先生的新人文思想可以解释人的"自觉"，且关于"人的自觉"的意涵还是跨文化的。

当然，描述深层主体的概念不仅仅是"自觉"/觉醒，还应该包括各种欲望及其实现/限制等多重问题。在社会学的经典文本中，这方面表达的基本都是使行为主体朝向一个"学为好人"的方向迈进，它也是社会所期待的理想主体。① 在这个问题上，潘先生提示的"教育"的意义及其与人的生物学特征之间的关系仍是一个重要议题。对此，还需要进一步在社会学的视野下进行探究。

三 "主体"与文化自觉：主体研究应有的格局与意义

费先生从社会关系角度来理解"自我"，而且在讨论自我与世界的

---

① 如林耀华的《金翼：中国家族制度的社会学研究》（生活·读书·新知三联书店，2008）、潘光旦的《冯小青：一件影恋之研究》（新月书店，1929）。

关系时，经常强调文化的基础作用，其实他的内心还有一个"文化自
觉"的关怀。"文化自觉"①概念是费先生1997年提出的，它的背景渊
源一方面来自上一代知识分子如梁漱溟、陈寅恪、钱穆等深陷其中的东
西文化之争，另一方面来自20世纪末中国现代化过程中的"文化危
机"。它直接来自费先生对鄂温克民族的考察实践，最初的问题是：在
进入信息时代后，这个民族的自身文化如何保存下去。费先生认为，不
只局限于此，它还是中华民族乃至全人类都面临的文化转型问题，具体
包括如何发挥原有文化的特长，求得民族的生存与发展。这需要一个前
提，那就是要求生活于一定文化中的人对其文化有"自知之明"，明白
它的来历、形成的过程、所具有的特色和它的发展的趋向，自知之明是
为了加强对文化转型的自主能力，取得适应新环境、新时代文化选择的
自主地位。与这一问题相关的是本土化和全球化的问题，他认为，在与
西方保持接触和交流的过程中，②把我们文化中好的东西讲清楚使其变
成世界性的东西，首先是本土化，然后是全球化。现代化的过程应该是
一个"文化自觉"的过程，即人类从相互交往中获得对自己和"异己"
的认识，创造一个文化上兼容并蓄、和平共处局面的过程。③

　　"文化"概念始终是费先生关注的核心问题，事实上这仍然是一个
结构性的问题。不过，在论述文化问题时，他指出了社会影响人和人影
响社会的双重过程。他说，一个生物人离开母体后就开始在社会中依靠
前人创造的人文世界获得生活。这个人文世界是历代社会人共同的集体
创作，社会人一点一滴地在生活中积累经验，人们总是模仿别人而不断
实践。这是社会影响人的过程。而人影响社会的过程，表现为费先生注
意到人创造人文世界的问题。他指出，人文世界中的每一个成分都是社
会中的个人凭其天生的资质创造出来的，日积月累，是一代代人在与自

---

①　费孝通：《我为什么主张"文化自觉"》，《冶金政工研究》2003年第6期。
②　费孝通：《关于"文化自觉"的一些自白》，《群言》2003年第4期。
③　费孝通：《人文价值再思考》，载《费孝通全集》第16卷，内蒙古人民出版社，2009，第
　　59页。

然打交道中形成的，这些创新一旦为群体所接受，就进入人文世界，就不再属于任何个体了。这是文化的社会性。[1]

费先生的上述讨论涉及从个体到社会，以及从社会到个体的双向运动。个体是"文化"形成、积累和传承的起点，也是我们理解费先生的"文化自觉"概念的基础。

他在《"美美与共"和人类文明》中指出了"人"对于理解文明的基础作用。[2] 他认为，在对各种文明基础和特质进行研究时，常会牵涉到对文化的基本定义。虽然人们常常把世界上不同文明之间如何相处的问题，看作国与国、民族与民族之间政治、军事、综合国力等方面的比较，像是在做一种"力学"关系分析；但是，这样的分析是不全面的。因为文明、文化都是关于"人"的事情，所以要搞清楚文明和文化的问题还得从"人"入手；而不同文明和文化之间的关系也不是靠简单的逻辑论证、辩论、讲道理就能解决的。在处理跨文明关系、跨文化交流这样更复杂、更微妙的人文活动时，就要求我们运用一套特殊的方法和原则，最大限度地注意到"人文关怀"和"主体感受"，而这是一项涉及历史、文化、传统、习俗、文学、艺术等诸多领域里的以"人"为中心的系统工程。这一思想可以视为费孝通对《试谈扩展社会学的传统界限》中相关思想的进一步说明。

事实上，个体的能动性始终是一个关键问题，是人类进步的内在机制。费先生注意到"自我"和"心"在推进文化自觉建设方面的动力是内在的，效果是显著的。例如在谈到学科重建时，他提到老一代知识分子专心治学的精神和志气，在"行行重行行"中也看到了新一代企业家有股劲儿，但新一代学者的劲头和精神还不够，它是一股有待培养的道德力量。[3] 对于这类现象，社会学应该有所阐释。而对于个体如何适应和创造社会

---

[1] 费孝通：《关于"文化自觉"的一些自白》，《群言》2003 年第 4 期。

[2] 费孝通：《"美美与共"和人类文明》，载《费孝通全集》第 17 卷，内蒙古人民出版社，2009，第 546 页。

[3] 费孝通：《重建社会学与人类学的回顾和体会》，载《费孝通全集》第 16 卷，内蒙古人民出版社，2009，第 466 页。

的问题，伯格森有过讨论，不过终究是在社会学范式之外，而如何弥补中国社会学的这一缺陷，尚需在费先生的基础上，做进一步的讨论。

可以认为，对"自我"的认识是"文化自觉"中的一个核心问题。有一种观点认为，只有认识自我，才能处理好自我与他人的关系，进而处理好自我与社会的关系。无论任何时候，作为主体的人都是改变世界的力量源泉。可惜对于个人如何改变世界，社会学的讨论总是远远不够。在近代西方社会科学中，这是一个普遍现象。但这不等于学者们没有意识到主体的重要性。如同叶启政所说，在社会理论中，一个核心问题就是结构与能动之间的关系，这从另一个角度说明了"能动"在理论家们心目中的重要作用。① 可惜，社会科学范式尤其是社会学范式，至今仍在这个问题的外围兜转，一方面认为这个问题很重要，另一方面又在分析实践中远离主体，对主体表现出暧昧的态度。

费先生在晚年提到"主体"的问题，且指出了主体的深层"自我"和"心"等问题，这为社会学的"主体"研究扩展了界限，也指引了方向，其中方向之一便是，社会学的"自我"研究需要有一个大的格局。可以认为，他是在"文化自觉"的关怀下提及对于"自我"和"心"的研究的。这也应该是未来社会学关于"自我"研究的格局。

总之，为克服社会学既有范式的局限，社会学有必要走出"只见社会不见个人"的困局。尽管，在过去很长一段时间内，社会科学的主流范式关注的是社会和结构，未来很长一段时间，主流研究仍会如此。如费先生所说，这是社会科学的工具意义。但是，社会科学还有一个人文意义，这便是对"人"的关注，它位于深层的意义世界。社会学发展到今天，只有工具意义显然也是不够的，一方面不利于一门"学"的建立，即不利于确立社会学在学科分类中的坚实地位；另一方面，即便从改变世界的工具价值角度来说，也不利于社会学对世界的全面理解，社会学的科学范式在增进世人对社会的理解方面依然有局限，从而影响了

① 叶启政：《迈向修养社会学》，三民书局，2008。

社会学改变世界的力量。

而从社会关系的角度探究主体世界的深层意涵，恰恰是社会学的独特视角，也是费先生为我们指明的方向。在社会关系视角下研究人的主体问题，一方面有必要弥补以往社会学忽视人的主体问题的局限性，讨论主体适应社会乃至改造社会的过程和情态；另一方面，也有必要说明处于社会关系等各种外在限制中人的调整能力或失调状态。概言之，社会学应该在增进对主体的理解方面贡献自己的独特力量。这在学科建设中具有重要意义，对增进文化自觉和促成文化转型的实践世界也颇具价值。

四　文化大相遇时代的文化自觉

文化自觉是费孝通晚年提出的一个重要的描摹人的存在状态的概念。很大程度上，也正因为对这一概念及其相关问题的关注，才引发他晚年提出社会学的人文性转向议题。费孝通晚年在做扩展学科界限讨论时，深入讨论了人作为主体的精神世界的特征。可以说，文化自觉概念为他提出扩展学科界限的主张提供了思想基础，同时，他对人的精神世界特征的思考也是对文化自觉概念的进一步探索。本节试图将"文化自觉"概念与保罗·利科的"文化创造性"概念做跨文化的比较，或可进一步理解费先生提倡的对人的精神世界耕耘的社会学意义。

自近现代以来，大规模和大范围的"文化相遇"（cultural encounters）一直在发生和持续，甚至在很多方面有世界同一性的趋势。自 1840 年以来，中国所面临的也一直是这样的处境，其最重要的一个特点是：后发展国家面对西方文化的冲击。在这种处境下，中国社会和文化何去何从？民国时期，梁漱溟、陈寅恪、钱穆、孙本文、李景汉、潘光旦、吴景超、吴文藻、费孝通、林耀华等学者围绕这一问题做了大量探索。晚近时期，费孝通提出的"文化自觉"概念，也是对这一问题的重新理解和应对。"文化自觉"对于中国社会学和人类学，乃至整个中国学界影响颇大，也有越来越多的学者对此做了研究，学者多将"文化自觉"概念放在费孝通的思想脉络中去理解。在这些研究基础之上，本节关注的议题是："文化自觉"概念的核心意义还应该包括哪些方面？

可以说，"文化自觉"回答的是在当今世界文化大相遇情况下，民族文化何去何从的问题。而"文化相遇"被历史学学者蒋竹山认为是近年来成长最快的主题之一。[①] 相遇是指世界史概念的文化之间的接触，以及意识性与随机性的跨文化互动，重点在区域、文化边界与文化交往，以及文化碰撞中产生的误解。而中西文化的接触，远非由欧洲中心转向发展中国家的单向接触。文化相遇在这里指费孝通在 1990 年代提到的文化交流、文化转型问题。对于文化相遇的内在机制，还需要不同学者从不同角度来探究。

西方也有很多学者在思考类似的问题。例如，保罗·利科在讨论"世界文明和民族文化"中谈及了"文化创造性"的问题，[②] 这在一定程度上代表了西方学者在面对世界文明冲击下，对自身文化发展的焦虑。尽管保罗·利科与费孝通提出"文化自觉"的立场有着很大的差异，但他们面对的是同一问题，即文化交流和文化转型的问题。本节力图通过与保罗·利科一些相关思想的对话，深入理解费孝通的"文化自觉"概念及其对当下的启示。这里的出发点即来自此：通过引入保罗·利科的"文化创造性"概念，对费孝通的"文化自觉"概念做进一步理解，一方面，是为了回应当代的文化大相遇问题；另一方面，是为了探寻费孝通提出的"文化自觉"的深层意涵。

据费孝通的回忆，"文化自觉"这个概念来自 1997 年北京大学举办的第二届社会学人类学高级研讨班。他认为，"这四个字正表达了当前

---

① 蒋竹山认为，当代历史学研究有十个新取向，分别是：情感的历史，阅读、书籍与出版文化，文化相遇，历史记忆，全球史视野，帝国与国家，环境与历史，科学、技术与医疗，新史料与历史书写，大众史学与公众史学。参见蒋竹山《新文化史到全球史：当代历史学研究的几种新取向》（导论），载蒋竹山主编《当代历史学新趋势》，联经出版公司，2019。

② 保罗·利科：《世界文明与民族文化》，载《历史与真理》，姜志辉译，上海译文出版社，2006，第 274-287 页。本节对保罗·利科的思想讨论，皆引自这一部分，下不赘述。

思想界对经济全球化的反应，是世界各地多种文化接触中引起人类心态的迫切要求。人类发展到现在已开始要知道我们各民族的文化是哪里来的？怎样形成的？它的实质是什么？它将把人类带到哪里去？"① 文化自觉概念可以视为费孝通自 20 世纪 90 年代以来对文化转型问题思考的一个高峰，赵旭东认为，"从费孝通 1992 年的《孔林片思》那篇文章提出'心态'研究的概念开始，这种面对文化转型的讨论便没有真正停止过，后来在与北大校长面谈社会学与人类学的学科建设时，他更为明确地指出了文化转型将会成为一种世界性变化的前奏的看法，所谓'新战国'时代的来临等这些新概念的提出，都可以在他晚期的诸多文章里找寻得到。实际上，理解费孝通思想的最为重要的两个字便是'人文'，这方面我们从费孝通思想那里了解了很多，包括人的问题、社会的问题以及现在一些文化上的新转变"。② 在这样的关切下，"文化自觉"概念的具体含义是：

> 在于生活在一定文化中的人对其文化有"自知之明"，明白它的来历、形成的过程，所具有的特色和它的发展的趋向，自知之明是为了加强对文化转型的自主能力，取得决定适应新环境、新时代文化选择的自主地位。③

周飞舟认为，"文化自觉"是费孝通第二次文化反思的结果，其中既包含着对农村发展、民族关系等现实问题的思考，也包含着对个人与社会、个人与文化关系的理论和方法论的思考，还受到他自己的人生经历和历史责任感的驱使。④ 周飞舟指出，社会学本身就是一门使人"自觉"的学科，社会学的田野调查能够帮助我们明白个人与社会的关系。

---

① 费孝通：《关于"文化自觉"的一些自白》，《学术研究》2003 年第 7 期。
② 赵旭东：《费孝通思想研究：作为一种纪念的理由》，《原生态民族文化学刊》2019 年第 1 期。
③ 费孝通：《关于"文化自觉"的一些自白》，《学术研究》2003 年第 7 期。
④ 周飞舟：《从"志在富民"到"文化自觉"：费孝通先生晚年的思想转向》，《社会》2017 年第 4 期。

而中国的社会学在中国文化的熏陶下首先要教人做人，做个好人，就需要有充分的文化自觉。这同时体现在费孝通的研究反思层面：强调社区研究必须提高一个层次，不仅看到社会结构，还要看到人，也就是心态的研究。这也是费孝通在"文化自觉"历程中找到的个人归属，即属于文化人的安身立命的地方。

笔者也认为，对文化自觉的理解，还需在费孝通的学术反思中寻找答案。在费孝通的思想体系中包括两个组成部分：学术反思和文化反思。而文化反思/文化自觉在费孝通看来还是学术反思的扩大和发展。"从个人扩大到自己所属的文化，从个人的学术发展扩大到一门学科的演变。学术反思是个人要求了解自己的思想，文化自觉是要了解孕育自己思想的文化。因为要取得文化自觉到进行文化对话，以达到文化交流，大概不得不从学者本人的学术反思开始。"[1]

（一）从"学术反思"到"文化自觉"

周飞舟认为，费孝通提出文化自觉的概念，是学术反思后顺其自然的结果。[2] 而且，转向文化自觉的历程，是对他当年同窗好友利奇两个问题回答的一个结果。利奇的两个提问分别是：其一，在中国这样广大的国家，个别社区的微型研究能否概括中国的国情？其二，像中国人类学者那样，以自己的社会为研究对象是否可取？周飞舟将这两个问题作为理解费孝通在晚年对社会学方法论深入反思的总线索。费孝通在1990年的《缺席的对话——人的研究在中国——个人的经历》一文中，尝试对利奇的问题进行了回答。[3] 但费孝通对此回答也不尽满意。周飞舟认为，在这一线索下，费孝通重新反思了个人与社会的关系，对之前涂尔

---

[1] 费孝通：《从反思到文化自觉和交流》，《读书》1998 年第 11 期。

[2] 周飞舟：《从"志在富民"到"文化自觉"：费孝通先生晚年的思想转向》，《社会》2017 年第 4 期。

[3] 对第一个问题的回答是：只要坚持不懈地进行更多的乡村、更大区域的调查，就可以不断地在"类型比较"中"逐渐""接近"对整个中国农村的认识；对第二个问题的回答是：出于一种价值选择，即用所得到的知识去推动中国社会的进步。参见费孝通《缺席的对话——人的研究在中国——个人的经历》，《读书》1990 年第 10 期。

干立场的社会决定论进行了反思，指出个人的重要性。他的学术反思历程由生态转入心态，"设身处地"成为这一时期费孝通强调的方法论主旨，而他一贯主张的"从实求知"也被赋予了新的意义。在周飞舟看来，"文化自觉"是费孝通对利奇第二个问题的回答，且远远超越了这个问题的层次。对第二个问题的回答，最终进入"心"的层面，将"我"和世界的关系变成了一种"由里及外""由己及人"的具有"伦理"意义的"差序格局"；直接把"我"和世界的关系公开地"伦理化"。从"心"开始，通过"修、齐、治、平"这一层层"伦"的次序，由内向外推广开去，构建每个人心中的世界图景。①

学界普遍认为 2003 年的《试谈扩展社会学的传统界限》可谓费孝通学术反思的一个里程碑。它的主旨是在保持社会学立场的前提下，进行社会学学科的研究路径的拓展。事实上，其中包含了保罗·利科所提出的"文化创造性"的问题。所谓"文化创造性"，是法国学者保罗·利科提出的文化大相遇时代的"文化自觉"问题。他重在保护容易受到伤害的"文化创造性"，以及与之相关的个体性问题。

不过，关于"文化创造性"往往是被中国学者相对忽视的问题。"文化创造性"在费孝通的理论体系中，大体是处于他对"个人与社会"关系的说明之中。笔者认为，费孝通晚年不仅提到"心"等主体特征是"文化创造性"的条件，还指出了相关的各种大格局问题，如全球化的文化交流、文化转型等。可能恰恰是他的社会学立场，导致他没有明确强调"文化创造性"是文化成功转型的内在关键问题。他仅将文化创造问题作为文化传递的一个环节和条件，如他对李白创作诗词个案的解释。背后的其他原因还可能是，"志在富民"和"从实求知"的根本立场。②

---

① 费孝通：《试谈扩展社会学的传统界限》，《北京大学学报》2003 年第 3 期。
② 周飞舟：《从"志在富民"到"文化自觉"：费孝通先生晚年的思想转向》，《社会》2017 年第 4 期。周飞舟认为，20 世纪 90 年代的"文化自觉"与 80 年代的"志在富民"之间，表面上相去甚远，实际上草蛇灰线，其间有着必然性的联系。而费孝通的"志在富民"的心志也是根源于中国的古老传统——"学以致用"，这必然导致研究中需要让研究者变成"局内人"，与研究对象心心相通，才能理解这个时代的言外之意。

如上所述，学术反思也是文化自觉的一个组成部分，前者是后者的基础和源头。这给我们的启发是，或可从他对学术反思中找到他的"文化自觉"中的根基性的东西。其中的"从实求知"是不得不提的思想。费孝通认为，他学习社会学、人类学的态度是"从实求知"。这是一种比较实用的态度（学以致用），与保罗·利科专注于"文化创造性"的文化立场有很大的差异。当然，保罗·利科也是基于一种实践或未来发展的角度来说文化创造性的。

费孝通的文化自觉的出发点带有很强的实用目的，"首先对于自己的乡土文化要有所认识，认识不是为了保守它，重要的是为了改造它，正所谓'推陈出新'。我在提出'文化自觉'时，并非从东西文化的比较中看到了中国文化有什么危机，而是对少数民族的实地研究中首先接触到了这个问题"。① 由此可见，费孝通的文化自觉的概念中守住文化的根的意味还是要少一些，更多是为了改造它，目的是"从文化转型上求生路……求得民族的生存与发展"。②

文化自觉在费孝通这里的目的是取得新时代文化选择的自主地位，增加自主能力，是一种文化生存的角度，这与保罗·利科的想法有相似之处。保罗·利科的文化创造性是为了解决文化大相遇时代，自身文化如何保持自我创新、自我发展的能力。保罗·利科认为，这是民族文化的核心问题，是一个民族之所以成为一个民族的东西。

（二）文化反思的时代背景

费孝通追溯到 20 世纪早期中西相遇之后的种种情况。中西第一次碰头后，清政府的官员出现心理溃败，中国人在文化自信上受到打击。他讲到：

> 曾国藩手下的一位大将胡林翼，当时驻守在今天安徽的马鞍山，

---

① 费孝通：《关于"文化自觉"的一些自白》，《学术研究》2003 年第 7 期。
② 费孝通：《关于"文化自觉"的一些自白》，《学术研究》2003 年第 7 期。

他在阅兵时，有一只外国军舰，冲着他沿江而上，这位大将竟当场昏厥了过去。以后别人问他为什么，他的回答是：对付太平天国我们还有把握，但对付这些外国军舰就没有办法了。[①]

在知识界，面对中西相遇，学者们谈论的核心问题是"民族认同和文化认同"。费孝通指出：

> 我想大家都了解自20世纪前半叶中国思想的主流一直是围绕着民族认同和文化认同而发展的，以各种方式出现的有关中西文化的长期争论，归根结底只是这样一个问题，就是在西方文化的强烈冲击下，现代中国人究竟能不能继续保持原有的文化认同？还是必须向西方文化认同？上两代中国的知识分子一生都被困在有关中西文化的争论之中，我们所熟悉的梁漱溟、陈寅恪、钱穆先生都在其中。[②]

在知识层面，关于中西相遇的问题，费孝通总结了知识分子在"五四"之后发生的"科学与玄学"及"民主与独裁"的两次重要争辩，这关乎中华民族的命运和中国社会的变革，其讨论的一些问题在今天仍有启发意义。费孝通在1990年代提出的"文化自觉"概念可看作这一讨论脉络的继续。

从中可见费孝通的来自后发展国家的"文化自觉"概念的动力基础。它不同于保罗·利科的来自欧洲发达国家的"文化自觉"/"文化创造性"。后发展国家的特点在于面对"西方文化冲击"时，自身原有文化的认同能否继续保持的问题。保罗·利科说的是文化大相遇、多样性文化对西方自身文化造成侵蚀，以致产生失去原生文化特性的危机。他没有明确提出文化认同问题，或许在西方文化中这不是突出问题，但他也以委婉的方式提到，在文化大相遇中，西方人的自我认同会被弱化。例

---

① 费孝通：《关于"文化自觉"的一些自白》，《学术研究》2003 年第 7 期。
② 费孝通：《关于"文化自觉"的一些自白》，《学术研究》2003 年第 7 期。

如，有人对自己的过去漠不关心，而对无目的的全球旅行更感兴趣；消费主义盛行对文化特性也造成侵蚀；等等。这是一个全球性的普遍问题。

五 以"自我"为起点的文化自觉

从费孝通对"文化自觉"概念的考虑中，可以看出后发展国家学者的心态：使中国在文化大相遇时代摆脱困境，探寻有中国特点的文化道路。可以说，这是后发展国家知识分子的普遍诉求，也是构成费孝通"文化自觉"概念的原动力。考虑到费孝通的长期学术主张是"志在富民""从实求知"，而且其学科关怀是人类社会发展中的社会和文化问题，这也导致他长期对"个体性"缺乏充分的关注。他在晚年的学术反思中提到，自己早年的研究犯了"只见社会不见人"的弊病。而保罗·利科来自西方文化的中心，他考虑的也是西方文化自身发展中的困境及其可能性问题。而且恰在这个问题上，他提出了"文化创造性"概念，并深入文化创造的"个体性"核心，这一概念具有相对普遍的意义。不过，也不能说费孝通就没有关心过"个体性"的问题。笔者认为，费孝通的"文化自觉"概念的中心也是一个"个体性"问题，在其思想脉络中，还是一个"自我"的问题。

如上所述，费孝通强调，学术反思和文化自觉是一脉相承的，且它们的共同起点都是从"自我"开始。费孝通指出："我觉得，人类学也好，社会学也好，从一开始，就是要认识文化，认识社会。这个认识过程的起点，是在认识自己。"[①] 而且，他指出："跨文化交流的基础，就是得从认识自己开始。我一生所做的事情，就是希望能认识自己。搞了这么多年，写了不少文章，也只能说是认识自己的开始。"[②] 他认为，"认识社会、认识世界"，与"认识自己"是同步的。

费孝通的找寻自我之途是丰富的。如周飞舟所述，若他的"文化自

①　费孝通：《从反思到文化自觉和交流》，《读书》1998 年第 11 期。
②　费孝通：《从反思到文化自觉和交流》，《读书》1998 年第 11 期。

觉"概念最初来自对他的同窗好友利奇的第二个问题（即一个人类学家以自己文化的研究为起点，是否可取）的回答，他反思的结果是：公开以认识自我为核心建构整个世界的图景，理直气壮宣布这种认识的合理性。

这包括以下几个层面的意涵。首先，在研究中，强调发自主体——人的"意会"的重要性。这些意会依靠人的精神层面的参与才可以完成。其次，从第一人称"我"的角度看待主体问题。这个"我"包括很多层面：生物的"我"、社会的"我"、文化的"我"、表面的"我"、隐藏的"我"、说不清楚的"我"，甚至还有梦中之"我"，醒时的"我"、喝醉的"我"、"被忽略掉的我"和"被否定掉的我"、"讲不出来的我"……他认为，决定人的行为的就是这些各种各样的"我"在起作用。

可以说，认识自我的一个核心是"主体"或一个文化的"意会"问题，因此"将心比心"才成为他的另一个重要概念，由此"由里及外""推己及人"的中国文化特性呼之即出。

笔者认为，"文化自觉"中"我"的意义也由此凸显出来。

不试图回避、掩盖一种价值偏好和道德责任，而是反过来，直接把"我"和世界的关系公开地"伦理化"（ethicization 或 moralization），理直气壮地把探索世界的过程本身解释为一种"修身"以达到"经世济民"的过程（而不是以旁观者的姿态"纯客观"、"中立"的"观察"），从"心"开始，通过"修、齐、治、平"这一层层"伦"的次序，由内向外推广开去，构建每个人心中的世界图景。①

这种建立于"意会"基础上的中国特色文化，恰是解决文化相遇时代的"个性"基础。

如果说中国文明有它发育不全的一面，造成了后来某些技术方

① 费孝通：《试谈扩展社会学的传统界限》，《北京大学学报》2003 年第 3 期。

面的脆弱，在与西方的对抗中，不堪一击，那么，其直觉体验的那种先见性和超前性，又使得它很早就体会和领悟到了别人没有感觉的东西。从宏观的人类文化史和全球视野来看，世界上的很多问题，经过很多波折、失误、冲突、破坏之后，恰恰又不得不回到先贤们早已经关注、探讨和教诲的那些基点上。①

这里，费孝通所谓先贤们的基点，主要是指中国传统文化的一些根基。而在学术层面找回文化的"自我"，更是"文化自觉"的任务。尽管近代以来，社会转型导致传统断裂，但费孝通重提回溯这条线索的必要性。

我的上一代是不同的，他们是受中国文化培养成长的，有着深厚的中国传统文化的根底。所以他们的基本立场是"要吸收西方新的文化而不失故我的认同"。如陈寅恪先生讲"一方面吸收输入外来之学说，一方面不忘本来民族之地位"。钱穆先生说"余之所论每若守旧，而余持论之出发点，则实求维新"。②

费孝通指出，"文化自觉"的一个途径就是回到过去。

我们要搞清中国文化的特点是不可能割断历史的，港台的知识界1960年代也对此提出了问题，不少人感兴趣的是怎样在"传统"和"现代化"之间找到接榫之处。说明文化不仅仅是"除旧开新"，而且也是"推陈出新"或"温故知新"。"现代化"一方面突破了"传统"，另一方面也同时继续并更新了"传统"。③

---

① 费孝通：《试谈扩展社会学的传统界限》，《北京大学学报》2003年第3期。
② 费孝通：《关于"文化自觉"的一些自白》，《学术研究》2003年第7期。
③ 费孝通：《关于"文化自觉"的一些自白》，《学术研究》2003年第7期。

对文化自觉的理解和认识，至关重要的是找回个体的自我和文化的自我，从中可见，文化自觉的诉求就在于一种"文化主体性"。在这个意义上，保罗·利科提出的"文化创造性"构成了"文化自觉"的核心动力。以下试图从保罗·利科的"文化创造性"概念入手理解费孝通的"文化自觉"概念。

六 "文化自觉"与"文化创造性"

保罗·利科在《历史与真理》中的"世界文明和民族文化"部分，提到"文化创造性"概念，与费孝通的"文化自觉"概念有很大的内在相似性。可以说，保罗·利科的"文化创造性"就是在思考西方或法国的"文化自觉"问题，即世界文明将人类带到何处。他认为"世界文明"无法完成这个提问和善的目标，而需要返回各自文化的来源及其内核，以完成文化对话和交流的任务。我们发现，保罗·利科的关怀与费孝通如出一辙。

（一）"文化创造性"深居"文化自觉"的核心

保罗·利科提出文化创造性的出发点来自对以普遍性和抽象性为特征的"世界文明"的大发展的忧虑。那么，保罗·利科所说的"世界文明"又是什么呢？这种"世界文明"在保罗·利科的讨论中，主要表现为五方面的内容：第一，科学精神；第二，技术的发展；第三，理性的政治的存在；第四，理性的世界经济的存在；第五，一种具有普遍性的生活。面对以抽象和普遍性为特征的"世界文明"的发展，保罗·利科在肯定它给广大群众带来了基本福利改善的现实性基础上，提出了自己的焦虑，这就是"世界文明"对文化独特性的侵蚀，他认为，这会导致文化创造性的危机。

保罗·利科以殖民时代的个性丧失为一个出发点，试图找回文明中的"内心深处的个性"的问题。这一目的是"使之重新扎根在过去之中，以便用汁液培养民族的要求"，① 从而应对"世界文明"大发展（还表现为不同文明的相遇以及文化多样性的发现）带给民族文化的冲击。这种世界文明表现为某种"同"或相通的特征，其中消费主义文化是最为突出的表现。他指出，"中等收入的人都能周游世界和在无目的的周游中享受其一生的时代就要来临，在这种情况下，世界性和无个性特征的消费文化的胜利，可能意味着创造性文化的结束"，② 而这种破坏作用甚至比原子弹破坏的风险还要大。

那么，这种文化创造性（保罗·利科称之为"构成一种文明的创造核心"）到底是什么呢？在保罗·利科的文本中，它分为由浅入深的四个层次。第一，在表面层次上，一个民族的价值表现在它的实际风俗中，表现在它的实际道德观念中，但这不是创造性现象，和原始工具一样，风俗表示一种惯性现象。第二，在较深层次上，这些价值通过传统制度表现出来，但制度也始终是有待阐释的抽象符号。第三，更深一层，如果要到达文化的核心，就应该深入到构成一个民族的基本形象的意象和象征层次。他在精神分析的意义上使用意象和象征概念。他认为，必须深入稳定的意象和经常的梦，因为它们构成了一个民族的文化基础，是对所经历的处境的自发评价和自然反应。第四，意象和象征还不是创造性的最基本现象，它只不过是创造性的最后外壳，它的内壳中存在一种他称为"文化创造的悲剧性规律"。保罗·利科认为，创造是不可预测的，它需要一位作家、一位思想家、一位智者、一位天才振兴文化，使之经历一次冒险。这种冒险就包含在伟大艺术家的创作中，而他的创作常出于愤慨，并以此打破一个民族、一种体制对自己形成的虚假意象。但在这一文化创造性的核心，有一个"文化创造的悲剧性规律"，即艺术家仅仅在孤独中，在争论和不理解中，显示出最令人震惊和困惑的特点，很久以

① 保罗·利科：《世界文明与民族文化》，载《历史与真理》，姜志辉译，上海译文出版社，2006，第 280 页。

② 保罗·利科：《世界文明与民族文化》，载《历史与真理》，姜志辉译，上海译文出版社，2006，第 281 页。

后才被当作民族的真实表达的某种东西。在文化创造性的核心——"文化创造的悲剧性规律"中，我们发现，它的根本特征是一种被表达出来的"个性"，而且是个人性。

（二）"文化自觉"的深层：重返自身文化的起源

文化创造性概念为什么如此重要？保罗·利科指出，文化传统只有不断更新才能保持活力。他认为，我们当下的处境是文化的相遇，而与其他文化传统的相遇（文化多样性得以被发现），对我们的文化来说是一种巨大的考验。并且他指出，即使所有的传统文化都受到这种文明的压力和侵蚀作用，不同文化传统的吸收能力也不尽相同。在相遇中，当我们理解其他民族的价值时，我们自己的价值会发生什么变化？保罗·利科认为，相遇本身也是创造性。

我们之所以认为费孝通的"文化自觉"与保罗·利科的"文化创造性"概念密切勾连，原因不仅在于他们讨论的都是文化相遇的问题，而且在于他们的出路也是类似的。与上述费孝通进入自我深入理解文化自觉的路径类似，保罗·利科也认为，文化创造性得以完成的基础在于返回自身和自身文化（个性）的起源。他援引海德格尔的话，即欧洲人的任务是："我们应该回到自己的起源。"① 也就是说，西方人应该回到希腊起源、希伯来起源、基督教起源，以便在各种文化的大争论中成为有资格的对话者。因为在面对自我之外的他者时，首先要有一个自我。

保罗·利科认同斯宾诺莎所说的"我们越多地理解个别事物，我们就越多地理解上帝"是一个"伟大定理"。这意味着，当人们深入特殊性的本质，人们就会发现特殊性以一种不可名状的方式，以一种不能用词语表达的方式与其他的特殊性发生共鸣。②

---

① 保罗·利科：《世界文明与民族文化》，载《历史与真理》，姜志辉译，上海译文出版社，2006，第286页。
② 保罗·利科：《世界文明与民族文化》，载《历史与真理》，姜志辉译，上海译文出版社，2006，第274－287页。

综上，我们发现保罗·利科在以不同的方式谈论着费孝通的"文化自觉"问题。用费孝通的思想理解保罗·利科的观点，那就是：在世界文化大相遇的时代，我们需要返回自身文明的核心和起源，找回自己的文化自觉，如此才能保持自身文化的独特性，以及文化独特性的核心——个体的创造性，从而在文化大相遇中取得一席之地。

（三）"文化自觉"与"文化创造性"的异同

我们认为，无论是费孝通的"文化自觉"，还是保罗·利科的"文化创造性"，他们解决的都是文化大相遇的问题，因此他们在论述问题时很多方面都是一致的。例如，面对的世界大形势有类似之处，都出现了文化大相遇的问题；"文化自觉"和"文化创造性"要解决的路径也有类似的地方，即他们二人都提出保留文化独立性，且都能深入到个体性之中，认识这一文化独特性。但是，他们的细微差别也是我们理解费孝通的文化自觉的一个重要角度。例如，费孝通与保罗·利科的出发点有差别，即尽管他们处理的都是文化相遇的问题，但一个身处发达国家，一个身处后发展国家。可以说，"文化自觉"概念的提出背景，来自后发展国家现代化过程中的遭遇，其中的一个障碍是西方文明的冲击和侵蚀；保罗·利科所面对的是来自不同文化相遇后"世界文明"的侵蚀，包含后发展国家现代化过程给西方文明带来的反作用问题。保罗·利科认为，多样性文化发现也是一个值得警惕的事实，这也会侵蚀西方文化的独特性。

因此，费孝通和保罗·利科对文化相遇的认识有差别。保罗·利科认为，文化相遇本质上是一个普遍而抽象的"世界文明"带来的问题（世界文明在保罗·利科这里有一个系统的讲法，其中文明多样性是一个突出问题）。费孝通认为，文化相遇本质上是强势的西方文化带来的一个问题，是强势文明影响下的弱势文化的适应问题。就像一些边缘文化面对强大的主流文化一样，费孝通说的危机感首先是一种强势文化的胁迫感。一般文化相遇中弱势文化会总结自己的特点，费孝通总结了中

国文化的特点，并认为中国文化的本质大体上是从中国人历来讲究的
"正心、诚意、修身、齐家、治国、平天下"的儒家所指引的方向发展
出来的。具体特点如下。

> 中国文化的特点之一，我想是在世代之间联系的认识上。一个
> 人不觉得自己多么重要，要紧的是光宗耀祖，是传宗接代，养育出
> 色的孩子。二是不同的东西能不能相容共处的问题，这就是说中国
> 文化骨子里还有这个东西可以把不同的东西凝合在一起，可以出现
> 对立面的统一。三是"多元一体"的思想，包含了"各美其美"和
> "美人之美"，要能够从别人和自己不同的东西中发现出美的地方，
> 才能真正的"美人之美"，形成一个发自内心的，感情深处的认知
> 和欣赏，而不是为了一个短期的目的或一个什么利益。四是要能够
> 想到人家，不光想到自己，这是中国人际关系中一条很重要的东西，
> "老吾老以及人之老，幼吾幼以及人之幼"，设身处地，推己及人，
> 我说的差序格局就出来了。[①]

相对应的是，保罗·利科总结的是如前文所述的世界文明的五个特
点，并认为这五个特点对于文化独特性是有伤害的。费孝通总结的中国
文化的四个特点是可以让中国文化在未来有所发展的因素，它不同于保
罗·利科所归纳的世界文明的特点，二者之间有一种张力。也就是说，
中国文化的特点，应该是保罗·利科所说的文化独特性的东西，而他提
出的"世界文明"恰是消解这种独特性的东西。因此，尽管保罗·利科
和费孝通的立足点不同、关注点不同，但也构成了互相补充的关系。

费孝通提出文化自觉问题有两个大背景：其一，面对西方文化冲击
（怀有对西方文化"自鸣得意"的一种反抗）；其二，在中国社会革命的
冲击下，中国传统被冲刷。他提出，需要回到国学，以达到对中国文化

---

① 费孝通：《关于"文化自觉"的一些自白》，《学术研究》2003 年第 7 期。

精神的深入理解。这是费孝通问题的一个核心。相对而言，文化自觉的核心，在很大程度上还是一个文化适应性的问题。这也与他的终点——"各美其美、美人之美、美美与共、天下大同"密切相关。而保罗·利科的文化创造性的核心则是一个更具个体性的东西，是保罗·利科所谓的源于个体的文化创造性，以及这种文化创造性在历史上所表现出的"文化悲剧"问题。由此可见，他们二人反思的终点有很大的不同。

在讲人文世界时，费孝通偏向了"社会性"，保罗·利科讲出它的深层是一个"个性"文化创造悲剧的问题。因此，笔者认为，尽管二者的终点有所不同，一个偏个体主义，一个偏集体主义，但若纠缠二者的差异之处，则会使我们不容易认识到文化自觉的更深含义。保罗·利科的个体性深植文化自觉的核心，即文化创造性同样是费孝通提出的文化自觉的根基和出路。

当然，我们也看到，费孝通探究文化自觉的根源时，也回到了"人"的文化研究中，他指出人具有生物人和社会人的二重性，并提出人文世界概念。而人的文化问题，重要的是文化的社会性，它可以让个体摆脱个人的生死，让个体创造的文化得以延续，这是文化的历史性，也就是说，文化的社会性是费孝通首要强调的。尽管他也提出了个体创造文化的活动（如李白创作诗歌），但个人如何得以不朽（即"文化和社会"）才是他关注的重点，而不是人如何创造这个问题。前者是一个社会问题，后者是一个看似与社会关联并不那么紧密的问题（却是社会的动力和核心），也是保罗·利科的关注。

可以认为，费孝通侧重从文化的社会性和历史性角度理解文化的适应性和发展性问题，而保罗·利科则从个体的创造角度理解文化的动力问题。

费孝通（自身更带有中国文化的特点）代表了后发展国家学者的处境，往往将焦点放在本土化和全球化的问题上。当然，保罗·利科的问题看起来也是本土化和全球化的问题，他的问题起点是西方文化与普遍性的世界文明之间的张力，在这个世界文明进程中，他强调文化独特性如何保存的问题，即便西方文化是世界文明中的优势文化。利科试图寻找这个普遍性背后的个性问题，并认为文明进步依靠的是个性。[①]

总之，在"文化自觉"概念的阐发中，费孝通预料到文化大相遇后的情况，提到中国文化适应和发展的问题，以及人类文明的发展终点问题。这为今天我们思考文化相遇问题提供了重要方向。

我们在费孝通和保罗·利科的相关解释中，发现了他们对人类文明何去何从问题的思考，有着很大的共通之处。也就是说，即便他们是来自不同国家，尤其存在发达国家和后发展中国家之别；尽管他们解释的侧重点也有差异，但也有着相通的智慧。例如，他们对人类文明中的理性和科学因素对文化的威胁都有类似的判断。费孝通指出，当下的总体趋势是迫使中国文化面对一个被物和工具支配着的世界，[②] 这是以科学和理性为重要特征的世界文明对中国社会的影响。按照保罗·利科的说法，这种特点是西方文明发展中的表现之一，它属于理性主义，也是他所担忧的"世界文明"中具有摧毁源文化动力的东西。

他们二人的差异之处，笔者认为仅在于所处国家背景的差异，以及相应文化带给他们的不同思考方式。例如，费孝通对"文化自觉"的出路更多带有集体特征（强调"和谐"），如提出"各美其美、美人之美、美美与共、天下大同"，而保罗·利科的文化发展出路更多带有个体性特征，尤其是他关注到"文化创造性"的悲剧问题。这两种观点不存在哪种更好的问题。费孝通的"文化自觉"中也带有个体性的东西，只不过没有成为他的重点而已。他在晚年的《试谈扩展社会学的传统界限》中，尤其提到了作为主体的"我"的问题，可见，他对个体的关注不可谓不深入。但或许由于社会学的学科立场（天然带有社会关怀的特点），或许由于中国文化的一些固有特征，他对"各美其美、美人之美、美美

---

① 潘光旦先生的观点也是这样的。潘先生的两纲六目社会理论认为个性为文明进步张本。因此在文化自觉思想中，也应该纳入潘先生的思想资源。关于此，尚需进一步研究。参见潘光旦《论青年与社会思想》，载《自由之路》，群言出版社，2014，第80、96页。

② 费孝通：《对文化的历史性和社会性的思考》，《思想战线》2004年第2期。

与共、天下大同"的归宿十分看重。这是一个十分圆满的结局和文化期待。费孝通的社会学立场与保罗·利科强调文化创造性的个体性因素并不矛盾，恰恰是保罗·利科给出了文化发展的内在动力，费孝通的"文化自觉"则给出了一个圆满的结局。他们思考的立足点不同而已，可以构成互相补充的关系。

第四章

费孝通的社会学主义及心志

费孝通的社会思想中出现了对主体的探索，但他一直坚持的是社会学立场。本章试图从费先生的治学理念中，探寻他对社会学学科的期待，从而思考中国社会学的思想传统。马林诺斯基在给《江村经济》作序时提到，费先生的可贵文风是抛弃学院的装腔作势。联想到西方学界对他的治学风格的评价，如脱缰之野马精神。① 他自己也说，不愿受任何学科界限的约束，故晚年写成《试谈扩展社会学的传统界限》，那么，费先生突破社会学之学科界限与其社会学坚守之间的关系何在？

笔者以为，可以从费先生从事社会学研究的宗旨及其对社会学的学科期待入手来探讨以上问题。这里将费先生对社会学的坚守称为费先生的社会学主义。事实上，即便在 2003 年提出的"扩展学科界限"主张中，费先生坚守的依然是社会学的底线，而不是在扩展界限中将社会学消解于其他学科中。

一 社会学面临的质疑及相关问题

社会学在中国的发展已历经百余年，但仍然面临一些质疑。有来自

---

① 据赵旭东的回忆，费先生也常常形容自己是一匹不太守规矩的"野马"，在社会学领域如此，在人类学领域也是如此。赵旭东认为，"野马"的性格意味着一种创造，一种开风气之先。参见赵旭东《不为师而自成师——围绕费孝通教授的一些作品的阅读与联想》，载赵旭东主编《费孝通与乡土社会研究》，社会科学文献出版社，2010，第 4 页。

其他学科学人的"剩余学科"之质问，亦有来自学科内部的"庸俗化"和西化之自省。事实上，追溯过往，社会学被质疑，也不是当今社会学面临的新鲜事情，甚至在费孝通先生最早接触社会学的民国时期就存在，虽社会学研究的风格不一致，存在各种特点的社会学，但"浅薄""常识"都是常被用来攻击社会学的概念。这与当今社会学面临的局势如出一辙。

暂且不论 1952 年院系调整，社会学因受质疑被定位为资产阶级学科而遭遇取消的命运，即便在恢复社会学的时代即 1979 年以来，社会学的学科化问题一直被提出。尽管政治质疑声已去，但学术质疑的声音一直延续至今。

不同时代的社会学人，面临的质疑在本质上有相同之处。笔者以为这与社会学的学科特点有着密不可分的关系，还与国内社会学从业者的治学方式有密切关联。费先生是中国社会学尤其是当代中国社会学的奠基人物，探索其对这一问题的回应及态度，一定程度上可以管窥社会学这门学科的特点，同时也是思考中国社会学思想传统的一条较为有效的路径。

（一）庸俗化质疑与社会调查之渊源

首先的问题是：以上的质疑是否合理？从学科自身特性而言，或者已潜藏着被质疑的问题。从吴文藻早年区分"社会调查"与"社会学研究"的态度中，亦可看出当年社会学的另一种倾向（即"社会调查"倾向）是较为强劲的。1930 年代布朗来燕京大学讲演时，提出社会调查和社会学调查的区分："社会调查只是某一人群社会生活的闻见的搜集；而社会学调查或研究乃是要依据某一部分事实的考察，来证验一套社会学理论或'试用的假设'"，① 后一种研究理念直接影响社会学的中国学派，如吴文藻和费孝通等人。但是，正如布朗所说："多年来，人所咸知的社会调查，已倡行于世界各处，中国也受了这风气的影响。"② 在早

① 费孝通：《〈禄村农田〉导言》，载《费孝通全集》第 3 卷，内蒙古人民出版社，2009。
② 费孝通：《〈禄村农田〉导言》，载《费孝通文集》第 3 卷，内蒙古人民出版社，2009。

年，社区研究学派力图与肤浅化的社会调查划清界限，一定程度上表明社会学在早期即已面临庸俗化挑战。对此，史禄国先生曾不客气地批评说，当时中国的一些人口调查不像是学术研究，倒像是警察署做的日常工作。虽不免刻薄，却有一定道理。自孔德以降，社会学脱胎于哲学，从形而上走向形而下，从"王谢堂前燕"走入"寻常百姓家"，或者已潜藏了被尊为贵者、以传承文化为己任的知识分子讥讽的危机。

在费孝通早年治学时代，社会学的命运同时是一个问题。在救国救亡运动风起云涌之际，社会学曾被质疑"其用处"及"肤浅空虚性"。那么，如何做充实的、深刻的社会学研究？这个问题也关涉今天社会学的命运。如何使社会学摆脱这种"不利的命运"？在1930时代，费孝通认为改变的方式是做实地的调查研究，走出一条与传统的、向书本求得知识的不同的道路。

就社会学如何"深刻"这一问题，费先生当年读了廖泰初的《汶上县的私塾组织》后，提出社会学可以"转机"。这里，费先生依靠的是社区研究方法。1979年恢复后的社会学倡扬的基调和践行的基本方法大体上也是这一类社区研究方法。但是在"恢复期"，对于中国社会学在这一方法下的发展，费先生深感不满，以致他多次提及社会学该怎么办的问题。这也是我们今天应该继续思考的主题。

（二）常识与社会学知识之争

在社会学恢复后，费先生将自己的学术品格概括为"从实求知"。费先生早年的学术取向就包含了这一特质，1934年在《从"社会进化"到"社会平衡"》[①] 一文中，他提出了概念与事实之间的关联问题，从中可窥见一斑："科学的职务就在叙述和阐明事实。所以需要种种名词，种种概念。但这些名词，这些概念都是须依着所知的范围的逐渐扩展而

---

① 费孝通：《从"社会进化"到"社会平衡"》，载《费孝通全集》第1卷，内蒙古人民出版社，2009，第234页。

修改和增加的。但事实上，科学中的概念，在它做我们认识客观事实的工具外，常有一种副作用足以阻碍我们对于新现象的分析和限制我们知识范围的扩张。"费先生的理论反思是有着切实生活基础的，而不是从理论到理论的路径。

这时已奠基了他之后的学术取向。联系到早年派克到燕京大学的讲演，以及费先生曾反复强调的派克对于中国年轻人的激励：到实际生活中去寻找知识。毋庸置疑，这一志向的形成亦有来自如派克的影响。

从学术传承角度来看，费先生早年熟悉很多理论，包括当时流传甚广的一些理论：除1923年被明确为功能学派代表人物马林诺斯基的功能理论外，还有在欧洲人类学中有一定影响的史禄国的治学理念，美国社会学的先锋派克的人文区位学，以及经典社会学家如韦伯、齐美尔、霍布斯等的理论，除此，相关学派如吉丁斯等的概念及研究方法也对他有影响，即便他多不认同吉丁斯的定量研究。费先生在多种理论对比中，倾向于功能学派的较为务实的理论阐释。他提出自己对所谓理论的理解：不过是对生活的解释而已。事实上，从年轻时一直到晚年，他一直反对从概念到概念的学问方式。

他自进入花篮瑶社区便开始了"从实求知"的学术历程，也开始了超越吴文藻先生观念上的"社会学中国化"路径，而进入对研究者的"实践感"的强调。而实地性对于做过实地研究（尤其是在大瑶山、开弦弓村、禄村等地所做的研究）的费先生来说，成为其一生理论思考的源泉，也是批评其他学说（如社会史研究路径）的根据。笔者以为，费先生在这里超越了吴文藻先生观念上的"社会学中国化"路径。

而所谓研究者的实践感，是费孝通实地研究的鲜明特点，也是对吴文藻社区研究方法的一个发展，是研究者面临的深层问题。"社会研究是要在实地里发生问题，不是在事先制定表格，这一个分别很重要。社会研究贵在能在社会组织中看出各部分地位的轻重和搭配间的微妙、轻重之间，微妙之处，全在研究者在观察时的权衡体会。要得到正确的权衡，深切的体会，只有在实地里时时修正，刻刻校核，因为这里主观成分较多，一离实地就不免'走样'了。"①

在研究中，他强调理论训练和悟性，同时从实地研究中培养研究者的社会感及实践感。而理论悟性和实地研究是实践感的基础。这也是费先生的科学社会观。晚年，在他着手大瑶山深入研究计划时，常因年龄，力有未逮而未能进入田野，并深感遗憾。尽管有深入调查的学生回来汇报，但他觉得亲历亲行的研究才会有深刻的体会和深入的发现。

与"从实求知"的"实"讨论相关，来自日常生活的常识（实）与社会学知识之间的关系如何？毋庸置疑，社会学知识是需要从生活常识中获取的。如在社会学恢复后，费孝通尤其强调社会调查在中国社会学恢复重建中的作用。因年龄渐大而无法深入田野时，他自己践行的路径是：依靠各地干部提供情况、到当地座谈和访问取得感性认识，并认为这一方法在恢复期的社会学阶段，可起到"破题"和"开路"的作用。这延续了他一直尊重实地调查的学术取向。他坚信，在此基础上的记录，历经长年累月的积累，可了解当地历史及发展轮廓，从而可为社会发展提出大的发展战略。此为一脉由"尊重常识"到"总结社会发展知识"的方法。

费先生1979年后尤其从社会发展、从"务实"角度来考虑"常识"对社会知识积累的作用。不过，也需注意，作为社会科学家的常识处理方式与百姓对待常识的态度是不同的。社会学对待"常识"的态度是尊重，并需在研究中通过一定的科学方法和工具进行甄别，即便得出的结论看似"常识"，但与散见于民间的"常识"是有着质量上的不同，是带有一定普遍性和适用范围的。

而且，"常识"是多维度的、丰富的，不是单一的。费先生强调"大作用要从小事做起"，社会学关注的"常识、常情、常理"即从小事情上起步。1991年费先生在《志在富民》一文中提到他在研究中尊重常识的经历，以及不尊重常识给人民带来的苦难。

1930年代正值费先生大学毕业之际，他提出要"了解中国"这一目

---

① 费孝通：《社会研究的关键》，载《费孝通全集》第 1 卷，内蒙古人民出版社，2009，第 483 页。

标，但这样一个大题目看来是"空洞"的。怎么下手呢？他认为必须从基本入手，那就是从人口最多的农民入手。费先生的主张历来就是实地调查，而不能单靠书本。因此他决定到农村去看中国的农民是怎样生活的，他们有什么问题。

《江村经济》的一个发现是：开弦弓村这个地方在封建剥削之下，老百姓处于饥饿状态中，必须解决土地问题，同时发展当地的手工业、副业生产，工农相辅。这个结论是从实际观察中得出来的，不是照书本抄的。后来他提到，"经过了 50 年，现在再来看，这话基本还是符合实际的"①。之后，中国进入抗战时期，费先生及其学生在调查云南三个村庄后，在《云南三村》中指出："中国农村要单靠农业生产的收入是绝对不够的，要想富起来，必须进行副业和手工业的生产，就是要将农村里的劳动力尽可能地转化为生产力。凡是发展了副业、手工业的村子，农民生活就比较好一点，相反不发展的地方，农民生活就差，这是一个基本认识。也是经得住实践检验的。"② 1955 年，费先生重回家乡，发现农民能够吃饱肚子，但是他们反映手头没有钱，就是商品经济没有发展起来。他将此写进《重访江村》，但这一观点与当时的政策相违背，所以被认为是反社会主义的。之后，他就没有机会再下乡搞调查，直到1980 年才重新恢复活动。

足见"常识"的重要性。而在违背常识的时代，所制定出的政策常使人民普遍陷入苦难。所以政策尊重常识是必要的；而真的、有用的"常识"是需要采用社会学等科学方法进行调查来证明其合理性及合法性的。只有尊重"常识"，才能为政策制定者提供形成正确观点的现实基础。这一常识并非来自精英思想或者知识分子群体的阅读快感，而是比较直白的道理，甚至就是农民讲出来的"道理"。

1985 年，费先生在谈及社会学的规划及建设时提到人们对社会学的质疑，以及他秉持的从实践上升为理论的有效途径时说："现在有人说

---

① 费孝通：《志在富民》，载《费孝通全集》第 13 卷，内蒙古人民出版社，2009，第 484 页。
② 费孝通：《志在富民》，载《费孝通全集》第 13 卷，内蒙古人民出版社，2009，第 485 页。

我们不搞理论，这是误会，不是事实……我们坚持从实际调查研究中去总结群众的经验和创造，这是（从经验）概括提高到理论的必经之路。认为调查搞不出名堂，是鸡毛蒜皮也是不对的，认识总是从局部到全部，要有总的看法，但事情要一步一步做，饭要一口一口吃。一切大问题，是要从具体的小事情中看出来的，也就是从个别提升到一般，这就是理论。"① 在这次讨论中，他对西方社会理论研究的最新进展及对民国时期的社会学成果，都给予了基本的肯定，并认为这些可以是继续进行研究的基础。但对于中国社会的研究还应是一个长线研究，不能急于求成。

费先生尊重常识的做法早年亦得到其师马林诺斯基的称赞。早在1938 年，马林诺斯基为费先生的《江村经济》所作的序言中提到，② 费孝通在科学研究中"勇于抛弃一切学院式的装腔作势"，他充分认识到，要正确地解决实际困难，知识是必不可少的。"费博士看到了科学的价值在于真正为人类服务。"他还提到，科学经受着严峻的考验。真理能够解决问题，因为真理不是别的，而是人对真正事实和力量的实事求是。当学者被迫以事实和信念去迎合一个权威的教义需要时，科学便被出卖了。在当时的欧洲，某些国家就有这种情况。

这里提出的科学的价值不是为了迎合权威的教义需要，实为必要。"出卖"与"自主"之间，后者显得尤为可贵。与权威的信条相比，"常识"愈发高贵。当然，当前学界对于一些研究中出现的"证明常识"的质疑也是不无道理的，这也是需要我们沿着费先生的思路进行深入思考的重要问题。

二 社会学的务实性格与"为研究而研究"

那么，社会学的"务实"性格与纯学术旨趣（"为研究而研究"）之

---

① 费孝通：《社会学学科建设与规划》，载《费孝通全集》第 11 卷，内蒙古人民出版社，2009，第 93 页。

② 布·马林诺斯基：《〈江村经济〉序》，载《费孝通全集》第 2 卷，内蒙古人民出版社，2009，第 278 页。

间的张力问题，在费先生这里是如何得到解决的？可回到 1930 年代费先生与林耀华先生的分歧之处，[①] 以及后来费先生的同窗好友利奇的提问，以便理解社会学务实性格之用及其局限。

（一）实用与学术之间

学以致用，不仅是作为学者的费孝通本人的治学目标之一，也来自中国人的普遍期待。1936 年费先生在《社会研究能有用么》一文中指出了当时社会学面临的普遍问题：我们常听见朋友们觉得社会研究不切实用的责难。"现在国难这般严重，等你们研究清楚了，国家早已不知什么样了。"[②] 面对这一疑问，费先生是较为认同的，或者他的回答也是沿着这条思路进行的，他指出，我们不怕社会研究的结果不能为社会问题的解决张本，而怕研究者和实用者不相连接，使社会研究的工作，对于国家的健全不但没有功用，反而产生严重的后果。

那么，对于实用与学术之间的关系，该如何把握一个"度"？至今依然为一个紧迫的问题。从费先生以上的讨论可以看出，呼吁"有用"不仅是学者自觉的，也是他人要求的。但费先生的度是把握较好的："一个研究者在研究时，为了方法的需要，最好忘了实用的问题，专门用心观察，分析了解事实。"[③] 事实上，他的研究理念受到了史禄国的学术传统之影响，这应该也是他践行的"社区研究"的基本原则之一。

关于实用与研究之间的关系，费先生认为，并不是社会研究"是否"有用，而是社会研究"能否"有用。"使一个研究工作能切于实用是研究者本人可以努力的，但是要使一个研究得到应用，却出于研究者能力之外了……知和行虽说是应当合一，但是在一个大社会中，对于社

---

① 林耀华早在 1936 年在天津《益世报》的《社会研究》专刊上发表《趣味》一文，阐述了"为了读书而读书，为了研究而研究"的治学理念。

② 费孝通：《社会研究能有用么》，载《费孝通全集》第 1 卷，内蒙古人民出版社，2009，第 453 页。

③ 费孝通：《社会研究能有用么》，载《费孝通全集》第 1 卷，内蒙古人民出版社，2009，第 454 页。

会的设计上，因为知和行需要不同的训练和不同的人才，所以不能不分工。"① 如上所述，他提出"研究时忘记实用"的观念是他在 1949 年前学术研究的重要特点。

对于研究是否有用及研究者所应秉持的价值，费先生的讨论是较为恳切的，尤其是"在研究时应忘了实用的问题"，而专心观察、求知，可以说是"从实求知"取向上的一种较为完满的实用与学术关系的处理。而以实用为旨趣的求知方式，如果不能很好地处理这二者之间的关系，在知识领域的评价，往往会以"庸俗化"及简陋评价之。恰如当年史禄国先生对于风行一时的社会调查的评价，他认为，当时做的人口调查实为警察署做的工作，而不是社会研究。

（二）史禄国对费先生的影响

史禄国的上述观念对费先生的影响是较大的。费先生 1937 年在《从社会变迁到人口研究》一文中提及当时人口研究的局限：人口现象的研究迄今仍停留在"问题"式的阶段，"所谓问题不外乎，1. 人口清查的方法；2. 数量变迁的计算方法；3. 人口涨缩和国势的关系，就是所谓人口过剩问题；4. 人口的优劣问题。这些问题都是从实用上出发的，甚至可以说是宣传某种政策或某项买卖的传单，推其极亦不过是'警察局'或'公安局'工作的指导。若我们把人口现象作为科学研究的一部分，似乎应当另行找出一套问题，而且这套问题是要可以客观事实叙述出来的"。② 由此可见，费先生的社会学研究与实用取向过强的人口现象研究不同。这在费先生其后的回忆录中有所涉及。可见，尽管秉持从实求知的学术品格，费先生并没有完全从实用的角度来看待社会学。

笔者以为，在这方面的学术渊源，首先可以追溯至早年史禄国先生

---

① 费孝通：《社会研究能有用么》，载《费孝通全集》第 1 卷，内蒙古人民出版社，2009，第 453 - 454 页。
② 费孝通：《从社会变迁到人口研究》，载《费孝通全集》第 2 卷，内蒙古人民出版社，2009，第 39 - 51 页。

的影响。在学术与社会实用之间的关系问题上，吴文藻与费孝通的思想是较为一致的，他们作为中国人，共同面对如何"救中国"的问题。从弃医从文的经历看，费先生在此后的学术生涯中是无法忘怀这一点的。在深入开弦弓村进行民族志调查之前，费先生已然以其姐姐之口吻写了两篇有关"技术下乡"必要性的文章。这一热望事实上也表达了他虽与姐姐费达生的方式不同，但志向是同一的。不过，显然史禄国先生对此是疏离的。据费先生的回忆，史禄国先生对于当年中国进行的人口调查研究是颇为不满的，甚至对于费先生之后做的《江村经济》也不甚满意。具体原因，费先生未做深入分析。但是，从费先生多次强调他当年师从史禄国时，史先生为他制订的五项计划中可以看出，史禄国的学术训练是极为严谨的。当年到大瑶山调查的费先生缺少语言学训练，这也成为费先生所认为的其学术训练中缺失的一环。而在晚年的学术反思中，费先生愈发认识到史禄国先生的学术价值，他对心态研究的抒发，基本上来自史禄国先生的概念启示。可以认为，在晚年，费先生进入了学术研究的另一个层面，而不仅仅为政治经济学的社会学，还转向类似心灵史或观念史的人文社会学。这是史禄国影响的重要结果。

事实上，尽管史禄国作为费孝通的老师只有两年，但是在费先生的生命长河中留下了深刻的烙印。早年费先生的文章中多次提及史禄国先生，其在《中国文化内部变异的研究举例》（1933 年 6 月 10 日）中首次提到史禄国先生，表明史先生的观点对其本科论文的影响："在人种方面论，亲迎系周族婚俗之说亦有互相证明之处，据史禄国教授的研究，中国人种最重要的有三种：A 类，B 类，及 △ 类。"[1] 其后费先生在吴文藻先生的举荐下，师从史禄国先生，史禄国先生为其设定了一套严格的人类学训练路径，但由于各种原因，其仅用两年时间便提前毕业并计划

---

[1] 费先生在本科论文《亲迎婚俗之研究》（1933 年）中提到史禄国教授的观点：讨论中国人种移动与地理之间的关系（S. M. Shirokogoroff, *Anthropology of Eastern China and Kwangtung Province*），费先生根据文献也做了有关地理分布与亲迎的图。参见费孝通《中国文化内部变异的研究举例》及《亲迎婚俗之研究》，载《费孝通全集》第 1 卷，内蒙古人民出版社，2009，第 94、169－223 页。

前往英国留学。在史禄国先生的倡导下，他要在国内做一民族志调查，按费先生的说法，以不辱没曾为史禄国先生的学生。

在《桂行通讯》之王桑三日（1935 年 10 月 30 日）中，他第三次提及史禄国先生，深刻透露出史禄国先生在费先生学术历程中的重要意义。费先生初入社会学之门，吴文藻先生影响了其"社会学中国化"及社区研究的方向。其从事人类学研究始，深入社会调查，一方面来自派克的直白的激励；另一方面，在学术调查方面，笔者以为更为重要的是来自史禄国先生的督促，史禄国先生认为，作为他的学生，如果没有一点实地调查经验，就唐突出国，显然是不合格的。而在学术训练方面，史禄国的方式也起了很大的作用，如人类学培养的几个阶段，从体质人类学入手，稍后还有语言学等课程。费先生在晚年反思中，多次提到因没有训练语言学，花篮瑶的调查逊色很多。

在学术调查的具体指导上，史禄国先生似乎又事无巨细，如给费先生夫妇准备了两双结实的长筒靴，并深得大瑶山民众的赞赏："什么东西，他们都觉得好，最受人赞许的是我们的两只长筒靴。"费先生甚至认为这双结实的长筒靴保住了他的腿甚至救了他的命。在具体调查实践中，史禄国教给费先生一些默契知识，例如喝酒："要做民族学研究工作的人，不会喝酒是不成的，史禄国先生已屡次劝过我学习。在一生人面前，不能畅饮豪饮，无形中就会在主客之中造下一道心理上的隔膜和怀疑。这时我才感觉到喝酒的重要了。"①

1937 年费先生还在《论马氏文化论》（1937 年 4 月 14 日）中，将马林诺斯基与派克和史禄国做一比较："如马氏所谓，我们的理论不再破解宇宙之谜，只是帮你多看见一些切用的事实，'理论无非工具'的说法从此而来。在讨论文化变迁时的态度更是显然，他没有老派克的气魄大，当然更赶不上史禄国。"② 显然，费先生将史禄国的学术思想放在

---

① 费孝通：《桂行通讯》，载《费孝通全集》第 1 卷，内蒙古人民出版社，2009，第 332 - 333 页。

② 费孝通：《论马氏文化论》，载《费孝通全集》第 2 卷，内蒙古人民出版社，2009，第 37 页。

较高的地位，说他在"气魄"上比派克大，更比马林诺斯基大。

史禄国先生对费先生的影响，可归为学术旨趣及纯粹学术方面的，如社会学的人文性（心态概念）与科学性（体质测量，模式的提出）的结合。当然，不能否认，费先生在思维习惯方面多与马林诺斯基的功能学派相亲近。可能恰是这样的原因，在当年《江村经济》大受马林诺斯基赞赏之时，还在中国的史禄国先生表示不满意。费先生也无从得知他为什么不满意。斯人已去，亦给世人留下待解的难题。

（三）费先生与利奇的分歧

再回到 1930 年代林耀华先生与费先生的分歧。林先生当时作为费先生的同学，以及学术共同体的一分子，提出"为研究而研究"的理念。但是被费先生回驳了。费先生主要从当时中国时势角度提出：

> 过去社会学的失败，决不是社会学者"太好功名"的理由可以解释。"为研究而研究"是引不起人真正的兴趣，尤其是"象牙之塔"早就动摇，"为研究而研究"亦不能得到一般的同情，尤其是"读书人的特殊高贵"的心理，早就发生了怀疑。我们已到了应当常自省的关头，认明自己的功能，用成效来获人的同情……一个研究文化的人是没有理由把自己的工作放在文化之外，用另一种标准来对付的。在过去很多人以为思想这东西是个怪东西，超于一切，现在我们知道思想亦不过是一种文化功能，有它时空的情境，有它对于人类生活的作用，我们自己就得明白地考究自己思想发生的情境。①

费先生批评象牙塔中的学术，与其功能学派主张有一定关系。功能学派认为一切存在的都需要以功用来论处。同时，可以看出，费先生所批评的"为研究而研究"也是为了社会学学科在中国的合法化及其发

---

① 费孝通：《从社会变迁到人口研究》，载《费孝通全集》第 2 卷，内蒙古人民出版社，2009，第 48 页。

展，他认为，社会学能否得到世人的承认，在于要证明社会学的功能，即一种实用的功能，而非象牙塔中特殊的读书人的高贵心理。

与此问题相似，1990 年，费孝通将利奇的学术提问转换为实践的问题，并指出，这样的回答可能不会令利奇满意。① 利奇提出的两个问题被费孝通概括为：一是像中国人类学者那样，以自己的社会为研究对象是否可取？二是在中国这样广大的国家，个别社区的微型研究能否概括中国国情？费孝通从文化传统角度来回答第一个问题，认为中国知识分子天然有种儒家的家国情怀，并指出他为学的根本态度：一是"天下兴亡、匹夫有责"；二是"学以致用"。事实上有关此问题的答案，早在1930 年代费先生在论述自身学术取向时，便有相关的讨论。也算事先就回应了利奇的提问。或者可以说，费先生 1990 年代的回答取向，已经在1930 年代凸显了。1936 年在《花篮瑶社会组织》的"编后记"中，对于王同惠先生的逝去，费先生在悲痛中秉持一种鲜明的态度："本来，任何事业不能不以勇敢者的生命来作基础的……同惠可以无愧此一生，我只是羡慕她……希望我们这次不幸并不成为他人前车之鉴，使大家'裹足不前'。我们只希望同情于我们的朋友能不住地在这道路上走，使中国文化能得到一个正确的路径。"②

费先生立足于中国文化复杂性的研究，其立场和目标已十分坚定。如同这篇"编后记"提到的：

> 还有一种研究中国文化的困难，就是它的复杂性，不但地域上有不同文化形式的存在，就是在一个形式中，内容亦极错综。又正值激变之中，若不受相当训练，一时极难着手。在这种种困难之下，使我们想到边境上比较简单的社区中去，开始我们的工作。③

---

① 费孝通：《缺席的对话——人的研究在中国——个人的经历》，《读书》1990 年第 10 期。
② 费孝通：《花篮瑶社会组织》，载《费孝通全集》第 1 卷，内蒙古人民出版社，2009，第433 页。
③ 费孝通：《花篮瑶社会组织》，载《费孝通全集》第 1 卷，内蒙古人民出版社，2009，第433 页。

其中体现了他为理解中国社会而研究的热情。费先生所言"本来，任何事业不能不以勇敢者的生命来作基础的"，未必只是单指王同惠为学术事业献出生命，它还可以用"热血""热情"等来代替。而后者一直是费先生的事业践行原则。他在 1980 年代多次提及他的一生中还要完成两本著作，其一便是延续王同惠先生的遗志，完成少数民族地区的民族志。此外，其学以致用的热情体现为他想认识中国文化的热望，并希望以此造福于民（"志在富民"）。

如上所述，对于利奇提问的直接回应，可在费先生 1936 年的《江村通讯》（7 月 3 日）中发现直接答案。

> 做江村动机之二是出于有些人觉得民族志的方法只能用于文化较简单的野蛮社区，不能用于我们自己本地的文明社区的误解。因为文明和野蛮，不过是不同族团相互蔑视时的称呼罢了。但我们承认一点，就是研究者很不容易获得一个客观的态度来研究他们自己所生长于其中的文化，但并不是不可能的。一个有相当训练的研究者，在研究自己生长的地方时，亦有特别方便之处，语言、访问及观察机会等。①

以上也是对利奇的回答。即在利奇 1980 年代提问之时，费先生事先就想到了遇到的困难。他早已意识到异文化与己文化研究之间的张力。在己文化中难以获得一个客观的态度，主观性可能会影响求知的旨趣。这是利奇的忧虑。而费先生认为对己文化研究自有便利之处，但对于知识客观性的观照，显得相对弱了些。但费先生也提到预防的方法，即研究者与名利分开，以知识为目的。② 不过不得不承认，这往往受制于环

---

① 费孝通：《江村通讯》，载《费孝通全集》第 1 卷，内蒙古人民出版社，2009，第 457 页。
② 在他看来，研究者应有的，就是让研究兴趣做主，凡是一切关于名义、经济等事务上的事情，永远看得很轻，看成我们的工具，不应成为我们的目的。我们的目的只有一个，就是增加知识……一个实地研究者常会受累于名义、经济等事物上的事情，如何避免这种累赘，是社会研究者面临的一个严重的问题。参见费孝通《江村通讯》，载《费孝通全集》第 1 卷，内蒙古人民出版社，2009，第 467 页。

境与人之私心而难以完全实现。事实上，对异文化的观察，始终是认识自我文化的一种较好的途径。即便费先生也没有否定之，如他的游学散记（旅美的文字及英伦感受），也有此方面的追求。这对于他认识自身文化是有震撼作用的，也是比较社会学的价值所在。

也就是说，有关利奇提问中暗含的异文化研究的意义及可能性，费先生是肯定的。但他自始至终认为认识自身文化才是目的（这一点他未必与利奇有分歧，二人只是路径不同而已），而且，从自身文化着手也是有利的，如便于进入等，但是这一点在利奇看来是不可取的。从异文化入手从而达到认识自身文化的目的，是利奇的方式；从自身文化入手认识自身文化，是费先生的方式。前者看起来更费力一些，路途更遥远些；后者看起来更便利一些，但实际效果可能不是太好，看起来更像是一种急于求成的心理，而容易陷入"务实"的泥沼中。

那么，到了1990年代，为什么费先生又另辟文来郑重回应利奇的提问？而且他已知道利奇不可能再听到了。笔者以为，这一方面来自利奇提问在其内心中激起的波澜；另一方面表明这是费先生治学的一个根本方法论问题，或者在治学方面，也是费先生一直面临的困惑。

（四）费先生的学术旨趣及其反思

由此亦可见，费先生的社会学主义，始终是一种围绕社会学中国化的路径及其方法论的思考。因其一生在回应"社会变迁"问题，也因其中国化目标以救国救民为宗旨，"让农民吃饱肚子"这一朴素追求，是费先生一生的学术追求。这一点尤见于1979年后。可以说，在1979年后，费先生的学术也发生了一些转向，即与民国时期的学术相比，更强调实用性，强调社会调查的意义，更近于救中国（表现为"迈向人民的社会学"）之志，而纯学术主张看似弱化了。

从1990年代费先生与利奇的对话可以明显看到这一特征。费先生认为与利奇的对话是一种基于文化差异的对话，不同的研究者可以各美其美。但是从一个学科发展的角度来看，是否可以就此停止思考？这是一个值得追问的问题。也就是，"务实"的学科，是否可以在学科林立的今天，拥有其更具竞争性的价值？从"各美其美"的角度来看，确实谁都无可指责。费先生的务实态度表现在，对于"人类学在现代世界上还是少数人的珍品，远不是普遍人的常识"持一种深为遗憾的态度，他认为这是"不幸"的。[①] 但是，在中国社会富足之后，是否也应该成就务实之上的超然思考？[②] 而不仅从"推动社会发展"的角度来促进一个学科的发展，也关切到为推进"学科发展"而去做研究？诚然，"推动社会发展"与推进"学科发展"并不是矛盾的，二者的理想关系是相辅相成的。尤其在学科草创阶段，在中国"学以致用"的传统下，务实对学科立稳脚跟有一定作用，如在民国时期社会学多受质疑之时，费先生的治学态度，以及1979年社会学恢复后，费先生为确立学科地位所做的努力，这些都是必要的。但在知识领域和在社会领域，规则毕竟是不太相同的。在务实基础上形成的多为"地方性的知识"，若多一些超然的思考，或可上升为具有较为普遍意义的知识，这样才会完成费先生的愿望：让中国社区在世界社区中拥有一席之地，而不归之为"文化隔阂"问题。文化隔阂还是一种地方性的感性概念，如果承认人类社会有普遍性的东西存在，那么，"文化隔阂"在某一层面上是不应该那么顽固的，即便它是存在的，也应该是能够被理解的。恰如我们阅读西方经典文献时的感觉，西方经典与我们是有相通的地方的。我们的关注还需上升到普遍的人类问题，而非仅仅为中国的问题。

---

① 参见苏国勋、赵旭东对费先生"务实"性格的讨论。如赵旭东认为，费先生1979年后的社会学恢复之路，确实可以用"实用性格"来加以概括，但其复杂性却不是这四个字所能够完全涵盖的，否则便不会有晚年对社会学方法论的极为强烈的自我反思意识。参见赵旭东《超越社会学既有传统：对费孝通晚年方法论思考的再思考》，《中国社会科学》2010年第6期；苏国勋：《中国社会学的健康发展之路——坚持应用研究与理论研究相结合》，载《社会理论与当代现实》，北京大学出版社，2005，第162页；苏国勋、熊春文：《见证中国社会学重建30年——苏国勋研究员访谈录》，《中国农业大学学报》2010年第2期。

② 事实上，费孝通先生在1992年的《孔林片思》中已经有了转向，这便是对中国传统文化的深入思考。1997年，他基于这个思考提出了"文化自觉"的概念，并于2003年提出"扩展社会学传统界限"的倡议，是对这一问题的进一步回答。从这个回答中，可以看到费先生的思想转向。

三　费先生早年"务实"品格及其形成

总体而言，费先生学术品性中之"务实"性格，与他的救中国志向及其学术训练之间有很大的关联。即务实性格之由来，一方面与民国动乱时期费先生的成长经历有关（实践层面）。社会学的作用在费先生那里，当时主要体现为为救中国做贡献；这个理由同时也是 1979 年社会学得以恢复的原因，"为人民服务"成为社会学得以存在的合法性基础。另一方面也与费先生秉持的马林诺斯基的功能学派理论有很大的关联（理论层面）。

在治学方面，费先生《江村经济》的成就也加深了其务实性格的形成。马林诺斯基在给《江村经济》作的序言中提到，费先生开拓了一个新方向，即人类学家从研究异民族异文化转向研究自己的社会，取得了一个突破，并预示着一个新方向。笔者以为，这种赞誉会加深其对"务实"的追求。费先生在社会学恢复后，提出过"迈向人民的社会学"这一畅想，这未尝不是其"务实"性格的一个延伸。①

（一）费先生"务实"性格之由来

具体言之，费先生"务实"性格之由来，可追溯至其早期学术思想。

首先，费先生早年所处学术共同体影响了他的相关治学观念。1936年费先生在写《社会研究》刊物的由来时提到，"三年前，不知是谁提出了一个令人兴奋的问题，我们有什么方法能多得到一些认识本国社会的机会？大家整天在图书馆里，在课堂上听到的无非是不关痛痒的西洋社会事实和议论纷纭莫衷一是的社会理论，谁都有些不耐烦起来……我

---

① 笔者以为，费先生学术研究中的"人民"取向，与他的研究经历有非常大的关系。他的研究是直接进入乡土中国的最底层，即从农民开始的，这决定了他的学术关怀一直是下沉到人民的层面，不论是在民国时期，还是在 1979 年后社会学的恢复时期。

们觉得在没有充分事实的根据而谈问题及思想不免太空虚"。① 从这里或可看出，费先生的"从实求知"观念在 1933 年即有萌芽。之后在伦敦求学时，费先生在伦敦政治经济学院看到了马林诺斯基所在的学术共同体生产理论的方式并深有感触，同时，对于国内杂志搬运理论的"掮客"行为及"独角戏"行为，深感不安。而希望基于一定假设收集材料，不用急着做概论或理论。毕竟资料有限，难以比较，也难以有概念或理论。他看到当时一些理论在把握现实时的笨拙，他已经立志不在"抽象、空洞、摸不着、玄玄妙妙的说法"上多下功夫了。

这些想法契合吴文藻早年"社会学中国化"的说法。但在吴文藻这里，这个说法还只是一套主张，而未能付诸实践，是吴文藻先生的学生们实践了这一主张。从费先生的记录来看，当时进行实地调查的团队包括如下人员：1933 年对邹平的市集组织进行研究的杨庆堃；1935 年去山东研究汶上教育的廖泰初，去广西大瑶山进行调查的费先生和王同惠；1936 年，费先生又在开弦弓村进行调查，同时，李有义去山西、林耀华去福建、廖泰初去河北进行调查。至此，"到实地去"如费先生所言，已经不是一句口号，而成为这一派青年学者的行动纲领。费先生及其同学在此超越了其师吴文藻先生，而专于"从实求知"的学术。可以说，费先生等践行的"从实求知"方法，是吴文藻"社会学中国化"的实现方式之一。

这一时期的学术共同体也是费先生深入思考的问题，他很期待那种"不问收获，但问耕耘"的态度能在这学术共同体中延续下去。同时，他提出不同研究之间的比较和不同调查者之间的交流是必要的，而这两点在那代年轻的学术共同体中是缺乏的。可能恰是这样的反思，为其后的魁阁学术共同体的交流方式奠定了思想基础。在魁阁时期，费先生进一步对学术共同体的形式进行了求证并践行之，探索推进学术进步的方式。这种态度也构成了费先生"从实求知"治学理念的组成部分。值得

① 费孝通：《伦市寄言：本刊三年的回忆》，载《费孝通全集》第 2 卷，内蒙古人民出版社，2009。

指出的是，1979 年社会学恢复后，费先生以北京大学社会学人类学研究所为基地，践行社区研究的主张。探索其功效及影响与魁阁时期的差异，也是我们今天的课题，这或可提供今天社会学学科前行的路径。

其次，费先生早年的治学经历促使其对"从实求知"学术品性的强调。费先生在 1937 年提及对"中国社会史"研究有一点"过分的反感"。他以自身研究"亲迎风俗的地理分布"为例，指出"花费了一年光景，一张亲迎婚俗分布图是画好了，究竟代表什么意思，我自己也茫然。可是这个尝试却给了我很大的教训，若是我们要研究社会，第一是要注重材料的来源，而最好的是根据有训练的实地报告。有实地研究经历的人会告诉你，他对于自己观察得来的材料，有时还是不敢确定其必然可靠，而想依据片言只语的官报来做研究，任何严谨的学者是不敢尝试的"。①

在这里，费先生谈及自己对于科学的看法，认为在结论与方法之间，还是资料的"求实"方法更重要一些。而"实地性"对于做过实地研究的费先生来说，成为其一生理论思考的源泉。他提到："我们的兴趣并不在结论，而在达到结论的方法，有很多时候，单靠灵感的预言家也会得到极为正确的结论来，可是科学是为平常人而设的，它是想从'逻辑的''可以试验'或'可以证实'的路上达到结论。"②

科学乃为平常人而设，其结论是"可以试验"和"可以证实"的，这可作为费先生治学之方法——"从实求知"的定义。依靠这样的方法所得知识固然未必为常识、常理和常情，但它却出于常识、常理和常情，总是与"常识"有着不可分割的关系；有时学者处理不当，就会跌入被其他学人所不屑于谈论的"常识"之中。

再次，在费先生早期治学中，在与同学争论学术与社会之间的关系时，尤为强调学术生长于社会，批评"为学术而学术"的态度。从学术成长于社会的思想，费先生引申出"学术为建设提供参考"的理念。在

---

① 费孝通：《书评》，载《费孝通全集》第 2 卷，内蒙古人民出版社，2009，第 59 页。
② 费孝通：《书评》，载《费孝通全集》第 2 卷，内蒙古人民出版社，2009，第 60 页。

此，费先生主要强调的是学术研究的社会责任问题。当时他的同学林耀华先生提出了"为研究而研究"的主张，当属知识与社会关系的另一种解读，费先生应该也能体味其合理性所在，但是深入思考后，尤其在阅读曼海姆的《意识形态与乌托邦》后，费先生强化了自己的"为社会而研究"的取向："在这年头，左和右都似有出路，又似乎都不是出处，把自己的思想剖视一下，也许可避免很多不必需的烦闷。"[1] 他具体阐述了由曼海姆学说得来的学术与社会之间关系的启示："第一步，我们不能用悬想的绝对标准来批评谁是谁非，只有在是非所处的情境中体会。第二步，矛盾的是非是出于矛盾的情境，可是矛盾的部分情境之外尚有一综合的整个情境。"[2] 在这种认识之下，他走向的是"从实求知"的学术，应该说，他选择的这个观点与其救中国的志向是一致的。需要警惕的是，若缺乏整体的反思，强调务实的学术容易陷入世俗之中，而失去学术之真。尽管他所说的作为食粮的学术责任，一样需要公心，但是食粮总不免沦为实用的工具。

不可否认，费先生批评象牙塔中的学术，与其功能学派的取向有关。功能学派认为一切存在都是需要以功用来论处的。

（二）费先生两段学术生涯的对比

综观费先生的学术人生，粗略上可将其分为前后两个阶段。从其学术起步至"魁阁"时期及 1949 年前为第一个阶段。这一时期的研究理念表现出鲜明的特点，即强调社区研究与社会调查的区分，认为认识中国社会学需通过以假设始及以事实终的实地观察，即社区研究；更值得指出的是，如上所述，这一阶段，在其践行的社区调查中，费先生的一些研究理念超越了吴文藻的"社会学中国化"的纲领性倡议。第二个阶段是中国社会学恢复后，费先生的学术主张有时表现得更为"务实"，将早期强调的社区研究，经常说成是社会调查，并多次引用毛泽东早期的社会调

---

① 费孝通：《书评》，载《费孝通全集》第 2 卷，内蒙古人民出版社，2009，第 57 页。
② 费孝通：《书评》，载《费孝通全集》第 2 卷，内蒙古人民出版社，2009，第 56 页。

查思想，强调二者之同。用社会调查来描述费先生第二个阶段的主张是不恰当的，但笔者以为，至少在这一阶段的起始阶段，费先生是倾力于类似"社会调查"工作的。在社会学的恢复早期，也是可以理解的。

费先生早期的研究理念，集中体现在对魁阁传统的总结。回顾费先生倡导的魁阁研究及之前的研究历程，他本人更多地表现为以一种教授的身份在做学术。

> 在前半生尽管主张实地调查，主张理论联系实际，但在我具体的社区调查中，我始终是以一个调查者的身份去观察别人的生活。我以局外人的立场是观察一个处在另一种生活中的对象。我自身有自己的社会生活，我按着我的自己社会里所处的角色进行分内的活动。我知道我所作所为是在我自己社会所规定的行为模式之内的，我不需犹豫，内心不存在矛盾，我所得到别人对我的反应也是符合我的意料的。这就是说我在一个共同的社会结构中活动。尽管这个社会结构也在变动中，这种变动是逐步的，而且是通过主动能适应的变动，我并不觉得自己和社会是对立物。[①]

这一时期，费先生的治学思路（或特点）大致有两条线索。其一，问题集中于对中国社会的认识。其认识的方法可总结为类型研究和比较研究方法。这种方法影响了费先生一生的学术。其二，在研究取向上更多关注社会而对人有所忽略。

在 1979 年社会学恢复后的时期，如同费先生在 1993 年的反思文章中提到的，1957 年反右及"文革"经历在其学术生涯中不可能是空白，这种经历影响了 1979 年后费先生对待社会学的态度。[②] 1979 年费先生的

---

① 费孝通：《个人·群体·社会——一生学术历程的自我思考》，载《费孝通全集》第 14 卷，内蒙古人民出版社，2009，第 233 页。

② 关于这段生活对费先生学术经历的影响，赵旭东进行了翔实的讨论，参见赵旭东《不为师而自成师——围绕费孝通教授的一些作品的阅读与联想》，载赵旭东主编《费孝通与乡土社会研究》，社会科学文献出版社，2010 年，第 9 - 16 页。

学术特点也可以归纳为两点（涉及对费先生 1979 年后的学术分期问题，第二点涉及了费先生 1990 年后的学术转向，前面几章有系统的讨论）。

其一，更加务实的学术性格，将社会调查作为恢复社会学的一个重要路径，相对魁阁时期强调的社区研究而言，他对理论的强调弱化了。

其二，从 1993 年的反思文章来看，费先生在学术研究上有超越魁阁时期的冲动，他提出以往功能学派研究对人作为主体的关注不够，并提出以心态研究超越以往社会结构研究的可能性。他认为对以往 10 年多的研究进行总结，可确定社会学未来发展的一个方向是"从解决温饱问题到实现小康的经济发展过程中，注意到有关的社会制度和心理以及思想状态的变动，即从生态领域、社会领域进入心态领域的研究"。[①] 此后，费先生开始了漫长而深情的学术反思和文化转向。

四　费先生的坚守

那么，费先生坚守的社会学主义，是一种怎样的社会学特点？

总体而言，笔者以为，费先生的社会学主义，首先，表现在他将理论反思建立于切实的生活基础之上，而不是从理论到理论的路径。这在 1934 年已经奠基了其认识论基础。

其次，表现在费先生如何做研究的理念中。从费先生早年对于社会学的热情实践中，可以看出他的此种社会学关怀，也是他们那个时代年轻人面临的共同问题。作为拓荒者，他提出并践行了有效的方法，如"通讯"方法，表现在他进入大瑶山之后，与王同惠先生共同撰写"桂行通讯"，其后在开弦弓村田野调查时，亦撰写"江村通讯"，可以称之为"通讯体"。其中不仅记录了费先生社区调查时的所见所闻，而且对于其研究理念及如何做研究都有所展示，类似于今天学者们的研究札记，这对于社会学界有一种示范的作用。

----

① 费孝通：《社会学重建的回顾》，载《费孝通全集》第 13 卷，内蒙古人民出版社，2009。

再次，他力推一种学术共同体的创建。他强调共同体间争论的重要性：在争论中暴露无知，使学术走向成熟。在学术态度上，他与自己青年时期学术共同体中一些成员的见解有所不同，提出不是"为研究而研究"，而要做肩负着社会责任的学者。

最后，在社会书写方面，他追求朴实的文风，不急于构建理论和提概念等。费先生的学术叙述体可归纳为"有骨有肉"：忠于事实，有理论归纳，不断章取义。尽管文学作品与社会科学著作之间有很大区别，但费先生的研究中多次提及《红楼梦》，并认为，做社会科学研究应顾及社会生活的全部，其中有很多东西可以在《红楼梦》中学习到。受当时英国学者弗思（R. Firth）有关"切片素描理念"的影响，他指出：

> 如我们研究夫妇关系的内容，究竟做妻子的对丈夫的看法如何，丈夫对妻子如何看法……诸如此类的事实，自然俗得很，也许有人会觉得不配踏入科学的门。可是我们要对人事做有骨有肉的认识……以前的人类学著作是结论式、判词式的，他们不常把形成结论的事实作详尽的描写，结果读者无法批评这些结论是否正确……素描本身在人类学中是不够的，因为我们在事实的叙述之外，还要有理论上的归纳。①

1937 年在费先生的描述中，是社会学处于危机的一年。"这一年不是往年可比，一方面社会学的危机已急转直下：大学中社会学系的停办，学生数目的锐减，'试验区'的消沉——到处听见'活该，社会学本来是什么东西'。一方面我们自己明白，离成熟的时期还远，而且朋友们又都将因事离开本营，连编辑、集稿的人都成了问题……若是没有耀华和有义的坚持着'社会研究死不了'的主张，这次复刊是不会成功的。"②

---

① 费孝通：《显微镜下切片素描》，载《费孝通全集》第 2 卷，内蒙古人民出版社，2009。
② 费孝通：《复刊周年通讯》，载《费孝通全集》第 2 卷，内蒙古人民出版社，2009，第 62、64 页。

1937 年他在《复刊周年通讯》中坚定了以下信念。

（1）我们念社会学的人没有懊悔走上这条路，我们不要改行，我们深信这门学问有它时代的需要，而且值得我们贡献我们的血汗。

（2）我们非但还要在原路上走，而且因为时势需要社会学知识的迫切，我们要加紧工作及征集同伴。

（3）我们从过去经验中明白求学问不是个人所能独行的，我们需要朋友的鼓励、责骂、同情和指导，我们要有集体的行动，所以我们还要维持这刊物。

可以说，费孝通的社会学主义，成长自社会学的"拓荒时期"；而在那个时代证明社会学的合法性，成为他和其他同学坚守的任务。当时功能主义提供了这样的理论工具，同时，中国传统学术中的"学以致用"理念为当时社会学之存在提供了合法性基础。

在《复刊周年通讯》中的篇尾，费先生提到："农夫们对着秧田，苦苦地一笑。"他将处于危机中的社会学比作"秧田"，而他正是那个苦苦经营的"农夫"，可见他对社会学的拳拳之心。1945 年他在《初访美国》中再提其在《鸡足朝山记》的后记中所言："留恋在已被社会所遗弃的职业里，忍受着没有法子自解的苛刻的待遇中，虽则有时感觉着一些雪后青松的骄傲，但是当我听到孩子饥饿的哭声，当我看见妻子劳作过度的憔悴时，心里好像有着刺，拔不出来，要哭没有泪；想飞，两翅胶着肩膀；想跑，两肩上还有着重担。我沉默了，话似乎是多余的。"① 这种为社会学而治学的情绪贯穿了费先生的一生，包括在新中国成立后，费先生想为社会学留一点"幼苗"而做的努力，到社会学恢复后，费先生反复重申社会学的功用，为社会学能在社会主义制度下存续而调整学科的生存理念，其心可鉴。

总体而言，费先生所坚守的社会学，是以社区研究为基础的，以救中国（在 1979 年后明确为"迈向人民的社会学"）为志向，强调类型研

---

① 费孝通：《初访美国》，载《费孝通全集》第 3 卷，内蒙古人民出版社，2009，第 414 页。

究及比较研究方法。其秉持的社会学主要还是功能主义的，一生坚持"从实求知"，他的学术思想中有很强的"务实"性格。

但他的思想中也有其他因素，或者可以说也有转折。尤其见于1992年费先生对心态研究的讨论，至2003年他明确提出拓展社会学的传统界限。这个问题是他在1990年代到其去世的十几年间，一直在思考的问题。在"扩展社会学学科的界限"中，费先生从自身研究思路中寻求突破的方法。① 2003年的讨论，表明他一直坚守的是社会学主义下的拓展，强调的依然是有"界限"的社会学研究。

如对精神领域的研究，他提倡"在社会学研究中真正开辟一个研究精神世界的领域，从方法论层次上进行深入的探索，探索如何基于社会学的学术传统和视角，开展对人的精神世界研究"。在这方面费先生倡导的突破，有着宏大的目标，即若社会学在这方面实现某种突破性的进展，"将是社会学整体发展的一个重要的里程碑，使得社会学作为一门科学，在人类知识探索上跨上一个新的台阶"。②

值得指出的是，这篇文章中，他指出了社会学作为一种"人文修养"和"人文教育"学科的可能。他指出，社会学的科学理性的精神，本身是一种人文思想，社会学的知识、价值和理念，通过教育的渠道，成为全社会的精神财富，可以帮助社会成员更好地认识、理解自我和社会之间的关系，以提高修养，陶冶情操，完善人格，培养人道、理性、公允的生活态度和行为。这也就是所谓位育教育的过程，是建设一个优质的现代社会所必不可少的。

笔者以为，费先生这种以社会学学科精神"位育"中国社会的思想是具有战略意义的学科精神，但是学界关注尚少。在这方面，确实如费先生所说，需投注更多的人文性到社会学中，才能达成这样一个目标。

---

① 参见费孝通《试谈扩展社会学的传统界限》，载《费孝通全集》第17卷，内蒙古人民出版社，2009。
② 费孝通：《试谈扩展社会学的传统界限》，载《费孝通全集》第17卷，内蒙古人民出版社，2009。

其实这种功能在文史哲方面表现得较为突出，即文史哲在中国社会中一直承担着"位育"的功能。

事实上，费先生倡导的突破方向，在中国社会学中也一直存有这样的传统，与费先生一直践行的传统是并行不悖的，只不过由于各种原因在中国社会学传统中没有成为"显学"，是非主流的，如田汝康的研究、陶云奎的研究等。费先生晚年的倡导，也提示我们应该重新发掘另一脉中国社会学传统的资源，从而将中国社会学的实证主义与人文主义传统进行融合。

总体上，吴文藻、费孝通等学人提倡的社区研究方法，不失为一种总体式的社会学路径。其被命名为功能研究方法，在中国社会学早期就是社会学的中国学派的研究传统。他们强调，社会学调查与社会调查是有着本质区别的，其强调以理论为依据。但是在一段时期他们对历史维度有所忽略，显然，欲构建一种整体性的中国社会学，社会史视野是不可忽略的，否则难以成就学术资源深厚、被赋予多重期待的中国社会学思想传统。

回顾费孝通先生的社会研究观，其体现出综合性（即总体性）特征，对今天的学科发展极具启发意义。

一直以来，传统功能主义为中国社会学的萌芽、发展及成长提供了一个整体性视角，费先生践行的实地调查丰富了这一观点。那么，在中国社会学的恢复期（自 1979 年以来），为何社会学之学术发展呈现一种与整体性视野渐行渐远的特征？是受社会科学过于强调问题意识的干扰，还是受社会学与人类学逐渐分离的影响，抑或受美国社会学主流模式的导引？这是有待进一步思考的问题。

那么，一生以社会学为志业的费先生，其心志如何？尤其是在经历五四运动之民主与科学的洗礼，以及反右斗争中的挣扎、"文革"时期的"失志"，他的学术与人生出现了哪些分岔，延续的又是哪些特征？这些是较为重要的思想史问题，笔者不揣浅陋，试图就此讨论一二。

笔者以为，1990 年之前，费先生的学术高峰在民国时期，而社会学在中国恢复后，他的"余悸"犹在，对于七旬老人而言，犹死后复生，受托成为中国社会学的"掌门"后，该是怎样的心态？观其回忆史禄国先生的文章，可以发现，他对史禄国的怀念，难免心有戚戚焉。终其一生，其治学之心表现出以下几个特点。

首先，他一直坚持"学术要有一股劲头"。费孝通的"学术劲头"总体上体现在"救中国"的志向中。"救中国""迈向人民的社会学"是其从事社会学的心志。在费先生早年文章中尤其体现了他的如是志向。如他不断提及派克对中国年轻人的讲话。1933年派克来华的讲演中提到："在一切种族和国家生活有形的表现的背后，还有它特具的情绪和态度，暗中鼓舞它、拨动它、操纵它……我曾在中国的青年中去寻求中国的将来……学生不仅在切求知识，而且渴望着和行动有关的知识，事实上，这种由知识化为行动的倾向业已取得强烈的感情作用。"① 这种观念对费先生的影响很大，他认为"派克给予人们的不是普通的知识而是生命"。这里，派克给予费先生的"生命"是行动的倡议，是从书本中解放出来，在"一个活的世界中去领悟人类生活的真相"的方法。后来，费先生对社会学界的"干劲"期待也是这方面的。在1979年社会学恢复后，乃至多年后，费先生对于学者们的干劲不如实业企业家是颇为忧虑的。

其次，有关费先生社会学研究的经济社会取向而非文化心态取向的解释。一个相关的问题是：当费先生早年以《江村经济》在英国伦敦政治经济学院取得博士学位后，马林诺斯基的下一步期待是他能对中国社会的整体性研究有所建树，尤其是对有关宗教文化方面的讨论需要深入。那么，为什么后来费先生的研究还主要停留在（或可能是有意继续转向）社会的经济研究方面？在做《禄村农田》时，他尝试做一种比较研究，稍后但基本是同时期，他又在《生育制度》《乡土中国》等中进行了非纯粹经济社会取向的讨论。而在社会学恢复后，他基本停留于经济

---

① 费孝通：《社会学家派克教授论中国》，载《费孝通全集》第1卷，内蒙古人民出版社，2009，第133-140页。

领域的社会学思考，如对小城镇大问题、区域经济开发等问题的思考；可是在晚年（1990 年后），他又开始反思文化及心态等方面的因素。这种曲折意味着怎样的心学历程？

事实上，在他集中反思文化及心态研究之前，在 1979 年后的文章中，也有个别文章提及"反右"及"文革"经历对于一个社会学家来说，是一个天然的现场值得探究，但他却没有做专门的论述。相比较而言，讨论经济问题总比讨论与政治扯不清的观念问题更安全一些。在社会学恢复后，他认为研究"文革"事件的影响实有必要，但其力有不逮。那么，是他力不从心，还是不能为之？现在怕是无缘得到答案。费先生的老师史禄国和马林诺斯基，也并非主要致力于人类社会的经济问题。如前所述，即便是费先生自己，其早年的研究，如《生育制度》和《乡土中国》等，也涉及观念层面。① 相比较而言，费先生治学经历中 70～80 岁这一段似乎较少这方面的思考，而晚年他对心态的研究及"修身社会学"（这里指社会学可以位育社会的论述）的倡导，更像是一种回归。

1990 年在费先生 80 岁生日时，他总结一生的学术作为，认为其为学之志是"志在富民"，这里的阐发还是经济层面的人民富足。与其姐姐费达生先生和姐夫郑辟疆先生的努力是一致的，只是路径不同，不可否认费先生的为学志向。只是笔者以为，社会科学还应该承担一种精神启蒙的作用，这个启蒙也是后来费先生在反思社会学时提及的，社会学也应该是一门具有人文性从而予人以"修养"和"教育"的学科。但可能由于各种原因，在费孝通先生的后续研究中，并未凸显之，尤其是在社会学恢复后的很长一段时期内，费先生所致力于的学科建设缺乏精神层面研究的努力。物质和精神事实上不应该存有先后关系，而应该为同时存在的关系。诚然，如费先生所说的，衣食足知荣辱，但衣食不足的人同样懂得荣辱。

① 在《禄村农田》中，他对农民的心态也有描述，但从 1949 年至恢复期后很长一段时期，费先生很少涉及心态内容，直至 1992 年的《孔林片思》。

2000 年，费先生在温习派克的学术思想所写的"补课札记"中，对当时社会学的评价是较低的："它还是在生长中，什么时候长成，难以预期。"① 而在派克来华讲演时的 1930 年代，他把"美国 20 年代的社会学比作在引进实验室之前的心理学和在 Pasteur 发现细菌之前的医学。因为他看到当时社会上发生问题时还靠常识来应付，并不经过客观研究和用实验方法去对待"。② 派克老师给当时美国社会学的定位是"还在生长中的时期"，而费先生对中国社会学的当代水平评价要更低一些："我们现在自己的社会学所处的地位，也许还不够'生长中'的水平，严格一些说也许只够说还在'摸索阶段'。"③

事实上，他提"补课"，也意在批评社会学恢复后由补课而成长起来的一代："我扪心自问，应当承认这件重建社会学的事，我并没有做好，没有有始有终地完成。应该做的，就是决心补课，重新补一补社会学的基础课。1930 年转入燕京大学，已是大三学生，吃了不是科班出身之苦，5 年大学毕业。"④ 在这里，费先生是自谦了，他深厚的学科素养已在民国时期完成。

1999 年，费先生在《重建社会学与人类学的回顾和体会》中情真意切地指出："20 年前邓小平同志提出社会学等学科'需要赶快补课'，20 年后的今天，补课有了新含义，从事重建社会学这门学科的人也需要补课，主要是重新补一补社会学的基础课。"⑤ 他对重建社会学的一代人提出了补课的要求，且非常直白。

他表达了自己的心曲："写这本《补课札记》时还有一段衷曲在我

---

① 费孝通：《补课札记——重温派克社会学》，载《费孝通全集》第 17 卷，内蒙古人民出版社，2009，第 70、105 页。
② 费孝通：《补课札记——重温派克社会学》，载《费孝通全集》第 17 卷，内蒙古人民出版社，2009，第 10 页。
③ 费孝通：《补课札记——重温派克社会学》，载《费孝通全集》第 17 卷，内蒙古人民出版社，2009，第 104 - 105 页。
④ 费孝通：《补课札记——重温派克社会学》，载《费孝通全集》第 17 卷，内蒙古人民出版社，2009，第 9 页。
⑤ 费孝通：《重建社会学与人类学的回顾和体会》，载《费孝通全集》第 16 卷，内蒙古人民出版社，2009，第 445 页。

心头，那就是我这一生也许最后还可能完不成的一个自己承诺的任务'重建中国的社会学'……实际上，即使我再有 20 年，这个诺言还是难于实践。同时我届时还会感到不太甘心。"①

重读费先生对恢复后的社会学的反思，笔者以为他有以下几点看法或体悟。

首先，学术切记"补课""速成"的仓促。其次，研究上忌浅尝辄止。他举例，如对七月七民俗的研究，不能只限于描写这一传说和传统活动，而要对它们赖以发生的社会内容做出深刻的分析。而这一深刻分析来源于什么？回顾本章开头其他学人对社会学庸俗化的质疑，这个问题更应是社会学人需要反思的问题。费先生提出的应对路径之一是强调文化、历史的重要性，以及上下两代人（在他的时代是钱穆与费先生这两代人）的共同努力，以认识中国社会。这是一个重要的方向。

而如何使社会学变得深刻？他提出"要学习派克怎样从记者成为一个学者，而不要使自认为是社会学者的反而成了一个庸俗的人"，他认为，若"求知之心不够迫切和踏实。常满足于浅尝辄止，难逃不深不透"。这或者是避免社会学庸俗化的另一条路径。

2003 年费先生对恢复后的中国社会学的局限性及其原因做了一个剖析。他认为其自身学术局限源自 19 世纪末 20 世纪初，中国知识分子救亡图存的努力之局限——"曾在短时间内大量借鉴西方近代和现代社会思想，这种借鉴对中国现代学术发展起到了非常重要的促进和推动作用，为现代中国学术建立了一个重要的基础。但是，也应该看到，这种匆忙的、被动的借鉴过程，也存在许多粗糙和不协调之处，特别是对于人和自然的关系上，我们在接受西方现代科学的同时，基本上接受了西方文化中'人'和'自然'的二分的、对立的理念，而在很大程度上轻易放弃了中国传统的天人合一的价值观"②。对于中国社会学发展的局限，

① 费孝通：《补课札记——重温派克社会学》，载《费孝通全集》第 17 卷，内蒙古人民出版社，2009，第 103 页。

② 费孝通：《试谈扩展社会学的传统界限》，《北京大学学报》2003 年第 3 期。

我们应在费先生反思的基础上，继续寻找原因，以推进中国社会学在恢复期的发展，推进其及早走向成熟。

五　社会学中的西学与中学

本章所讨论的问题，主要围绕着费先生的"社会学主义"，对其主张的社会学思想特征进行归纳和讨论，关注费先生的"从实求知"理念及其思想来源，回应社会学学科庸俗化及常识化的质疑。认为"从实求知"的研究实践一方面丰富和推进了吴文藻的"社会学中国化"纲领性蓝图；另一方面，因其对"为研究而研究"观点的疏离，而使社会学常偏向"务实"的一端，尤见于1979年恢复后的社会学特征。一定程度上，这对学科发展有所限制。1990年代以后，费先生的学术反思历程大有回归之意，尽管其学术旨趣一直在"志在富民"，但费先生对社会学"人文性"的倡导及社会学作为一门培养人之"修养"学科的提出，对于中国社会学家而言，是普遍面临的一个新课题，需要不同学者从不同的研究实践中加以体悟和总结，以推动社会学迈向新一台阶。

本节主要关注费孝通先生晚年的治学理念及变化，以进一步认识中国社会学的传统及其转变。对于一贯秉持"从实求知"治学理念和以"志在富民"为治学目标的费先生而言，晚年却提出了"扩展社会学的传统界限"的倡议及纲领，其意义何在？笔者以为费孝通的治学是以"救中国"为起点的，后来发展为以"志在富民"为目标，其一心为了中国社会的发展而做社会学研究，但却借用了西学的方法，即社会学和人类学的功能方法。如此，在他的理论中一直纠结着西学（西方）与中学（东方）的关系问题。这里试图将费先生对西学和中学关系的处理作为起点，讨论中国社会学之内在困境的根源以及与此相关的社会学之界限扩展对于中国社会学的启示。

（一）西学作为一种工具

在费先生的时代，社会学家们面临的一个普遍问题是，社会学的中国化问题，费先生以此作为救中国的"利器"。其中，该如何借鉴西学理念，即如何处理西学与中学之间的关系成为费先生治学中的一个基本问题。对于这一问题的探索，自吴文藻即已开始。在中国社会科学的早期阶段，吴文藻提出社会学中国化的途径是"以试用假设始，以实地验证终，理论符合事实，事实启发理论；必须理论和事实揉合在一起，获得一种新综合，而后现实的社会学才能植根于中国土壤之上，又必须有了本此眼光训练出来的独立的科学人才，来进行独立的科学研究，社会学才算彻底的中国化"①。

在民国时期，社会学界对于西学的理论及方法的引介是不遗余力的。从当时的主要刊物《社会学界》和《社会学刊》等可以看到，当时学者们不仅关注后来被广为关注的涂尔干、韦伯等人，而且对于曼海姆甚至涂尔干的学生路易·迪蒙的学说也有所涉及。对于英、美、德、法的社会学发展状况都有所引介。

以后来影响较大的社会学的"中国学派"为例，② 其中，费孝通的研究是从社会学的中国化起步的。而且，在费孝通的研究中，中国化特点非常突出，如他强调进入实地去获取知识，并以对中国复杂文化做出区分作为研究目标。③ 但他同时也深受国外学术传统之深刻影响，如俄国学者史禄国、英国学者马林诺斯基、美国学者派克，而且对这三位学者的讨论贯穿了费先生的学术始终。费孝通在晚年将史禄国的"心态"概念发掘出来，并由此指出中国社会学的"人文"方向及其可能。但同时也需注意到，在费先生早年，他对于中国传统社会史研究有一种"过分的反感"，这说明以费先生为代表的一代社会学人急于走出一条与传统读书人不同的、摆脱书本限制、向实践求得真知的路径。而西学，如社会学恰恰提供了这样的研究方法和看问题的视角。

---

① 引自《社会学丛刊》甲集第一种"总序"。
② 参见李培林、渠敬东、杨雅彬主编《中国社会学经典导读》上册，社会科学文献出版社，2009，第 365－572 页。
③ 参见费孝通《花篮瑶社会组织》，载《费孝通全集》第 1 卷，内蒙古人民出版社，2009，第 432 页。

以上讨论在某种程度上可反映中国早期社会学的本土化思路，也反映了吴文藻、费孝通等学人的中国观。费孝通的老师吴文藻先生早年在清华学堂学习西学时，同时注意到中国传统文化的作用，尤其提到梁启超对他的影响，这种影响在他留美归来后依然存在。如他在燕京大学开课时就保留了当年梁启超给他开过的课——"先秦政治思想史"。不过，即便如此，作为学科建设的主要创始人之一，吴文藻依然没有将中学作为主流。在后来的回忆中，他提到因为当时西方社会学和民族学理论影响较大，使得他没有充分认识到陈翰笙《中国华南的农民问题》这类著作的意义。

在借鉴西学的理论取向上，吴文藻主张的社区研究以功能主义理论为指导。而马林诺斯基的功能主义较为强调文化研究的重要意义，并强调将社区作为一个整体来研究。这种研究理念使得吴文藻舍弃了历史学派的民族志方法。①

> 我在美国学习时，曾对以博厄斯为首的美国历史学派很感兴趣，但我在开展社区研究时却没有采用历史学派的理论和方法，原因就是我认为一方面历史学派过于强调研究文化的片断……而不是像功能学派那样强调从"整体"和各部分的密切关系上来研究文化，另一方面，历史学派的实地调查方法和民族志专刊的编写，也不如功能学派那样完整。

吴文藻的社会学中国化工作，在当时尚缺乏强化中国思想的内在主张。对于吴文藻而言，其所谓中国化的内容，没有固执本土，而是从国际化开始，然后进入中国本土。这在今天看来也是具有合理性的。作为一门"学"，社会学的学术训练及思路自然来自西方，如果将其作为一种认识社会的工具，是存在很多可取之处的。

---

① 吴文藻：《吴文藻自传》，《晋阳学刊》1982 年第 6 期。

不过，仅将这门"学"作为工具显然是不恰当的，它是有着强大的思想传统的。首先包含了西学思想传统，而在运用于中国时，必然又涉及中国思想传统。在现代化进程和全球化时代，二者杂糅更是一个复杂的课题。

整体上，可以看出，吴文藻选取的社会学思考方式，对于中国社会学建设的第一阶段起到了十分关键的作用。尽管也带有局限，不过，依然不失为一家之言，并表现出较强的生命力。在民国时期，社会学的中国学派已经有了较大的成就，如费孝通 28 岁时就获得马林诺斯基的赞誉：《江村经济》是人类学实地调查和理论工作的一个里程碑。①

吴文藻及费孝通发展出来的中国社会学传统可归为社会学的中国学派之第一阶段（或可称为社会学中国化的第一阶段）。而第二阶段，笔者以为，在费孝通思想传统中，是从 1990 年代开始不断深入思考，到 2003 年明确提出的"扩展社会学的传统界限"这一议题，强调社会学的思想意涵，而且多着眼于中国思想传统，并指出社会学传统实证研究方法在面对中国社会尤为重要的现象（如"心"）时，表现出无能为力。

而中国社会学的新传统，或可从中生根和发芽。这一新传统，源于费先生重新梳理了西学与中学的关系，尤其是关于"心"的讨论。他表现的是一种包容的态度，尽管依然坚守着社会学的基本立场。

在新时期的中学和西学关系上，费孝通提到，"从过去二十多年的研究和教学的实践来看，深入发掘中国社会自身的历史文化传统，在实践中探索社会学的基本概念和基础理论，是中国学术的一个非常有潜力的发展方向，也是中国学者对国际社会学可能做出贡献的重要途径之一"。②这事实上在暗示找回中国社会学传统，也应从中西文化差异角度，这一有潜力的发展方向，是中国社会学对世界的可能贡献。

但这也只能是众多路径中的其一而不是全部。从传统文化入手"全

---

① 布·马林诺斯基：《〈江村经济〉序》，载《费孝通全集》第 2 卷，内蒙古人民出版社，2009，第 278 页。
② 费孝通：《试谈扩展社会学的传统界限》，《北京大学学报》2003 年第 3 期。

盘"反思中国以往社会学的发展，还会遇到障碍，比如矫枉过正的错误，在处理本土化与国际化之间的关系上也可能如此。在社会学恢复后不久，直至 21 世纪初，几乎所有社会学人都会强调英文文献的重要性，甚至如果没有英文文献，就不会被纳入视野。这诚然暗示了中国学术发育不健全的客观原因，不过，依然能明显看出中国学术作为"后发者"的追随状态。

（二）西学的内在精神

1990 年，费孝通将利奇的学术提问转换为实践的问题，并指出，这样的回答可能不会令利奇满意。说明费孝通在转换问题时，已经意识到自己的局限性。

利奇提出的两个问题被费孝通概括为：一是像中国人类学者那样，以自己的社会为研究对象是否可取？二是在中国这样广大的国家，个别社区的微型研究能否概括中国国情？① 费孝通从文化传统角度来回答第一个问题，认为中国知识分子天然有种儒家的家国情怀，有社会担当，这也是费孝通先生早年弃医从文的主要理由。费先生指出他为学的根本态度：一是"天下兴亡、匹夫有责"；二是"学以致用"。②

值得讨论的是，费孝通当时为什么要"转移"话题？笔者认为，是因为费先生当时意识到在中国学术传统下，无法回答利奇的提问。因而，他将学术场域的问题转换为实践场域的问题，问题被转换了，就不再是利奇意义上的纯粹学术问题了。利奇意在强调，有距离的观察对于"求真"的重要作用。

在利奇那里，学术更多呈现为"公器"，在费先生这里，学术转化为"志在富民"的利器。从《江村经济》的立场和方法出发，到 1990

---

① 1982 年，利奇的质疑是：①人类学者研究自己不能获得真知；②微型社会学研究个案不能称作典型，它们不能证明任何普遍性。参见杨清媚《最后的绅士：以费孝通为个案的人类学史研究》，世界图书出版公司，2010，第 82 - 83 页。

② 费孝通：《缺席的对话——人的研究在中国——个人的经历》，《读书》1990 年第 10 期。

年代，费先生一直认为这是学术"救中国"的一条路径，这也是他的思考方式及其开创或遵守的学术传统。而这条路径如何与纯粹的学术相区分，费孝通先生没有提到，甚至他自己并不想这样做区分，而认为二者是可以合一的。如同孔子周游列国，追求学以致用，而"少在看不到、摸不着的玄理上去费脑筋"。[①]

费先生的志向从社会思想史的角度来说，是可以理解的。即他处的时势奠基和决定了他一生的学术目标：从"救中国"到"志在富民"。即便如此，也需追问如下问题：利奇的学术精神是不是我们所缺少的？费先生在回忆利奇时，强调了利奇个人性格的一致性："当我们同窗的时候，在我们讨论班上，他是个雄辩出众的青年。他那种爽直、明快、尖锐的词锋给我留下了难忘的印象。这次在捧读这一本可能是他最后的著作时，我立刻感到他那可爱的性格至老未衰。"[②] 笔者以为，这种品格不应被归因于文化差异，而是一种普遍的学术精神，是一种求真的意志。

费先生对利奇问题的回答主要是沿着文化根源之差别来解读的。在今天，还应从学术精神的角度解读费先生和利奇的分歧，寻找从中国特殊化路径进入全球普遍化路径的方法，思考中国学术传统能给普遍的世界学术遗产带来什么。在反思此问题时，有必要强调有一些学术品格是超越文化的、是普遍的。正如利奇的爽直、明快、尖锐，至老未衰的可爱性格，我们应该允许一种制度以培养这种求真的意志。

回顾费先生的学术历程，从 1990 年费孝通对利奇提问的阐述方式，到 2003 年费孝通发表"扩展传统社会学界限"的观点，表明其思想已经发生了极大的变化。2003 年，他提出社会学应具有双重性格——科学性与人文性。[③] 而所谓的人文性成为当时费孝通重点探讨的问题。

总体上，我们可将费先生的治学品格归纳为务实性及实证性，即"学以致用"性，甚至工具性。不过，虽然 1990 年费先生坚持自己立场，

① 费孝通：《缺席的对话——人的研究在中国——个人的经历》，《读书》1990 年第 10 期。
② 费孝通：《缺席的对话——人的研究在中国——个人的经历》，《读书》1990 年第 10 期。
③ 费孝通：《试谈扩展社会学的传统界限》，《北京大学学报》2003 年第 3 期。

表现出不苟同于利奇的地方；2003 年，费先生对人文性的强调，大有回归利奇学术精神的取向。尽管费先生强调的精神世界与利奇最初的考虑，在含义上有很大差异；不过，在方向上，可以将费先生晚年的探索归结为一种超脱物质性的努力。2003 年，费先生的思索是社会学学术传统的一个转变，或可预示中国社会学进入一个"分岔"期。

在这个时期，费孝通先生意识到学术给养缺少不了精神层面的东西。不过，如果这样的精神依然被定位为文化传统，尤其是，如果认定中国社会学的精神传统主要来自中国古代文化，还是有所局限的。社会学作为舶来的学科，在严复、吴文藻时代就有大量译著，中国社会学学人已经浸染于西学传统中。诚然，西学传统有着自身的社会文化背景，文化之间不是可以完全化约的，但人类经验有共性的部分，尤其是中国现代化进程以来，中国传统社会已经发生了较大的改观。尽管中国社会发展历程中夹杂大量中国特色部分，却也是有着西方特色、中国特色兼具的部分。因此，在中国社会学的思想传统中，不仅有孔孟以来的中国知识分子的思想传统，还应该有西学的学术精神。这是一种杂糅物。

中国社会学传统中普遍缺乏一种超然心态，应该与中国学术体制有关。而且，中学传统中内含了"功用主义"的东西，如费先生强调的"学以致用"。因此，若单独从中国传统进入"拯救"中国社会学甚至中国学术，是有局限的。

总体上，需要强调的是，在中国学术体制中，学者过于强调"学以致用"，而缺乏西方的"求真"意志，是有局限的。如人们普遍认同"情理之中"的既有道理，而不太追究丑陋的真的样态的展现，自然无法深入反思思想与现实中较为黑暗之地。因此，从这种中国传统进入中国社会学传统，难以彻底"拯救"中国社会学。

超越社会学既有传统，较为有效的路径，可能如应星所言，取道西方又返回中国的费孝通先生的治学方式可提供有效的参考。从费先生的学术历程中，可以看到中国社会学学术精神的成长及其局限。晚年费孝通的思考依然沿着自己以往的读书经验和思考路径，这表现在他重读马林诺斯基、史禄国和派克，重新思考社会学的关键概念。他的深入思考使得社会学的枯燥概念，变得有了灵魂，如"社会关系"一词，他认为"意会"应该是其中的精神，而中国文化应该对此有更多阐释。东方故事中的"含蓄"制造了很多障碍，甚至生发出一些值得讨论的社会事实。

晚年的费孝通先生对于中国社会学的限制已经有了突破性的思考，尤其是当他提及"心"的研究时。费先生从"心"这个研究对象入手，对社会学的研究方法以及文献范围都做了深入的分析和反思。在讨论中，费先生传递了一种学术态度，即学术上不必过多（一味）开辟那些生僻领域，而应在"平常"中深化和扩展社会学研究，如同"意会"深化了"社会关系"这一概念一样，补充了行为主义传统。

对于"心"这一研究对象，费先生指出了实证方法的局限，即实证研究对于"直觉"是无能的。费先生以"诗"作为例子来说明这个问题，即"意会"的我，往往如同诗歌传达出的感受一样——言未尽意，意在言外。在此，费先生指出社会学的不足。社会学可能有所突破的方向，在于社会学可以与艺术、文学和电影等探究同一个领域，如对"讲不出来的我"的思考，从而期待社会学能从逻辑因果和系统分析角度研究和探索这一对象，并认为这将是社会学整体发展的一个重要里程碑。

在讨论中，费先生从几个层次讲到"心"的问题，认为其不仅是一种心理活动，更有着伦理的、人际关系的含义。这种观念与他对史禄国的"心态"概念的解读有着密切关系。此外，费先生在对"心"做诠释时，并没有刻意强调中西差别，而是说二者有共通之处。"人类的各种文化中，都可能隐含着很多永恒的、辉煌的、空前绝后的智慧，我们要学会欣赏它们、理解它们、吸收它们，这也是'美人之美、美美与共'的本意之一。"①

———————————

① 费孝通：《试谈扩展社会学的传统界限》，《北京大学学报》2003 年第 3 期。

　　如上所述，面对人的精神世界，费先生还是秉持社会学之结构和机制的分析立场，而不是其他，他是坚定的社会学学科主义者。

　　这里需要思考的是，是否存有将"心"当代社会科学化的方法？其实费先生已指出，社会科学化与否仅是一种形式，是否社会科学化都无所谓，有所谓的在于能否达致对"心"这一事物的认识，以及提供对社会学传统概念如"机制"和"结构"等深入认识的契机。

　　综上，费先生在社会学视域下关注"心／心态"研究的主要贡献是，站在文化及历史的角度，对社会结构、机制等做了更富流动性的解读。如上所述，其在讨论社会关系时，指出中国文化中特别偏好的"意会"传统，并认为社会学研究应该在此有所突破，否则，无论是社会学的应用传统，还是人文传统，都会有严重缺陷。

　　费孝通这时倾向于将社会学作为一门有着自身规训的开放性社会学，他在讨论文化传统时，谈及阿拉伯文明、希腊文明、儒家文化等，也是将社会学做世界视野之勾连。意在勾连不同学科、不同学术传统对于社会学学术传统的启示，并提示社会学可在这里做到开放性的阐发，从而充实、提升甚至突破社会学的既有传统。

　　探究上述费先生关注的问题及其倾向，首先，可以突破社会学的主流研究方法局限；其次，在研究对象上，可以为社会学研究提出新的课题；再次，可提倡一种开放社会科学理念，如上所述，对于"心"的理解，可以综合中国理学传统以及西方的神学解释传统。在这里，知识体系是开放的，笔者认为其目的是"求真"，求得社会学体系的开放和深入，进而培育社会学独有的精神。

　　笔者以为，费先生2003年反思的主要贡献在于，为突破社会学传统界限，提供了一种综合性和总体性思路。而能否突破社会学既有传统，取决于社会学是否可以成为一门"学"。显然，费先生的"学"是带有灵魂的，而不是一套技术和方法，或者一种逻辑思维。事实上，社会学能否成为"学"，还在于能否真正秉持"求真"的旨趣，这应该是西学传统的治学态度。

六　对社会学困境的思考：学者治学与历史境遇

　　从费先生对待中西文化之态度及其变化的角度，可以管窥中国社会学发展的特点及困境之根源。而探讨中国社会学该如何发展（也可称之为"社会学困境"），构成费先生一生的治学目标。其中，在对待中西的问题上，他晚年的处理方式发生了一些变化。同时，在讨论社会学困境时，他尤其对社会学在 1979 年恢复后的发展局限做过较多的讨论，这也构成其突破社会学传统界限考虑的一个重要因由。笔者不揣浅薄，试图从以下两个方面来讨论这一问题。

　　针对 1979 年以来中国社会学的发展状况，费先生晚年进行了多次反思。如 1998 年李亦园与费先生的对话以及发表于 2003 年的扩展学科界限的文章，事实上是对 1979 年后社会学训练方式的反思。总体上，他提出中国社会学发展具有一种内在的不足和困境。

　　费先生将社会学发展的某些困境追溯到民国时期。民国时期，西学对于中国知识分子的影响较大，而社会学人却忽视来自中国的天人合一的总体性社会思想，即将人、社会、自然放在一个统一的系统中看待，这是不可丢弃也是无法割舍的思想。

　　1979 年后社会学的困境亦来自民国时期"借鉴"的缺陷——短时间大量借鉴西方近现代社会思想，确实为中国现代学术发展起到非常重要的促进和推动作用。不过，那显然也是功利性的借鉴，是缺乏坚实基础、缺乏人文反思以及全局观的借鉴。在当时，中国社会学就已经向西学倾斜了，甚至在借鉴期间学者以及民众的价值观也发生了改变，结果对中国的现实社会造成了很大的伤害，如"人定胜天"观念等。

　　有关恢复后社会学的困境，事实上从费先生的"补课"倡议中已见端倪。在"补课"过程中，费先生觉得知识分子没有动起来，那种劲头他还没有感觉到。真正能用心做学问的知识分子特别难。知识分子的传统是需要继承的，不能照搬完苏联又照搬美国。潘乃谷在回忆费先生的治学历程时提到：

> 在社会学恢复以后，社会学界面临这样的境况：27 年中断，首先是不知道世界学术界情况，另外，这一阶段老学者们也没有做什么研究。社会学恢复后，补课显得比较匆忙……那时候才学两三个月……①

对于费先生而言，他晚年重读派克；同时向国学发展，如阅读宋明理学及钱穆、陈寅恪、梁漱溟等。费先生认为，他不如上一代，主要是国学基础不扎实。

费先生在 1993 年就提到自己的研究领域已经从生态领域、社会领域进入心态领域了。而当时整体的社会学状况，基本为实证传统。至今，多数人也固守这一界限。所以费先生晚年有打破界限之说，言外之意在于，将社会学塑造为一门开放社会科学，即社会学研究方法教程中，不必总以实证科学方法作为主要方法，还可将意会、韦伯的理解社会学、西方神学的解释、现象学等作为另一主流。

值得指出的是，"实用"与"人文"之间是有冲突的。费先生在 80 岁之时，还在强调他的社会科学事业的目标在于"志在富民"，而这也主导着他的研究之路。晚年费先生的反思，试图调和二者，但是二者在某种角度上是无法调和的。如西方的实证传统和非实证传统，其对待研究对象的态度是有着根本差异的。

学术存在超脱的一面，不能仅从政治经济的物质基础入手。如为求真而追求真知的古希腊哲学传统，为保存中国传统文化的陈寅恪精神等。社会学的"大人文"传统应该在这里，否则，社会学依然无法摆脱移植和庸俗化的取向。②

---

① 杨清媚：《晚年费孝通心中的世界与人类学——访潘乃谷先生（访谈录）》，未刊稿。
② 关于理论移植问题，参见应星、吴飞、赵晓力、沈原《重新认识中国社会学的思想传统》，《社会学研究》2006 年第 4 期；赵旭东：《超越社会学既有传统——对费孝通晚年社会学方法论思考的再思考》，《中国社会科学》2010 年第 6 期。

在学科建设中，学人与社会背景是密切相关的。显然，治思想史离不开对社会史的关注。费先生反思社会学的思想脉络之一是，回忆他的重要老师史禄国先生。在《读书》杂志发表的一篇随笔中，他怀着谨慎、尊敬之情提及史先生，甚至还有无尽的缺憾之情，因为早年他未能理解自己老师的深邃。① 费先生也在感慨世事给学者个人境遇及学术声望带来的影响。作为流亡海外的俄国学者，史禄国在清华大学教书时，语言上不能通透，思想上不能被周围的人所理解。对于学者而言，这该是一件多么令人遗憾的事情。相比之下，费先生的马林诺斯基老师就幸运多了。马林诺斯基生前即已成名，并有高徒满座，其学术思想影响甚广，并得到多人认同。而这些不同也是境遇，并非学识所能左右；是学者作为人所逃脱不了的安排。

费先生关于史禄国的回忆，是外在因素影响学术的一个很好的案例诠释。史禄国学风扎实，学术信仰坚定，但时运不济，没有听众，在孤独中逝去。史禄国先生深居简出，在几乎与世隔离的状态下，做出一流的研究，只是影响在身后——念乎此，不免深怀感伤。从史禄国这里，我们可以看到一个学者的坚守。

史禄国的研究理念通过影响费孝通先生，进而影响了中国社会学。费先生晚年对于心态的强调即直接来自史先生的启发。虽然他们师生二人言语交流不多，但两年时间也不算短。这期间费先生在史禄国的指导下扎实地做人体测量，寻找不同人种的类型，而这种研究方法及踏实的学风亦成为费先生的坚守，并影响了社会学的后人。

处理西学与中学之间的关系构成费孝通学术思想的基本主题之一。早年费孝通借鉴西学之人类学的功能方法，践行学术"救中国"之路；自1979年社会学恢复以来，费孝通基本还是秉持源自西学传统的社区研究方法，实现"志在富民"的学术旨趣。西学基本体现为一种工具的作用，但其内在的精神层面则往往被忽视，如学术的"求真"意志，中国

---

① 费孝通：《人不知而不愠》，《读书》1994年第4期（后收入《费孝通全集》第14卷，内蒙古人民出版社，2009）。

背景下则体现为"学以致用"的功用目的。在从事社会学的早期阶段，中学之内容又被费先生所轻视，他急于走出一条与传统知识分子不同的"从实求知"的路径。

事实上，在费先生的理论中一直纠结着西学（西方）与中学（东方）的关系问题。而通过将西学作为一种工具和将西学作为一种文化精神两种态度进行对比可发现，任何学术传统都是有文化底蕴在其中的。民国时期的匆忙借鉴和对中学的疏离态度，是恢复期社会学面临困境的重要原因，也是2003年费先生反思社会学、提倡社会学突破传统界限的根由。晚年费先生对社会学学术该如何发展这一问题，做了纲领性的反思。他从"心"的研究入手，意在突破社会学的实证传统，并在坚守社会学学科规训的基础上做古今中西融合、开放社会科学的努力，或可为突破社会学困境提供一条路径。

人的精神世界的研究视角：口述史与社会记忆

第五章
口述史对认识中国社会的意义

口述史是一个跨学科的研究领域，狭义的口述史学科始自 20 世纪中期的史学领域。在方法上它采用深度访谈的方式，区别于传统史学的文献研究，以不同的技术手段（包括笔录、录音或录像等）收集被访谈者的口述资料，其中包括被访谈者的沉默、访谈者与被访谈者之间的互动、无关的他人插话等，容易被传统研究方法忽视的、更为细致的访谈因素。这一过程也是当事人的记忆唤起过程。口述史的出现堪称史学界的一次重大变革。

经过几十年的发展，口述研究在很多领域获得了长足的进展，除了学界，其在公共领域也引起了很大反响。以中国为例，目前在学界伸张口述史意义的学科不仅包括史学，还有文学、社会学、人类学、档案学等；在公共领域，包括媒体人参与的口述史项目非常之多，其影响甚至比学术作品更为广泛。概言之，目前口述史的中国实践呈现多维度推进的发展态势。① 王明珂指出，口述史实践一直以来存在几种不同的路径：第一，对重要的军政、经济与学术文化名人所做的口述史；第二，对过去被政治或社会意识形态淹没、遗忘的史事所做的口述史；第三，对那些在主流/威权历史中失去声音者，如底层劳工、妇女、乡民等所做的口述史。②

---

① 左玉河：《历史在口述中永存》，http://news.gmw.cn/2016-07/04/content_20814945.htm。
② 王明珂：《对话王明珂：在反思中剥茧历史》，http://www.bjnews.com.cn/book/2016/07/02/408624.html。

　　中国社会学的口述史实践参与者较多，学者们对"土改"时期的农民口述史、知青口述史、女性和边缘群体等的口述史资料的收集和讨论，可归为王明珂所谓的口述史实践的第二、第三种路径。本章将口述史在中国社会学领域的实践分为两个大的历史时期。第一个时期是 20 世纪90 年代中期到 21 世纪头十年早期（1995 ~ 2005 年），这 10 年间是中国社会学口述史实践奠定研究基础的时期，也是口述史研究对中国社会学影响的关键阶段。这一时期形成的口述史研究特点是口述研究方法与理论探索密切结合。第二个时期是 21 世纪头十年中期至今（2005 年至今）的 10 余年时间，这一时期的口述史实践范围有所扩大，从早期关注大历史下小人物的口述史，如土改时期农民的口述史和"文革"时期的知青口述史，扩展为对常态社会下特定群体的口述史的关注，如女性口述史和边缘群体口述史。这一时期，口述史实践中被关注主体的范围有所拓展；与口述史相关的理论探索也有所提升，如与口述史密切相关的记忆研究在近年有所深入，研究视野也有所拓宽，如由早期主要关注哈布瓦赫这一社会记忆研究的开创性人物，拓展为当下对阿斯曼夫妇文化记忆理论的思考。但是，这一时期的口述史探索在经验资料和理论探讨的结合方面不够紧密，甚至有脱节的现象。相比于早期在口述史实践中产生的对中国社会学的反思和推进，当下的口述史思考尽管在资料收集方面有所增加，却还没有达到这一高度。伴随这一研究现状，社会学界普遍认为与口述史研究密切相关的质性研究在近年来有所衰落。

　　值得指出的是，社会学的口述史研究从 2019 年开始有了一个新开启的重大项目，具体内容包括对劳动模范、抗战老兵、铁姑娘、知青等的口述史。这便是由周晓虹推进的"新中国工业建设口述史"等研究计划，一方面，他们自下而上、较为深入地收集了新中国成立以来一些重要历史事件中亲历者的口述资料，丰富了既有的社会史素材；另一方面，在理论方面勾连了"口述史、集体记忆与新中国的工业叙事"三者间的关系。周晓虹提出的集体记忆"既视感"概念，分析背后的社会文化背景，由此揭示命运共同体视野下工业化叙事的历史意义。[1] 周海燕强调口述史中的情感因素对于重新理解社会性和个人性间关系的作用。[2] 这属于正在推进中的研究项目，尽管当下对它进行总结还为时尚早，但其研究成果颇值得期待。

本章将讨论重点放在 1990 年代中期至 2017 年之间的中国社会学口述史研究实践。

一 口述史实践：来自两个阶段的对比和思考

（一）20 世纪 90 年代中期至 21 世纪头十年中期的口述史作品及其遗产

20 世纪 90 年代中期，孙立平和郭于华主持的"二十世纪下半期中国农村社会生活口述资料收集与研究"项目（下称"土改口述史小组"），集中对华北西村、东北石湾、西南柳坪和陕北骥村等土改口述史进行讨论。他们的口述史研究不仅仅意味着一种新的资料收集方法，更为中国社会学的发展带来了认识论的转向。这一取向决定了中国社会学的口述史研究不仅仅关注资料的增多，还在于引入相关的理论和思考，如记忆理论、身份认同理论，加深对于既有中国现实的理解。这完全不同于近年来公共领域兴起的只集中于资料采集的口述史项目。

土改口述史小组的成果中，较有代表性的有方慧容的《"无事件境"与生活世界中的"真实"——西村农民土地改革时期社会生活的记忆》，[3] 李康的《西村十五年：从革命走向革命——1938 - 1952 冀东村庄

---

① 周晓虹：《口述史、集体记忆与新中国的工业化叙事——以洛阳工业基地和贵州"三线建设"企业为例》，《学习与探索》2020 年第 7 期。

② 周海燕：《见证历史，也建构历史：口述史中的社会建构》，《南京社会科学》2020 年第 6 期。

③ 参见方慧容《"无事件境"与生活世界中的"真实"——西村农民土地改革时期社会生活的记忆》，载杨念群主编《空间·记忆·社会转型——"新社会史"研究论文精选集》，上海人民出版社，2001。

基层组织机制变迁》，① 郭于华、孙立平的《诉苦：一种农民国家观念形成的中介机制》，② 郭于华的《心灵的集体化：陕北骥村农业合作化的女性记忆》，③ 以及 2005 年后发表的与这一时期口述史研究密切相关的成果，如郭于华的《作为历史见证的"受苦人"的讲述》④。此外，应星的《大河移民上访的故事》⑤ 也是这一脉络中的代表作品。

在早期的口述史实践中，另一重要的口述史项目是由以王汉生为首的"重大历史事件与知青的生命历程"（1999～2003 年）研究小组（下称"知青课题组"）实施的，它采用口述访谈方法，尤为强调个人生命史的过程，关注历史变迁与个人的主体性问题。这与土改口述史小组的倡扬在主旨上基本一致，且关注的都是新中国早期的社会主义实践。知青课题组的主要作品有《青春无悔：一个社会记忆的建构过程》、《从知识青年到"知青"：象征性共同体的"历史—个人"建构》、⑥《"青春无悔的老三届"：从自我认同到群体肖像》、⑦《上山下乡：知青集体记忆的内容与特点》，⑧ 2005 年后发表的相关作品有《社会记忆及其建构——一项关于知青集体记忆的研究》、⑨《记忆二重性与社会本体论——哈布瓦赫集体记忆的社会理论传统》⑩ 等。这一课题组的主要力量集中于个人

---

① 李康：《西村十五年：从革命走向革命——1938 - 1952 冀东村庄基层组织机制变迁》，博士学位论文，北京大学社会学系，1999。
② 郭于华、孙立平：《诉苦：一种农民国家观念形成的中介机制》，《中国学术》2002 年第 4 期。
③ 郭于华：《心灵的集体化：陕北骥村农业合作化的女性记忆》，《中国社会科学》2003 年第 4 期。
④ 参见郭于华《作为历史见证的"受苦人"的讲述》，《社会学研究》2008 年第 1 期；郭于华：《受苦人的讲述：骥村历史与一种文明的逻辑》，香港中文大学出版社，2013。
⑤ 应星：《大河移民上访的故事》，生活·读书·新知三联书店，2001。
⑥ 梁克：《从知识青年到"知青"：象征性共同体的"历史—个人"建构》，硕士学位论文，北京大学社会学系，2002。
⑦ 黄玉琴：《"青春无悔的老三届"：从自我认同到群体肖像》，硕士学位论文，北京大学社会学系，2003。
⑧ 孙秀林：《上山下乡：知青集体记忆的内容与特点》，硕士学位论文，北京大学社会学系，2003。
⑨ 王汉生、刘亚秋：《社会记忆及其建构——一项关于知青集体记忆的研究》，《社会》2006 年第 3 期。
⑩ 刘亚秋：《记忆二重性与社会本体论——哈布瓦赫集体记忆的社会理论传统》，《社会学研究》2017 年第 1 期。

生命史及社会记忆特征的讨论，其中对个体主体性给予了较多关注。

从早期具有代表性的作品中，可以看出中国社会学界的口述史实践并没有像史学界那样去关注口述史料中的"真实"问题，以及理想的访谈方式等方法问题，而是从一开始就相对娴熟地使用了口述史方法收集来的资料，集中关注其中呈现的记忆、叙事和情感等问题。这也是中国社会学界早期口述史研究的特点和宝贵遗产。

值得一提的是，在土改口述史小组的早期阶段，李猛[①]等一批青年学者也参与其中，对其中的理论和方法问题做了较多有益的探索。土改口述史小组的研究特征是在进行口述史访谈的同时注重对理论与方法的反思。如孙立平在 20 世纪 90 年代末 21 世纪初提出的"过程－事件"社会学，便是在口述史实践的基础上生发出来的研究理念。他进而提出了实践社会学，[②] 这对于中国社会学的质性研究具有较强的引领作用。

根据孙立平的讲述，他于 2000 年提出的"实践社会学"是在之前六七年口述史资料收集的实践中总结出来的。他所着眼的口述史，在中国社会学领域不仅是一种新方法，还意味着对社会实体的重新认识，以及对国家与社会关系的重新定位。所谓实践社会学，是运用不同于以往的静态社会观察方式，试图聚焦于实际运作过程中动态的、流动的社会现象。实践社会学这一概念也受到布迪厄的相关社会理论的启发，例如实践的紧迫性和总体性特征。实践社会学与以往更多关注静态结构的社会学的区别在于时间性的回归和主体性的复活，而这两点恰是口述史研究方法带来的启示。可见，中国社会学口述史实践在其初期，就与既有社会经典理论做了对接。值得注意的是，在 2002 年的这次访谈中，孙立平没有再强调口述史这一概念，而是将其转换为注重"事件性过程"的深度个案研究方法。他认为这可以使我们深入到社会现象的过程中，

---

① 参见李猛《拯救谁的历史?》，《社会理论论坛》1997 年第 3 期；李猛：《关于时间的社会学札记》，《五音》1997 年第 4 期。

② 孙立平：《迈向实践的社会学》，《江海学刊》2002 年第 3 期；孙立平：《实践社会学与市场转型过程分析》，《中国社会科学》2002 年第 5 期。

去发现那些真正起作用的隐秘机制。这也是口述史研究对于中国社会学的意义所在，即它可以为社会学的研究增加历史维度，使研究者能够细致观察和深描社会变迁的脉络和细节，尤其是对人这一主体问题的观照。

（二）21 世纪头十年中后期至今的口述史研究特征

2005 年至今，社会学者对口述史实践的早期经验或遗产的重新思考主要体现在三个方面：对记忆理论和实证研究的持续关注、推进社会学的历史转向和对叙事研究的再思考。

1. 对记忆理论和实证研究的持续关注

自中国社会学展开口述史实践之后，记忆理论和记忆实证研究在社会学领域获得了长足的发展。这首先体现在对国外记忆理论的译介，近年来学界对记忆理论格外关注。从早期偏重引入哈布瓦赫的集体记忆理论到近年引入阿斯曼夫妇的文化记忆理论等，这意味着中国学者对记忆研究的思考在不断深入。从记忆的实证研究层面来说，在口述史资料研究的早期，学者们集中讨论记忆的建构问题，[①] 他们多将记忆建构的力量归为权力运作的结果，而对于文化等其他因素缺乏足够的观照。

对中国社会的口述记忆研究可追溯至景军的《神堂记忆：一个中国乡村的历史、权力与道德》。[②] 他的研究开始于 1992 年，完成于 1994 年，出版于 1996 年。他收集的甘肃大川村孔庙的拆迁与重建的口述资料，包括两个层面：第一，人类的苦难史，包括个人的遭遇和社区的挫败；第二，对灾难的处理以及人们在政治事件、经济萧条、文化中断之后的复苏。概言之，他讲述的大川及孔庙的故事是一群富有创造力的人们，在其文化认同、历史感和宗教信仰，在经受了沉重打击之后重建生活的一个事例。

---

① 参见方慧容《"无事件境"与生活世界中的"真实"——西村农民土地改革时期社会生活的记忆》，载杨念群主编《空间·记忆·社会转型——"新社会史"研究论文精选集》，上海人民出版社，2001；郭于华：《心灵的集体化：陕北骥村农业合作化的女性记忆》，《中国社会科学》2003 年第 4 期。

② 参见景军《神堂记忆：一个中国乡村的历史、权力与道德》，吴飞译，福建教育出版社，2013。

之后，方慧容利用土改口述资料，提出"无事件境"这一概念。她认为，在传统农村社区，占支配地位的是一种"无事件境"记忆，即事件无序地混杂在一起，事件间的各种细节互涵、交迭；而"无事件境"记忆的根本原因在于农村社区的生活相对缺乏"可比较的关系"，这种"可比较的关系"的建立同实现国家对村民的意识形态教育和确定村民在新的社会分层中的位置联系在一起。① 可见，"无事件境"概念也是记忆权力观的结果。如果能更多考察权力观之外的其他因素，或许对"无事件境"的解释会更丰富；而某种程度上，"无事件境"谱写的是一首底层生存处境的悲歌。这一研究也秉持了孙立平和郭于华主持的土改口述史研究的基调。

郭于华的一系列口述史研究都是以底层视角和记忆的权力观为基础的。她的《不适应的老人》试图在大的历史变迁背景下探寻社会文化因素对个人生活际遇的影响。② 在她的叙事中，出现了强大的外来权力对个人生活的侵占，造成个人在文化无根处境下的无力感。2003 年，郭于华通过对陕北骥村女性口述的集体化经历的分析，讨论了女性记忆的内容和特点，以及宏大的社会工程对女性生存状态与精神状态的重构。③ 2005 年后，郭于华的研究接续了早期的口述史研究思路，还是集中于对农民苦难的讨论。④ 她探讨了个体遭遇和社会结构及其变迁之间的复杂关系，认为"苦难"与国家政权建设和农民的国家观念形成有着密切关联。⑤

在记忆权力观的观照下，底层是权力体系中的底层。郭于华认为，

① 参见方慧容《"无事件境"与生活世界中的"真实"——西村农民土地改革时期社会生活的记忆》，载杨念群主编《空间·记忆·社会转型——"新社会史"研究论文精选集》，上海人民出版社，2001。

② 参见郭于华《不适应的老人》，《读书》1998 年第 6 期。

③ 参见郭于华《心灵的集体化：陕北骥村农业合作化的女性记忆》，《中国社会科学》2003 年第 4 期。

④ 参见郭于华《作为历史见证的"受苦人"的讲述》，《社会学研究》2008 年第 1 期。

⑤ 参见郭于华、孙立平《诉苦：一种农民国家观念形成的中介机制》，《中国学术》2002 年第 4 期。

在原有的历史叙事中没有底层独立政治行动的地位，而补充这段叙述，或者提供新的叙述，成为底层研究的认识论要务。而这一领域知识的生成，在很大程度上要仰仗普通人对自身经历的讲述，而不是依靠历史学家代为讲述。① 郭于华在 2013 年出版的口述史专著中，延续了这一理念，即以不同的立场，倾听无声的底层发出的声音，记录普通生命的历程，书写从未被书写过的生存与反抗的历史。②

在土改口述史研究小组之外，王汉生主持的"重大历史事件与知青的生命历程"课题组主要使用了生命史的口述研究方法，其突出的特点是通过知青的口述去归纳知青集体记忆的内容和特点，从而凸显知青在宏大历史变迁中的主体性地位，这也是中国社会学口述史实践的最重要特点。其中，我的研究讨论了知青的诉苦实践为什么会归因于"青春无悔"，并在此记忆结构中讨论了个体知青的"苦"如何上升为知青群体的"苦感"和政治话语下的"苦难"。同时，我还讨论了这一逻辑关系对于塑造知青集体记忆的决定性影响。梁克在知青口述实践中，关注知青共同体何以形成，她认为来自三个方面的力量：共享的生活经历、同历史纠结的生命历程，以及精英话语。③ 黄玉琴从心态和意识形态两个视角探讨知青群体的认同问题，她以"后知青生活状况"为基础将知青群体的心态分为三个类别：事业、生活比较成功的少数知青，无生存之忧的大部分知青和生活艰难的知青。④ 孙秀林探讨了知青对上山下乡这一历史事件的记忆模式及其内在机制。⑤

2005 年后，王汉生等⑥对这一课题的成果做了进一步的讨论，并指

---

① 郭于华：《作为历史见证的"受苦人"的讲述》，《社会学研究》2008 年第 1 期。

② 参见郭于华《受苦人的讲述：骥村历史与一种文明的逻辑》，香港中文大学出版社，2013。

③ 参见梁克《从知识青年到"知青"：象征性共同体的"历史—个人"建构》，硕士学位论文，北京大学社会学系，2002。

④ 参见黄玉琴《"青春无悔的老三届"：从自我认同到群体肖像》，硕士学位论文，北京大学社会学系，2003。

⑤ 参见孙秀林《上山下乡：知青集体记忆的内容与特点》，硕士学位论文，北京大学社会学系，2003。

⑥ 参见王汉生、刘亚秋《社会记忆及其建构———一项关于知青集体记忆的研究》，《社会》2006 年第 3 期。

出，知青"自我"意义和"群体"意义通过叙事生成；在此基础上，知青通过对"代"的认同，使自己的经历与国家历史相连，以确定自我形象，并将其在更宏大的社会结构中进行定位。知青对意义的定位和追寻反映了这一代人持续而深刻的认同危机，"劫后辉煌"是知青对自己青春创伤的救赎。尽管知青内部存在经济和社会分层，但对意义的追寻用分层的框架是无法解释的。

值得注意的是，知青课题组对"文革"时期的记忆研究衍生出了记忆理论中"罪与罚"的问题。如笔者对知青"青春无悔"记忆模式的研究发现，知青诉苦是一种弥漫开来的情绪，没有苦的控诉对象。讲述者以"那是国家的非常时期，出现什么都不过分"的话语来消释肇事者的罪责。总体而言，知青一方面把自己塑造为受迫害者形象，另一方面却淡化具体的迫害者。这不同于西方犹太人和德国人的罪责意识：他们对于迫害者和受害者有着明确的界定，迫害者必然受到惩罚，而被害者反思自己受害的原因。知青口述史研究的价值在于其将对口述史实践的讨论推向对社会心态和意识形态的研究，或是一种文化角度的记忆研究，这一方向的讨论具有跨文化比较的意义。

上述口述实践及记忆研究的重要特点在于突出了被访谈者的主体性问题。无论是土改口述研究的底层视角，还是知青口述研究的苦难讨论，都与口述史研究中的被访谈主体的能动性勾连在一起。当然，对记忆研究的推进不仅来自口述史实践，还有一些学者尝试使用文本分析方法去分析社会主义实践中的记忆问题，这与口述史研究中的记忆问题互相呼应，如高蕊的抗战创伤记忆研究。[①] 事实上，原土改口述史小组成员李放春后来的作品也开始走向文本研究，[②] 而不再是根植于口述史资料的分析。

---

① 参见高蕊《记忆中的伤痛：阶级建构逻辑下的集体认同与抗战叙事》，《社会》2015 年第 3 期。

② 参见李放春《苦、革命教化与思想权力——北方土改期间的"翻心"实践》，《开放时代》2010 年第 10 期。

关于方慧容、郭于华、王汉生等人的口述史研究，下一章将在记忆研究回顾中做进一步讨论，这一脉络的口述史研究与社会记忆研究之间有着十分密切的关系。可以说，社会学的口述史方法直接推动了中国的社会记忆研究。

2. 推进社会学的历史转向

口述史研究相比社会学的传统深度访谈和从人类学借鉴来的参与观察法，[①] 它的重要价值在于推进了社会学的历史转向。这一转向在中国社会学口述史实践的第一个时期就表现得非常明显。2013 年出版的郭于华的著作《受苦人的讲述：骥村历史与一种文明的逻辑》最能代表早期口述史实践的历史转向视角，延续了早期口述史传统的底层视角和主体视角。应星将郭于华的研究作为她探索共产主义文明实践形态的一种方式，但是"仅靠底层口述史研究难以洞悉中国共产主义文明特征"。[②] 应星认为，在这种方式之外还应该探究共产主义文明制度和精神之源流，因此，他带领团队开展了对中共党史的研究。[③] 从中可见，口述史研究的历史转向与当代社会学的历史转向之间存在内在勾连，而应星的中共党史研究在一定程度上也可算作对前期口述史研究的继续和深入。只不过在研究方法上将口述史的田野实践转变为文献学方式。

与之密切相关的是一些学者对于重新激活中国社会学思想传统的讨论。[④] 笔者认为，这是在学科层面对突破学科化和规范化的一次努力。这一讨论指出，对"现代处境中的中国人的人心安排和社会建制作出深入考察"的必要性和"探本求源、坚持追溯自身原初问题"的重要性。这是社会学历史转向在口述史维度外向另一个方向的推进。

社会学界近年来持续进行的历史转向大体上是在这一方向上推进的，

① 王铭铭：《口述史·口承传统·人生史》，《西南民族大学学报》2008 年第 2 期。
② 参见应星《叩开"受苦人"的历史之门：读〈受苦人的讲述：骥村历史与一种文明的逻辑〉》，《社会》2014 年第 1 期。
③ 参见应星《"把革命带回来"：社会学新视野的拓展》，《社会》2016 年第 4 期。
④ 参见应星、吴飞、赵晓力、沈原《重新认识中国社会学的思想传统》，《社会学研究》2006 年第 4 期。

具体表现为从田野资料转向历史文献，即转向中国的传统学术。① 这尤其体现在 2012 年底在"'总体性'与社会学的历史视野"研讨会中一些学者提出的主张。例如，渠敬东对民情历史维度的关注，周飞舟勾连传统社会关系与"伦理本位"社会结构的努力，应星对大历史观下"现代政党国家是如何建构的问题"的探索，等等。另外，李猛提出社会学作为一门经验性学科必须处理好生活理想、生活方式与生活道路之间的关系，找寻生活理想转换为生活方式及生活道路的路径；否则，社会学就会迷失自己。这应该是社会学历史转向的一个内在动力。

肖瑛将近年来社会学的历史转向分为几个类型：② 首先，基于社会学视角的历史研究；其次，"民情"及其转变机制研究；再次，把历史维度引入当代社会现象的研究；最后，重新发现民国社会学研究传统。社会学历史转向的意义在于以"历史感"的发现建构社会学研究的"经验感"和"理论感"，更为细致和准确地洞察中国社会现代性转型的具体机制及其所受到的掣肘和推动力，寻找更为有效的现代性转型之路。总体上，社会学的历史转向是近年来社会学者对社会学的历史视野之理论思考的结果。可以发现，这些向历史转向的研究在很大程度上与早期的口述史实践不同，现有的历史转向存在精英化问题（譬如对经典文献的关注就有这样的问题），而底层视角相对被削弱。很多相关研究转入对中国传统经典文献的研究，在很大程度上是在探究理想的生活制度。③

3. 对叙事研究的再思考

如沃茨所指出的，叙事（narrative）是讨论集体记忆的主要媒介，它呈现为文本资源并被生产和消费。④ 在中国的口述史实践中，应星对此的持续思考可作为一个典型案例。在 2005 年的一篇书评中，应星提出

---

① 刘亚秋：《"总体性"与社会学的历史视野："中国社会变迁与社会学前沿：社会学的历史视野"学术研讨会综述》，《社会》2013 年第 2 期。

② 参见肖瑛《社会学研究的历史转向》，《中国社会科学报》2014 年 6 月 27 日。

③ 参见吴飞《五服图与古代中国的亲属制度》，《中国社会科学》2014 年第 12 期；周飞舟：《差序格局和伦理本位：从丧服制度看中国社会结构的基本原则》，《社会》2015 年第 1 期。

④ Wertsch, James V., *Voices of Collective Remembering*. Cambridge：Cambridge University Press, 2002.

了社会学该如何处理海量资料的问题。他认为，社会学研究者能否用故事的方式推进学术研究取决于研究者的问题意识和理论素养，任何方法的适用性都不是绝对的，要避免"唯方法论的问题"。① 这一讨论在学界得到较为广泛的关注。

关于叙事与社会学之间的关系构成这一传统的重要问题。应星讨论了叙事研究在社会学中的应用及限度问题。② 他认为，叙事方法的独特价值在于可以展现中国转型实践的复杂过程性、中国社会体制运作的变通性、中国社会日常生活的模糊性等特点。但叙述研究的成功与否，一方面在于是否有"问题感"，在于所叙述的事件是否具有"复杂性"，其中一个关键点在于是否关注到了事件的"偶变性"；另一方面在于讲故事的"技术性"。

口述史作为一种方法层面的存在，即如何收集口述史料问题，一直被社会学者作为一个相对次要的问题；而恰当处理大量质性资料则是一个更为重要的议题。若将口述史仅作为方法，并不会为社会学带来任何学科层面的智识增长。笔者认为，对上述三个学术问题的深入探讨是与中国社会学的口述史实践密切联系在一起的，在很大程度上可以认为是口述史实践带来的社会学学科层面的智识增长。

综观最近一个时期的主要成果，其深化了口述史实践的以下三个基本特征。

第一，记忆研究的文化转向。例如，2015～2017 年，学者们在记忆理论方面的推进，首先表现在对西方相关著作的译介较为频繁，如对德国阿斯曼夫妇文化记忆理论、法国诺拉"记忆之场"③ 概念的引入和思考，使得对记忆理论的讨论更为全面和深入。其次，学者们对与

① 应星：《评村民自治研究的新取向——以〈选举事件与村庄政治〉为例》，《社会学研究》2005 年第 1 期。

② 参见应星《略论叙事在中国社会研究中的运用及其限制》，《江苏行政学院学报》2006 年第 3 期。

③ 皮埃尔·诺拉：《记忆之场：法国国民意识的文化社会史》，黄艳红等译，南京大学出版社，2015。

口述史相关的理论和方法问题进行了更为深入的思考。例如，2015 年钱力成等对中国记忆研究的范式进行了梳理，① 笔者重新解读了哈布瓦赫的记忆理论，提出集体记忆权力观之外的"社会 - 文化"关怀。②

学者们对记忆理论的探讨，可能还暗示着一场静悄悄的转向，即由记忆研究的权力取向转向记忆研究的文化思考。以郑广怀③对记忆研究的一个综述为例，他尤为强调所谓霸权理论家对以阶级为基础的政治记忆的争论，同时对哈布瓦赫的社会建构论做了以下解释，"人们如何构建和叙述过去在很大程度上取决于他们当下的理念、利益和期待"，并突出了"记忆是社会中不同人群争夺的对象，也是他们之间权力关系的指标"这一观点。他认为记忆在特定的社会制度中如何运作，不可避免地包含了社会学的基本命题，如权力、分层、争论等，在这一视角下，他甚至认为文化记忆也是一个文化协商或妥协的领域，"人们为捍卫他们的故事而斗争"。④ 上述观念凸显的权力特征在很大程度上呼应了以郭于华为代表的记忆观。郭于华的记忆研究始自土改口述史的研究实践，此后她的记忆观一直是以权力为核心的。她认为，记忆是权力和治理的产物，即决定什么被记住和什么被忘却的是权力，同时记忆也被权力所规训。⑤

相比于早期记忆理论关注权力观，钱力成等⑥的记忆研究则更为全面一些。他们将西方的记忆研究分为三个时期：以哈布瓦赫为代表的第一个时期（20 世纪二三十年代）、以阿斯曼夫妇和诺拉为代表的第二个时期（20 世纪 80 年代）和 2005 年后以新媒体环境下的跨文化记

---

① 参见钱力成、张翮翾《社会记忆研究：西方脉络、中国图景与方法实践》，《社会学研究》2015 年第 6 期。

② 参见刘亚秋《哈布瓦赫集体记忆理论中的社会观》，《学术研究》2016 年第 1 期。

③ 参见郑广怀《社会记忆理论和研究述评——自哈布瓦奇以来》，《二十一世纪》2005 年第 40 期。

④ 郑广怀：《社会记忆理论和研究述评——自哈布瓦奇以来》，《二十一世纪》2005 年第 40 期。

⑤ 郭于华：《社会记忆与人的历史》，《中国社会科学报》2009 年 8 月 20 日第 7 版；郭于华：《权力如何阉割我们的历史记忆》，http://news.ifeng.com/a/20141204/42645206_0.shtml。

⑥ 钱力成、张翮翾：《社会记忆研究：西方脉络、中国图景与方法实践》，《社会学研究》2015 年第 6 期。

忆、多层记忆为特点的第三个时期。但他们的研究同时暗示，中国记忆的实证研究依然是以权力观为主流的。他们指出，2000 年后兴起的中国记忆研究主要有三方面的特点：国家权力视角、社会群体视角和历史变迁视角。学者们的研究取向包括国家在场、底层立场和制度变迁等三个方面。事实上，上述特点和取向都较为突出地体现了国家在场和权力视角，如同钱力成等的总结："中国的记忆研究具有很强的为底层发声、把底层或个人从'大写历史'中解救出来的社会关怀和责任感。"

有研究在理论反思层面补充了上述取向的不足。如笔者在重新探析哈布瓦赫社会观的基础上，[①] 质疑了将哈布瓦赫的社会建构论简单归纳为某种现实利益之结果的说法。既有记忆研究将哈布瓦赫的记忆理论总结为"现在中心论"和"社会框架论"存在偏颇，这种理解很容易将哈布瓦赫的理论作为记忆权力观的证据。这一研究强调了哈布瓦赫集体记忆理论对"社会品质"的论述，事实上这一讨论与西方社会记忆研究发展的第二个阶段的重要代表人物阿斯曼夫妇的"文化记忆"理论是相呼应的，对哈布瓦赫的重新解读是中国记忆理论关怀从权力观向"社会 - 文化观"转向的重要表现。而将记忆二重性概念[②]作为重新理解哈布瓦赫集体记忆理论的重要线索，其意义在于将记忆研究与社会学经典理论建立勾连，从而深入解析记忆表征背后的社会意涵。关于记忆研究在中国的境况，下一章将会更详细阐述。

第二，进一步指出叙事研究对于认识中国社会的重要意义。由中国社会学口述史实践引发的对叙事的深入探讨，对中国社会学的意义非比寻常。应星在 2016 年延续了以往对叙事研究的思考，强调以叙事为基础的质性研究对于认识中国社会的重要性。[③] 诚如叶启政所言，社会学定

---

① 参见刘亚秋《哈布瓦赫集体记忆理论中的社会观》，《学术研究》2016 年第 1 期。

② 刘亚秋：《记忆二重性与社会本体论——哈布瓦赫集体记忆的社会理论传统》，《社会学研究》2017 年第 1 期。

③ 应星：《质性研究的方法论再反思》，《广西民族大学学报》2016 年第 4 期。

量研究在美国迅猛增长的根本原因在于美国社会的均质性，以及西方现代性对于同一性的追求，而中国社会的非均质性决定了质性研究在中国社会学中的重要位置不可撼动。① 在应星看来，质性研究方法贡献概念的三种常见方式：一是将西方概念直接应用于中国的经验研究中，或者从与西方概念的对话、批评中获得重要启发；二是研究者根据对经验现象主要特征的概括，自己创造概念；三是对政策文件的术语或日常生活的说法的重新发现。② 这一讨论的意图还在于给韦伯所谓的"方法论瘟疫"来一剂疫苗，言外之意，无论社会学的定性研究还是定量研究，都应该避免"纯粹方法论"的倾向，而应根植于特定的文化和时空情境去讨论问题。③ 在这一意义上，它对于时下跨界口述史研究的"方法纠结"（诸如简单集中于如何收集口述史料等纯方法层面的探讨）是一个潜在的批评。应星认为，社会学既有的研究格局是"双峰并峙"，即定量研究和个案研究的对峙，而导致这种格局的原因是"过于狭隘的经验研究取向和对专业分工的偏执"。④ 他指出，社会学中的新革命史研究可以使这一学科的叙事回归"社会学的原生形态"，即马克思、韦伯以及托克维尔等对社会的研究思路。应星的这一讨论使得社会学既有的叙事研究（如个案研究）格局在时间和空间两个维度上都有所拓展。

第三，推进社会学历史转向的思考深度。成伯清指出，社会学想象力包含社会结构、历史和个人生活历程三个维度，但历史和个人生活历程长期遭受忽视。⑤ 将历史维度带回社会学，可以生动地展示时间的异质性，揭示事件的时间性。近年来，社会学的历史转向多表现为学者们对历史文献的社会学分析。在这一不断发展的历史转向实践中，学者们对于中国社会的认识维度在逐渐深入，如推进社会学更深入地转向文化

① 叶启政观点转引自应星《质性研究的方法论再反思》，《广西民族大学学报》2016 年第 4 期。
② 应星：《质性研究的方法论再反思》，《广西民族大学学报》2016 年第 4 期。
③ 渠敬东：《破除"方法主义"迷信：中国学术自立的出路》，《文化纵横》2016 年第 2 期；仇立平：《社会研究方法论辩背后的中国研究反思》，《新视野》2016 年第 6 期。
④ 应星：《新革命史：问题与方法》，《妇女研究论丛》2017 年第 5 期。
⑤ 成伯清：《时间、叙事与想象——将历史维度带回社会学》，《江海学刊》2015 年第 5 期。

维度的思考。周飞舟以政府行为研究为例，提出如果将官员的品性特征引入规范的社会学研究，必须回到中国社会的传统思想和伦理中寻找理论资源，避免反历史和超历史倾向。① 那些正在起作用的看似相对分散的"非正式"制度，如果将其上升到行动伦理的层面，就会发现它与传统社会中的核心价值，即"仁""义"观念密切联系在一起。这一思考也将为另一层面的历史转向——鲜活的口述史实践研究提供智识。应星认为，马克思的《路易·波拿巴的雾月十八日》开创了将结构史与事件史结合在一起的事件社会学，即把结构、局势和行动者三个要素折叠在同一时段的事件分析中。② 在这一视野下，马克思对法国革命史进行了整体性思考。这一讨论将事件史、阶级斗争的政治和国家相对自主性的分析结合在一起，是"从抽象到具体"的社会科学方法论的体现，③ 展现了社会学丰富的想象力。应星指出了"局势"概念在事件史中的意义和价值。具体言之，局势是国家、政党、阶级、经济、社会、观念诸因素交汇而成的，对法国当时的政治走向起着阶段性、条件性的作用；而阶级在此不是唯一，甚至也不是主要因素。局势这一概念可展现出更加多元的社会力量。在当下中国"社会学历史转向"的潮流中，这一研究给予了社会学"重返历史视野"以新的方法论层面的启示。

不过，还需一提的是，近年来，孙立平所提倡的那种根植于鲜活口述史资料的实践社会学方法论下的质性研究普遍式微，表现在与量化研究方法相比，质性研究依然是手工作坊，少有公认的精品。④ 在口述史领域中，也存在这样的态势：尽管在实践层面，一些口述史项目还在进行，甚至口述对象都有了很大的拓展，但目前理论与资料结合得较好的研究成果显得有些寂寥。

---

① 周飞舟：《论社会学研究的历史维度——以政府行为研究为例》，《江海学刊》2016 年第 1 期。
② 应星：《事件社会学脉络下的阶级政治与国家自主性——马克思〈路易·波拿巴的雾月十八日〉新释》，《社会学研究》2017 年第 2 期。
③ 渠敬东：《返回历史视野，重塑社会学的想象力》，《社会》2015 年第 1 期
④ 应星：《"把革命带回来"：社会学新视野的拓展》，《社会》2016 年第 4 期。

二 口述史视角对社会学的意义

可以说，口述史在中国史学界的兴起标志着当代史学研究的视野从单纯的文献求证转向对社会、民间资料的发掘，出现了关注社会底层、"自下而上看历史"的新视角，意味着历史学研究观念的转换和研究方法的更新，为历史解释的多样性提供了现实的可能性。[①] 这种近乎革命性的认识，也是当下史学界持续关注口述史理论和实践的重要原因。

对于社会学而言，口述史的意义并不在于此。从中国社会学的口述史实践中，我们发现早期对口述史概念的引入和应用与社会学的天然性格有着极大的契合之处：关注底层、自下而上看待国家和社会的关系等。此外，社会学的深度访谈法与口述史的谈话方式有着很大的亲缘性。如上所述，口述史对中国社会学的作用更在于引入历史视野和记忆视角，以及对质性研究的推进。

近年来，口述史这一概念在社会学者的实践和理论反思中隐而不彰。这意味着，一方面口述史实践的早期引领工作已完成使命，另一方面口述史的关怀已融入对社会学相关理论和方法的思考中，如与口述史密切相关的记忆理论研究、社会学的历史视野不断深入。这都是广义上对口述史研究传统的一个推进。

通过回顾中国社会学领域中口述史实践的两个阶段，我们发现口述史研究在社会学领域中具有以下几个特点。

首先，方法与理论研究并重，推进中国社会学的质性研究。社会学对口述史研究的引入是从方法和理论两个层面进行的。在方法层面，它强调其不同于社会学中既有的深度访谈和人类学的参与观察，研究者提出在面对访谈人时方法上的困境，如停顿和沉默几秒钟的意义、访谈人与被访谈人之间的关系对于研究的影响等。口述史料应包含三个部分：

[①] 左玉河：《中国口述史研究现状与口述历史学科建设》，《当代中国史研究》2015 年第 2 期。

（1）以访谈者与口述者之间的问答为框架的语言部分；（2）各种没有语句意涵，属于非语言性的声音；（3）噪音。不过，中国社会学的口述史研究者多关注口述的语言部分，而对于非语言和噪音部分缺乏深入的分析。[①]

口述史实践带给社会学这个学科很多突破性的思考。如有关个人生命史、个人主体性的思考，以及在这一观照下方法与理论的共同增长。在早期口述史实践之后，一些学者延续了对底层和弱者的理论关怀。[②]还有一些学者对口述史实践的理论和方法做了进一步探究和总结，如孙立平提炼的"过程－事件"分析方法，以及实践社会学理念；应星对叙事的分析，在很大程度上也来源于对这一研究实践的总结和提升。还有学者尝试提出中国实践的概念，如杨善华等的社会底蕴概念[③]，周晓虹提出集体记忆的个人"既视感"概念[④]。概言之，中国社会学的口述史实践一直以来都没有停留于仅将口述史作为一种研究方法的层面，而是将其作为一种可以促进社会学学科发展的理念。

笔者认为，口述史作为中国社会学领域的研究实践，更为重要的价值是推进了质性研究。在中国社会学恢复后的相当长一段时间内，学者们对于质性研究的定义不一。甚至有学者认为"思辨性的论证"也是一种质性研究，尽管其"往往没有提供任何资料来证明其论点和立论，对如何得出结论也不做任何交代"。[⑤] 熊秉纯由此强调质性研究的归纳法旨归：由资料出发，找出关键词、概念，再由关键词、概念归纳出解释社会现象的原理、原则。[⑥] 这一讨论对"质性"概念的理解有正本清源的作用。几乎在同一时期，孙立平等人的土改口述史小组通过深入的口

---

① 应星：《叩开"受苦人"的历史之门：读〈受苦人的讲述：骥村历史与一种文明的逻辑〉》，《社会》2014 年第 1 期。

② 如郭于华《受苦人的讲述：骥村历史与一种文明的逻辑》，香港中文大学出版社，2013。

③ 杨善华、孙飞宇：《"社会底蕴"：田野经验与思考》，《社会》2015 年第 1 期。

④ 周晓虹：《口述史、集体记忆与新中国的工业化叙事——以洛阳工业基地和贵州"三线建设"企业为例》，《学习与探索》2020 年第 7 期。

⑤ 熊秉纯：《质性研究方法刍议——来自社会性别视角的探索》，《社会学研究》2001 年第 5 期。

⑥ 熊秉纯：《质性研究方法刍议——来自社会性别视角的探索》，《社会学研究》2001 年第 5 期。

述史访谈方法，真正在实践层面推进了中国社会学的质性研究。当然，质性研究所用的资料并不限于田野采集方式，尤其是近年来史料也纷纷进入质性研究的范畴，这极大地丰富了中国社会学领域的质性思考视域。

其次，增进了社会学对人的主体性的关注。在社会学领域中，主流的研究范式是不见人的，如理论层面的默顿－帕森斯的结构功能主义范式，以及方法层面的定量研究方法。在定性研究层面，传统的个案访谈法和借鉴的人类学的参与观察法，都没有像口述史研究方法那样明确地将"主体"召回来。"召回主体"是口述史的重要特征之一，如约翰·托什所说的，"口述史努力赋予社会史人性的一面"。[①]

从"土改"研究到"知青"研究，它们都将对现实社会的关注转向一个不远的过去。在这里，个体记忆及个人主体性受到关注，口述史实践与作为社会科学的主流社会学拉开了距离，并承担了对过去和现实进行反思的功能。在更深层的意义上，它与费孝通先生晚年倡扬的社会学的人文性以及社会学培育社会的意涵是一致的。[②]

在中国的学术实践中，口述史的意义存在着差异。在史学领域，它是抢救史料、挖掘逝去历史存在的一种方法，其与正史研究有很大区别。而中国社会学的口述史实践则意味着社会学对田野的进一步深入和反思，以及相关质性研究的成长。在这一进程中，记忆理论获得长足发展，历史视野被广泛引入社会学研究。

但是，与口述史相关的研究还存在很多值得警醒的问题。当下，在社会学界外，口述史视角越来越成为一种公共的使用方式。在看似热闹的口述史实践下，学术角度的思考却逐渐式微。相比于 20 世纪 90 年代中后期至 21 世纪头十年的早期，如今口述史研究式微与社会学界的质性研究不足的现状密切相关。因此，有关口述史在中国的实践尤其需要注

---

① 约翰·托什：《口述史》，载定宜庄、汪润主编《口述史读本》，北京大学出版社，2011，第 8 页。

② 费孝通：《试谈扩展社会学的传统界限》，《北京大学学报》2003 年第 3 期。

意以下两点。

首先，对口述史的关注应避免唯方法论的窠臼。如应星所言，一切研究都应避免韦伯所谓的"方法论的瘟疫"，[①] 把方法从研究对象中孤立出来，把研究对象的理论建构问题化约为经验指标和经验观察的技术操作问题，这样就变成了为方法而方法。目前中国各界的热闹口述史现象有此倾向。当然，中国社会学的早期口述史实践突破了将口述史仅作为方法的考量，而做到了在理论和方法两个层面并重，且深入到研究问题的实质中去。这是中国社会学口述史实践的优秀传统和宝贵遗产。

其次，将口述史研究纳入对质性研究的探讨。当下，口述史的后续研究乏力，将口述史料与理论分析相结合的研究在质和量上都很缺乏。那些直接从田野中收集来的深度个人生命史在研究中的分量在减弱，这不仅意味着口述史研究的式微，从更广泛的意义上讲，还是社会学整体质性研究式微的一个重要表现。因此，对新阶段中国社会学口述史实践的反思，还需回归到对社会学质性研究的关注和思考中，这尚待学界共同努力。

---

① 应星：《略论叙事在中国社会研究中的运用及其限制》，《江苏行政学院学报》2006 年第 3 期。

第六章

中国社会记忆研究的两种取向

本章所讨论的对象和第五章有部分相近，在讨论议题的深度上，表现为对上一章的推进。这是由中国学者的口述史研究和记忆研究之间的密切关系决定的。中国社会学界对社会记忆的研究从 1990 年代中期开始，以孙立平等人的"二十世纪下半期中国农村社会生活口述资料收集与研究"项目小组的研究为标志性起点。迄今为止，经历了 20 余年的时间，学界的记忆研究近年来呈现一股热潮的景象，参与的学科较多，如社会学、历史学、文化学、新闻学、档案学等，也有了数量可观的成果。本章立足于社会学领域的记忆关注，观照到与社会学密切相关的其他成果，尤其是历史学以及文化研究的一些记忆研究，并试图在此基础上总结这 20 余年中国社会记忆研究的特点以及可以继承的传统。

记忆的社会研究自 1920 年代哈布瓦赫提出集体记忆理论[1]以后，越来越成为社会科学研究中的一个重要传统。在西方，经过一段较长时间的沉寂之后，记忆和记忆研究在 1980 年代重新焕发光彩，[2] 代表性的成果如皮埃尔·诺拉的"记忆之场"研究，阿斯曼夫妇的文化记忆研究，[3]

---

① 参见莫里斯·哈布瓦赫《论集体记忆》，毕然、郭金华译，上海人民出版社，2002。

② 钱力成、张翮翾：《社会记忆研究：西方脉络、中国图景与方法实践》，《社会学研究》2015 年第 6 期。

③ 扬·阿斯曼：《文化记忆：早期高级文化中的文字、回忆和政治身份》，金寿福、黄晓晨译，北京大学出版社，2015；阿莱达·阿斯曼：《回忆空间：文化记忆的形式和变迁》，潘璐译，北京大学出版社，2016，第 201 页。

等等。在中国，社会记忆研究的起步较晚，但在 1990 年代中期就已经开始，并形成了一些影响至今的传统。钱力成、张翮翾认为，中国的记忆研究可以划分为三个视角：① 国家权力视角、社会群体视角和历史变迁视角，相应地，中国记忆研究的特点是：国家在场、底层立场和制度变迁。本章试图重新梳理中国既有的文献，通过分析社会学对特定群体的记忆研究实践、人类学视域下的记忆与文明问题、记忆视角下的社会史研究三个领域，讨论中国记忆研究所具有的鲜明的权力取向和文化取向两大特点。

一　对特定群体的记忆研究

对特定群体的记忆研究，是中国社会学对记忆研究的一个重要贡献。所谓特定群体，在这里是指那些经历过重大历史事件的人群，如孙立平等人的土改口述史研究，讨论的是在农村经历了土改的农民的口述历史；王汉生等人的知青集体记忆研究，讨论的是经历了"文革"时期上山下乡运动的知青的历史回忆。

（一）对土改/集体化时期农民口述史的讨论

孙立平等组织的"二十世纪下半期中国农村社会生活口述资料收集与研究"，旨在"对长期以来相对空白的民间历史资料进行搜集和研究，进而深入理解中国农村那些最普通的人们，在长达 50 年的时段中，在革命与宏观历史变迁背景下日常生活的状况、改变以及他们对于这些经历的感受、记忆、讲述和理解"。② 其访谈的重要对象就是经历了土改这一历史事件的农民（包括男性和女性）。该系列研究可简称为"土改口述史研究"。

---

① 钱力成、张翮翾：《社会记忆研究：西方脉络、中国图景与方法实践》，《社会学研究》2015 第 6 期。
② 郭于华：《心灵的集体化：陕北骥村农业合作化的女性记忆》，《中国社会科学》2003 年第 4 期。

有关土改口述史的研究，最重要的成果是方慧容的"无事件境"研究，[①] 她提出的"无事件境"概念影响较大。方慧容将"无事件境"理解为传统农村社区的一种社会心态，即一个事件与其他事件混杂在一起，并且经常互涵和交迭在一起，是一个没有边界、没有区分的模糊区域，如同水中的水滴。这一概念是通过与现代人的"事件感"相对照而提出来的。这一概念典型地表现在曾经的童养媳贾翠萍（访谈时 76 岁）的讲述中：她受过很多苦（5 岁做童养媳、婆婆不许她串门，还经常用针扎她……），但面对访谈员，她又说不出怎么苦，出现了"无事可述，无苦可诉"的状况。"婆婆用针扎"这一事件，呈现为"无事件境"：这类事件经常发生，经过时间的沉淀，就像蓄水池里循环流动的陈水，早已既混沌又乏味了；在这种状态下，事与事之间是互涵和交迭的。在这一基础上，方慧容还分析了"无事件境"在其他村民讲述中的表现形式，其核心特征是"事与事的互涵和交迭"，呈现的是一种循环的时间观，因此，村民对于重大历史事件发生的确切时间的记忆是模糊的。通过对比描写该村的《"穷棒子"之乡斗争史》（1976 年）的线性时间观，这一特征就更为突出。《"穷棒子"之乡斗争史》的叙事是线性时间观，它是现代性的产物——调查研究和"诉苦"实践的产物，更是一种权力实践的产物；而很难说"无事件境"是一种权力关系的产物，它应该是农村社区经由文化积淀而成。

不过，"无事件境"这一概念还多停留于一种现象学的描述层面，而对于其背后的文化之因讨论得不够深入。此外，方慧容还以"无事件境"概念反思了以发现"真相"为目的的"口述史"调查方法。"真相"本身是建立在一种线性时间观下的，来自"调查研究"的追问，在这里，发挥作用的是"求真"的权力。"无事件境"则是在循环时间观下，对于重复性事件的一种回忆体验，它提供的并不是有着确切时间地

---

① 参见方慧容《"无事件境"与生活世界中的"真实"——西村农民土地改革时期社会生活的记忆》，载杨念群主编《空间·记忆·社会转型——"新社会史"研究论文精选集》，上海人民出版社，2001。

点的"事实真相"，而是一种情感上的强度。在"能白话"的人的口中，这些重复性事件会传达出它给人们带来的鲜明而深刻的印象，在效果上也往往会制造出"共鸣"，它的主要功能即在这里。

方慧容讨论了"无事件境"与"求真"权力观下的"调查研究"遭遇后的"窘迫和不适"，不仅在于后者破坏了农村人的生活节奏，还在于它会使村民被迫卷入"自证"和做"证人"的"麻烦"，后者涉及资源的分配等问题。关键问题还在于，习惯于"无事件境"记忆的村民对于明确了时间和地点的"事件感"不敏锐，导致村民的证词充满了"隐瞒"和"做伪"的痕迹，这极大地影响了村民的心态：一方面感受到"作证"的压力，另一方面又不知所从。因为"无事件境"下的村民记忆中不存在调查者所欲找寻的那种"事实真相"，而只有一些"扯动的片段，一片互涵和交迭的汪洋，那里有他们的痛苦、安宁和快乐"。①

概言之，方慧容的"无事件境"概念是 1990 年代以来中国学者在探索口述史研究与社会记忆研究实践中的一个突出贡献，在史学领域也有着较大的影响，例如赵世瑜对它的评价。② 迄今为止，它仍然是这一领域中弥足珍贵的研究传统。

孙立平等人的口述史项目的另一个重要成果是郭于华对骥村女性口述史的研究。③ 其主旨在于通过骥村女性的讲述，记录和分析她们在农村集体化过程中的经历和记忆，以及这些记忆所表达的特定历史时段的社会与文化内涵。这一研究还立意洞悉集体化作为一种治理过程的复杂与微妙之处，即它如何改变了女性的日常生活，并且如何重新塑造了她们的心灵。

---

① 方慧容：《"无事件境"与生活世界中的"真实"——西村农民土地改革时期社会生活的记忆》，载杨念群主编《空间·记忆·社会转型——"新社会史"研究论文精选集》，上海人民出版社，2001，第 551 页。

② 赵世瑜：《历史人类学：发现历史时期女性的历史记忆是否有可能?》，《历史研究》2002 年第 6 期；赵世瑜：《传说、历史、历史记忆——从 20 世纪的新史学到后现代史学》，《中国社会科学》2003 年第 2 期。

③ 参见郭于华《心灵的集体化：陕北骥村农业合作化的女性记忆》，《中国社会科学》2003 第 4 期。

郭于华指出，女性对重大历史事件的记忆常常处于一种散漫混沌状态，没有确定的时间脉络和清晰的逻辑关系，而且是非常个体化的，与宏大的历史过程有着相当的距离。但她们并非不能讲述那段亲历的历史，只是不能用通常被正式认可的话语讲述。实际上，她们是在用身体、用生命去感受并记忆那段历史的，她们绝非隔离于那个特殊的历史过程，而是与之血肉交融、情感相系，并且那一过程从根本上改变了她们的生存状态。

可见，郭于华对"无事件境"概念的补充，在于概述了女性记忆的特点：讲述与切身体验相关的事情，如劳动的苦、育儿的艰难以及饥饿等。而男性的记忆与她们有所区别，男性对于"重大历史变迁事件和公共事物"（例如政治动员、土地转移和家庭财产计价等问题）有明确记忆。

郭于华的女性叙事研究中事实上也包含了方慧容所谓的"无事件境"记忆特征。郭于华理解的"无事件境"概念是指女性对于其熟悉的"家事"，例如婆媳关系以及女性熟悉的"疼痛"感受等，甚至无话可说；即便其在"过日子"中经常发生，但因大量日常生活的细节无序地混杂在一起，没有清晰的时间次序和界线，似乎看不出与重大历史过程的意义关联。但郭于华的讨论并没有立意去追踪这些记忆与重大历史的分离程度，甚至与之相反，郭于华追踪的是女性记忆与重大历史之间的关联意义，这势必导致方慧容和郭于华对于"无事件境"记忆在深层次看法上的不一致。方慧容的"无事件境"尽管在女性讲述中表现得十分突出，但"无事件境"并不是女性记忆的独有特点，方慧容认为，这是中国传统农村社会独有的社会心态。

值得一提的是，郭于华对国家权力的作用以及权力的对张关系讨论得较为充分。她在上述研究中发现，骥村女性对"劳动红火"（特指大家伙凑在一起，过集体生活）的记忆较为充实，还包括集体劳动中的"有趣逗乐的事情"，这是属于她们精神生活的振奋和欢娱。但郭于华把这一欢乐视为"幻象"：农业合作化中女性走出家庭参加集体劳动并非真正地从"私领域"进入"公领域"，这一过程其实是从一种被支配状态进入另一种被支配状态，是从家庭与宗族的附属品成为集体与国家的工具的过程。

这一研究讨论了权力对于女性记忆的影响，而对权力之外的因素缺乏一定的反思；讨论了权力之下集体记忆的形成，而对个体记忆缺乏一定的反思。尽管郭于华提到"被支配者并非全然被动的受者"，而是一种"共谋"，对"支配"做了创造性的理解和解释，这可以说是一种支配过程中被支配者主体性的发挥，但总体而言，这一研究是忽视个体主动性的。如郭于华所说，记忆本身具有复杂性："人们记忆和讲述中的历史，如同晦暗而浓厚的迷雾，或许我们永远无法彻底洞悉其中历史的真实存在，但若放弃穿透它的努力，便无从理解其包含的历史真意。"① 如果仅从权力角度去试探"穿透它的努力"，还是有所局限的。

郭于华曾明确指出从权力和"社会结构"角度去揭示"苦难"的深刻根源的必要性。② 这一社会结构在她的讨论中意指：所研究个体的结构位置、劳动关系、经历体验、对政治行动（比如罢工）的态度等一系列因素。这一主张背后带有很强的布迪厄色彩。布迪厄的一个基本主张是：个人性即社会性，即最具个人性的也就是最非个人性的，许多最触及个人私密的戏剧场面，隐藏着最深的不满，最独特的苦痛。男女众生但凡能体验到的，都能在各种客观的矛盾、约束和进退维谷的处境中找到其根源。③ 郭于华还受到米尔斯④将个人痛苦与社会结构进行关联的主张的影响。无论是布迪厄还是米尔斯，都对个人问题做了超越个人范围的解读，这是社会学的基本假设，但个体的复杂性有时会因为我们学科的模式化思维而导致我们对其无法完全把握。

---

① 郭于华：《心灵的集体化：陕北骥村农业合作化的女性记忆》，《中国社会科学》2003 年第4 期。
② 郭于华：《作为历史见证的"受苦人"的讲述》，《社会学研究》2008 年第 1 期。
③ 参见布迪厄、华康德《实践与反思——反思社会学导引》，李猛、李康译，中央编译出版社，1998。
④ 参见 C. 赖特·米尔斯：《社会学的想像力》，陈强、张永强译，生活·读书·新知三联书店，2005。

总体上，郭于华的记忆研究一直强调〔"自下而上"的视角，以及来自底层的反抗。① 她通过讨论斯科特"对权力关系与话语的观察"，讨论底层苦难与隐藏文本之间的关系。郭于华也注意到权力溢出的部分，即底层人们与权力的"合谋"，指出葛兰西的霸权概念忽略了大多从属阶级能够在其日常物质经验的基础上，对主流意识形态进行洞察和去神秘化的程度。而如何对底层的"去神秘化"能力做探析，仅有权力视角是不够的，② 还需要文化等视角。

贺萧也采用口述史方法，在 1996～2006 年收集了 72 位关中和陕南村庄 60 岁至 80 多岁的老年女性记忆的生活史，讨论了 20 世纪五六十年代陕西农村集体化过程中，性别与社会主义国家之间的关系。③ 她的一些发现与郭于华的类似，如相比于女性，男性更严密地遵循着官方用语和历史分期，并极少讨论私人生活。她指出，这些农村女性的私人叙述/记忆也塑造了一种进步叙事，并期待在当下能够获得关注。这部著作除使用权力视角外，还涉及大量中国本土性知识（文化问题），如关于"接生员"的讨论，较为丰富地展现了特定历史时期女性群体在权力影响下的生活世界和她们在特定文化生活中的精神世界。

（二）对"文革"时期知青集体记忆的讨论

北京大学社会学系王汉生教授主持的"重大历史事件与知青的生命历程"项目课题组，以"文革"时期上山下乡这一历史事件作为背景，以知青口述获取的质性资料为基础，探索这一群体的记忆特征。重要成果有《"青春无悔"：一个社会记忆的建构过程》、《从知识青年到"知青"：象征性共同体的"历史—个人"建构》④、《"青春无悔的老三届"：

---

① 参见郭于华《"弱者的武器"与"隐藏的文本"——研究农民反抗的底层视角》，《读书》2002 年第 7 期。

② 若局限于权力视角，容易变成社会科学领域中的"招式拆解"或"策略分析"。

③ 贺萧：《记忆的性别：农村妇女和中国集体化历史》，张赟译，人民出版社，2017。

④ 梁克：《从知识青年到"知青"：象征性共同体的"历史—个人"建构》，硕士学位论文，北京大学社会学系，2002。

从自我认同到群体肖像》、①《上山下乡：知青集体记忆的内容与特点》、②
《社会记忆及其建构——一项关于知青集体记忆的研究》③ 等。其中
《"青春无悔"：一个社会记忆的建构过程》以知青的主流记忆模式——
"青春无悔"作为研究对象，讨论了知青讲述的从"苦"到"无悔"的建
构逻辑，其包括两个层面。一个层面是将个人层面琐碎的"苦"上升为群
体层面的"苦感"，进而升华为国家层面的"苦难"；苦的意义在正面被放
大。另一个层面是知青当年受苦的意义发生转换，由"到农村广阔天地、
大有作为"转换为个人层面的"吃苦耐劳"品质；经过转换，原有的"意
义"又变小了。这两个层面建构起知青群体的主流社会记忆。

这一研究还试图在文化层面讨论知青记忆的影响因素，并尝试与德
国人的负疚记忆做一跨文化对比。④ 但该文提出的知青记忆的文化因素
依然很模糊，即背后没有一个很明确的文化形象作为知青集体记忆之所
以如此的决定性因素。笔者在 2016 年对知青记忆模式背后的文化因素做
了初步探讨，提出"关系型记忆"和"义务型记忆"两种类型，其中
"关系型记忆"这一文化归因可以部分解释知青记忆中为什么以积极的
"无悔"记忆作为主流记忆。

《社会记忆及其建构——一项关于知青集体记忆的研究》对知青集
体记忆的讨论深入了一步，讨论了"无辜者无罪"这一记忆模式对建构
知青"青春无悔"主流记忆的作用，并指出知青以此完成对自身生命意
义的建构。⑤ 所谓"无辜者无罪"，是指知青在对过去的讲述中，一方面
强调过去对个体当下的积极意义；另一方面，强调自己对过去的"苦"

---

① 黄玉琴：《"青春无悔的老三届"：从自我认同到群体肖像》，硕士学位论文，北京大学社会
学系，2003。
② 孙秀林：《上山下乡：知青集体记忆的内容与特点》，硕士学位论文，北京大学社会学系，
2003。
③ 王汉生、刘亚秋：《社会记忆及其建构——一项关于知青集体记忆的研究》，《社会》2006
年第 3 期。
④ 参见刘小枫《这一代人的怕和爱》，生活·读书·新知三联书店，1996。
⑤ 王汉生、刘亚秋：《社会记忆及其建构——一项关于知青集体记忆的研究》，《社会》2006
年第 3 期。

没有任何责任，因此他们能够"历经苦难"而"不悔"。

但这一研究对于"无辜者无罪"缺乏一种批评性视角。即在伦理层面，在极端社会条件下，个体是否有选择权的问题。很多学者都指出，即便在纳粹时期那样的极端条件下，个体也是有选择权的。雅斯贝尔斯提出的四种罪也是以此为前提的，他根据纳粹屠犹中人们的不同行为，区分出四种罪：确实有违法行为的被定为刑事罪；帮助刑事犯获得权力的被定为政治罪；听任犯罪行为发生的被定为伦理罪；那些在别人被杀而自己幸存，没有尽到保护人类文明准则的被定为抽象罪。[①] 也就是说，与纳粹屠犹有任何关联的人都可以被定罪，甚至亲历者都是有罪的；而从上述四种不同罪行中，可以看到亲历者卷入程度的深浅。

在对知青经历做分析时，也可以提出个人选择权的问题。这一问题构成知青个体记忆和集体记忆背后的"不和谐"因素，也是很多知青所不愿面对的问题，或者说，这是构成知青群体意义危机的断裂之处。当然，从另一个层面也可以认为，对断裂意义的不断追寻、重构也是知青自我疗救的手段，即作为一个在社会生活各方面（包括精神层面）表现健康的人，其势必有一个确证的意义来源，如此才能立足于社会。西方一些学者在功能上将人们的社会记忆分为以下几种模式：道德神学模式，这是为了纪念死难者的记忆模式；心理学模式，这是为了医治幸存者负罪感的记忆模式；政治教育模式，这是一种面向未来责任的记忆模式。[②] 知青的"无悔"记忆可归入"心理学模式"，应该说它有着自身的不可或缺的价值和意义。

但是，若"仅此一种"的苦难记忆模式，则"无法再现、无法呈现他者"，如已逝者的永远沉默和被抹去的历史，如此则"历史创伤"、死亡和屠杀都变得不再值得深思。[③] 也因此，玛格利特提出对面向过去的

---

① 安德鲁·格瑞比：《暴力之后的正义与和解》，刘成译，译林出版社，2003，第 6 - 7 页。

② 格特鲁德·科赫：《感情或效果：图片有哪些文字所没有的东西？》，载哈拉德·韦尔策主编《社会记忆：历史、回忆、传承》，季斌、王立君、白锡堃译，北京大学出版社，2007。

③ 郑斐文：《历史创伤、再现与回忆：从德国的犹太浩劫纪念到台湾二·二八纪念碑》，《文化研究月报》2001 年第 7 期。

历史记忆模式的反思，即完全是为了缅怀过去而去记忆是否可以，[1] 这也是上述提及的记忆的"道德神学模式"，它是指向怀念无名者和历史牺牲者的记忆模式。本雅明对此也做了很多论述。[2] 这种记忆模式又与"未来启示"的模式息息相关：因为缅怀过去，并不是为了沉迷于过去的幽暗，而是为了一个光明的未来。因此，记忆的三种模式（即面向现在、面向过去和面向未来）之间事实上并不是截然分开的。可以说，针对某一历史事件的任何言说，都有其自己的功能：为了疗救生者、为了缅怀过去/死者、为了美好的未来/子孙。而每种功能若做到极致，都会伤害到其他的维度。灾害事件后的健康社会记忆应该是各个维度之间的协调，让不同类型的记忆在一定限度内能够发挥各自的功能，这也是所谓正视历史的重要指标之一。

在上述记忆模式中，一个难题是如何在缅怀过去中凸显无名牺牲者，在社会和历史的丛林法则中，这是一个困境。在记忆理论中，个体记忆和集体记忆间的矛盾也是这一难题的体现。这一分类往往凸显了集体记忆的强势，它是生者用于安身立命的言说和社会框架捍卫自身利益的结果。按照哈布瓦赫的说法，[3] 在形塑人们的集体记忆过程中，现在的社会框架优于过去的社会框架，即人们是处于当下的社会框架中的，与时俱进的生存主义占据了优势，这也是自我疗救之记忆模式的背后因素；而且它往往呈现为属于大多数人的"集体记忆"模式。这种主流模式常掩盖了逝者中的无名者记忆，也掩盖了不属于这些主流框架的个体记忆。因此，如何呈现个体记忆成为学者们讨论的主题之一。在记忆研究中多有尝试，如"口述史方法"，郭于华认为，这是让底层、无名者发声的一种方式。笔者认为，这种貌似关注底层就可以呈现无名者的努力可能无法达到预期效果。[4] 因为底层有时最无反思性，他们顺从的往往是霸权的主流记忆，

① 阿维夏伊·玛格利特：《记忆的伦理》，贺海仁译，清华大学出版社，2015。
② 弗莱切：《记忆的承诺：马克思、本雅明、德里达的历史与政治》，田明译，华东师范大学出版社，2009。
③ 莫里斯·哈布瓦赫：《论集体记忆》，毕然、郭金华译，上海人民出版社，2002。
④ 刘亚秋：《从集体记忆到个体记忆：对社会记忆研究的一个反思》，《社会》2010 年第 5 期。

如知青的"青春无悔"记忆模式并不是知青精英独有的记忆。

在追溯无名者记忆的过程中,笔者提出"记忆的微光"概念,① 这是一种个体记忆和集体记忆相互纠缠的记忆状态。可以简单地认为,它关注的是个体记忆,但个体记忆是无法自处的,它产生并生长于广袤的社会和历史之中,对个体记忆的描摹,离不开一系列的"外在"。笔者认为,阿莱达·阿斯曼对垃圾、艺术记忆的讨论,对于理解这类"记忆的微光"具有极大的启示意义。概言之,"记忆的微光"多沉浸于"黑暗之处",借助蛛丝马迹的"线索",或可呈现一些碎片化的个体所言所思。② 总之,展现一些主流之外的所谓他者的意义维度,是这类探索的价值所在。

对特定群体的记忆,除上述研究外,还包括景军对甘肃省永靖县刘家峡大川村村民的集体记忆研究,讨论的是国家权力与社区(民间)记忆之间的关系。③ 这一研究基本是在官方记忆和民间记忆的二分基础上,讨论了作为底层民众的大川农民的社区记忆特征,"苦难记忆"是其讨论的核心问题之一。吴飞对华北段庄信奉天主教的群体的记忆研究强调,对人物的叙事记忆是村庄中教友们在集体互动中逐渐形成的,这成为天主教群体整合的一套技术,其中可以看到权力关系和人际关系/社会结构的作用;"苦难记忆"也是这一研究考察的重点内容之一。④

二 人类学视域下的记忆与文明问题

人类学视域下的记忆与文明问题,凸显了记忆研究的文化维度;而对中国社会的文化维度的记忆探索深受纳日碧力戈的人类学研究,以及

① 参见刘亚秋《从集体记忆到个体记忆:对社会记忆研究的一个反思》,《社会》2010年第5期。

② 参见刘亚秋《记忆的微光的社会学分析》,《社会发展研究》2017年第6期。

③ 参见景军《神堂记忆:一个中国乡村的历史、权力与道德》,吴飞译,福建教育出版社,2013。

④ 参见吴飞《麦芒上的圣言:一个乡村天主教群体中的信仰与生活》,宗教文化出版社,2013。

王明珂的历史人类学传统的影响。

（一） 对民俗和历史传说的讨论

最早引介美国学者保罗·康纳顿的《社会如何记忆》的人类学学者纳日碧力戈的记忆研究，[①] 是从地方传说（例如民俗，包括祖先信仰、鬼魂）入手的，并以操演的记忆（即仪式）作为研究重点。这是中国人类学界开展社会记忆研究的经典类型。其优点在于一开始就以"文化"这一社会的核心问题作为讨论的起点，例如对于祖先崇拜、鬼魂思想等的观察和研究，这可以跳出一般社会学研究从政治、经济等维度入手的刻板归类模式。如纳日碧力戈对各烟屯蓝靛瑶的人类学考察，他对该社会的一些文化要素有所涉及，展现了"操演"层面的信仰民俗，包括一些鬼神思想等。但这一讨论往往因其选择的视角而难以有更深入的讨论，例如对有关信仰仪式的讨论，多停留于对涂尔干所谓的"神圣社会"或哈布瓦赫所谓的"社会框架"的讨论，而对于"世俗"生活及其他支配伦理缺乏更多的考察，例如人与人交往的伦理，以及家户之间的互助机制，等等。如此，该研究呈现的"日常生活"往往是外来者（上帝）的视角；还因为是对神圣社会的讨论，而对世俗社会之变缺乏讨论。

纳日碧力戈的后续相关研究，[②] 将民间口述行为作为一种"操演"的记忆：它有具体的场景和听众、具体的时空限制，以及具体时空条件下的手势和表情。如他提到蓝靛瑶的吟唱方式以及一些表演。这种将口述记忆仪式化的做法，一方面注意到一个社会在文字之外的口口相传的物件，可以关注到权力结构之外的平等问题；但另一方面，这种口述记忆研究没有将重点放在人们的日常生活的具体运行中，例如他关注的口

---

① 参见纳日碧力戈《各烟屯蓝靛瑶的信仰仪式、社会记忆和学者反思》，《思想战线》2000年第 2 期。
② 参见纳日碧力戈《作为操演的民间口述和作为行动的社会记忆》，《广西民族大学学报》2003 年第 3 期。

述类型是说书和吟唱行为。这与 1990 年代中期开始的北京大学土改口述史研究小组的"口述"研究有所不同，后者恰恰是通过口述的日常生活化来呈现宏大权力之外的东西。

纳日碧力戈将口述史仪式化的做法，还是以保罗·康纳顿的"操演"记忆理论作为基础的。以"仪式"作为观察记忆或社会的方法，被一些记忆研究者所批评，[①] 原因在于它仅是一种"操作性"的记忆，常表现为表演性，而与人们正在进行的真实的日常生活是有距离的。这种操作性的记忆研究视角，与人类学家要探索的"深度文化"之间，事实上存在着很大的张力，因为仪式的文化表现较为有限，文化还包含很多意会空间。[②]

（二）历史人类学的记忆研究传统

大陆人类学界的记忆研究实践还深受王明珂的影响。王明珂是深受人类学传统影响的历史学家，他的研究不仅具有深厚的历史资料基础，而且具有方法论的启示意义。他所提倡的历史记忆研究的旨归是推进"'客观史实背景'和'主观记忆与认同'两条研究路线的合流"。[③] 他将记忆分为三类：媒介中的社会记忆、群体成员间的集体记忆，以及以历史形态呈现和流传、涉及群体成员起源的"历史记忆"。第三类记忆是王明珂的研究对象。

可以认为，王明珂的理论涉及记忆研究的两个传统：一是哈布瓦赫的集体记忆研究传统；二是阿斯曼夫妇的文化记忆研究传统。他在记忆的分类中提到的"媒介中的社会记忆"类似于扬·阿斯曼对文化记忆的定位：是在各种媒介中保存和流传的记忆，只是王明珂没有从时间等维度对此做进一步的讨论。"群体成员间的集体记忆"则属于哈

---

① Nicolas Russell, "Collective Memory before and after Halbwachs", *The French Review* 79 （4），2006：792 - 804.

② 费孝通：《试谈扩展社会学的传统界限》，《北京大学学报》2003 年第 3 期。

③ 王明珂：《历史事实、历史记忆与历史心性》，《历史研究》2001 年第 5 期。

布瓦赫的研究领域。王明珂的"历史记忆"概念及其研究实践具有他自身的特点。可以认为，他是站在历史学的角度，对记忆研究之于历史的作用及其意义做了十分有意义的定位和启示。如他所认为的，"历史记忆"并不是去解构历史的，而是为了探寻史料背后的另一种"史实"，如探寻"当时社会人群的认同与区分体系"，关注"这是谁的记忆"，"它们如何被制造与利用"以及"它们如何被保存或遗忘"。① 王明珂探寻了历史事实作为历史学家的永恒追求时，作为记忆的"史实"是什么的问题。他认为，以记忆的观点看史料，可探求隐藏在史料和口述资料背后的"史实"。

王明珂的记忆研究实践凸显了"社会情境"和"历史心性"这两个维度对于新形式的历史研究的重要性。前者是指社会人群的资源共享与竞争关系，与族群、性别或阶级的认同与区分相关，即将史料作为一种社会记忆遗存，从史料文本的选择、描述与建构中，探索背后所隐藏的社会情境（context），特别是当时社会人群的认同与区分体系。后者是指此"历史记忆"所遵循的选材与述事模式，指称人们从社会中得到的一种有关历史与时间的文化概念。一篇文字史料不能简单地被视为"客观史实"的载体，正确地说，它们是人们各种主观情感、偏见，以及社会权力关系的记忆产物。上述两个维度构成了他所谓的"历史事实"。②

总体上，王明珂的研究还提供了一种有益的方法论。③ 即通过将"经典历史"与"边缘历史"做对比，将重点放在"边缘历史"这一端，以寻找"异例"④ 和使其"情境化"的方法，去探讨不同族群的历史心性及其流变，进而更全面和深入地认识人类文明问题。

他在《羌在汉藏之间：一个华夏边缘的历史人类学研究》中采用了一种在文献中做田野的方法，认为文本（text）是在某种情境（context）

---

① 王明珂：《历史事实、历史记忆与历史心性》，《历史研究》2001 年第 5 期。
② 王明珂：《历史事实、历史记忆与历史心性》，《历史研究》2001 年第 5 期。
③ 参见王明珂、徐杰舜（访谈）《在历史学与人类学之间——人类学学者访谈之二十八》，《广西民族学院学报》2004 年第 4 期。
④ 王明珂：《田野、文本与历史记忆——以滇西为例》，《思想战线》2017 年第 1 期。

中产生的，文本分析就是挖掘隐藏的情境。① 加入记忆视野后，他将文本叙事当作一个社会记忆来分析，设法去了解文本内部所隐藏的情境，研究其中呈现的族群的历史心性。因此，文本和情境的对应关系，就是王明珂所使用的方法。② 他试图以此来讨论人类学只采信田野的"霸道"学问，并以此去接近真实，从而认识"社会本相"。他指出，并不是所有的史料都是可信的，需要发掘史料的"言外之意"。③

他的这种研究方法起到了"去除日常生活偏见"的作用。如他所认为的，"我们生活在一个表征化的世界里，我们有一种文化偏见，在这种文化偏见里，我们所看到的都是我们希望看到的。我们把它放到很合理的逻辑里面，这样去思考问题：像这样去看问题，让我们觉得很 comfortable，觉得很心安，我们不愿意去扰动我们心中一些固有的看法"。④ 而他所提倡的文本情境分析中最重要的是：让我们看到文本里面"反映的"是什么东西，从而使我们注意到它所"映照"在我们内心的东西，"让我们去了解我们自己，我自己的偏见在哪里"。

例如，他强调的"本地情境"所产生的民族志知识可以让我们深入地反省，即反省我们的"汉化"概念。对于汉化，人们既往的常识是：中原人是非常宽宏大量的，夷狄入华夏，就毫无问题地成为汉人了。王明珂的研究挑战了这一共识：在真正汉化所发生的地方，那些被视为蛮夷的人所接触的"汉人"，是他们邻近家族、村落或地区的人；而这些自称"汉人"的邻人，本身也被其他人视为"蛮子"。就是这种在亲近的人群之间互相歧视、模仿中，形成了汉化的社会文化过程。王明珂认为，如果体会到汉化的过程，我们就更有一种谦卑与自省了。他借由历史记忆研究，去反思一种所谓历史性的东西。

---

① 参见王明珂、徐杰舜（访谈）《在历史学与人类学之间——人类学学者访谈之二十八》，《广西民族学院学报》2004 年第 4 期。
② 参见王明珂《"文本"与"情境"对应下的文化表述》，《社会科学家》2013 年第 2 期。
③ 王明珂：《在文本与情境之间：历史人类学的研究方法反思》，《青海民族大学学报》2015 年第 2 期。
④ 参见王明珂、徐杰舜（访谈）《在历史学与人类学之间——人类学学者访谈之二十八》，《广西民族学院学报》2004 年第 4 期。

王明珂在其上述方法论和研究脉络中，还批评了既有口述史的研究立场。[①] 如上所述，一些口述史学者，经常将口述历史作为某种社会或政治运动的工具。他认为，这仍是一种有主体偏见的"历史建构"，是一种"认同史学"。他认为，口述史的真正价值是了解"边缘历史"，寻找其中的"异例"，并将其"情境化"，这可以让我们对于"我们所相信的历史"（例如"典范历史"）与"'他们'所相信的历史"，以及历史记忆、述事和人类社会文化背景（情境）之关系做比较，从而对"历史事实"有更深入的了解。

王明珂近来对自己的研究方法和理念进行了拓展，如在解读滇西文本时，"文本"的概念被拓展，拓展至文化表征和社会记忆概念。[②] "广义的文本，指任何能被观察、被解读的社会文化表征"，"社会记忆也是一种文本，因此它们与文本一样，里面有陈述性知识（knowledge of representation）与默示性知识（knowledge of revelation）"。后者是"一种让我们在未察觉的状态下受其影响的默示信息"。"情境"概念也相应地被拓展，它是与"文本"表征对应的社会现实本相（reality）。他将之与人类生态、人类社会的基本框架相勾连。

他的这种研究路径本身即带有反思性，这也是他所期待的，如何透过一些新方法、角度和概念来突破认知的"茧"，进而深入认识社会本相。王明珂的研究路径深刻地影响了大陆文化人类学的记忆研究。

三　记忆视角下的社会史研究

记忆视角下的社会史研究可称为"历史记忆"研究，但这一"历史记忆"不同于王明珂的上述定义。历史记忆在此是指在中国学界，一些学者利用历史资料所做的记忆研究，如陈蕴茜对民国时期中山公园建设

---

① 王明珂：《历史事实、历史记忆与历史心性》，《历史研究》2001 年第 5 期。
② 王明珂：《田野、文本与历史记忆——以滇西为例》，《思想战线》2017 年第 1 期。

运动史的考察、① 周海燕对大生产运动的研究、② 孙江对南京大屠杀的记忆研究③等，可以在广义上称为中国记忆研究的社会史传统。

陈蕴茜通过对民国时期中山公园建设运动史的研究，④ 指出孙中山记忆形成的三个主要途径：第一，孙中山符号的空间化与日常生活化；第二，国民党对权力空间的操控与意识形态传输；第三，民众对中山公园空间象征意义的接受与实践以及对中山公园空间的再建构。她还讨论了民众与精英之间对中山公园意象和记忆的张力问题，精英视其为教育场所和民族主义空间，而民众则视之为娱乐和商业空间；甚至还有地方官员为谋求私利而建设中山公园，它引发了社会负面影响。对于民众记忆部分，因其资料有限而讨论不多，可以看到，空间理论和意识形态理论是其分析的理论基础。她还关注到记忆之变的问题：在不同时期中山公园的象征意义是不同的，如在民国初年、日军占领时期、1945～1949年。她讨论了不同时期中山公园的象征意义之变，这是一种形式的记忆之变。

陈蕴茜后来对"纪念空间"的记忆之场做了分类，如民间纪念与国家纪念、文化纪念与权力纪念等。这一讨论着重提到了权力的作用，并引用福柯的权力观点：统治者可以透过对空间的重组、形构、支配、操弄来行使权力，使被统治者产生敬畏、驯化或顺从心理。⑤ 这一特征在中国记忆研究的社会史传统中较为突出，例如周海燕的一些研究。

周海燕通过对"赵占魁运动"的研究，⑥ 指出社会记忆并不是单纯地再现过去，它的建构往往是权力顺应政治需要而进行修饰、删减和改

① 陈蕴茜《空间重组与孙中山崇拜——以民国时期中山公园为中心的考察》，《史林》2006年第 1 期。
② 参见周海燕《记忆的政治》，中国发展出版社，2013。
③ 参见孙江《唤起的空间——南京大屠杀事件的记忆伦理》，《江海学刊》2017 年第 5 期。
④ 陈蕴茜：《空间重组与孙中山崇拜——以民国时期中山公园为中心的考察》，《史林》2006年第 1 期。
⑤ 参见陈蕴茜《纪念空间与社会记忆》，《学术月刊》2012 年第 7 期。
⑥ 周海燕：《"赵占魁运动"：新闻生产中工人模范的社会记忆重构》，《新闻记者》2012 年第 1 期。

写的结果。她发现，在这一过程中，作为权力话语的载体之一，新闻起到了非常重要的作用。她对吴满有的分析也强调了类似的观点：社会记忆并不是单纯地再现过去，它是权力利用话语刻意凸显、筛选，是强制遗忘及剥夺的结果。①

记忆视角下的社会史研究中颇值得一提的还有南京大屠杀研究。有关南京大屠杀研究，如孙江所言，已经从事实层面转向了记忆层面。②孙江通过记忆现象的两个层面：死者的记忆和伤者的记忆，来凸显记忆的伦理和政治问题。如他所说，由一长串冰冷的数字所表征的死者，无法用语言将生命终结的体验直接告诉他人，与生者的交流似乎终止了。但事实上，如他所言，世界上是存在生者与死者之间的交流记忆的，死者可以沉默的声音向生者传递记忆的痕迹。当然，这是通过生者回忆而产生的一种记忆类型，在现场的生者往往成为死者的记忆代理人，具有无可置疑的真实性：生者将死者的记忆纳入自身的情感和意识后，由此形成一种与死者交流的记忆，也可能因此形成一种"心灵创伤"的症状。孙江通过中国籍牧师卢小庭在南京大屠杀期间自杀后一些美国友人留下的信件、日记等信息，讨论这一记忆类型。在这里，这一记忆类型传递的是"悲惨""悲伤"的感受以及"以死抗争"的意义。

孙江提出的这一死者记忆的类型补充了阿斯曼夫妇的交流记忆概念，在孙江看来，阿斯曼夫妇提到的交流记忆通常只局限于生者之间的记忆，而他提供的外国友人关于大屠杀中死者状态的记忆，也有利于我们后来者透过这一记忆类型，深入已经被抽象化的南京大屠杀现场，进而捕捉死者的记忆痕迹。但对这一记忆类型的进一步阐发，显然还需要与死者更亲近的亲人的体验，乃至参战士兵的讲述，这样才能使这一记忆类型变得丰满起来。当然，在深入阐述这一记忆类型时，更需注意到有很多未能达到的空间，即因为死者只有沉默的声音，不能对生者的声音予以

①　周海燕：《吴满有：从记忆到遗忘——〈解放日报〉首个"典型报道"的新闻生产与社会记忆建构》，《江苏社会科学》2012 年第 3 期。

②　孙江：《唤起的空间——南京大屠杀事件的记忆伦理》，《江海学刊》2017 年第 5 期。

回应，所以会留有很多空隙。因为这一局限，所以一直存在"死者的记忆永远无法被唤起"的风险。

相比于死者的记忆，伤者的记忆存在更多元化的空间，因此更会出现有争议的空间。讨论伤者记忆时，孙江以在南京大屠杀期间发生的由三名日本士兵实施的性暴力事件为例。在这一记忆类型中，女受害者和日方之间的记忆出现了张力，原因主要在于日方试图通过该女子记忆中的"细节错误"来否认这一事件的发生，并试图污名化该女性，以改变这件事的性质（由性暴力变为性交易）。但由于受害者是伤者而不是逝者，伤者还可以说话；在双方讨论中，日方最后没有达到目的。这一事件还引发了美日之间的纠纷，部分导致了日军"华中方面军"最高司令官松井石根被解职。

孙江的上述研究涉及了记忆伦理（包括"为何记忆"和"谁在记忆"等）问题。他还通过抗日战争期间对日军采取合作态度的南京自治委员会会长陶传晋的历史记忆，讨论了记忆中的伦理问题。[①] 陶传晋在1937 年前是南京红十字会会长，远离政治，专注于慈善和宗教活动。日军入侵时，他笃信宗教超越民族、慈善没有国境，因此没有逃离南京，日军占领南京后，他做了很多慈善活动，减轻了当地难民的痛苦程度。面对日军的"授衔"，他则充满了迷茫和焦灼，在名节观中自我挣扎，他再三请辞，并留有文字作证。孙江认为，从记忆的角度，陶传晋在罪与罚、名与节、善与恶之间纠缠，他的经历表现了南京大屠杀期间，一个普通中国人所面临的合作与抵抗、救人与救己的两难困境：一定程度上合作是为了救人，抵抗是为了救己。而对陶传晋故事的记忆已经远远超出了"守节"与"失节"的二元对立，如何看待沦陷区中个人或群体的抵抗和合作，是一个看起来简单但实际上颇为复杂的伦理问题。

在南京大屠杀研究中，有关创伤记忆的讨论是一个较为凸显的特征。上述孙江的记忆研究从死者记忆和伤者记忆角度丰富了对创伤记忆的理

---

① 孙江：《记忆不能承受之重——陶传晋及其后人的南京记忆》，载孙江主编《新史学（第八卷）：历史与记忆》，中华书局，2015，第 144、166 页。

解。李昕还从创伤记忆角度讨论了公众对南京大屠杀记忆的建构问题。①
他的主要观点包括两方面。首先，在当下，人们还没有正视南京大屠杀
史实，这使得社会中出现了南京大屠杀的文化创伤问题。例如，后来者
对于南京大屠杀受难者的普遍不抵抗的客观史实缺乏客观和全面的认知，
导致大屠杀幸存者和受难者二次被辱，表现在一些人对南京大屠杀幸存
者的蔑视和嫌恶。而抗日神剧作为一种重构的记忆，加深了受难者的自
我认同危机。其次，民众要避免陷入受害者心理，尤其是没有经历过那
场浩劫的广义受害者民众。持有受害者心理的人往往缺乏自省、过度防
卫、报复性强，主观上认为自己是受害者，占据道德高地，甚至凭借受
害者身份歪曲历史真相。

事实上，关于创伤记忆的讨论还不限于此。对于如何处置创伤记忆
问题，有学者归纳出世人的三种态度：为了现世者的安慰、为了纪念逝
者和为了警醒未来的人。玛格利特把它简化为前述两种态度。② 阿莱
达·阿斯曼则根据战后德国社会的记忆实践，归纳出四种创伤记忆类型：
对话式遗忘、为了永不遗忘而记忆、为了遗忘而记忆和对话式记忆。③
阿莱达·阿斯曼的分类加入了受害者和施害者之间的关系维度，尤其是
在"对话式遗忘""对话式记忆"两种类型中。"对话式遗忘"是指与过
去暴力行为联系在一起的原敌对方（双方力量旗鼓相当），经过一致同
意后自愿选择遗忘以达成和平；"对话式记忆"是指如果两国之间能够
通过互相承认彼此罪责，对加诸他人的苦难予以同情来共同面对曾经的
暴力历史，则这两个国家就参与了对话式记忆。在阿莱达·阿斯曼看来，
如果受害者和施害者之间不是一种完全对称的关系，则对于受害者而言
就是"为了永不遗忘而记忆"了。"为了遗忘而记忆"这一类型则广泛
存在于世界上的很多文化中，如基督教的忏悔仪式，这种遗忘是为了促

---

① 李昕：《创伤记忆与社会认同：南京大屠杀历史认知的公共建构》，《江海学刊》2017 年第
　　5 期。
② 阿维夏伊·玛格利特：《记忆的伦理》，贺海仁译，清华大学出版社，2015。
③ 阿莱达·阿斯曼：《记忆还是遗忘：处理创伤性过去的四种文化模式》，陶东风、王蜜译，
　　《国外理论动态》2017 年第 11 期。

进人们能够承认过去，与过去达成和解（这是创伤的净化和愈合仪式），从而将创伤性的过去抛在身后。

记忆与遗忘的上述分类，不可避免地涉及伦理问题，甚至宗教问题。如阿莱达·阿斯曼指出的，当面对死者的记忆时，尤其存在这一问题。如纳粹大屠杀记忆包括对几百万死难者应尽的精神和伦理义务。让逝者安息是一份文化和宗教上的责任：想到数百万的犹太受难者没有坟墓，被毒死后又被焚烧，已化作一缕青烟，这个伤口无法愈合；被枪决的受难者的万人坑也面临这样的问题。对于后世，存在着如何在文化和宗教上让这些逝者安息、让生者得到安慰这一伦理难题。可见，一般的记忆伦理问题，往往都是在记忆创伤的基础上提出的。

综上，记忆视角下的社会史研究呈现了两个不同的特征，大体上由稍早的权力取向（如周海燕的研究）走向了文化取向（如孙江的研究）。这与中国记忆研究的整体特征是吻合的。

总体上，记忆视角下的社会史研究的议题较为丰富，除上述研究外，罗志田讨论了五四运动后当事人对五四新文化运动话语的"再创造"，①这影响了后人关于五四的记忆；关于五四运动，在不同的历史时期还出现了不同的话语建构。赵世瑜通过对山西大槐树移民传说的解析，探讨了这些移民对祖先历史的集体记忆特征和移民的生活境遇对记忆建构的影响。② 黄东兰将岳飞庙作为创造公共记忆的"场"/象征空间，讨论了不同历史时期对岳飞记忆的再创造，并讨论了岳飞的"精忠报国"思想如何由个人记忆上升为国家记忆。③ 李恭忠等通过对明嘉靖年间郑若曾的《筹海图编》和鸦片战争前夕严如煜的《洋防辑要》等史料的分析，

① 罗志田：《历史创造者对历史的再创造：修改"五四"历史记忆的一次尝试》，《四川大学学报》2000 年第 5 期。

② 赵世瑜：《祖先记忆、家园象征与族群历史——山西洪洞大槐树传说解析》，《历史研究》2006 年第 1 期。

③ 黄东兰：《岳飞庙：创造公共记忆的"场"》，载孙江主编《事件·记忆·叙述》，浙江人民出版社，2004，第 158 - 177 页。

指出明代的"倭患"经历留下了持续的"倭寇"记忆，[①] 这对清明时期的海权观念产生了深刻影响。

四 中国记忆研究的取向：权力观与文化观

1990 年代中期以来，对中国社会的记忆研究，无论是对特定群体的记忆研究、人类学视域下的记忆与文明问题，还是记忆视角下的社会史研究，基本都是围绕着两个范式进行的，首先是权力取向的记忆研究，其次是文化取向的记忆研究。例如，郭于华的研究可以归为较为典型的权力取向的记忆研究（简称为权力观）；而王明珂、孙江等的记忆研究则可以归为文化取向的记忆研究（简称为文化观）。

（一）权力取向的记忆研究

权力取向的记忆研究是当下中国记忆研究的主流范式，它强调记忆现象背后的权力因素的作用。如上述提及的郭于华、周海燕等人的研究。郭于华、周海燕的讨论都凸显了权力在记忆建构中的作用，其核心观点是，过去并不是根据原样再现的，而是权力再次塑造的结果。这一讨论将哈布瓦赫的记忆的社会建构论[②]发展为权力建构论。权力在中国社会研究中一直居于比较重要的位置，例如社会学研究中流行颇为广泛、影响颇大的国家－社会研究框架。中国的记忆研究也具有类似特点，即将权力维度视为认识中国社会中记忆问题的重要因素。

这也表现在学者们的理论讨论方面，例如，学者们对保罗·康纳顿和哈布瓦赫记忆理论的讨论中，都会突出权力的作用问题。王纪潮在辨析哈布瓦赫的集体记忆概念时，引出涂尔干的"集体意识"概念，认为

---

① 李恭忠、李霞：《倭寇记忆与中国海权观念的演进——从〈筹海图编〉到〈洋防辑要〉的考察》，《江海学刊》2007 年第 3 期。
② 莫里斯·哈布瓦赫：《论集体记忆》，毕然、郭金华译，上海人民出版社，2002。

其本质是社群中带有强制性的信仰和情感;① 他在讨论保罗·康纳顿的社会记忆研究时，更突出了权力维度的作用，如极权主义和忘却之间的关系。

受记忆研究的权力取向的影响，学者们对于"记忆是什么"以及该如何做记忆研究等问题形成较为固定的认识。

在权力观影响下，学者们往往首先会关注记忆的权力分层。如张勤认为，记忆是有"民众的记忆"和"精英的记忆"之分的，并认为当下互联网背景下来自民众的"记忆的觉醒"是一股不容忽视的力量。② 李恭忠则通过对天地会传说的探究讨论了"蒙冤叙事与下层抗争"的问题，③ 该研究通过彰显与冤屈相连的不公因素，放大由蒙冤生发的仇恨因素，由此表达了一种"蒙冤—怀恨—报仇—造反"的下层抗争逻辑。

在更宽泛的意义上，郭辉认为，中国的记忆研究有两条路径：一条是社会史路径，自下而上；另一条是思想史路径，自上而下。④ 其中，社会史路径的记忆史研究主要以族群认同、乡村社会、区域民俗等的历史记忆为对象，史料来源多为地方志、谱牒、调查报告、口述传说、碑刻等"地方性"资料，主要借助人类学、民族学、社会学等学科的研究方法，倾向于研究下层社会记忆，由此反观国家，进而探寻国家与社会的历史。思想史路径的记忆史研究多集中于中国近现代史研究领域，侧重于以宏大历史事件和精英历史人物的记忆为对象，史料主要来源于各种报纸、杂志、日记、回忆录等，更注重传统的文本分析。郭辉提出记忆研究的"自下而上"和"自上而下"两大视角，尤其在讨论"自下而上"的视角时，基本是在权力路径下进行的，他也秉持了国家－社会的分析框架。

郭景萍认识到这一分析路径的不足，提出了将情感纳入记忆研究的

---

① 王纪潮:《有选择的社会记忆》,《博览群书》2006 年第 5 期。
② 张勤:《记忆视角下的史志研究及其实践意义》,《中国地方志》2017 年第 8 期。
③ 李恭忠:《蒙冤叙事与下层抗争：天地会起源传说新论》,《南京大学学报》2016 年第 5 期。
④ 郭辉:《中国记忆史研究的兴起与路径分析》,《史学理论研究》2012 年第 3 期。

重要性，并将记忆视为"情感力量的心灵记事"；认为这是对记忆研究的一个补充，[1] 但她仍然强调记忆研究者还是不能忽视记忆与反记忆等权力维度。总体而言，相较于权力等因素，这里对情感因素的讨论难以聚焦和问题化，对它的分析力度往往因分散而被分解掉了。

还有学者对权力维度的记忆研究做了进一步的反思。[2] 笔者曾以记忆的权力观为分析基础，对个体记忆和集体记忆之间的关系做了深入阐释，即它们并不必然是对立的，其还有"共谋"的一面。在权力观之外的记忆模式中，笔者提出普鲁斯特的"无意回忆"的模式（小玛德莱娜点心茶的回忆模式），以及对"记忆的微光"进行探索的意义，但对后者的界定还处于一个相对模糊的阶段。周永康、李甜甜凸显个体记忆与记忆的微光之间的密切关系，认为个体记忆维度下所描绘的文学画面背负起"一种充满责任感和道德意识的历史承担精神"。[3] 但如何进入私人化的叙事？有些甚至不可描述（只可意会、不可言传），例如属于农民的祖祖辈辈的弱势的、未得到言说的苦。对此，方慧容的"无事件境"概念便是其中一个困境的展现。作家们的叙事，往往追求个体叙事与宏大历史之间的关联，如此加剧了私人化叙事的事实与表达之间的张力。

总体上，权力视角下的记忆研究是当下中国记忆研究的主流范式，但它还有很多问题值得反思和进一步思考。例如，对记忆现象的权力取向分析不仅体现在上述实证研究领域，还出现在学者们的理论反思中，有学者将个体记忆和集体记忆之间的关系主要解读为一种权力关系，而记忆建构论的话语霸权更是将个体记忆与集体记忆之间的关系理解为一种"压制"与反抗的关系。李里峰认为，应该寻求群体与个人之间的多元意义与互动关系。[4]

---

[1] 郭景萍：《社会记忆：一种社会再生产的情感力量》，《学习与实践》2006 年第 10 期。

[2] 参见刘亚秋《从集体记忆到个体记忆：对社会记忆研究的一个反思》，《社会》2010 年第 5 期。

[3] 周永康、李甜甜：《记忆的微光：社会记忆中的个体记忆——对阎连科小说〈我与父辈〉的社会学解读》，《名作欣赏》2015 年第 18 期。

[4] 李里峰：《个体记忆何以可能：建构论之反思》，《江海学刊》2012 年第 4 期。

（二） 文化取向的记忆研究

学者们在研究中对于文化的定义一般是较为宽泛和开放的。文化与很多概念密切相关，如"意义""象征""仪式"等；人类学家吉尔茨强调文化形式背后的象征意义，维克多·特纳关注文化符号与政治权力的关系，福柯则讨论了广义文化下的权力关系问题，杜赞奇更是从权力角度去观察文化问题。[①] 这里对记忆研究的文化取向进行讨论，并不是在拒斥权力维度的基础上，走向"文化决定论"，而是为了反思中国在既有记忆研究中过于强调权力问题的现状，从而倡导一种对社会记忆更全面而深入的研究。

在社会记忆研究中，人类学角度的讨论一直以文化研究作为其起点和关注。例如纳日碧力戈对各烟屯蓝靛瑶的文化进行了细致的叙事，[②]他着重讨论了信仰仪式，并以保罗·康纳顿的社会记忆理论作为其对话基础，"过去的形象能使现在的社会秩序合法化"，而这些依靠的是一种操演的社会记忆，即仪式。如上所述，纳日碧力戈还将口述史作为社会记忆的一种操演形式：身体姿势、表情、语调、场景的"合谋"促成了口述史作为一种立体的社会记忆，而且"口述"对男女、高低社会阶层有平等化的作用。[③] 口述史记忆中包含作为操演的民间口述和作为日常生活运作机制的社会记忆，这一社会记忆形式参与了地方社会的重构。受纳日碧力戈译作及其研究的影响，很多人类学者参与讨论了中国社会的文化记忆。

就记忆研究的文化取向而言，王明珂的研究相对更成熟一些。例如他讨论的"弟兄故事"是一种诉说人群共同起源的"根基历史"，"弟兄

---

① 李恭忠：《"文化"的视野及其它——重读杜赞奇的〈文化、权力与国家〉》，《郧阳师范高等专科学校学报》2005 年第 2 期。

② 纳日碧力戈：《各烟屯蓝靛瑶的信仰仪式、社会记忆和学者反思》，《思想战线》2000 年第 2 期。

③ 纳日碧力戈：《作为操演的民间口述和作为行动的社会记忆》，《广西民族大学学报》2003 年第 3 期。

故事"与我们熟悉的始于英雄圣王的"根基历史"相比，是另一种不同的历史心性下的祖先溯源述事。他在 2017 年的反思中，提出记忆视角下的文化研究之拓展问题，并以"广义文本"（不仅包括人类学的仪式，还包括电影、电视剧等）作为这一研究的资料基础。① 他的文本与情境的方法论也是建立在这一基础之上的。

人类学学者的文化视角与社会学学者的权力视角有着较大的区分，文化维度的记忆研究是认识"社会"的一个不可或缺的角度，但在以往被很多学者所忽视。近年来，受阿斯曼夫妇的文化记忆理论的影响，这一脉络又逐渐受到中国学者们的重视。例如，孙江对南京大屠杀的记忆研究，② 其中展现的创伤记忆问题与阿斯曼夫妇的记忆讨论之间存在着一种对话关系。而在当下记忆研究领域，阿斯曼夫妇的文化记忆理论还是一个不可逾越的高度。在中国学界，如何以中国的社会实践去深化记忆研究中的文化维度，进而达到对中国社会的深入认识，还是一个亟待实践和深入探索的领域。

在社会学领域，对记忆研究的文化维度的关注还涉及社会学的转向问题。费孝通晚年提出扩展社会学的研究界限问题，③ 这一问题对中国社会学界产生了较为广泛和深远的影响，它成为当下学者们反思社会学研究局限和未来进路的一个"卡农"（Kanon）/标准。④ 在记忆研究领域同样存在这样的问题，即社会学如何从一种"策略分析"⑤ 转向一种文化、伦理层面的探索，这尚待更多的学者去实践和思考。

在这一探索中，文学视域下的中国记忆研究颇值得借鉴。例如陶东风提出的"文艺与记忆"研究范式，⑥ 追问记忆如何通过文学艺术的形

---

① 王明珂：《田野、文本与历史记忆——以滇西为例》，《思想战线》2017 年第 1 期。
② 孙江：《唤起的空间——南京大屠杀事件的记忆伦理》，《江海学刊》2017 年第 5 期。
③ 费孝通：《试谈扩展社会学的传统界限》，《北京大学学报》2003 年第 3 期。
④ 扬·阿斯曼：《文化记忆：早期高级文化中的文字、回忆和政治身份》，金寿福、黄晓晨译，北京大学出版社，2015。
⑤ 权力维度的记忆研究多关注这一问题。
⑥ 陶东风：《"文艺与记忆"研究范式及其批评实践——以三个关键词为核心的考察》，《文艺研究》2011 年第 6 期。

式被叙事，其中的权力关系又是如何的？他还通过文化创伤记忆理论探索了记忆的政治意涵和道德价值问题。许子东则通过 50 篇"文革"小说的叙事反思了"文革"记忆的特征（例如"虽然充满错误但不肯忏悔"的知青叙事模式）。① 从文学角度进入的文化记忆研究，还关注创伤记忆的讨论，它与记忆伦理问题密切勾连，而记忆伦理一般关注遗忘、忏悔、宽恕等问题，② 它打开了理解政治、罪责等问题的视域。③

　　概言之，对中国社会的记忆研究，近年来在社会学、历史学、文学等领域都取得了很大的进展。本章以社会学背景下的记忆研究为基础，试图讨论 1990 年代中期以来的中国记忆研究特征。社会学视角下的记忆研究主要关注特定历史时期特定人群的记忆特征，其往往立足于一手访谈得来的资料，对其做较为深入的定性解读，试图从记忆角度去深入理解当代中国社会。例如，上述提及的土改口述史研究和知青集体记忆研究。这一类定性研究的经典之作中提出了本土化概念，如方慧容的"无事件境"概念，这一概念不仅有助于理解中国传统农村社会的心态与现代性之间的张力，而且标识了此类研究可以上升的理论高度。当然，这类研究也有其自身的局限性，例如因为它针对的是特定历史时期重大历史事件下的人们的口述记忆，容易局限于国家－社会的视角，而对于权力之外的因素缺乏更深入的讨论。相比较而言，人类学视域下的记忆与文明的思考，对于文化维度的记忆则做了更深入的调查和研究，例如纳日碧力戈和王明珂等人的研究。记忆视角下的社会史研究也呈现两个较为鲜明的特点，即有学者在研究实践中强调记忆的权力因素，④ 还有学者则探究记忆的文化维度。⑤

　　我们认为，好的社会记忆研究在更深的层面，都是跨学科的。而在

---

① 许子东：《为了忘却的集体记忆——解读 50 篇文革小说》，生活·读书·新知三联书店，2000。
② 吕鹤颖：《作为一种思想方法的政治批评——对陶东风近年来文学批评的思考》，《湘潭大学学报》2017 年第 6 期。
③ 赵静蓉：《记忆的德性及其与中国记忆伦理化的现实路径》，《文学与文化》2015 年第 1 期。
④ 例如周海燕《记忆的政治》，中国发展出版社，2013。
⑤ 例如孙江《唤起的空间——南京大屠杀事件的记忆伦理》，《江海学刊》2017 年第 5 期。

社会科学领域中记忆研究的权力范式占据主流地位的情况下，提倡一种文化维度的记忆研究是深入认识记忆的权力问题的必要路径，为此，社会科学的记忆研究不仅需要跨越史学，还需跨越文学，如此才能进一步处理中国记忆研究的理论问题以及伦理问题。例如，很多学科范式下的中国记忆研究，都探讨了苦难记忆/创伤记忆问题，如方慧容的口述史记忆研究，① 王汉生等的知青记忆研究，② 郭于华的土地集体化时期女性口述记忆研究，③ 孙江对南京大屠杀记忆的研究，④ 陶东风对梁晓声小说的研究，⑤ 陈国战对苏童小说《黄雀记》的研究，⑥ 吕鹤颖对儿童视角小说的研究，⑦ 等等。在深层次上，它们都涉及文化记忆理论中的重要问题——创伤记忆问题，并在现实层面直指记忆伦理问题；而记忆的伦理问题不仅在实践中是一个困境，也是研究中的难题所在。为解决记忆研究中的难题，我们需要跨越学科界限，以真诚之心对待所研究问题，才能取得记忆研究的新进展。

---

① 方慧容：《"无事件境"与生活世界中的"真实"——西村农民土地改革时期社会生活的记忆》，载杨念群主编《空间·记忆·社会转型——"新社会史"研究论文精选集》，上海人民出版社，2001。
② 王汉生、刘亚秋：《社会记忆及其建构——一项关于知青集体记忆的研究》，《社会》2006年第3期。
③ 郭于华：《心灵的集体化：陕北骥村农业合作化的女性记忆》，《中国社会科学》2003年第4期。
④ 孙江：《唤起的空间——南京大屠杀事件的记忆伦理》，《江海学刊》2017年第5期。
⑤ 陶东风：《关于当代中国社会灾难书写的几个问题——以梁晓声的知青小说为例》，《当代文坛》2013年第5期。
⑥ 陈国战：《〈黄雀记〉：如何缚住记忆的幽灵》，《文化研究》2017年第3期。
⑦ 吕鹤颖：《新时期儿童视角小说的归罪隐喻》，《关东学刊》2017年第2期。

第七章

口述记忆的主体特征及其社会学意义

口述史不仅在学术领域是一个重要问题，在实践层面也经常备受关注。"口述"一般意味着鲜活的生命形态，但也经常意味着不确定性，因此它经常遭受质疑，尤其是在司法层面，当口述作为证词出现时，"一个人的证词"常令人陷入绝望的境地。在学术上，口述历史也经常遭受历史真相的审查。那么，口述历史尤其是一个人的口述是否就是不可信的？如果它真的不可信，那么众人所沉浸于其中的口述史的价值又何在呢？

本章从中国社会学的口述实践入手，围绕口述历史和社会记忆之间隐含的内在关系，[①] 讨论口述史的独特价值所在。

中国社会学对口述史研究的一个重要特点是底层社会关怀，但这一方法同样被史学传统所质疑，即它的真实性问题往往成为攻击对象。事实上，这一质疑主要来自传统档案史观以及历史的"和不同的文献斗争"科学方法的质疑（例如二重证据法）。那么，在这些质疑中，口述史的价值何在？我认为，口述史所具有的独特价值，就是它的生命体验特征，它又涉及记忆的主体性问题，以及讲述极端历史事件的困境问题。

---

① 口述史，在本书被定义为亲历者的讲述，在很大程度上，也就是亲历者的记忆叙述。记忆的不稳定性往往伴随着口述内容的不稳定性。当然，就记忆而言，它不仅包括口述得来的记忆，还包括文献得来的记忆。阿斯曼夫妇根据时间的长短将记忆划分为交流记忆和文化记忆，可以初步将前者理解为代际记忆，将后者理解为跨越千年的文字记忆。

在思路上，本章从中国社会学在 1990 年代中期开展的口述史实践入手，而在理论层面的展开，则多处借鉴了保罗·利科在《记忆，历史，遗忘》中的一些思想，① 但并不构成对保罗·利科记忆思想的解读。事实上，保罗·利科的记忆思想可以概括为"记忆的努力"，这里暂不对此展开讨论，而将其作为我们进入口述历史核心特点的一个思想资源而已。笔者关注的问题是在面对传统史的质疑时，口述史能说出哪些独特的东西。可以说，本章的内在目的在于寻找我一直关注的主体问题，这也是笔者从记忆层面对主体问题的一个理解。

一 从"底层"进入的口述史实践

口述史概念最初来自史学内部的一次革命，被认为是针对传统史学的一些弊端，如过于专注精英史的纠正，而口述史的一个使命便是挖掘另类史料和社会底层的声音。② 社会底层，对应着社会精英的概念。我们知道，文字的历史基本上就是一个精英史，譬如帝王将相史，以及文人思想记载史。

可以说，中国社会学进入口述史领域的讨论，恰是从"底层"入手的。其中最早的实践来自孙立平等人 1990 年代中期开展的土改口述史研究，以及王汉生等人在 1990 年代末期开展的知青口述史研究。

其中，土改口述史的重要作品包括方慧容的"无事件境"研究和郭于华的骥村女性研究。郭于华的骥村口述史研究，背后不仅是底层与精英的对张，还包括底层中的边缘与主流的对张，即农村女性与农村男性的生命体之历史差别，后者是底层社会的精英。追问农村女性口述史意义的努力更加需要研究者坚定信念，譬如即便面对被访谈者的不自信的回答，也要去追问，这反过来又不时使研究者身处困境，如郭于华所说的：

---

① 参见保罗·利科《记忆，历史，遗忘》，李彦岑、陈颖译，华东师范大学出版社，2017。

② 杨祥银：《关于口述史学基本特征的思考》，《郑州大学学报》2010 年第 4 期。

面对我们的提问、面对我们热切的倾听和记录，她们经常的回答是"不晓得"，"忘记了"，"那你得问老汉去"。

口述历史的立场，也提供了突破这种困境的可能性。如郭于华所说，（借助口述）"我们缓慢但却比较深入地走进女性的生活空间与历史状态，在搜集她们能够讲述也愿意讲述的生活经历的基础上，理解她们的历史和她们对历史的理解"。[①]

在这里，我们看到的并不是底层历史的"缺乏"，而是一种与精英历史的"分岔"[②]（李猛语）。譬如妇女们不关心土改中的政治动员、土地转移和家庭财产计价等相关问题，而专注于与自身生命历程体验相关的系列转变；譬如从户内走向户外、从家庭私领域进入村社集体、从"转锅台"到"下地劳动"。

正是与精英历史之间的分岔，导致了她们的讲述中出现了方慧容所谓的"无事件境"：大量的日常生活的细节无序地混杂在一起，没有清晰的时间界限和逻辑关系，似乎也看不出与重大历史过程的意义关联。郭于华指出，女性对这段历史的记忆和表述只有当这些经历与她们有切身的关联时才会显现出来。郭于华也从这些女性细碎的讲述中归纳出女性讲述的内容和特征，其中凸显了对身体病痛的记忆、对养育孩子的记忆（参加大田劳动而无暇顾及孩子）和对食物的记忆（食物匮乏和挨饿）。这类记忆相比于精英史来说，并不处于天然的弱势，相反，在记忆层面，它反而是鲜活的，是充满活力的，体现出的是生命者（即作为行动者和思想者）本来的特征。如郭于华所说，"它们并非混沌模糊，而是十分清晰、具体而鲜活，历历在目，仿佛发生在昨天"。[③]

因此，郭于华将这一群体的口述历史与宏大历史之间建立起了特殊

---

① 郭于华：《口述历史：有关记忆与忘却》，《读书》2003 年第 10 期。
② 李猛：《拯救谁的历史？》，《社会理论论坛》1997 年第 3 期。
③ 郭于华：《口述历史：有关记忆与忘却》，《读书》2003 年第 10 期。

的关联：[1]

> 骥村的婆姨们并非不能讲述那段亲历的历史，只是不能用通常
> 被正式认可的话语讲述。而实际上，她们是在用身体、用生命感受
> 那段历史并记忆和表达那段历史，她们绝非隔离于那个特殊的历史
> 过程，而是与之血肉交融、情感相系，因为毕竟那个过程造就和从
> 根本上改变了她们的生存状态。因此女性琐细卑微的生活史、生命
> 史的讲述完全可以和大历史的宏大叙事建立起联系。

但是，或许在精英史的框架中寻找底层记忆的方法本身就有可商榷
之处，即底层史中不全然是非精英史。就如同以"见证"这样的话语来
度量奥斯维辛事件亲历者的记忆时，发现"见证"充满了重重危机，但
显然，"见证"的意义并不限于科学层面的"证据"的意义。例如阿莱
达·阿斯曼提到的某位幸存女性关于大烟囱数量的记忆。[2]

当提到1944年10月发生在奥斯维辛集中营的起义事件时，女幸存
者的讲述中出现了强度、激情和色彩。她说，"我们看见四个烟囱着了
火，爆炸了。火焰冲上天空，人们四散奔逃。真是不可思议"。后来历
史学家们对这份报告进行了讨论，他们认定这位女士的证词不正确，原
因是当时只有一个烟囱被炸掉了，而不是四个，因此这份回忆失去了证
词的作用。当然，针对这种质疑，心理分析师有不同的看法，这也就是
后来阿莱达·阿斯曼所认同的这份记忆中富含的情感真实性。[3] 这也是
主体的生存处境的一种结构特点。

综上可见，上述所说的底层，也可以说是非传统精英史、非主流立
场的代名词。事实上，口述史的内容也包括对精英人士的口述，只不过

---

① 郭于华：《口述历史：有关记忆与忘却》，《读书》2003年第10期。
② 阿莱达·阿斯曼：《回忆空间：文化记忆的形式和变迁》，潘璐译，北京大学出版社，
　 2016，第313页。
③ 阿莱达·阿斯曼：《回忆空间：文化记忆的形式和变迁》，潘璐译，北京大学出版社，
　 2016，第315页。

口述史在传统史学内一直面临质疑，背后的一个重要原因是历史学家的求真假设，在方法上表现为档案与口述之间的张力。对于这个问题，下文将详细讨论。

就传统历史与底层，或非主流、非传统的口述史的关系，事实上还涉及了叙事的不同尺度问题。"尺度"概念来自保罗·利科。也就是说，所谓口述历史和传统精英史，以及宏大历史和微观历史，不过是观察和叙述历史的不同角度而已。针对同一个历史事件，我们需要的是不同的尺度。保罗·利科指出，尺度变化的一个好处就是能够强调个体、家庭和群体的各种策略，这种策略对这样一种看法提出了质疑，即处于最底端的社会行动者只能被动屈从于一切类型的社会压力，其中主要屈从于那些在象征层次上发挥作用的社会压力。事实上，这一看法与宏观历史的尺度选择不无关系。就社会行动者屈从于社会压力这一看法与宏观历史的选择有关，微观历史的选择则会引起一种相反的期待，即期待各种随机的、表现出不确定性的策略，包括冲突和商谈。[①]

而在较小的甚至极小的尺度上，人们能看到较大尺度上看不到的东西。[②] 例如，在宏观尺度上看不到以及不会期待看到主人公们的亲身经历。卡罗·金兹堡不说尺度，却说文化等级。而所谓下层人的行为和态度资料在传统史中往往是缺乏的。另外，保罗·利科提醒我们，并不是哪种历史更占据优势的问题，而是叙事角度的多元化问题，因为尺度之间具有不可公度性。[③]

二 传统史"求真"假设的可商榷性

在中国社会学领域，口述史与记忆研究之间的关系密不可分。社会

---

① 保罗·利科：《记忆，历史，遗忘》，李彦岑、陈颖译，华东师范大学出版社，2017，第291页。

② 保罗·利科：《记忆，历史，遗忘》，李彦岑、陈颖译，华东师范大学出版社，2017，第285页。

③ 保罗·利科：《记忆，历史，遗忘》，李彦岑、陈颖译，华东师范大学出版社，2017，第281页。

学关注口述史的角度涉及口述记忆者的心态问题，也就是说，在社会学领域，口述史的忠实度并不是一个突出的问题，但在历史学领域，口述史是否为信史就是一个大问题了。例如，定宜庄①对史学的口述史的反思，她认为只有来源于口述的资料，缺乏其他资料的证实，是颇值得质疑的，她主张多重证据法的使用。这在某种程度上代表了传统史学对口述历史的发难。尽管对这种发难的回应，在思想史中并不少见，如保罗·利科、阿莱达·阿斯曼、米歇尔·福柯等人的研究，但在中国学界，尚缺少系统的讨论。不能否认，这种"求真"的质疑是有道理的，但在这种质疑下，口述史自身的独特性难以彰显。以下试图通过对传统档案的祛魅和历史学的求真困境的解读，讨论历史学"求真"假设的可商榷性。

历史学建立的根基是档案，传统档案学将档案放置优先的地位，但学者们对待档案的态度是十分复杂的。保罗·利科指出，档案意味着进入了历史编纂活动的文字环节，而历史编纂活动，彻头彻尾都是某种书写②。档案与见证的区别是：见证最初是口头的，它被聆听，被听取；档案是文字，它被阅读，被查考。③ 他提出了这样一个问题：从口头见证到文字见证，到档案文献的转变，到底对活生生的记忆而言，是好还是坏？④ 对于这一问题，目前还没有确定的答案。但这一问题涉及了国内学界对于口述史和传统史的看法，以下试图通过一些相关讨论的梳理来回应这一问题。

保罗·利科指出，传统史学的一些观点早已过时，即档案工作被认为可以确立起历史学家认知的客观性，以避免主观性。⑤ 对档案的狂热曾占

① 定宜庄：《口述传统与口述历史》，《广西民族学院学报》2003 年第 3 期。
② 保罗·利科：《记忆，历史，遗忘》，李彦岑、陈颖译，华东师范大学出版社，2017，第 217 页。
③ 保罗·利科：《记忆，历史，遗忘》，李彦岑、陈颖译，华东师范大学出版社，2017，第 666 页。
④ 保罗·利科：《记忆，历史，遗忘》，李彦岑、陈颖译，华东师范大学出版社，2017，第 220 页。
⑤ 保罗·利科：《记忆，历史，遗忘》，李彦岑、陈颖译，华东师范大学出版社，2017，第 221、223 页。

据了那个时代，以至于诺拉感叹：请做成档案吧，这样就能留下些东西！

这来自"档案至上"思想，保罗·利科认为，这种档案化的记忆事实上是一种"纸面的记忆"，在历史过程中，这种书面的东西在记忆中获得胜利，因为人们有一种"痕迹的迷信和崇拜"，那些神圣之物也将自己交付给这些痕迹。①

历史研究还在自身的逐渐发展中认为，那些见证者无意中留下的见证才是更可信的。而利科指出，除了忏悔、自传和日记，绝大多数资料，如司法部的密件、军部的机密报告、档案文献等都是见证者无意留下的。这些档案中充斥着不同类型的资料，除不同种类的文字资料，还有非文字的见证，如陶瓷、工具、硬币、画像或篆刻出来的图像、家具、丧葬物品、保存下来的住宅等。而如何评价这些不同资料的可信度？显然，问题比较复杂。

从记忆视角，对档案的批判并不少见。阿莱达·阿斯曼指出，对于档案来说，一个关键词就是"选择"。她指出，虽说档案馆的核心任务是收藏和存储，但19世纪以来，清理和丢弃也成了一项对档案管理员来说同样重要的工作。② 于是档案的概念被解构了，因为在某个时期它是"垃圾"的东西，而在另一个时期它可能就是珍贵的信息。对福柯而言，档案还意味着一种规制权力，即档案不是与社会脱节的数据存放地，而是一个高压工具，会对思想和表达的范围进行限制。③

面对不同种类的档案，如何才能接近历史的真理？保罗·利科指出，只有对文字见证和"残留痕迹"的检验才会产生名副其实的批判。④

布洛赫引入了"批判方法的逻辑"，其核心工作是比较和确定相似

① 保罗·利科：《记忆，历史，遗忘》，李彦岑、陈颖译，华东师范大学出版社，2017，第546页。
② 阿莱达·阿斯曼：《回忆空间：文化记忆的形式和变迁》，潘璐译，北京大学出版社，2016，第400页。
③ 阿莱达·阿斯曼：《回忆空间：文化记忆的形式和变迁》，潘璐译，北京大学出版社，2016，第401页。
④ 保罗·利科：《记忆，历史，遗忘》，李彦岑、陈颖译，华东师范大学出版社，2017，第224页。

与差异。布洛赫所说的"与不同文献的斗争"的主要策略是查考文献来源，以便区分文献的真伪，以及让那些可能自我欺骗或撒谎的见证者"说话"，这样做，不是要让他们难堪，而是为了理解他们。布洛赫从有意的欺骗这样的作伪事实出发，继而揭示说谎、欺骗和作伪的原因，这些原因可能是个人的创作欲、私利或者其所处时代本身就是一个偏爱弄虚作假的时代。他讨论了最阴险的欺骗形式：狡猾的篡改以及巧妙地添加内容。①

也可以说，现在大部分历史学家所做的文献工作已经包括了这些步骤，甚至比这个还多，或者不值得再去提醒。但以下情况更是经常发生却并不经常被反思，那就是历史学家对于自己研究的建构性特征的反省。

保罗·利科指出，历史学考察档案的时候都是带着问题的，因此要对以下认识论有所警醒：认为存在第一个阶段，即历史学家收集文献、阅读这些文献，并衡量它们的可靠性和真实性，第二个阶段是运用文献阶段。② 保罗·利科认为，这个认识论很幼稚，问题如同拉贡布（Paul Lacombe）所言，没有不包含假设的观察，没有不包含问题的事实，事实、文献和问题之间是相互依存的。正是问题建构了历史对象。洛普斯特说，历史学家的问题，并不是一个单纯的问题，而是由所使用的文献和研究方法引发的某种观念的问题。从问题角度讨论文献，那么文献就会不断地远离见证。在这个意义上，历史学家所倡议的真理或真相概念的客观性也会受到很大"伤害"。

保罗·利科指出，历史事实是通过将事实从一系列文献中提取出来的程序建构而成，是文献建构了事实。③ 我们认为，这种说法与叶启政

---

① 保罗·利科：《记忆，历史，遗忘》，李彦岑、陈颖译，华东师范大学出版社，2017，第226–227页。

② 保罗·利科：《记忆，历史，遗忘》，李彦岑、陈颖译，华东师范大学出版社，2017，第233–234页。

③ 保罗·利科：《记忆，历史，遗忘》，李彦岑、陈颖译，华东师范大学出版社，2017，第235页。

的"社会学家作为说故事者"① 是类似的。从这个角度来看，历史学家和科学家一样，都是在一定方法论和认识论下，在自己所关注的经验事实（或档案，或留下的痕迹）的基础上去建构自己的"故事"。

保罗·利科提醒人们认识到"所说之事"和"所论之事"之间的距离。② "事实是他们所说的那样吗？"是问题的关键，他指出，这二者之间的关系还停留在不确定之中。利科的提醒对于档案的确证和历史学家叙事的"真实性"问题的反思都具有极为重要的意义。但是，我们真正需要问的是这样的问题，那就是所谓客观的、"真实"的是否为唯一的或最重要的标准？显然，并不尽然。可以说，口述历史的更大价值还在别处。

三 口述历史的"生命"特征

口述历史的更大价值涉及口述史的核心特征。笔者在此主要围绕以口述者的生命体征为核心的两个特点展开讨论，我认为，这也是口述史区别于档案的根本所在。暂且将这两点也看作对传统史观之"求真"假设的"反击"，事实上"反击"这个词并不好，因为档案和口述通常是协力作战的，近来的历史学家们尤为强调这点。

（一）口述记忆的主体形象

与档案相比，口述史资料中凸显了生命或主体的形象。这一点也是保罗·利科所强调的。他说，许多据说是历史的事件，却从来没有谁有过对它们的记忆 。③ 口述历史的过程，可以说是一个创造历史的人的活动过程，见证者把陈述的记忆所具有的活力传递给历史。

在此，有必要指出保罗·利科在记忆中发现的"识认"这一小小的

---

① 叶启政：《社会学家作为说故事者》，《社会》2016 年第 2 期。
② 保罗·利科：《记忆，历史，遗忘》，李彦岑、陈颖译，华东师范大学出版社，2017，第 236－237 页。
③ 保罗·利科：《记忆，历史，遗忘》，李彦岑、陈颖译，华东师范大学出版社，2017，第 666－667 页。

奇迹。① 他说，历史学的一个脆弱性表现在没有"识认"的担保，而识认是一个生命的迹象。那么，什么是识认呢？他指出，重新找到就是识认，识认就是证实。识认（recognizing/reconnaissance），是回忆的认可。② 识认现象将我们带回到先前遇到过的作为不在场者之在场的记忆难题中。被认出的事物在两个方面是不同的，作为（不同于在场的）不在场者和作为（不同于当下的）先前。被识认的过去有表现出被感知的过去的倾向。普鲁斯特的回忆时刻就是识认的时刻，"识认"可以走过从无言的回忆到陈述的记忆的每个阶段。识认是历历在目的图像和原始印象留下的心理痕迹的完美重合。③ 即便也可能发生识别的错误，但我们也可能是错误识认的受害者，比如错把远方的一棵树认作一位熟人，然而谁又能通过外在的怀疑来动摇这样一种通过识认带来的内在确定性呢？

保罗·利科指出，识认是一个小小的奇迹，没有这个有效的解决，以下的难题就依旧是一个纯粹的疑难。④ 即不在场的在场难题，这一难题在记忆行为中得以实现/解决，不过，在思辨层面上它又变得更加难以参透了。因为识认依靠的是情感－印象的继存，它与思辨层面的推理处于不同的认识论传统。

识认以多种方式发挥作用。譬如，依靠一个物质载体，一个形象化的显现，比如画像、照片，这些表象使人在事物不在场时认出图示化的事物。⑤ 保罗·利科指出，知觉的这个小小"幸福"多次出现在经典的描述中，譬如古希腊悲剧中识认的突转：俄狄浦斯认识到自己才是城邦灾难的始作俑者。主客观交叉的主体间性问题在这个伦理行为中被发挥到极致。

---

① 保罗·利科：《记忆，历史，遗忘》，李彦岑、陈颖译，华东师范大学出版社，2017，第125 页。
② 保罗·利科：《记忆，历史，遗忘》，李彦岑、陈颖译，华东师范大学出版社，2017，第49 – 51 页。
③ 保罗·利科：《记忆，历史，遗忘》，李彦岑、陈颖译，华东师范大学出版社，2017，第576 – 577 页。
④ 保罗·利科：《记忆，历史，遗忘》，李彦岑、陈颖译，华东师范大学出版社，2017，第576 – 577 页。
⑤ 保罗·利科：《记忆，历史，遗忘》，李彦岑、陈颖译，华东师范大学出版社，2017，第576 页。

根据对伯格森的讨论，保罗·利科指出，记忆可以分为两种：习惯 - 记忆和回忆起 - 记忆，后者有一个识认的过程。[①] 就像奥古斯丁曾痛苦地喊出的："真理啊，为什么我现在才认出你！"这就是"重现的记忆"。而认出一段记忆，就是重新找到它，它包括"识认"现象等一系列生命活动。生命活动还包括行动的倾向、生命的注意等，这些均归属于主体的"意识"。

在保罗·利科的理论中，主体问题是一个重要的议题，他的主体不局限于心理主体，他恰恰是通过突破笛卡尔的"我思"、弗洛伊德的"潜意识"等主体观，将"他者"作为理解主体自我的一个重要维度。他区分出三类记忆：归因于自身、归因于亲者和归因于他者。[②] 这超越了既往将记忆归因于个体记忆和集体记忆的分类模式。其中，亲者就是临近的他者，是有优势的他人。保罗·利科对"他者"的细化，说明了"他者"在其记忆理论中占据的重要地位。对他者的重视，可以认为是保罗·利科的主体理论迈向一种社会"主体"的关键一步。

从社会学的角度来看，"他者"也是社会关系中的必要维度，在这方面，他的讨论与哈布瓦赫的集体记忆有很大的相通之处。如利科所说，

> 在回忆和识认的道路上，我们遇到他者的记忆。我从一个他者那里接受的关于过去的信息。首先遇到的是共享的记忆，共有的记忆。唯我论命题，以此种方式被丢弃了。他者通过其在一个集体中的位置得到规定。[③]

但是，哈布瓦赫的集体记忆也是他批评的对象，因为集体记忆理论仅将记忆归属于集体，显然就日常体验来说，这也是有很大问题的，就

---

① 保罗·利科：《记忆，历史，遗忘》，李彦岑、陈颖译，华东师范大学出版社，2017，第577 - 581页。

② 保罗·利科：《记忆，历史，遗忘》，李彦岑、陈颖译，华东师范大学出版社，2017，第168 - 169页。

③ 保罗·利科：《记忆，历史，遗忘》，李彦岑、陈颖译，华东师范大学出版社，2017，第153 - 154页。

如同哈布瓦赫所说，即便记忆是属于集体的，但承担集体记忆的只能是个人。哈布瓦赫的原话是，即便集体记忆是从人类整体中得到力量和延续，但仍然是个体成员在记忆，他说，每个个体记忆都是集体记忆的一个视角，这个视角根据"我"占据的位置而变化，而这个位置又根据"我"与其他社会环境保持的联系而变化。① 利科认为，哈布瓦赫的这段话，对他的集体记忆理论造成了冲击，② 即在记忆中，"个体"具有不可或缺性。在这里，利科不同于哈布瓦赫之处已显现，那就是"自身"概念的提出，这是进入个体记忆核心的一个概念，也是理解利科记忆理论的一个关键概念。同时，也是理解口述与记忆之间关系的一个关键概念。可以说，"自身"的参与，是口述史的一个特征。

以自我为核心的社会关系编织行为，也成为我们自身理解世界的一个关键入口。在费孝通先生晚年的社会学反思中，反复提及"我"在社会学中的重要作用。

这个"我"在口述记忆中，意味着生命的主体，如保罗·利科所说，口述见证者所说的，"我当时就在那儿！相信我。如果你不相信我，那就去问问其他人！"见证把陈述的记忆具有的活力传递给历史。③ 而当这些见证被书写下来，就成为档案中的一个新的范式，那就是"征象"范式，④ 也就是痕迹。

---

① 参见莫里斯·哈布瓦赫《论集体记忆》，毕然、郭金华译，上海人民出版社，2002。

② 保罗·利科：《记忆，历史，遗忘》，李彦岑、陈颖译，华东师范大学出版社，2017，第157页。

③ 保罗·利科：《记忆，历史，遗忘》，李彦岑、陈颖译，华东师范大学出版社，2017，第666页。

④ 金兹堡提出"征象范式"（paradigms indiciaire），他大胆反对伽利略的科学范式。就像艺术爱好者莫雷利（Morelli）通过表面上被人忽视的细节（耳垂的形状）的考察来甄别画作的真伪。弗洛伊德在这里看到精神分析的源头之一，能够从被低估或被人忽视的特征和一般人不屑的细节中猜出某些秘密和被隐藏的东西。征象的范畴背景是猎人从无声的痕迹中辨认出猎物的知识。金兹堡认为，文字也像占卜，通过一个事物来指示另一个事物。整个符号学都具有征象的特征。保罗·利科指出，征象范式开辟出的领域十分广大：如果实在是隐晦不明的，那么还存在一些重要区域——痕迹、征象，可以让我们认清实在。它深刻塑造了人文科学。参见保罗·利科《记忆，历史，遗忘》，李彦岑、陈颖译，华东师范大学出版社，2017，第228－229页。

同时，口述记忆在保罗·利科看来也是档案的前身。他指出，口述见证一旦被记录下来，就成了文献，由此逐渐远离了见证在日常对话中的作用。[①]

而在书写和具有生命意味的口述之间，永远存在不会被完全填补的鸿沟，这是断裂的结果，也可以说是认识论的断裂。[②]

至此，就传统史对口述史的质疑与回应问题，可以告一段落。这里并不是说要舍弃传统史的求真假设，就历史与口述史之间的关系，可以引用利科的一段话作为这个问题的答案。

> 历史能够放大、补全、纠正甚至驳斥记忆对过去的见证，但不能废止后者。记忆仍然是构成过去之过去性的终极辩证法，也就是"已经存在"和"不再存在"之间的关系的守护者。对于已经说出来的 20 世纪的滔天罪行，那是在身心上留下创伤印记的事件的典型，它们申明它们存在过，并以此为名义，它们要求被诉说，被讲述，被理解。历史能够对它有异议，但不能拒绝它。[③]

我们还需要注意到历史书写和历史要完成的求真使命之间一直存在着无法跨越的鸿沟。如利科所说：

> 触摸到在死亡面具背后，那些以前生活过、行动过，并且遭受过，履行过，尚未完成的约定的人的面庞，不是每个历史学家的志向吗？但是它属于那些创造历史的人，而不是那些书写历史的人。[④]

---

① 保罗·利科：《记忆，历史，遗忘》，李彦岑、陈颖译，华东师范大学出版社，2017，第234 – 235 页。
② 保罗·利科：《记忆，历史，遗忘》，李彦岑、陈颖译，华东师范大学出版社，2017，第666 页。
③ 保罗·利科：《记忆，历史，遗忘》，李彦岑、陈颖译，华东师范大学出版社，2017，第667 页。
④ 保罗·利科：《记忆，历史，遗忘》，李彦岑、陈颖译，华东师范大学出版社，2017，第668 页。

利科指出，历史学对过往的死者负有责任，我们是他们的子嗣。但可能因为历史的范式而推迟了这种完成，即触摸过去的生命体，或者口述史是一个途径，因为它内涵了生命体。利科说，历史的意义不再依赖历史学家的书写，而是依赖对过去的事件做出回应的公民。① 尽管这一问题的背后依然是记忆的忠实性和历史学家追求真理之间的永无休止的竞争。

（二）对极端事件讲述的困境

在创造历史的活生生的经历中，有一类事件触及了人类团结的最深层结构，它就是极端历史事件，例如奥斯维辛事件。② 这类活的历史的极端性，具有不可理解性、不可言说、不可表现性，甚至无法交流的特点。

对极端事件的诉说，还存在不忍目睹层面上给听众带来的不适。当然，更重要的是对幸存者、施害者、旁观者之间证词关系的处理。

对于幸存者的证词一直存有争议。正是在这里，奥斯维辛集中营幸存者面对的质疑是，"一个人的见证，就是没有见证"，③ 这里面透露出一种绝望的语气。但保罗·利科指出，历史学家在这里的职责不仅包括通常意义的追踪和揭露虚假的东西，还包括对各种证词的甄别：哪些是幸存者的证词，哪些是施暴者的证词，哪些是以不同名义和不同程度被卷入各种大众暴行的旁观者的证词。④

不可交流层面的亲历者证词的危机表现为三个方面的难题。⑤

① 保罗·利科：《记忆，历史，遗忘》，李彦岑、陈颖译，华东师范大学出版社，2017，第669页。
② 保罗·利科：《记忆，历史，遗忘》，李彦岑、陈颖译，华东师范大学出版社，2017，第352页。
③ 保罗·利科：《记忆，历史，遗忘》，李彦岑、陈颖译，华东师范大学出版社，2017，第348页。
④ 保罗·利科：《记忆，历史，遗忘》，李彦岑、陈颖译，华东师范大学出版社，2017，第349页。
⑤ 保罗·利科：《记忆，历史，遗忘》，李彦岑、陈颖译，华东师范大学出版社，2017，第231－232页。

首先，在莱维写作的《遇难者与幸存者》中，见证涉及的是极端经验，也就是日常生活中无法被体验的，这就出现了见证的危机。一个见证要能被接受，它必须是适宜的，必须尽可能剔除那些会产生恐惧感的极端怪异之处，幸存者的见证难以满足这一苛刻的条件。

其次，见证者本身和事件之间没有距离，都是事件的参与者，没有旁观者，出现了见证的困难，就如同莱维所问："如何讲述他们自己的死亡呢？"

最后，羞耻感是阻碍交流的另一个障碍。被期待的理解本身就是一次审判，一种即刻的和无仲裁的谴责。

而对于可不交流的记忆和无法被证实的记忆，曾提及过"炽热岩浆一样的记忆"的历史学家科泽勒克肯定了它的无比真实性。[1] 他说：

> 有这样一些经历，它们像炽热的岩浆一样灌进你的身体并在里面凝结。自此，它们一动不动地待在里面，随时而且毫无改变地听候你的调遣。在这些经历中，有许多都不能转换成真实可信的回忆；可是一旦转换了，那它们就是基于自己的感性存在的。气味、味道、声响、感觉和周围可见的环境，总之，不管是快乐还是痛苦，所有的感官都重新醒来了，它们不需要你做任何记忆工作就是真实的，而且永远都是真实的。

科泽勒克对于那些用言语表达出的记忆的真实反而有一些犹疑："还有无数这样的回忆，我经常叙述和重复它们，但它们的感性的真实存在却早已消逝了。即便对我自己而言，它们也只是文学故事而已……只能相信它们，但无法再担保它们具有感性的确切性了。"[2]

---

[1] 阿莱达·阿斯曼：《回忆有多真实？》，载哈拉尔德·韦尔策主编《社会记忆：历史、回忆、传承》，季斌、王立君、白锡堃译，北京大学出版社，2007，第 59 页。

[2] 阿莱达·阿斯曼：《回忆有多真实？》，载哈拉尔德·韦尔策主编《社会记忆：历史、回忆、传承》，季斌、王立君、白锡堃译，北京大学出版社，2007，第 60 页。

经历了奥斯维辛岁月的鲁特·克吕格尔在自己的人生记录中一再对创伤性的经验能否翻译成语言的问题进行了探讨，① 她否认了创伤能够转换为语言的看法。鲁特·克吕格尔的堂兄汉斯曾被纳粹施以酷刑，她让汉斯详细描述了所有经过，并展示了他的伤疤，但是她认为，"他讲述的细节使这一苦难变得平常，只有从他的语气中可以听出来那些异样的、陌生的、恶意的东西"。语言不能把创伤接收进来，因为语言属于所有的人，而那些无与伦比的、特殊的、绝无仅有的东西无法进入其中，更不用说一种绝无仅有的恐怖经历了。创伤的不可用言语表达性，复杂化了创伤，甚至也暴露了口述历史的内在问题，即口述者使用语言的界限问题。事实上，在口述史的记录中，有时也会包括口述者的神色、姿势，甚至沉默都被认为是意义符号。

而上述对极端事件的不可交流性及其情感复杂性的讨论，意图是说明，仅以法官的形象进入极端事件显然是不够的。即便存在证词的危机，也不能否认证词存在的意义，因为这里充满了亲历者的感情创伤，或用精神分析的话说，还充满了有待解放和治疗的受压抑的记忆。因此，这里还充满了道德层面的难题，和解与宽恕便是其中的主题。保罗·利科认为，对极具创伤性事件的各种历史处理的可接受的标准，与其说是认识论的，不如说是治疗性的。而且，标准的达成是困难的，因为历史学家通过接触证词而与创伤有了一种间接的"移情"关系。②

这也就意味着面对极端事件，学者们所面对的，不可能仅仅是探寻真相以及客观真理的问题，毋宁说，它更是一个伦理问题。也因此，保罗·利科在记忆、历史与遗忘的关系中，尤其提出"正义"问题以及"愉快的记忆"等难题。③ 或许，在这一意义上，他才会提出由口述到书

---

① 阿莱达·阿斯曼：《回忆空间：文化记忆的形式和变迁》，潘璐译，北京大学出版社，2016，第 295 页。
② 保罗·利科：《记忆，历史，遗忘》，李彦岑、陈颖译，华东师范大学出版社，2017，第351 页。
③ 保罗·利科：《记忆，历史，遗忘》，李彦岑、陈颖译，华东师范大学出版社，2017，第186 页。

写历史的转变，究竟是毒药还是良药的问题。

在当代，对极端历史事件讨论较多的，事实上并不是口述者的证词的真实与否，而是与口述历史相关的忏悔与宽恕的伦理主题。例如被讨论很多，而且怎么讨论都不为过的纳粹屠犹事件。甚至可以说，对于这个事件的诉说，在一定程度上意味着西方学术话语的某种转向。对这类极端事件的讲述，直接触及深层的忏悔主题。例如，西蒙·维纳森在《太阳花》中记述了他作为犹太俘虏的一段经历。西蒙被带到一名弥留之际的党卫军士兵前，后者想对一个犹太人忏悔，他曾在俄国第涅伯佩特罗斯克（Dnepropetrovsk）的村庄参与屠犹。他对犹太俘虏西蒙·维纳森讲述了这段经历，并说："折磨我的不仅仅是我的肉体上的痛苦，更是脑中不断想起的那间燃烧着大火的房子"，[①] 士兵请求这名犹太人宽恕，"我知道，我向你奢求过多。但若得不到你的回答，我无法瞑目安息"。倾听者西蒙做了自己能做的一切，那就是以沉默回应。[②] 对此忏悔与宽恕事件，在西方国家是存在争议的。作为基督徒的德国女作家路易斯·林泽尔向西蒙提出了一个问题："也许，你所做的违背了死难者的意愿。"她指责西蒙就这样任凭一位心怀忏悔的年轻人死去，而一言不发。但作为犹太教徒的集中营难友乔赛克对西蒙说，如果愿意的话，你可以原谅或遗忘纳粹对你个人犯下的罪恶；但未经当事人的同意，你无权代替他人的痛苦，如果你做了，那就是大罪。[③] 单士宏指出，宽恕永远发生在两人之间，一方缺席，都会使宽恕无法进行。而替代默默不语的幽灵们的救赎只会导致没有缘由的甚至荒唐的宽恕，乃至遗忘。[④] 忏悔和宽恕无疑在具体文化中有着不同的表达，例如上述基督教和犹太教

---

① 单士宏：《列维纳斯：与神圣性的对话》，姜丹丹、赵鸣、张引弘译，华东师范大学出版社，2018，第 183 页。

② 单士宏：《列维纳斯：与神圣性的对话》，姜丹丹、赵鸣、张引弘译，华东师范大学出版社，2018，第 185 页。

③ 单士宏：《列维纳斯：与神圣性的对话》，姜丹丹、赵鸣、张引弘译，华东师范大学出版社，2018，第 188 – 189 页。

④ 单士宏：《列维纳斯：与神圣性的对话》，姜丹丹、赵鸣、张引弘译，华东师范大学出版社，2018，第 192 页。

就有着不同的观点。而其他文化中的表达，尤其是中国社会中的表达，还是一个有待探究的主题。

极端事件的另一特征是它具有明显的界限性，如日常和反常，可说与不可说，等等。可以断定，极端事件并不是人类仅此一次的事件，甚至可以说，人类每时每刻都在面对近似极端事件的情境，这就是死亡，可称之为极端日常事件。保罗·利科说，我们永远无法理解死亡，只有通过逝者的亲属去理解死亡。

在谈及记忆的三大归属（自身、亲者、他者）时，保罗·利科提及了生死界限的问题。他指出：[①]

> 关系到两个划定人生界限的事件：出生和死亡。有些人会为我的死亡感到悲痛，在此之前，有些人为我的出生欢呼雀跃，并赐予我名字；在岁月长河中，我的亲者是那些在尊重的相互性和平等性中既支持我存在、我也支持他们存在的人。这种情感类似于："兄弟之灵魂，如果支持我，则我为欣喜；如果不支持我，则为我忧伤。无论为喜为忧，他都爱着我，我要向他们袒露心扉。"（奥古斯丁：《忏悔录》）

我们很难去面对和思考自己死亡的时刻，迄今为止，我们面对的都是他人的死亡，包括我们最宝贵的亲人的死。这些对我们而言都是外在的。可能恰因如此，保罗·利科才说，重要的不如说是：去探测失去爱人的经验所隐藏的真实性资源，这些资源被放回到把关于死的知识占为己有的艰难工作展望中。而在这条经过他人之死的迂回道路上，我们相继学会两件事：失去和哀伤。[②]而生死相隔造成交流的中断，造成自身的一种真正截肢，在某种程度上，失去他人，就是失去自己。

---

① 保罗·利科：《记忆，历史，遗忘》，李彦岑、陈颖译，华东师范大学出版社，2017，第168页。
② 保罗·利科：《记忆，历史，遗忘》，李彦岑、陈颖译，华东师范大学出版社，2017，第488页。

失去所爱之人后，在保罗·利科看来会产生一个内在化运动，当这个运动结束后，与失去的和解才能出现。而在我们对亲人之死的哀伤情境内，我们还能预见自己之死给亲人带来的哀伤，这份工作或许可以让我们提前与这种失去和解。

当我们自己离世时，我们的亲人为此感到哀伤，在这条重复的内在化道路上，对此的预见能够帮助我们把我们将来的死作为一种失去接受下来，我们努力地让我们提前与这种失去和解。①

在此，保罗·利科再次提到自身、亲人和他人的三个维度。② 也就是说在面对死这种极端经验时，也存在自己与自己的关系、与亲人的关系，以及与他人的关系。而我们（自身）与"死"的和解往往是通过亲人的死完成的。保罗·利科说，我们最喜欢思考的"死"是亲人的死，这其实是"轻柔的"死，依照生者的隐藏的愿望，逝者安详地得到解脱，在他的面容上就能看到。这种"死"也就驯服了"自身"。有关祖辈的死的朴素叙事，让我们相信这样的训示："与父辈躺在一起"，"归到父辈那里去了"。③

在生死之间，在自身与亲者之间，在将亲者的死内在化过程中，有很多问题需要处理，譬如，对于这种不可言说的经验，以及极端的不可交流性，涉及生者和死者的记忆关系问题，这是尚待阐明的。因为在死这种极端经验中，也存在着如奥斯维辛经历中的讲述、"良知"、"债责"等伦理问题。

首先，死者会留下有形的或无形的遗产，而就遗产概念来说，它意

---

① 保罗·利科：《记忆，历史，遗忘》，李彦岑、陈颖译，华东师范大学出版社，2017，第489页。
② 保罗·利科：《记忆，历史，遗忘》，李彦岑、陈颖译，华东师范大学出版社，2017，第489页。
③ 保罗·利科：《记忆，历史，遗忘》，李彦岑、陈颖译，华东师范大学出版社，2017，第491页。

味着我们对过去的依赖。[①] 因此，生者和死者之间构成一种债务关系，但偿还涉及的仅是良心，因为逝者已去。这里面会出现一个"有补偿的死"和"无补偿的死"[②]的概念。

其次，对于自身而言，面对亲人的死，还是一种阿斯曼夫妇所谓的亲历者的记忆（交流记忆），即对亲人的追忆是一种活的记忆，它是有生命的。这意味着，通过"自身"口述的亲人之死的记忆带着逝者的活力，它不同于档案中的历史。

在保罗·利科看来，无论是在西方还是在世界上的其他地方，都存在一门关于死的历史学，尤其是在心态史和表象史领域，它是最有吸引力和最值得关注的问题之一。过去作为死者的天国，它的表象迫使历史学提供一个满是亡灵的剧场，而尚处在死的缓期执行阶段的未亡人把它们唤醒。对待死的另一个（思想）出路是：把历史编撰活动（书写）视为下葬、埋葬等社会仪式。[③] 而这一旅程就是哀伤的旅程，把失去的对象在形体上的不在场转变为内在的在场。[④] 因此，这样的"死"就不是真的死亡，真的死亡是"让痕迹归于沉默"。

即便"死"可以"不死"，但"死"的复活远不是这么简单的问题。因为存在着为了活人而创造死人的问题，虽然表面上生者为死者建立了陵墓。这种以生者为核心的话语完全可以再次驱除死者，而且这种诡计经常被当作政治手段来运用。

即便我们与死的和解是有望达成的，不过直观地看，人依然无法逃避死的暴力性，即和所有人一样，无论是我之前还是我之后的，我必然死。如列维纳斯所说："在死中，我暴露给绝对的暴力，暴露给黑夜中

---

① 保罗·利科：《记忆，历史，遗忘》，李彦岑、陈颖译，华东师范大学出版社，2017，第493页。

② 保罗·利科：《记忆，历史，遗忘》，李彦岑、陈颖译，华东师范大学出版社，2017，第500页。

③ 保罗·利科：《记忆，历史，遗忘》，李彦岑、陈颖译，华东师范大学出版社，2017，第496页。

④ 保罗·利科：《记忆，历史，遗忘》，李彦岑、陈颖译，华东师范大学出版社，2017，第497页。

的谋杀。"① 死就是虚无的标志。但列维纳斯，包括保罗·利科等对待死的方式不像海德格尔那样，不是向死而生，而是强调死中的生。譬如保罗·利科强调的公正问题，就是与他人一起的生。② 这是一种超越生死的、具有超越性的认识论。这一点，列维纳斯的观点与之类似，他说："死亡不等于虚无。人之为人的状态使人们不成为属于死亡的存在。"③《人的状况》的作者马尔罗也说："人只有在极为多变的，特别是有宗教性质的超越性相连时才能成为真正的人；历史上的伟人均与超越性有关联。"④ 马尔罗提到过人性的神显概念，即"重生"，它就是一种"超越性"，伴随的是一种伦理价值，后者要求人们对他人负有责任感，同时思考不平等问题。列维纳斯指出："一种与神性的联系，便是与社会性的联系。此时，神性变为了他者，向我们索求，召唤着我们。他者与我们的接近，同胞与我们的接近，在人心中不可避免地成为启示的时刻，成为绝对存在⑤为自己表达的时刻。"这种神性至少经历了由宗教神性到社会神性的转变，但列维纳斯提到的"神性成为他者"，也恰是涂尔干在《宗教生活的基本形式》中表达的主题。涂尔干提到的"社会自成一类"概念，就是将社会神性推到了极致。事实上，在涂尔干这里，它的本质还需要借助宗教神性来理解，但后来被学者简化为"社会决定论"，显然，演化而来的"社会决定论"去除了社会神性及其超越性带给人们的精神层面的启示和辅助，甚至安慰。"社会神性"即便不同于宗教神性，但它发挥的功能是类似的，它是引导人们走向超越生死的一种机制或途径。列维纳斯和保罗·利科的思想中都包含这样的因素，不过，他

---

① 保罗·利科：《记忆，历史，遗忘》，李彦岑、陈颖译，华东师范大学出版社，2017，第490－491页。
② 保罗·利科：《法国哲学家保罗·利科答中国学者问》，《哲学动态》1999年第11期。
③ 单士宏：《列维纳斯：与神圣性的对话》，姜丹丹、赵鸣、张引弘译，华东师范大学出版社，2018，第93页。
④ 马尔罗：《主体之外》，载单士宏《列维纳斯：与神圣性的对话》，姜丹丹、赵鸣、张引弘译，华东师范大学出版社，2018，第101页。
⑤ 这种存在却又摆脱了一切关系束缚（列维纳斯语）。参见单士宏《列维纳斯：与神圣性的对话》，姜丹丹、赵鸣、张引弘译，华东师范大学出版社，2018，第104－105页。

们将"社会神性"降低到与他者的关系层面。

从超越性角度来说，如果认为宗教的上帝是一种超越性，但是对于人而言，他不可超越；列维纳斯等将这种超越性转移到与他人的关系的伦理层面，则是通过人的内在去超越，这种超越性来自人内在的一种超越。列维纳斯说，如果超越性有一个意义的话，那就是，过渡到存在的他者的事实、存在的他者的话语，具体来说就是彼岸的不同、超越性的不同。① 按照保罗·利科的理解思路，就是自身通过他者而完成的自我超越。

单士宏总结道，对马尔罗来说，与死亡同样强烈的友爱构成了对绝对的一种追求，展现了一种英雄主义的壮阔，这种英雄主义一直通往神圣性，通往"为他人而死"的牺牲，列维纳斯称这种牺牲为"上帝出现在观念中"的时刻。②

死、爱与恶是保罗·利科所说的人类三大主题。③ 就死的问题而言，多数人不能免除面对死的焦虑，还需要更具确切意义的细致说明或者对超越性进行解释。超越性事实上无处不在，但不能经常作为确定性被固定下来，它的形态成为一种流动性的存在，例如我们在普鲁斯特进入一种非自主回忆的冥想状态时，他在一些时候有了超越性的感觉（超越一切尘俗的单纯的快乐），但这个转瞬即逝。或者是阿莱达·阿斯曼所说

---

① 单士宏：《列维纳斯：与神圣性的对话》，姜丹丹、赵鸣、张引弘译，华东师范大学出版社，2018，第106页。

② 单士宏：《列维纳斯：与神圣性的对话》，姜丹丹、赵鸣、张引弘译，华东师范大学出版社，2018，第110－111页。

③ 这三者之间是有关联的。就爱与死的关系而言，保罗·利科说，列维纳斯的哲学是一种过度的夸张的哲学。列维纳斯称这种过度为"爱"，称这种夸张为"神圣性"。他认为，"为他人而死"的爱可以让他人摆脱死亡。他说，爱应该比死更有力。上帝不在天上，而在为了他人的牺牲和对他人的责任之中，"唯一绝对的价值就是赋予他者优先于自我的可能"（可以称作列维纳斯的"神圣性"）。这也是"人始终为人"的能力。对他人的爱，是上帝存在的新的证据。单士宏认为，他怀着证实人的生命的问题，超越了存在与虚无、时间与死亡的概念，甚至超越了超越性和玄学的概念。这是一种非宗教的超越性，这种超越性不再由上帝来定义，而是由仁慈心、责任感以及个人传递给他人的仁爱来定义。存在的彼在是一种升华了的自我主义。存在的彼在的别名就是仁慈、无限性或者善。"为他人而死"是最高形式的牺牲，很少有人达到这种超越性。这种超越性事实上也是一种拯救主题。参见单士宏《列维纳斯：与神圣性的对话》，姜丹丹、赵鸣、张引弘译，华东师范大学出版社，2018，第55页。

的冥忆状态，也是无法进入一个常态的状态。超越性就是去除对死的忧虑的消极性，经过努力这是可以达成的，这需要生者的努力，以抵抗死对人的威胁，去除死带来的焦虑。而超越只能在精神上完成，后代或个人的功成名就无法完全给予，因为这些还都是物质性的（不过，亲人可以给予我们安慰，但在一定意义上，亲人也是负担，因此安慰也是奢求，通过努力才会有安慰），最高的超越性不仅只能在精神上完成，而且只能靠自身去完成，无论是死还是任何其他痛苦，都无人能够为你分担。一直以来，超越性由宗教来承担，彼岸的意义带给人们无尽的安慰。但超越性不仅存在于宗教中，我们所在的社会，即我们与亲人、他者的关系中，也有某种程度的超越性存在，在面对死的问题时，这些关系（超越自我的关系）可以给我们带来安慰，但只有这些，还无法达到一个高层次的超越。社会的超越性，或社会性在于它有抚慰人心的作用，社会神性的东西，决定了社会在面对人之死这个问题的超越性特征。涂尔干在《宗教生活的基本形式》中提到的是社会对个人的限制和提升的作用，这两点其实都不是社会的高层超越性的含义所在。而我们提到的抚慰人心的作用也不需要特别高的层次的超越，而是有一定程度的超越。

回到记忆的本质问题，它就是处理"已经失去"（过去的本意）和"失而复得"（重现）之间的关系。或可将对死的问题归为记忆的主题，也就是说，死亡本身意味着过去的生者，但过去的生者（即死者）并未完全消散，尤其是在其亲者的精神层面。不仅如此，对死去亲人的追忆和讲述，还是一段鲜活的记忆，它与档案的无生命的记忆构成对张关系。就如同口述史和传统史之间的对张。

本章的基本结论是：首先，传统档案观和历史学家的求真假说尚值得商榷；其次，口述史资料的价值不能仅以科学层面的求真来评判，更重要的是其中的情感真实性没有得到足够的重视。口述历史以及基于口述的记忆所独有的生命特征是档案资料所缺乏的。这一生命特征在本章主要体现在口述的主体性和对极端事件讲述的困境。这两点说明口述史的优势不在于"求真"，而在于体现人类生存处境的深层特点。

可以说，从传统史的求真假设出发，仅将口述史作为资料来使用，忽视了口述史中口述者的生命体征。而从底层进入的中国社会学的口述实践表现的恰是这样的主体，例如，方慧容、郭于华在土改时期农村女性的口述史中看到了"失语"的女性（无事件境），以及偏离主流话语的另一套叙事（育儿叙事、挨饿叙事以及病痛叙事），而这恰是她们的真实的生命体验。这些生命体验除生存层面外的，还包括精神层面的，如郭于华的讨论涉及了女性们走出家门参加公共生活（主要是田间集体劳动）的愉悦。

不过，口述主体带给我们的生命体验不仅如此，在"极端事件"的阐述中，涉及一些具有深层结构特征的生命事件。例如对极端历史事件的口述，出现了难以被纳入主流叙事的情感结构，如那个报告大烟囱爆炸个数的奥斯维辛亲历者犹太女士和莱辛所言的无法交流的事件。我们在这里面临着可说的和不可说的界限。这类极端事件还包括充满争议却又不得不面对的忏悔和死亡主题。在极端日常事件中，我们遭遇了既陌生又熟悉的"死亡"事件，它与极端历史事件的主要差异在于它发生的频繁性，但它产生的伦理议题则与极端历史事件是类似的，例如不可言说、无法交流，甚至也涉及忏悔和宽恕的难题。在口述历史中会涉及这类深层的生命体验，当然，仅靠口述历史是无法完成这种深层探索的。不过，在口述历史那里，我们往往会得到线索，从而得以追溯那道光。

这里所谓的生命的深层结构，在很大程度上是指一种情感特征，而且往往是一种面临阻碍的情感，例如极端经历的不可言说性、不可交流性，如科泽勒克的如岩浆一样的记忆，或在现有主流叙事中被剔除而无法找到自己位置的部分，例如方慧容的"无事件境"。对此进行深入探索，或许需要借助类似于精神分析那样的方法，但显然，这种生命的深层结构并不意味着人仅仅是心理主体。对这一深层生命结构特征的理解，如保罗·利科所说，尚需加入"他者"的维度。笔者认为，它也是一个社会主题，而且归根结底，还是一个社会伦理问题。

社会变迁中的人：知青的记忆

| 第八章 |

"青春无悔"：知青一代的心态史

史无前例的上山下乡运动触动了数以万计个年轻生命，该运动中最为醒目和被述说最多的是"老三届"。"老三届"特指"文革"开始时在校的中学生，又称 1966～1968 届中学生。他们出生于新中国成立前后，成长于比较特殊的年代。"文革"前的"理想主义"是他们接受的启蒙教育。"文革"期间他们的教育生涯被打断，每个人都不同程度地受到了"革命"的洗礼，接着而来的上山下乡运动使他们中的绝大多数人经历了一次剧烈的生命转折。从此，他们的生命轨迹发生了改变，激情主义、浪漫主义和英雄主义遭遇了农村生活的艰辛、平淡和琐碎，被日复一日地消磨，原有的生命意义似乎片刻间化为青烟。如今，上山下乡运动已经过去 50 余年，处于这一大潮中的主人翁们也大都返回了城市，但是这一段生活却印刻在他们的心灵深处，成为永久的记忆，而且被不断地诉说着。

那么，上山下乡究竟给他们留下了什么？他们是怎样记忆这一段历史的？他们不断诉说的主题是什么？带着这些疑问，我们开始在知青本人的讲述里，在"知青文学"里，在历史和现实的文字里捕捉答案。随着倾听更多的讲述，阅读更多的文献，慢慢地，我们发现，艰难生活——借用知青使用最多一个的字词——"苦"，是他们述说的主旋律。知青细致地讲述了下乡后他们吃得如何苦、住得如何苦、返城的过程如何苦、返城后重新奋斗又是如何苦，生动感人，使我们这些力争"客观中立"

的"研究者"往往也"闻之"动容。但是，不管这种诉苦行为将"苦"诉到何种程度，也不管这苦"挨"到头是怎样地徒然，这些知青一直把讲述的逻辑终点纳入"无悔"的情结之中（即归入一个意义结构中）。换言之，"我们受苦，但我们不悔"。更有从事文学和学术工作的知青将这种无悔概括为一种记忆模式——"青春无悔"，即"对于那段过去的岁月——青春，我们今天回忆起来，我们重新审视的结果是无悔"。

于是，矛盾出现了。在历史层面，当整个上山下乡运动已经被否定，上山下乡已经成为群体苦难史，可是知青对处在这一历史中的"青春岁月"却无悔，按理说，一个被否定的历史所"蹉跎"、浸淫出的青春也该是被否定的，可为什么知青会说"青春无悔"？

那么，"青春无悔"记忆的内涵究竟是什么？这一记忆模式的内在逻辑是什么？它是如何被建构出来的？知青的个体记忆与集体记忆有怎样的关系？更进一步，重大历史事件与社会记忆逻辑之间有着怎样的关系？通过对知青本人的讲述、知青文学文本和公开出版的知青回忆录、通信、日记的解读，本章尝试对上述问题做一些回答。

一 有关"青春无悔"的争论

国内关于知青的话题比较多，但是一般都停留在"故事"叙述的层面，比如知青小说和一些知青回忆录。这些"故事"由不同人讲述，一个内容情节大致相同、格式细节却千变万化而且可以引出种种不同诠释的"故事"。[①] 而且它们的执笔人往往是知青本人，这样就不可避免地带有强烈的情感倾向。像梁晓声、张承志、史铁生这样的作家，他们对那一段知青生活中的豪情壮志难以忘怀、矢志不悔。这些人憎恨的只是"文革及上山下乡"本身，对于他们当年献身边区的真挚热烈的情感和行动则不感到后悔。他们注重和怀恋的是"过程"，是那些岁月中的无私与崇高，

---

① 许子东：《为了忘却的集体记忆——解读 50 篇文革小说》，生活·读书·新知三联书店，2000。

而不是"结果"。因而他们的作品中充溢着向往、眷恋和对英雄主义的赞颂。[①] 其中的反思性文献也不少，但它们一般都从道德、道义角度来思考问题，尤其是从红卫兵、知青角度出发看问题的。

而在现有的知青叙事里，"青春无悔"是个不断被表白的基调。正如一些学者的质疑："他们在那么长的时间里，没有大学，没有教育，没有文化的创造，没有人格的尊严，面对如此的历史事实，焉能不悔？"[②] 这里面的知青命运弥漫着深深的悲哀。也就是说，知青原有的意义系统——上山下乡：大有作为、改造农村，发生了偏移甚至说消失掉了，日常生活呈现另外一种意想不到的姿态。当年的理想、激情经过历练变成无奈。我认为这种质疑基本上还是站在群体角度上的，它更接近一种宏大叙事，或者说这种质疑是针对知青"类型"的，只具有普遍意义。而在单独面对每个知青时，问题远不会这么简单，我们会发现过去生活的意义已经远远超出了"悔"与"不悔"所能概括的内涵，过去生活的意义往往是混杂的、难于述说的，所以，知青讲述的无悔归因更具有研究的意义。

对于"知青为什么会说'青春无悔'"这个问题，存在着一些反思。李辉认为，它是一种不得已的、外在的掩饰，带有自我安慰的意味，而"支撑我们的是理想，为理想而奋斗，总是值得尊重的"是很勉强的逻辑。[③] 也就是说，无悔是无奈的，其实知青是有悔的。也有人认为，说"青春无悔"是人之常情，因为每个人都会对青春留恋，即使过的不堪，长大后回忆起来仍然会有很深的印象，以至于产生情感——它含有普遍主义的意涵。而知青说青春无悔也对，因为悔也没有用——它含有无奈的意味。而任何一种活法都是有意义的，知青说我们上山下乡是有收获的。[④] 也就是说，知青的无悔其实不具有特殊意涵。另外一种解释认为，

---

① 秦宇慧：《文革后小说创作流程》，燕山出版社，1997。

② 李辉：《残缺的窗栏板》，载李辉编著《残缺的窗栏板——历史中的红卫兵》，海天出版社，1998。

③ 李辉：《残缺的窗栏板》，载李辉编著《残缺的窗栏板——历史中的红卫兵》，海天出版社，1998。

④ 王蒙等：《精神家园何妨重建——谈话录之一》，载李辉编著《残缺的窗栏板——历史中的红卫兵》，海天出版社，1998。

"青春无悔"一说，正变异、曲折地透露出老三届是有悔的，且悔彻骨髓。[①] 还有一种观点猜测"青春无悔"的声音可能是对某种不公正的舆论的情感宣泄[②]。解释还有许多，但是他们一般都停留在人生哲学或人生感悟上，还没有做出学理上的深入分析。

如果我们从红卫兵到知青的角色转换角度来分析"青春无悔"，那么忏悔应该是其主题，而从表面上看来，这个主题主要是针对红卫兵的。显然，忏悔的罪责意味更重。考虑到对于知青而言，"无悔"更具有普遍的意义，所以我在文中也主要使用这个词语。

在"青春无悔"含义的考证中，我发现知青表现出极强的自我定义和自我变迁的个人能力，在这点上，他们具有相当强的自主性和选择性。梁晓声在《今夜有暴风雪》中的"无悔"青春带有一种英雄主义式的悲壮和豪迈，含有对当年风流的留恋。我们访谈资料里作为普通知青的"无悔"含义很简单，就是"不后悔"。他们往往诉说这段人生经历的苦难和因此而得到的收获。于是，"无悔"本身含有浓厚的情感因素，这不同于抽象化的政治甚至学术，具体性和感观性始终是它的特征。

本章所考察的"青春无悔"含义也就是下文我提到的一般知青所言及的"无悔归因及其意涵"。

二 记忆的重建

记忆在心理学中被讨论很多，基本上它被认为是人体的一种基本功能。显然记忆是和材料相关的，单谈记忆是没有什么意义的，记忆如何呈现材料，是一些研究者所关注的。但是社会学和心理学所关注的记忆视角相当不同。心理学强调个人的记忆，社会学注重记忆的社会性。哈

---

① 胡平：《并非一次壮旅》，载李辉编著《残缺的窗栏板——历史中的红卫兵》，海天出版社，1998。

② 丁东：《与李辉书——对红卫兵、老三届的一些反思》，载李辉编著《残缺的窗栏板——历史中的红卫兵》，海天出版社，1998。

布瓦赫提出集体记忆的概念，他所谓的记忆的社会性实际上是指人类记忆受制于家庭、社团、亲属网络、政治组织、社会分层和国家制度影响的因果关系。在心理学记忆理论中，哈布瓦赫唯一赞同的是有关"重建记忆"问题。而历史学者和社会科学家有关"重建记忆"的研究偏重于记忆的社会、经济、政治、文化等多重因素。这一研究取向下的社会记忆理论被景军分为四大类别。[①]

其一，集体记忆研究。集体记忆是一个特定社会群体成员共享往事的过程和结果。在这里，集体忘却也得到重视。

其二，公共记忆研究。即公共渠道（包括大众媒体、宗教仪式、教育系统、主流艺术及官方修史机构）对人的记忆的影响。这些传播各种知识和信息的公共性渠道对人的记忆对象和记忆清晰度有巨大影响。

其三，民众记忆研究。该取向往往强调社会冲突，尤其是某一社会中的部分群体对公共渠道的解说的质疑态度，甚至带有反叛性的活动和言论。

其四，想象记忆研究。这一脉理论观点认为人类记忆包含大量的想象因素。而这一特质往往出于现实的需要。

这些类别划分的本身提出了社会记忆研究的范畴和一种研究方向上的可能性。关于记忆的建构性，保罗·康纳顿指出，我们对于现在的体验在很大程度上取决于我们有关过去的知识。我们在一个与过去的事件和事物有因果关系的脉络中体验现在的世界。不仅现在的因素可能会影响——有人会说是歪曲——我们对过去的回忆，而且过去的因素可能会影响或者歪曲我们对现在的体验[②]。哈布瓦赫被认为是集体记忆理论的开创者，他认为一向被我们认为是相当"个人"的记忆，事实上是一种集体的社会行为。英国心理学家弗雷德里克·巴特莱特提出"心理构图"的概念，是指个人过去的经验与印象集结所形成的一种文化心理倾向，也就是说，当我们在回忆或重述一个故事时，事实上，我们是在自

---

① 景军：《社会记忆理论与中国问题研究》，《中国社会科学季刊》1995 年秋季卷总第 12 期。

② 保罗·康纳顿：《社会如何记忆》，纳日碧力戈译，上海人民出版社，2000。

身文化的"心理构图"上重新建构这个故事的。而"过去的事实"是一些被选择、组织甚至被改变与虚构的"过去"，是各种主观情感、"偏见"，以及社会权力关系下的社会记忆的产物。由此记忆观点，一个人对于"过去"的记忆反映了他所处的社会认同关系及相关的权力关系，社会告诉他哪些是重要的真实的"过去"。通过记忆，我们可以获知有关人群的认同体系和权力关系①。王明珂认为，存在一种所谓"历史心性"的东西，它是人们从社会中得到的一种有关历史与时间的文化概念，在此文化概念下，人们循一固定模式去回忆与建构"历史"。而人们建构过去的途径是多元的，即存在着"许多的"过去。很明显，这种观点是口述史对于记忆的看法。李猛认为，同一个历史事件，往往是不同层次的历史生活的交叉点。即历史是分叉的，这些历史的地层错综复杂地纠缠在一起，但又保持着清晰的等级制。② 如此，所谓的"记忆错误"就是值得质疑的，而记忆工具（如文件、故事、照相簿，遗址和日历）对于形成一种记忆传统具有十分重要的作用。③

现有的理论研究基本上都注意到了社会记忆是与一套社会权力关系相关的，即它有建构的意涵。

建构主义（Constructivism）可以被归类为"社会学的后现代思维"，"社会学的后现代思维意味着同启蒙思维的断裂和对现代相伴随的许多特征的否定。从内部将社会学从现代主义的宏大主题推向后现代思维的是微观分析和建构主义"。④ 建构主义去探察那些被称为事实的、真实的并具有权威性的意义是如何构成的，认为事实并非给定的而是建构的，非统一意味着异质。而平滑安静的表面则覆盖着一个内在的结构，建构更多的不是与虚假、真实相关联，而是与"形构"联系在一起。塞提纳认为，

---

① 王明珂：《历史事实、历史记忆与历史心性》，《历史研究》2001 年第 5 期。

② 李猛：《拯救谁的历史？》，《社会理论论坛》1997 年总第 3 期。

③ 李放春、李猛：《集体记忆与社会认同——口述史和传记在社会与历史研究中的作用》，《社会理论论坛》1997 年总第 1 期。

④ K. Knort-Cetina：《原始分类与后现代性：走向社会学的虚构概念》，《社会理论论坛》1997 年总第 1 期。

今天的社会学中有三种建构主义。第一种是社会建构主义。它倾向于记录看似"客观"的社会事件与结构的社会起源，强调展开这些事件的参与者们的互动，以及散布于结果和情境中的意义与定义。第二种是经验性的以知识为中心的建构主义。它把科学现实主义从事实证明逻辑的哲学性分析拉回到对事实产生的经验性分析。第三种是源自认知生物学的认知建构主义，强调系统和组织。建构主义强调了偶然性、协商、社会事件的断裂与非连续性、异质性，由此似与解构主义接续，但它具有一个更广泛的包括非文本、非语言、非人类主体的实践概念，且与解构主义强调意义的含糊性不同，它着眼于异质性和偶然性背后的社会动力学和社会物理学。

社会记忆理论中的建构主义最早与心理学的"重建记忆"有关。所谓记忆的重建性，可见于威廉·詹姆斯的《心理学原理》，他将记忆分为"初级记忆"和"二次记忆"。"初级记忆"是指刚刚被感觉和领悟的刺激之存储，对这一刺激的有意提取由二次记忆完成。这一提取不是机械的，而是带有选择和加工的过程，因此二次记忆也被称为"后记忆"。[1]

当社会记忆被赋予"建构"的意涵，那么对权力做出解释是必要的。在《社会权力的来源》中，[2] 曼将权力定义为人类界定、追求和达到他们目标的能力。同时，他将权力分为两类：一类是内涵性权力，主要形成一种高度认同和紧密组织的集团的能力；另一类是外延性权力，指一种能在大范围领土内产生服从的能力。在曼看来，权力有四个来源：经济的、意识形态的、政治的和军事的。显然，曼对权力的分类和分析是在宏观层面上的。这与福柯的权力观有很大的不同。福柯眼中的权力是微观运作的，它是运作着的，具有再生产作用，既有意向性，又是非主观的。福柯注意到了作为微观的、下层的权力：哪里有权力，哪里就

---

① 景军：《社会记忆理论与中国问题研究》，《中国社会科学季刊》1995 年秋季卷总第 12 期。
② M. Mann：《社会权力的来源》第 1 卷，《社会理论论坛》1997 年总第 1 期。

有反抗。① 福柯的权力观对社会记忆的建构研究更富有启发性，但是，社会记忆建构过程中的权力关系是微妙的、实证性的。

强调社会记忆中的重构性、虚构性及真实性与想象力的混合性，并不意味着要否定历史事件本身和由此产生的历史意识对人类的影响。景军认为，人们记忆中的历史起码有三个特点值得我们注意。第一，历史知识并非属于中性记忆的对象，它往往左右人们对许多事物的道德性判断。第二，历史知识具有自身结构，而这一结构又说明了人类记忆的选择性。第三，历史知识的形成基于重复的累积以及新信息的输码，在现代社会它尤其受到课堂教育、文艺作品和影视媒体的影响。②

研究一个历史事件的社会影响，以社会记忆的方式，是一个相当不错的方法。可惜，记忆问题在中国问题域中仍是相对边缘的，因此，也是一个尚待定义的课题。③

三　个人生活史视角与知青调查资料

本章以社会记忆理论为视角，探讨事件经历者（知青）对重大历史事件（上山下乡运动）的记忆特征、内在逻辑和建构方式。换言之，我们关注的不是上山下乡这一运动本身，而是这一运动是如何被社会记忆的，以及为什么恰恰是以这样的方式而不是其他方式记忆的。这一视角的选择基于我们对历史与现实的关怀，社会记忆连接了历史与现实。现实不能脱离历史，历史对现实的影响是不言而喻的，问题是历史如何影响现在。显然，这与人们如何认识历史、如何记忆历史不无关系，其中包含着两层意思。第一层含义是历史的本质问题，"社会记忆的历史"和"真实客观"的历史哪个更接近历史的本质，这虽然不是本章讨论的重点，但"社会记忆的历史"对历史认识的重要性是不容置疑的，就行

---

① 米歇尔·福柯：《性经验史》，余碧平译，上海人民出版社，2002。
② 景军：《社会记忆理论与中国问题研究》，《中国社会科学季刊》1995 年秋季卷总第 12 期。
③ 景军：《社会记忆理论与中国问题研究》，《中国社会科学季刊》1995 年秋季卷总第 12 期。

为而言，人们是按照其记忆的历史而行动的。正像保罗·康纳顿指出的
那样，我们对于现在的体验在很大程度上取决于我们有关过去的知识，
我们在一个与过去的事件和事物有因果关系的脉络中体验现在的世界。
第二层含义是社会记忆的含义问题，社会记忆不是"自然而然"产生
的，也不是一成不变的，它被历史事件和历史变迁过程不断地形塑，即
社会记忆——关于历史的知识——是历史本身的产物，在某种意义上，
历史事件对现实的影响是通过重建人们对事件的记忆实现的，透过对社
会记忆建构过程的分析，我们可以发现历史与现实的联系。

　　如上所述，"青春无悔"作为知青的集体记忆，实际上是选择性记
忆（叙事）建构出来的，也就是说，该记忆受到社会因素的影响。由于
知青记忆是与重大历史事件——上山下乡运动联系在一起，而作为上山
下乡运动主体的"老三届"，其生命中的每一个重要阶段都与中国历史
上某个重大事件发生了关联。换言之，"老三届"这一代人的个体生命
轨迹与1949年以来中国社会的政治历史轨迹相互交织在一起。因此，在
考虑知青的"青春无悔"集体记忆时，我们特别注重分析历史情境、官
方意识形态和主流话语的转换，以及权力对该记忆建构的影响，即"青
春无悔"是属于谁的记忆？是哪些权力关系的产物？

　　本章对于知青记忆的考察是以个人生活历程，又曰"个人生活史"
为基础的，虽然这种生活史的资料是相当个人化的，但正如布迪厄所
言：① 个人性就是社会性，最具个人性的也就是最非个人性的，"异它
性"就存在于主体性的核心。自我知识并不是"对个人与众不同的深层
特性进行探索"，"我们是什么"本身体现在（我们在过去所把持的和我
们现在所占据的）社会位置的客观性和历史性中。这样一来，我们所关
注的知青个人生活史便具有了十分广泛和深远的意义。

　　由于我们所使用的个人生活史资料主要是知青本人讲述出来的往事，
因此我们可以说它是记忆，也可以说它是一种叙事技巧。目前国内关于

---

　　① 参见布迪厄、华康德《实践与反思——反思社会学导引》，李猛、李康译，中央编译出版
　　　社，1998。

记忆问题的社会学研究，比较有影响的是孙立平及其学生进行的关于土改的口述史研究，该研究中，村庄是收集资料的主要单位，方法是亲历者口述（回忆）土改过程，访谈对象有一个共同生活的社区。与上述土改的口述史（记忆）研究不同，我们的调查对象并不存在一个严格地理学意义上的共同社区，他们只有一个共同的经历，口述者主要讲述（回忆）个人经历而不是事件本身。

景军所做的是西北农村的生活记忆，包括对水库移民的苦痛记忆研究以及政治运动和农村"左"倾政策造成的苦难记忆研究，例如他通过记忆研究考察了"大跃进"对普通农民的影响。景军的苦难记忆研究对我们有很大的启发，因为知青史带有很强的苦难史的味道，而知青的"青春无悔"记忆与"苦难记忆"有内在的逻辑关系，从中我们可以发现中国"苦难记忆"的特点。在记忆研究中，"苦难记忆"占据重要的位置，"苦难记忆"模式的差异反映了不同社会、不同民族的文化心理。

知青是一个十分庞大的群体，包括"文革"前和"文革"期间所有上山下乡的城市初、高中毕业生，其中主体部分是"文革"期间的知青，本章考察的也基本上是这样一部分人，即将考察的范围限定在"老三届"——从 1966～1968 年毕业的初、高中城市毕业生。"文革"期间几乎所有的城市都开展了上山下乡运动，但其中最集中、影响最广泛和最有代表性的是那些大城市。我们以北京为代表进行重点考察，之所以选择北京，不仅仅是因为它与上海一样，是知青人数最多的城市之一，还因为它所包含的知青类型最丰富。从地点上来看，北京学生集中去的地方有黑龙江、山西、陕西、内蒙古、云南和吉林等地；从身份类型上看，既有到生产建设兵团和国营农场从业的，也有集体落户到农村生产队务农的，或零散投奔亲友的。选择北京还有一个重要原因在于北京是各个重大事件的中心。

这一研究是我的老师王汉生教授主持的"重大历史事件与知青的生命历程"课题的一部分，研究主要采用口述和深度访谈的方法收集知青生活史资料，属于回顾性研究。在访谈过程中，我们从生命历程的视角出发，把知青生活史划分为"文革"前、"文革"到下乡前、下乡和返城、返城到现在。其中，"文革"和下乡前、下乡和返城是我们关注的重点。同时我们还收集和阅读了已经公开出版的有关知青生活的小说、知青回忆录、信件以及知青研究的文章、书籍等。

实地调查从 2001 年 5 月正式开始，至 2002 年共做了 24 个个案访谈，其中男性有 9 位，女性有 15 位。意识到访谈中的男女比例问题，在写论文和查阅文献时，我试图弥补这个不足，即在分析和引用材料时，注意男性的看法。每个个案我们都采取录音和笔录两种形式同时进行，每次至少去两个访谈员，每个个案我们都尽量做到全面、深入、细致。最长的一次录音有 450 分钟，我们对他进行了一个下午和一个晚上的访谈；另加上第二次的回访（180 分钟）。

这么细致的材料很适合做社会记忆研究。在"青春无悔"记忆研究中，我主要考察知青的"苦难记忆"是如何和一套意义系统关联起来的？知青在这里"记起了什么"（也可以说叙述了什么、遗忘了什么，或者说有意或无意隐匿了什么）？这些记忆材料是否与"青春无悔"形成一种因果关系？而选择性记忆（筛选记忆）（实际上也可以说是讲述、叙事技巧）的背后是什么呢？大的历史意识形态是如何渗透进来的？

四 个体记忆模式

（一）"无悔"归因及其意涵

访谈的时候，我们发现多数知青的讲述基本上都是一个模式，即虽然诉苦占了很大篇幅，但是到最后，知青并没有多么"痛恨"这段生活。对于多数个体知青而言，"无悔"是他们讲述的逻辑终点。那么，"无悔"究竟是什么？在访谈中，我们发现知青"无悔"的含义已经远远超出当年知青下乡时候的含义。从访谈得来的资料来看，"无悔"大致有以下几层含义。

第一，认为"经历是一种财富"，知青生活使他（她）更了解社会，了解中国，增强了自己对现实的认识能力。值得指出的是，有这种想法的人不仅是那些知青中的精英分子，作为普通人的知青也有许多人有这样的认识。

知青刘认为知青生活是一笔财富，经历是一种财富。"苦"也占了很大的篇幅，但她始终以"无悔"的态度来表达自己对插队生活最大的感悟。

问：那您再反过来看这段插队生活，最大的感触是什么？

答：说得直观的话，应该是一种综合的，经历是一种财富。这就是我想说的官话。任何人没有这种经历的话，不会得到这种感想，以后形成的思想方式，对人的理解呀，善良地处事。比如有中国特色的社会主义，你能领会其中的中国特色是什么呢？中国国情是人口多，生产力水平低，等等。再具体你知道吗？我知道。说这个国家一穷二白，穷到什么程度，你知道吗？是不是。说把这么一个民族提高到一个程度，非常艰难。那很多人都认为就是素质低，这人怎么样怎么样。一个民族的素质可不是一天两天（可以改）变的，我们现在从事的工作就是提高素质，我是做老师的。所以我认为，我天天好好做，我只能这么做，不能要求别人。反过来，像我这样认识这个问题的人，是一帮，甚至是一帮比我还行（的人），那咱们民族的变化会更快更大，对吧？咱们都是有一定文化层次的人，你反过来认识这个问题，又勤勤恳恳工作去改变，在最低劣的条件下。有多少人，如果都这么工作，可能是我自己心甘情愿，有人说你是没办法，我说不一定，有人在我这个环境里可以差不多就得了，如果人们都这么工作。我自己心甘情愿，我努力去做去。就是因为这个感性的东西给我的印象和你的认识不一样。我就这样做。我觉得这就是给我的财富了。……就是个人信誉问题。你个人有这个信誉，我个人有这个信誉，放你这儿我放心。可以在某一些时候，在这么多人中间就让你做。而且许多把关的事情都让我做，因为务实。

插队的时候都是务实，因为你不做，没饭吃啊。在理论上武装，你能正确地看一些问题，这两个方面，可能修炼得我的心态好。因为我们这些人吃亏的事情，没有不赶上的，就近说吧，你是好样的，还没下岗，甚至人家还离不开你呢，也是你肯干的原因，涨工资，提干什么的。我们最大的亏就是年龄问题，我们思想绝对有深度，理论化的东西，说的时候你承认，但是你做事的时候你不一定能想得到，我们可以。（出自刘文本，2001）

2001 年，刘是一个普通技校的思想政治教师。她体验到的"无悔"意义显然是多方面的。一方面是大的意义——"财富"，是指通过对农村贫困生活的切身体验而使"我们的思想"得到提升——"绝对有深度"。一方面是对个人的意义——刘在现在的工作岗位上做了"许多把关的事情"，别人"甚至离不开"她，她认为是因为她有信誉、务实，而务实的品质是在"插队的时候"形成的："插队的时候都是务实，因为你不做，没饭吃啊。"

第二，知青生活历练出一种品性，例如"务实"（见刘文本）、不怕吃苦，这几乎是每个知青必谈的内容；而每个人讲的又有些许差别。程所讲述的要更形象、更生动一些。

答：我不知道别人怎么样，比如我带这些学生出去，前不久我带他们调查，比如说就这么一段距离，学生就说这个路他们走不了。我说我 50 岁，我比你大一倍，我能走你应该也能走，但他说他走不了。我说什么意思呢？我从北大荒回来以后，我吃过的苦，我三天三夜扎 100 多斤麻袋，我干过那些活儿，吃过那种苦，我知道自己的能力，我知道自己的极限，他们不知道。

问（王）：我觉得这不是最重要的，如果他们碰到那样的条件，他就能受。

答：但是，他现在不知道他有多大的潜力。"哎呀，我累死了！"

我说早着哪，离累死远着哪！我老说他，实际上他没遇到那样，他一遇困难他就退缩，这个苦，好像不行，我要"打的"，我走不了。我就说吃过的苦的意义在于，你比如说割豆子没有什么意义，但是我从北大荒回来以后，我觉得再没有吃不了的苦、克服不了的困难，遇到什么困难，我都不会退缩。记得有一年冬天特别冷，我在家冻得要命的时候、特别冷的时候，我想到北大荒，我想那时候零下40（摄氏）度，这算什么！自己冻得要命的时候，在家里穿着大棉袄、穿着棉背心、戴着帽子，就那时候，我心里都觉得这没什么。（出自程文本，2001）

她认为知青受苦的经历使她知道了"自己的极限"，而比自己年轻许多的学生以及非知青却不知道。"能吃苦"是她要表达的"无悔"的意涵。而这个能克服掉的"苦"上升到了可以克服任何人生之苦的高度："从北大荒回来以后，我觉得再没有吃不了的苦、克服不了的困难，遇到什么困难，我都不会退缩。"知青生活无悔的意涵尽在其中。

第三，认识到人性，知青一直强调的是人性善这一方面。

问（王）：是因为他们做人好，还是他们肯帮你？

答：对，也是。指导员不是，他并没有什么帮我，因为他是领导。我还没有说，有一个副指导员，还是副连长，他姓彭，我们都叫他彭总。他们这些干部作用特别好，什么时候都身先士卒，吃苦在先，所以我们特别敬重他们。有一个刘连长特别好，我有时候想，对我影响特别大，看这个社会特别不好的时候，可是我总是想到，我特别庆幸，我在这个好的集体里生活，我毕竟知道社会里还有像我们刘连长、指导员这种好人存在，我再看多少坏人，我也没有对这个社会悲观、丧失信心，因为我毕竟知道还有那么多好人在，他们这些人的人品特别好。刚才我说帮助我的人就更多了，我就觉得在兵团像铁凡（音）这样的，跟我没说过话，也不认识，但是听说我有困难，人家愿意把探亲的机会让给我。还有许多事情，帮助过我的人就太多了。我在这些知青里，跟我的那个朋友，我俩出奇地笨，生活能力差，干活儿干得最慢。我的班长对我们特别好，老职工都是在耪地、锄地的时候，他们在旁边，我不是落的特别远嘛，他们隔一段帮我耪一段、帮我锄一段，然后我接着快一点。干活儿帮助我，平常生活上帮助我多着呢。刚才说在玉米田里，衣服划得坏得很快，当时穿的都是布衣服，经常刮破了，然后我又不会缝补，特别笨，不会弄。当时哈尔滨知青当我们班长，比我年龄还小，我的印象里是老初一的一个女孩儿。有一次敲钟了、吹哨集合了，我正往外跑，她一看，哎呀！你袖子破了，我说没事儿，来不及了，已经集合了，她说：我给你补。然后就拿出针和线，特别快，她人特别麻利，三下两下就给我补好了。还有我们班的上海姑娘也是，我的毛衣领子她经常帮我缝补。我总想：我没有什么帮助别人的能力，别人总是帮助我。那时候，晚上没有电，我们那儿还经常停电，虽然有电，但是供应保障不了，农忙的时候全部供在生产上，照明根本没有电，晚上全是点煤油灯，冬天也是经常点煤油灯，我那些上海朋友晚上帮我缝啊、补啊，织毛衣、织领子，整天帮我弄。（出自程文本，2001）

同伴之间的友谊、知青与老乡之间的情谊成为知青诉说的一个要点。班长帮助"耪地"、同伴帮助缝衣服，今天回忆起来还历历在目，事件性依然存在，情节鲜活，好像就发生在昨天一样，例如吹哨集合时，一个老初一女孩给自己缝衣服的情景。一种极有感染力和绵延性的"知青"的情谊成为个人心中解不开的结，而"没有这段经历的人不可能有这样的感受的"。刘文本中也谈到知青经历加深了自己"对人的理解"，以及"善良地处事"，虽然她没有详细谈这方面的内容，但是他们都把这段经历产生出的情谊作为一种珍贵的东西而不断述说。

显然，"无悔"所归纳出的意义已经远远不是当年知青下乡时候的意义。当年"老三届"知青下乡的意义大致有以下几点：响应毛主席的号召，做革命青年，走与工农相结合道路；战天斗地，改造农村，大有作为；改造自己，到艰苦的环境把自己锻炼成为坚强的接班人。

1968 年 12 月，毛泽东针对这一运动发表了那广为人知的语录："知识青年到农村去，接受贫下中农的再教育，很有必要。要说服城里的干部和其他人，把自己初中、高中、大学毕业的子女送到乡下去，来一个动员。各地农村的同志应当欢迎他们去。"① 可以说，这条语录是"老三届"所经历的这场运动的宏大历史意义结构的重要组成部分。在下乡过程中，知青所把持的也正是这样的意义结构。

问：您当时为什么一定要下去？

答：形势，当时就是那个形势，北京市知识青年上山下乡接受贫下中农再教育嘛。农村是一个广阔天地，什么毛主席语录，学校大会小会宣传，作为一个年轻人，那种形势，就逼着你去那么做。

问：那时候您不愿意去？

答：那时候小，说心里话，没有愿意不愿意的。听毛主席话；挺新鲜的，人都上山下乡，就走这条路了，学校也说，街道也说。（出自宋文本，2001）

毛泽东关于知识青年上山下乡的第一次指示是 1955 年发出的，原话是："一切可以到农村去工作的这样的知识分子，应当高兴地到那里去。农村是一个广阔的天地，在那里是可以大有作为的。"② "广阔天地" 和 "大有作为"，以后被无数次地重复、引用。

毛泽东关于上山下乡的第二次指示是 1968 年发出的，那段话的核心

---

① 参见刘小萌《中国知青史——大潮（一九六六—一九八〇年）》，中国社会科学出版社，1998，第 101 页。

② 参见刘小萌《中国知青史——大潮（一九六六—一九八〇年）》，中国社会科学出版社，1998，第 8 页。

和广为引用的是这样一句："知识青年到农村去，接受贫下中农的再教育，很有必要。"同 13 年前的指示比较，角度变了，1955 年强调"大有作为"，立脚点在农村，是说农村需要知青，意在引导；1968 年强调"再教育"，立脚点在知青，是说知青需要农村，重在"必要"。[1]

1968 年的指示显然是针对老三届这批人的，宋是 1969 年下乡的，其文本中回忆的下乡事件的意义却是"接受贫下中农再教育"和"农村是一个广阔天地（大有作为）"，显然包含了这两次指示的意义。

宋文本的"说心里话，没有愿意不愿意的，听毛主席话……"点明了知青当年所受到的教育。目前公认的是，从新中国成立到"文革"这 17 年的教育成功地塑造了一代甘愿为革命理想而奋斗、献身的青年。曾为知青的历史学学者刘小萌认为，[2] 这种理想，首先是基于对共产党和毛泽东的深厚感情。"东方红，太阳升，中国出了个毛泽东，他为人民谋幸福，他是人民的大救星。"这代青年从出生起，耳畔回响的就是对领袖的颂歌。入学写的第一句话就是"毛主席万岁"。刘小萌认为这近乎胎教。而学校的教育是完全政治化的。学校除了传统的文化科学知识，还包括经常的、大量的政治学习，包括多种多样的诸如听报告、讲时事、上团课、下厂下乡劳动、参加军训、忆苦思甜等活动，包括英雄事迹的感染和熏陶。"像英雄那样生活，为崇高的共产主义理想而献身，是那个时代的最强音。"学生普遍具有神圣的使命感和强烈的政治参与意识。这种意识在"以阶级斗争为纲"的氛围下变得更加浓烈。"老三届"学生矢志以求的就是锻炼成为无产阶级革命事业的接班人。在红卫兵运动中，他们"像勇敢的海燕一样"在"文革"的风暴中翱翔；在下乡运动中，自告奋勇到祖国"最艰苦的地方"安家落户，因为只有在艰苦的环境中才能锻炼出合格的接班人。

事实上，"文革"中的上山下乡运动，最初并不是由政府动员组织的，而是由北京的一些"老三届"中学生自发组织的。

---

① 唐龙潜：《毛泽东和中国知青上山下乡运动》，2001，未刊稿。
② 刘小萌《中国知青史——大潮（一九六六——九八〇年）》，中国社会科学出版社，1998。

1966 年"文革"爆发之初，全国的每一所大、中学校里，大字报、大标语，铺天盖地；声讨会、批判会，通宵达旦。"彻底砸烂整个旧的教育制度""请求废除高考制度"都是中学生自己提出来的。

> 高中毕业生应该到工农兵中去，和工农相结合，在三大革命运动的风浪中锻炼成长……这是一条新路，是一条通向共产主义的新路。我们一定要，并且一定能走出这条无产阶级自己的路。
>
> 亲爱的党呵，敬爱的毛主席，最艰苦的地方，要派毛主席身边的青年去。我们整装待发，就等着您一声令下。[1]

在对"资产阶级教育路线"的批判中，许多"老三届"对教育制度产生很大的反感，把"到农村去"当成一条革命道路。

曲折等人跨出了第一步，他们临行前来到天安门，誓言是："为了毛泽东思想赤遍全球的伟大事业，上刀山，下火海，我们心甘情愿！""我们遵照您的'知识分子与工农结合'的伟大指示，迈出了第一步，我们将循着这条革命大道一直走下去，走到底！永不回头！"从此，一批又一批的北京知青在下乡前都到天安门举行这样的仪式。尽管具体到知青个人而言，"下去"的理由有种种。诸如，有的人就像曲折等人一样，是满怀革命理想主义；有的人因为家庭出身不好，想通过下乡来进行"脱胎换骨"的改造；有的人因为城里就业道路被堵死；有的人因为无聊……但是不管最初下去的动机如何，在当时的历史氛围下，"下去"都是一个十分政治化的事件。这样，一场上山下乡运动也被赋予了崭新的面貌，它被看作继红卫兵运动之后的又一场轰轰烈烈的运动，被看作革命青年走与工农相结合道路的最激进形式。

当年对于个体而言的"下乡"意义，显然和知青今天所强调的意义不同。当年对于个体而言的"下乡"意义也正是整个上山下乡原初所宣

---

[1] 刘小萌：《中国知青史——大潮（一九六六——九八〇年）》，中国社会科学出版社，1998，第 108 页。

传的意义——战天斗地、把自己锻炼成为革命接班人等。当整个"上山下乡"的意义被否定——首先是政府果断地停止了这一政策，继而是还在农场、农村的知青们发起了以死相搏、不可逆转的返城潮，接着便传来一片知青们抚摸"伤痕"痛定思痛的呐喊：我控诉！持续多年的宣传顷刻灰飞烟灭，精心树起来的标兵亦随之黯然失色而不知去向。[①] 知青也不再从这个角度关照自己行动的意义。

在宋文本中，如果"学校也说（上山下乡），街道也说（上山下乡）"，那么知青的这段记忆应该更丰富些。事实上，在我们提及当年下乡时候的想法时，很多知青都是一笔带过。如宋文本，"事实上没有愿意不愿意的，听毛主席话"，与她的措辞里一个"逼"字（"那种形势，就逼着你去那么做"）显得两相矛盾。她以"形势"所迫来看待当年的"下去"问题，显然已经完全否定了当年的意义。

这样看来，悖论似乎不复存在，即整个上山下乡运动被否定，而知青却执着于"青春无悔"，这两者之间的张力仅仅存在于表面。事实上，知青"无悔"的已经是另外一种意涵了。当年上山下乡运动的意义也就是当年知青"下去"的意义，今天知青的述说，很明显简化甚至忽略当年的意义，而不断地找寻、细化甚至是增加事件的"意外后果"——把持另外一套意义系统。事实上，这种行为对上山下乡运动的意义也是一种否定。而另外一套意义系统的生成——"无悔"的含义，显然也是与主流话语相关的。"经历是一种财富""我更具有吃苦的品性"等显然是后来社会的主流价值。

（二）从"苦"到"无悔"

在访谈资料中，知青的"苦"占了很大一部分。对于多数知青而言，"苦"是他们述说的起点。也就是说，"无悔"逻辑是以"苦"的传递为开端的。

周文本不仅是一个知青生活苦难史，而且是一个生命历程苦难史。

---

① 唐龙潜：《毛泽东和中国知青上山下乡运动》，2001，未刊稿。

这个文本中，"苦"的事件和感受以穿插的形式贯彻始终。这个苦从刚开始为什么要下乡讲起，中间经历知青乡下生活、返城经历、后来的工作，乃至于对日后生活的"苦"（指安乐死）的"展望"。

周讲到，下乡的时候是"苦"的。那时候家里生活水平不高："甚至为买件衣服、买双鞋发愁，甚至自己想出去，给家里分担一下，给家里省一份钱。"不仅如此，"文革"使一家人没有亲近感。在毛主席的指示下，"不走也得走"，很明显是一种受到了"胁迫"的语气。"该走就得走了……有的干脆不管你报名没报名，给你写一张大红喜报，敲锣打鼓上你们家给贴上，就是批准插队落户，后头就跟你把补助费送过来了，有这样的。"这种"胁迫"夹杂着"受骗上当"是今天知青讲述当年"下去"时候的一种心态。

> 可是有些人就是赖在北京不肯走，家长也有胆大的。留在家里养着呗。可就这么奇怪，等我们插队走两个月的时候，北京哗啦召集这些学生开会，他们不是全部，是大部分安排了工作。在我们讲就是赖着不走的，不听话的，赖在北京的，倒分配工作了。特别反感，插队生有一种受骗上当的感觉。这叫怎么回事儿？根本就不知道是怎么回事儿。（周文本，2001）

接下来是农村生活的苦。在农村生活的苦往往成为知青述说的重点，饥饿是被说得最多的"苦"。因为"饿"，所以找东西吃，——半夜吃鸽子，给老乡"帮工"干体力，杀狗却没有吃上，偷老乡鸡（这里面的讲述技巧很值得推敲，即在"极其"饥饿的讲述之后，认为当时的鸡很便宜，"偷鸡不是大事"），有人为了吃的而把自己弄伤了。"苦"得琐碎，但是被讲述得活灵活现。这些苦的情节性很强，例如吃鸽子的动作，时隔30年却依然记忆犹新。

材料1：那会儿成天老是为吃，总是饿。刚开始我们挺傻的，计划吃粮，后来没有就借。没有借，刚开始挨饿，你想那时候正是身体发育的时候，我给你讲，不知道你相不相信，清早我和王力（音），用苞米面煮这么大的，当时叫疙瘩，一个一两半，我们两人，一个人16个，就这么吃，知道不？中午改善伙食，水库工地劳动，吃面条，一碗得有一斤，吃四碗，（笑）不知道当时是怎么吃的。就是菜没有，肉更没有。没油，什么都没有，晚上一般是稀的，给人家帮工去，你身体特棒，人家才叫你去帮工。真得当活干，到农民家里干，也是这么大的碗，晚上吃那种伙顿饭（音），里面有小米、豆、杂面、土豆，熬了一锅，三碗，稀里糊涂的，放点盐。然后吃四个窝头，那会儿我一天吃五六斤粮食。就这么吃，吃不饱，那时候没有油水，没油水，说来，真是太俗了。实际上就是这样。现在天天有肉有菜吃着，当时你根本吃不到。那会儿成天老是为吃，总是饿。这是那会儿，刚下乡……

材料2：我那会儿杀了一只狗，杀了没吃上啊，偷老乡鸡。她们女生都不干这事，其实偷老乡鸡……偷老乡鸡，我觉得都不算大事，因为我们下乡时3毛钱一只鸡，下蛋的母鸡才8毛钱一只，很便宜。

材料3：到三四天的时候，这肚子饿，什么都没有，就棒子面。这饿呀，就开始翻箱倒柜了，把那馒头找出来，当宝贝似的，大家一块儿掰着吃。当时有一个小孩，放羊的，弹弓特别好，打了一只鸽子，拿来，这帮学生说，没事，能吃，拿来吧。那个屋里呀，有个灶台，使的热水，喝的热水呀，洗脸水，都从那儿来，就扔里头，炖上了，夜里我醒了，拿筷子一扎，那透没透？我说熟了，我这一说，只见我们屋这几个人呼噜全起来了，穿着裤衩，上去你抓一把，我抓一把。一只鸽子，你想，就这么一点，当时就那么吃了。吃，没钱呀。

材料4：旁边公社一个66中的蒋宝仪（音），把手炸折了，这是我们县里受伤比较重的，后来他就回北京了，他是这么回北京的。

几个人出去炸鱼去，炸鱼时把那个药扔到水里，鱼就吓得跑了，就让那瓶子一到水里就炸，那不就炸死了吗？没想到（瓶子）还没扔出去就在手上炸了，蒋宝仪，后来有人说他在北京街头上卖报纸。其他的，我们村里，你要说受伤，小小的，那是经常的事，干活，因为我们什么活都干。

这些"苦"对于周而言是记忆深刻的，而且是"时不时"就记起，我们从访谈资料中就可以看出这点。它们穿插在知青的其他记忆中，成为最有感染力的回忆（讲述）。

调离农村去太原省运工作的过程也是"苦难"连连。首先是大队不肯给开个证明，因为原来和自己关系好的周书记"下台"了，接着是以"我欠着钱呢来克我"。结果他"翻来覆去"跑了好几趟，到了县城，办理粮食关系、户口关系，最后累病，躺了三四天，"什么都不知道了"。

问：躺了几天？

答：躺了3天还4天吧。什么都不知道了，后来他们告诉我，就是打青霉素，打……退烧，就这么着。第二天，都知道我病了，别的村的人也知道我病了，都去看我。去也不跟人说话，说谁来了，我睁开眼，也不知道是谁，又闭上了。3天，重感冒，就是在特别疲劳的情况下，猛的一放松，趴下了。谁也去了，那57办公室的主任，招工的那个，告诉你，关系已经交了，人也交你们手里了，你们得负责，这都是公费医疗了。我给家里写的第一封信，（内容）就是我病了、病成什么样，可我现在有公费医疗了，家里人看了，我妈看了直哭。

在省运开车的日子也是苦的。首先因为他是近视眼，怕不让开车，自己偷偷配了角膜眼镜，而那个眼镜，"不是现在的博士伦，它那个是有机玻璃的，挺厚，挺硬，特难受"。他戴上以后天天流眼泪，这样坚持了5年。而且，他讲开车那时候遇到的师傅不好，是"挺差劲的那种"，天天跟领导打自己的小报告。"成天在一起，天天在一块儿。他上车，我上车。他下车，我下车。天天在一块儿。"他就这样跟师傅矛盾着生活了一年半。

往北京调转的时候他也受到了阻拦，赵站长要"整"他，就是不让他走，于是他"暗渡陈仓"，又解决了一个困难。

不仅如此，周还对知青的苦有一个归纳和总结，乃至于对苦的展望，这样知青完全成为受苦受难的一代了。

> 小时候，咱们国家就这运动，那运动。我们上小学的时候赶上"大跃进"，每个人上学，每天交多少铁来，学校里砌了个炉子来炼钢。就这样，放学了，我妈半道上……我们这些人，都是1950年左右出生的人。我妈把我给拦住了，改成吃食堂了。紧接着，长身体的时候，赶上三年自然灾害。我记得小时候吃不饱，就是饿，又冷，没粮食，三年自然灾害我们赶上了…… 我们就是从那时候度过来的。等到1964年经济好转，1965年刚好一些，1966年就逢上"文化大革命"。我们这批人，应该有不少是能出成果的，上大学什么的……要不我们有一次在一起开玩笑说，什么没让我们赶上？"文化大革命"以前就全赶上了……然后等你结婚的时候晚婚晚育，等该生孩子的时候只准生一个，等孩子稍大了、日子好过点的时候，又是下岗。行了，又是我们了，全让这批人赶上了……

知青以讲"苦"为重点，而且"苦"的形形色色，味道不一，但是当访谈接近尾声，我们问及"你吃了这么多苦，那么你后悔当初下乡吗"，或者"你怎么看待这段下乡生活的"，或者"这段生活对你最大的触动是什么"，或者"你怎么看待知青这个概念的"。知青会很快就给出一个总结性陈词，似乎也是这次访谈的"主题"。知青所说多是"不后悔"，这段日子对他们是有意义的，是一生的意义，比如认识社会、认识人性，也正是上文提到的知青关于"无悔"的意涵。

如知青刘认为经历是一种财富，而她所讲述的经历基本上就是一个受苦的经历，她认为是因为在"苦"中磨炼过，才能切身体会到农村生活的艰辛，才能在感性上获知"中国生产力很低"、国家"一穷二白"的境况，才能使她养成务实、踏实的好习惯。再如程受苦的经历使她日后"更能吃苦"，知道了自己"受苦的极限"，并在苦中体验到人性的善良，培养出与老乡、与同伴之间的情谊。

就周本人而言，他吃了这么多的苦，但是讲述的时候，他大有感谢苦的意思。首先，他"混"得比双胞胎哥哥好，他认为是因为这个哥哥没有经历过上山下乡，没受过这份苦；其次，他能在后来的单位得到重用，是因为他有这段吃苦的经历，干得比其他人（没下过乡的）好——"插队生最起码都不怕吃苦……因为那段时间他确实太苦了。所以他能珍视每一次工作的机会，在哪儿工作都做得特别好"。

知青以"苦"作为"无悔"的基础，"我吃了苦，但是我不后悔"。虽然是一个转折的陈述，但是知青依然把"苦"作为意义生成的最关键和最基本的因素。

五　集体记忆模式

上文分析了"青春无悔"的个体记忆逻辑，这里将主要讨论"青春无悔"作为集体记忆模式的内在逻辑是什么，以及个体记忆如何成为集体记忆的。

（一）从"苦"到"苦感"

对于周而言，"上山下乡"整个是一个苦的过程：下乡（在城市没有亲近感，生活艰苦，想变换一种生活，不走也得走，实际上受到了蒙骗）—农村挨饿—往省城调工作—配眼镜—学开车—往北京调工作。

就是对于自认为"没有吃过苦"的知青（例如知青白），不但没有否定知青所受的苦，而且认为我们的调查就是冲着"苦"来的。

> 问：您经常跟谁讲起这段历史？
>
> 答：有时候聊起来了，说一点半点的，我觉得我对插队知青都没有可说的，要不那天金淑芳（音）打电话说你们想了解了解知青的情况，我说你找错人了，你应该找朗继芬（音）。我们班有一个朗继芬，她到陕西插队，她那里苦极了，真是一把鼻涕一把眼泪，现在一说她都哭得要命。她那里的干部差劲儿，克他们这个、克他们那个的。（见白文本）

我们找她"了解了解知青的情况"，而她却说"你找错人了"。她认为最苦的知青才具有代表性。后来她主动提出给我们介绍一个人，然后说："你们先去她那儿，然后再让她给你们介绍我们那个男同学。那个男同学我觉得他可能也好，是挺苦的。"接着，她讲了那个男同学如何如何地苦。"挺苦的就应该不错"，她以为，苦才应该是知青讲述的特点。在访谈过程中，她转换话题："金淑芳（我们的一个访谈对象，白的同学）挺苦吧，她说的挺苦吧？她确实挺苦的，在那边挺不顺利的，同学之间关系也不是特别好。"

她以一种对比的方式来说明自己并不苦。这里有必要交代一下，知青白插队在山西省襄汾县汾明公社北王大队（音），据说和同学相比这里是最富的地方，"晋南也算比较富的地方"，一年下来能买一块上海牌手表（当时是120元）。而且她待了半年多就去当民办教师了。她自己也认为自己插队没有受过苦："你像金阿姨（指金淑芳）他们那儿根本分不着钱，还得欠他们钱，是吧，您还给他钱。他们都那样的，穷村特别多，我们去的富村特别少。在那儿待了多半年吧，就当民办教师了，所以插队没受苦。"

事实上，她在讲述的过程中，不自禁地往"苦"上讲了。她讲了到老玉米地刨地上的草时的苦：是"受不了的"，"老玉米长得老高，人钻进里面，谁也看不见谁在里面刨地上的草，老玉米叶子就在你脸上划来划去，等走到那头的时候，脸上都是划的道子，满身汗流浃背的，沙极了，特别疼"。她还讲了割麦子时候的苦："我们到困了的时候，就往地下一躺，根本就没有说在地上铺个报纸啊，什么都不铺，就往地上一躺，一会儿就睡着了。"

当我们问及她如何看待知青这个概念时，她认为知青意味着最苦的一辈人。

> 意味着最苦的一辈人，三年自然灾害我们赶上了，我们上学的时候赶上"大跃进"，那时我们上学就是满地捡钉子去，大炼钢铁，满地捡钉子去，义务劳动，有苦也有乐。这一代人跟你们这一代人比，那不就是挺苦的。三年自然灾害，吃不上喝不上，拿两个窝头到学校去，中间课间十分钟就给吃没了，到中午吃饭的时候没有吃的。三分钱一根冰棍，一人买一根冰棍吃。然后又是"文化大革命"，上学上半截，又插队，反正一提起知青就是受苦的一辈人。（见白文本，2000）

虽然不同人（如周和白）讲述的"苦"明显不同，但是知青"共苦"的心态非常明显。例如，周对苦的总结性归纳和白对知青一代苦的讲述如同出自一人之口。对于知青而言，"苦"不仅是群体共享的，而且是区别于其他群体的。知青的某个具体的"苦"已经不再是一个具体的伤痕，而是弥漫开来的一种感受，是"苦感"："所有的苦知青都经受过，我一说他们都能明白，当时'苦'到什么程度，跟你们说就好像觉得是这么回事，只能跟你们说一些事，真正有多苦你们也不理解。"（见白文本）

> 没插过队的，我同学里面有没插过队的，我觉得我跟他们说他们都不是特别理解。没有插过队的他们不是特别理解插队的感受，

因为插队的那种苦，各方面都有，你孤独、你离开家了，离开北京，离开这个大环境了，……你心里孤独啊。去农村肯定存在孤独感，有那种陌生感，就是说跟你所熟悉的环境不一样了，那种陌生感，还有生活上的苦，吃东西也苦……（见白文本，2001）

当"苦感"作为一种情绪，作为一个群体可以共享的符号时，"苦"的含义就变大了。第二次回访周的时候，知青王也在场。刚开始的对话就很有意思。

> 王：（指山西）窑洞不像电视里那样，不是那么漂亮，不是，黑，越往里走，大山里的裂缝都能看见了。住着挺害怕的……我们什么苦都吃过，我们收麦子……下着雨，土地黏得不行。……还有剜谷……一眼望不到边，我们腿软，跪那儿，腿都软了……后来爬着走，一直蹲着……
>
> 周：人家老乡会干。
>
> 王：那个累的，第二天什么也不想吃……
>
> 周：不管好学生、坏学生都得干。（见周文本，2001）

王的第一句话就讲苦，是住得苦——窑洞黑、有裂缝，住着害怕。接下来是收麦子、剜谷的苦，周在旁边补充："人家老乡会干"，"好学生、坏学生都得干"。也就是说这个"苦"是他们共享的——是所有下过乡的知青，而不是干同样活的老乡，因为"人家老乡会干"，所以似乎老乡并没有吃过知青干这种活的苦。

值得注意的是，周和王不在一个村，他们是在县城开会的时候认识的，因为他们都是各村知青的"头头"。周和王所在的两个村离得不近，而且村的情况也很不相同——一个山区，一个平原。他们的苦也是不一样的。

王：他们离河边近，可以涮涮脚。我们不行，有女生洗衣服，洗澡是不可能的事，就跟女的嚷，你不打水去，这是喝的水，这个那个的。真是的。

周：真是的。山西插队喝水真是大问题。

王：现在我看了看山西，还是挖水窖，还是靠山，哗，下雨时流水，靠天吃饭。人牲吃水都不成。没水啊。

王问周：你回去过？

周：回去过。还不行，解决不了。（见周文本，2001）

很显然，不同的苦，他们就采用一种对比的方式。情况有差异，态度却没有差异。周以一种"共同经历"过的态度来赞同王的苦感。这时，他们所在村的差异似乎消失了，而是以一种"共同体"的心态来讲述"山西"。当王问周："你回去过？"一问一答，完全销蚀掉了差异，似乎他们共同经历过缺水的苦。

"苦"的事件性已经不重要，重要的是"苦"的心态。他们的对话传达出的苦的情绪，似乎都有所体会。不管当时"苦"得多么具体，多么情境化，似乎都在场过。这样就形成一个群体苦感共振现象。"苦感"也就成为这个群体中每个成员的一种资格，甚至是可以利用的一种资源。他们通过对苦的意识讲述，增强了彼此的认同感，提供了建构集体认同的素材。告诉他者："我们"曾经是"谁"，以及我们现在是"谁"。

"苦感"可以传递，还在于它本身的形象性。显然越是具体的苦，可感性就越强。知青讲述的苦中，感染力最强的也是这类苦。虽然它一般比较琐碎，但是一样可以在日后回忆中得到升华，而且往往成为最好用的资源。

"饥饿"作为切肤感受，在周文本中被讲述得活灵活现，他的整个成长阶段也是以"饥饿"作为切肤感受的（小时候总是觉得饿，吃不饱）。这种身体感受在农村生活的文本里是鲜活的，所以接下来的"借粮不还""偷鸡"看起来"有悔"的事情（错事）也变成"无悔"的了

（没有错），因为"偷鸡不是大事"，所以他讲述出来。而且在饥饿的讲述之后说出来的，更显合情合理。饥饿的"苦"所导致的行为（如偷鸡）解答了提问人的疑虑，博取了知青的同感和提问人的"同情"。

个人的苦显然容易琐碎化、日常生活化：挨饿、配戴隐形眼镜、不愿在地里干活，这种身体层面的苦似乎并不是为了"树立"什么，它没有明显的意识形态的给予，是一种"自然而然"的日常生活的回顾。而且表面上也是一种"平静"的讲述，但是它的情绪共振幅度是最大的。

（二）从"苦感"到"苦难"："苦"的意义转置

这里我们再重新分析一下周文本中的"苦"。这些"苦"基本上都是以事件的方式出现的：下乡（在城市没有亲近感，生活艰苦，想变换一种生活，不走也得走，实际上受到了蒙骗）—农村挨饿—往省城调工作—配眼镜—学开车—往北京调工作。即回忆是有事件在其中的，而且事件的结构很清晰。苦的背后基本上都有一个"肇事者"：下乡有指示，挨饿是粮食不够，调转时总有人拦路，学开车是因为遇到一个"不怎么样"的师傅，苦总有可以"怨"的他者，而不是自讨的"苦"。

"我不能负责任"是这些"苦"的基本特征。这尤其见于知青对下乡事件的叙述。今天的知青个人以受蒙骗的心态来讲述当年从城市到农村的经历。周文本中，"下乡事件"本身成为一代人的青春方式。"走"是大势所趋，毛主席的指示是尽人皆知的口号。"北京的都开始动了""不走也得走"，这中间传达出这样一种情绪，"别无选择的青春"（自己无法负责任），也就是说"走"与"不走"的责任并不是由作为个体乃至于群体的"知青"来负，而是"归罪于"他者。他者在这里包括指示（"当时是响应毛主席的号召去了"）、地方对学生的宣传（"没有讲明实际情况，就夸自己物产丰富"）等，总之是知青群体、知青本人之外的他者。

在可以怨的"他者"中，国家（运动）是一个最强大的力量。个人记忆中的国家形象比较复杂，一方面它是当年和今天知青眼中的不可抗拒的力量代表。不管它具体化为某个人，还是作为一个政治实体，在知青眼里都是让人敬重的。

另一方面它也是知青苦难的"肇事者"、日后的责任载体。而且这层含义是知青讲述的重点：毛主席的指示来了，"到农村去，接受贫下中农的再教育，很有必要"，必须得走……不走也得走（出自周文本）。

这时，国家也成为自我关系表述的一部分。"因为它力量强大，所以当事人不得不这么做"的逻辑作为修辞，"国家"处于一种"施压"的位置，而知青处于一种"受压"的位置。

上文讲到知青的苦被知青看作"我不能负责任的苦"。在"我不能负责任"的苦中，"苦"又明显分为几个层次：个人的苦、知青作为一个群体乃至一代人的苦、国家的苦，三者交织在一起。个人和群体，即"我"和"我们"的人称变换和界限是不明晰的。除了一些极个别的苦是个人性的（如周佩戴角膜眼镜老流泪，却戴了数年），多数的苦是群体共享的（如下乡事件本身、挨饿、返城）。而且知青个体对于苦难的归因具有很高的自觉性，即直接把个体乃至于群体的苦归因于国家运动。"小时候，咱们国家就这运动，那运动……就全让我们赶上了。"知青对于国家苦难（失败的国家运动，让人民受苦的国家运动）的记忆犹新——"大跃进"、三年自然灾害、"文革"……（见周文本和白文本，2001）

国家运动和国家的苦难在知青眼里是两个不同的现实。国家运动（如上山下乡运动）是导火索。国家的苦难是个比较抽象的词语，它是因为国家运动而使国家发生的灾难。在国家运动和国家的苦难这对词语中，国家的含义显然不同。前者是迫害者形象，后者是受害者形象；前者多指一种政治现实，后者往往指某个代际，因为"苦"的体验一般只存在于作为人性的感受中。国家的苦难显然有承受者，而知青把自己当成这个苦难的承受者。

　　唉，我跟你说，不管怎么说，就从冠冕堂皇的角度来说，我们这帮人承担了共和国的一部分痛苦，我们肩膀上承担了一部分，真是承担了一部分。别的届，他不敢说这种话。（出自周文本，2001）

知青成为"承担"共和国苦难的人。知青的苦上升成为苦难。更具体而言，"苦"特别是知青的琐碎的苦如何转换成苦难？

上文已经提到苦变成"苦感"，这已经使苦的意义变大。当琐碎的苦变成一种苦感，苦的面积就会变大。个体的苦就上升为一个群体可感的苦。

还有最重要的一点就是，知青把自己塑造成一个"受迫害者"的形象，从"我不能负责任的苦"中就可以看出这点，而且把"迫害者"广义化、国家化，这样知青受苦的意义也变大了。

对，我们自己受害……真是呀。我总是说：我这一辈子的遭遇、遇到大的坎坷，哪有是我们自己造成的，我们没有对不起别人的地方，我们自己从知青下乡吃苦不说，从知青再往上爬、再读书，一步步往上走过来。

知青下乡从头到尾没有什么错，如果是错，也是国家对不起我们，我们牺牲了自己的青春、大好年华，为社会作出贡献，我们哪点对不起别人呢？（出自程文本，2001）

是国家运动使"我"遭遇到一生中最大的坎坷，"我们"为国家"牺牲了"大好年华，也是一种"贡献"。似乎苦越深，对国家的意义也就越大。"国家的这苦那苦都让我们吃了"（出自周文本），在"苦"的过程和感受中，"我"和"我们"之间已经没有了差别，不仅如此，个人的苦更被置换成了国家的苦，小苦变成了大苦。

当个人所受的苦上升为一种庄严的"苦难"，"苦"的意义也变大了。知青把"受苦"本身作为一种意义，这种意义与前面我提到的"无悔"的意义基本上是一致的。

不过，在农村这几年，插队生最起码都不怕吃苦。现在下岗什么的，比一比，怎么也比那会儿强。下岗最起码一月给你几百块钱，最起码够吃够喝了吧？

因为那段时间他确实太苦了。所以他能珍视每一次工作的机会，在哪儿工作都做得特别好。比如我跟我哥哥，双胞胎，按道理我俩应该各方面都一样，审美观什么的也一样，因为我俩是单卵双胎呀，我俩长得一样，就是胖点瘦点不一样。其他，说话呀，手势呀，基本差不多，你们肯定分不出来。如果这时候我出去，他进来，你们肯定会认错。可是在对待工作的态度上，他也能吃苦啊，可是不行，按别人的话说，他混的不如我。他绝对没有经历过我这个，他绝对不行。

实际上知青上山下乡，方向没错，像你们现在这样的年轻人到农村去锻炼一年，很有好处，但是现在条件好多了。像你们这样的年轻人去锻炼一年，这辈子真是干点什么，不怵，不怕，以后工作不管多艰苦，都能忍受，适应能力比别人强，能受累，能忍受打击呀。

我相信插队生不管在哪儿，保准像我一样，踏踏实实，给人干得好，绝不会让人家给蹬了，绝对不会做到这样。在我那里，仨月开除三个人。

我就觉得，领导想不到的我应该想到，领导看不到的我应该看到，领导听不到的我也能听到，领导做不到的我应该能做到。老三届都能做到这样，尽职尽责，不管什么事儿确实能兢兢业业地做。

周以"是否经历这个苦"来区分"我"与胞兄，乃至于"这帮人"和"那帮人"。不管是多么琐碎的苦，都意义化了。而当年"下乡"的意义——"接受贫下中农的再教育""大有作为"已经不复存在，下乡的意义被置换成了"受苦"的意义，这个苦由"惘然"变得值得：从意志力的锤炼——适应能力比别人强、能忍受打击，到一种闪光的品质的收获——做事能尽职尽责、兢兢业业。这个"果"似乎是不意料地得来。"苦"变成"苦难"，受苦神圣化，而老三届被述说成扛着苦难的群体，老三届人物成为英雄式和悲剧式的了，树立起了一个群体纪念碑。

在知青叙事里，意义转置的完成是"牺牲"了大历史的意义。大历史的意义（上山下乡，大有作为）破灭——"那时候我们受骗"，反而成为群体乃至于个体成仁的意义（个人生命韧性的锤炼）的一个代价——"现在我们更能吃苦了，扛着共和国的苦难"，大成全了小，大的毁灭反而使小的得到了升华。

这个转置一方面是通过对"国家非常时期"定义来完成的。即把"苦"诉说为"我不能负责任的苦"，"国家非常时期"是苦的来源。"那时整个国家处于非正常时期，任何人有任何想法都很正常，包括那时候偷东西、打人、抢，我都觉得是正常的，因为当时确实没出路。"将国家划分阶段，把一切"荒唐的举动"（包括个人层面、集体层面以及国家层面的）都置于"国家非常时期"之下。人的非常行为，因为国家的非常时期而变得正常，人最后恢复正常，也是因为国家进入了正常时期。显然，"国家非常时期"是个过滤器，它过滤掉杂质，使个人（群体）变得清澈，成全了个人（群体）的"无悔"。"意义"成为"苦"和"苦难"的最终归宿。

（三）"诉苦"技术与知青的"苦感"

有关"诉苦"，孙立平等的土改口述史小组的研究成果指出，诉苦可以说是土改运动的发明，最狭隘意义上的"诉苦"就是最标准的"诉苦"，即被压迫者控诉压迫者，然后被压迫者觉悟了，起来反抗。最宽泛意义上的"诉苦"则基本上可以从字面上来理解，即人们讲述他们的苦处，这种诉苦不一定要传达出什么历史意义，而只是要说明自己有多么的苦。在标准型的"诉苦"中，往往会有一个动员会，在早期土改中，一般要动员农民"诉"一件"事情"，它通过一个故事情节的推展，达到某种情感的最大化，喊口号、点拨之语往往成为某次"诉苦"大会成功的关键。"诉苦"技术牵连着复杂的权力关系，"诉苦"同"翻心"联系在一起，"翻心"即确立一种新的区别和认同关系，即"穷人"间的认同和与"剥削阶级"之间对立的区分。"诉苦"理顺和建立了一种新的事件间联系。方慧容认为，"诉苦"是借力于对绵延"苦感"的生产，重划个人生活节奏，以实现国家对农村社区的重新分化和整合。虽然，"诉苦"借力于"苦感"的生产，但是总会牵连到其"发明者"所不欲或不料的主题上去。"无事件境"就是这样的一个困境——虽然没少受苦，但是所受之"苦"早已像"蓄水池里循环流动的沉水"，已经"混流又乏味了"，"事"与"事"之间的互涵和交迭使"苦"变得无"苦"可诉。即使访问员多次启发，被访者依然"平静"，"不觉得苦"。①

相对于这些农民而言，知青所述说的苦带有很大的自觉性，知青群体不曾作为被动员诉苦的对象，我们也没有刻意去"引导"知青诉苦。没有一个明显的动员对象来引发他们的"苦"，知青却很自觉地把自己塑造为一个"受苦"的形象。而且，知青所诉之苦的事件性很强，例如周文本里关于整个下乡过程的苦，几乎每个阶段的苦都有一个很生动的事件在里面，农村生活的日常的琐碎的"苦"在知青讲来也是栩栩如生。例如，知青白对田间劳动的苦的描述：在老高的老玉米地里刨草，浑身被划、汗流浃背，"疼极了"；割麦子时，又困又累躺在地上，睡觉连个报纸都没有铺上的苦。这些"苦"对农民而言，已经是日常生活的一部分。农民没有以这种方式诉苦，而知青却以此为苦，并不断诉说。从"有事件境"和"无事件境"的角度来看，这在很大程度上是因为知青体验到了城市生活和农村生活之间的差异，强烈的对比体验使"苦"变得鲜明，"苦"的事件性凸显出来。因为曾经的"苦"是流动的，是在某一个时段，而不是生命中很长的时期，所以它没有积为"沉水"。但是，究竟要在多长时间里，才能修到"无事件境"的境界？痛苦事件

---

① 方慧容：《"无事件境"与生活世界中的"真实"——西村农民土地改革时期社会生活的记忆》，载杨念群主编《空间·记忆·社会转型："新社会史"研究论文精选集》，上海人民出版社，2001。

不可能是孤立的，弗洛伊德理论侧重于探讨孤立的痛苦事件，在弗洛伊德－拉康理论中，痛苦事件通过转移完成了某种结构化过程，从而建立了一种无意识结构。但是，痛苦事件还可以通过重复导致一种"命运化"的过程。[1] 例如，"无事件境"[2] 因为重复，痛苦逐渐变成了苦煞（suffering），这样，事件的事件性（emergent）和时间性都消失了，它铭刻在身体上，成为一种命运式的苦难。[3] 这多见于日常生活苦难史。知青所讲述的痛苦，许多是可以清晰描述的，显然不是"无事件境"，它已经危及了自我认同：对于知青而言，"苦"是个不可预见的事件，而且没有成为持续一生的苦难，跳跃性、变动性是知青的苦的特征（例如下文对知青所遭遇的意义危机的分析）。所以它是非命运化的苦难，可以称之为事件史苦难。这个事件史苦难中的"苦"多是鲜活而可感的。

知青的"苦"能够弥漫，关键在于"苦"受到了同伴的动员（知青本身作为"动员者"），即彼此激发"苦"。从我们的调查来看，知青聚会是很普遍的情况，当我们问及聚会的内容时，多数知青的话语并不是很多，往往一句"就讲讲那个时候的苦和乐"就算是答案了。我们曾经做过两个知青在一起的访谈，他们之间的对话一直都比较有意思。也就是我们前面提到过的，对知青周和王（2001）的访谈。

> 王：（我们村）5 个女生，7 个男生。一个男生失踪了。最后回来了，没人招工，按病退回来了。回来以后，我们那回去他家……失踪了，为什么啊？他妈活的时候，还行；他妈去世以后，抽羊角风，不知在哪儿了，挺惨的。块儿比我还壮儿，我们那里煮疙瘩，一顿 24 个。

> 周：我一顿 16 个。

[1] 李猛：《关于时间的社会学札记》，《五音》1997 年第 4 期。
[2] 方慧容：《"无事件境"与生活世界中的"真实"——西村农民土地改革时期社会生活的记忆》，载杨念群主编《空间·记忆·社会转型："新社会史"研究论文精选集》，上海人民出版社，2001。
[3] 李猛：《关于时间的社会学札记》，《五音》1997 年第 4 期。

王：分摊，就着咸菜，就着那盐粒子，磨成盐末，蘸着吃，把我们的胃都吃大了。

周：后来我和四个女生，一早煮 30 个……

王：我们七个男生，平时煮一锅。好，跟比赛似的，吃完什么事情也没有。

王开始讲述的是一个男知青失踪的过程，最后一句讲了那个男生的饭量：一顿 24 个疙瘩。这句触动了周，他讲了自己的饭量，然后王就开始讲起这方面的事情："把我们的胃都吃大了。"显然是说那个时候"我们大家"的饭量都很大，吃着跟比赛似的。周、王之间的差异不复存在，他们经历的事件是相同的，虽然不在一个地方下乡，但好像是他们当时一起经历的一样，现在是通过互相提醒的方式来说那个时候的"苦"。

这是"苦"的很重要的一个回忆和生产方式，尤其是在知青聚会时候，效果更明显。下文讲到的一个聚会，是一个比较大型的聚会，它征集到"难忘的人和事"70 余篇回忆文章。代表们分别回忆了"当年秋收，看电影，足球赛，紧急集合，扛麻袋等往事。有的人激动不已，声泪俱下。座谈会把大家带回到 30 年前，很多人听着听着，不禁掩面而泣"。这也是聚会时所说的苦和乐。聚会本身征集回忆文章，就是一种"激发"回忆再生产的行为，知青听着能"掩面而泣"，显然受到了触动，知青白说："所有的苦知青都经受过，我一说他们都能明白，当时苦到什么程度，跟你们说就好像觉得是这么回事，只能跟你们说一些事，真正有多苦你们也不（能）理解。"（见白文本）知青似乎更愿意和知青谈"苦"，彼此谈得来。

这种"苦"的诉说显然与认同有着极大的关联。它区分了"我们"知青与"他们"非知青之间的界限，正如知青白所说："没插过队的，我同学里面有没插过队的，我觉得我跟他们说，他们都不是特别理解。没有插过队的他们不是特别理解插队的感受，因为插队的那种苦，各方面都有……""共苦"（广义来讲，下乡就是共同吃苦）心态在先，认同在后。所以，我认为群体"共苦"的心态的一个最重要特征是知青的"苦感"。这也是彼此能够"激发"诉苦的重要原因。

知青彼此存在一个对苦的共通的心态，所以彼此更容易成为诉苦的对象，与农民开"诉苦会"的逻辑正好相反，"农民的共苦"是要"人工"（通过他者）动员和建构出来，开诉苦会就是一个工具。

知青诉苦并没有一个动员—觉悟—反抗的过程，它往往很闲散，是一种弥漫开来的情绪，没有苦的控诉对象。例如，对于周而言，下乡、饥饿虽然都有一个肇事者，但因为那是"国家的非常时期，出现什么都不过分"。肇事者的罪责消释了，可控诉的在讲述中已经不复存在，"苦"很鲜明，可是讲得很平静，似乎是一种熬过来了的释然。互相激发苦，苦使自己更能吃苦。从一个侧面上，它反映了国家的"忆苦思甜"教育的成果。周认为"在农村待的这几年"，使"下岗"的苦也淡化了："比一比，怎么也比那会儿强。下岗最起码一月给你几百块钱，最起码够吃够喝了吧？"他讲"老三届"不管到了哪里都能干得好，能兢兢业业，不会被单位开除，而且能"想领导所不能想"，尽忠职守。苦使知青更能吃苦，实际上是内心多了一个更能适应的机制——更能忍受苦。

（四）对"苦感"的进一步讨论

"苦感"，作为一个人类共享的事实，被不同文化制度所记忆的方向明显不同。尤其是当苦被述说成一种苦难的时候，在世界文化史中更是被记忆为重大事件。

就近而言，二战以后，德国人和犹太人对战争的苦难长期反思。尤其是犹太人的奥斯维辛苦难以后，西方思想界通过哲学、神学和各种文艺形式，一直在沉痛地反思它的罪恶和不幸。阿多尔诺在纳粹时代流亡美国，未曾尝过集中营之苦，他仍然感到奥斯维辛关涉自己个人生存的理由。他对自己提出过这样的问题：奥斯维辛以后是否还有理由让自己活下去？他认为奥斯维辛是生存论上的苦难和耻辱记号。当然，这是一种哲学上的反思。关乎普通人，他们对于迫害者和受害者都有一个明显的界限，迫害者受到惩罚，被害者反思自己受害的原因。他们对苦难的态度是"不忘记"，德国人对战争罪行悔过，德国截至1966年，已经判处了8.6万名纳粹罪犯。

谈到奥斯维辛苦难，刘小枫提到了电影《苏菲的抉择》，这部电影部分说明了西方人对待苦难的态度。[①]

> 在被送往集中营的路上，纳粹强令苏菲将自己的孩子——一个儿子和一个女儿交出，要把他们送往死亡营。苏菲竭力想说明自己的出身清白，甚至以自己的美貌去诱惑纳粹军官，以图能留下自己的儿女。纳粹军官告诉她，两个孩子可以留下一个，至于留哪一个，让苏菲自己选择。苏菲几乎要疯了，她喊叫着，她根本不能做出这种选择。纳粹军官的回答是：那么两个孩子都死。在最后的瞬间，苏菲终于喊出：把儿子留下。
>
> （后来儿子也死于集中营，苏菲独自活了下来。二战结束后，）深深爱着苏菲的一位青年作家，希望与苏菲远奔他乡，圆成幸福。人毕竟只能活过一次，任何幸福的机会都暗摧残岁。苏菲知道这一点，但她忆述了这段苦难记忆，拒绝了幸福。（苏菲后来自杀身亡）（括号内文字为笔者所加）

刘小枫指出，苏菲是"无辜负疚"：尽管苏菲是苦难的蒙受者，是无辜不幸者，她仍然要主动担起苦难中罪的"漫溢"。

这些苦难看起来有明显的迫害者和受害者，可是事后反思却成为每一个人的责任，就像苏菲的无辜负疚。

知青的苦难记忆与此有着鲜明的差别。知青把自己琐碎的苦上升为一种群体认同的"苦感"，进一步提升到"国家的苦难"："我们承担了

---

① 刘小枫：《这一代人的怕和爱》，生活·读书·新知三联书店，1996。

共和国苦难。"这是知青苦难记忆的一个方向，另外一个方向就是前述提到的知青把"苦"记忆为某种意义方式，如对个人人格的锤炼等。

知青一方面把自己塑造为被迫害者形象。周在我们第一次访谈的时候说道，"说实话，那个时候想走"，他谈了想走的种种理由，当时他是班里的团支书，走的时候是知青排长，下乡之后也是一个村的知青"头头"，显然是一个积极分子的形象。他还跟我们讲了许多很"理想"的行为，比如凌晨去天安门，去接受毛主席的接见，出去大串联，在"文革"停课时期，"恨不得急了"，在班里写写贴贴。但是在第二次访谈的时候，他讲，他下乡写志愿书，是被迫的，是被迫下乡的。

> 王：结果一句知识青年到农村去，全轰下去了。
> 周：理解也执行，不理解也执行，全得下去。我下乡写申请，被逼无奈，走也得走，不走也得走。（出自周文本，2001）

另一方面知青淡化了具体的迫害者，把自己塑造为受迫害者形象，这样似乎就多了伤痕，多了控诉，可问题不是这样的。知青的控诉对象要么和伤痕文学基本上一致，如王和周提到了"林彪"；要么根本就不提。如此控诉并不是为了树立一个"控诉对象"，而是为了说明当时的形势，他是"不得已"。周在第一次访谈的时候就讲，当时就是那个形势，"你下去也得下去，不下去也得下去"。知青并没有指出迫害者具体是谁，即"我的这些伤是某某造成的"，知青诉苦的重点也不在此，事实上知青根本就不提这些。即使那些认为自己一直"被整"的人也不讲这些。

> 问（王）：为什么大家都回忆在"文革"中，整人的也回忆，被整的也回忆，然后被整的人也就算了，虽然心里有点不满，然后大家相逢一笑泯恩仇，谁也没有反思：我整别人、别人整我。
> 答：现在你就说反思，那我就想，他当时也年纪轻、受煽动，

也不能怪在他头上嘛，运动也不是他挑起来的嘛，当时那种气氛下，那你只能这样解释呗，你不是说，就是他个人品质坏，个人如何如何，我怎么恨他吧。

问（王）：大家都把这个推给国家，然后就和解了？

答：对，对，对。

问（王）：谁也不去用良心做一种忏悔、一种反思？

答：是这样的。（出自程文本，2001）

整人者被置换为一个抽象的概念——"国家的非常时期"，他就不能成为迫害者了——"运动也不是他挑起来的嘛，当时那种气氛下"，不能说他个人品质坏，他那个时候年轻，是受煽动的。这样的讲述，整人的也成了受蒙蔽的对象。受迫害者内心平和了，大家"和解"了。周在谈到苦的时候也这样认为，那是"国家的非常时期"，而在国家的非常时期，任何人的任何做法都是正常的。不仅做了的人没错，而且抽象的"国家"似乎也不再承当害人的罪责，害人的是那个"时期"，"时期"已过，就不再计较，因为毕竟"过来了"。

而且，知青对苦的诉说往往是一种情绪性的苦感，它没有指向，苦中没有罪恶。在苦中，知青反而见识到了人性的善良。知青在回忆里强调在苦中别人如何帮助自己。程讲了自己接到"祖母去世"的电报之后，去连队请假，结果已经有两三个人报了事假，而连队不能给更多的人准假，在这种情况下，一个男生（铁凡）退了出来，把机会让给了她。结果是程"特别受感动"，感慨万千："人家就不困难？人家家里人下干校，人家父母就一个儿子……人家没办法才来电报。"其中渲染了极强的人性善的情绪。而这种苦中的善，也就是知青今天不断诉说的知青情谊。

铁凡（音）作为儿子，家里没办法，才来电报，叫他回家帮着家里人下干校，他也想请假。我俩没说过话，又不是一个学校的，工作也不在一块儿，认识是认识，没有来往没说过话。他听说我这情况以后，他自己跑到连里跟连长说："让她回去吧！她比我更困难。"后来我听了特别受感动，我觉得人家认识都不认识我，人家就不困难？人家家里人下干校，人家父母就一个儿子，连个捆行李的人都没有。那时候不像现在，有搬家公司，都是自己干，你说一个老头老太太……把兄弟姐妹都赶走了，一个都找不着，就一个儿子。肯定困难，人家没办法才来电报。另外一个是病得厉害，那个到现在还是类风湿，那种病，整个关节都变形了，特厉害。这么三个人，最后铁凡退出来了，让我回来了。（出自程文本，2001）

知青诉苦过程中，为什么没有一个明确的迫害者形象？他们为什么从"无悔"的方向来记忆自己的苦或者苦难？

如果从文化的角度来分析，似乎可以解释其中的部分问题。中国文化中不乏诉苦意识，每当一场社会大灾发生后，中国人中就会涌现出无数的控诉者。有人认为，中国文化史在一定意义上就是一部控诉史。但是，在中国主流文化史中几乎没有《俄狄浦斯王》《忏悔录》《存在与虚无》这种要求人为自己、历史、无限者负责的作品。屈原的诗、《窦娥冤》之类的戏曲、伤痕文学中我们可以感受到的只有强烈的控诉意识。它们少有"诉者自身的罪责问题"，祥林嫂的苦似乎是个意外，但她却是个"疯傻"的形象。

事实上，"文革"中的多数人，有过"害人"的举动。包括老三届学生，对教师的人身和人格的侵犯应该是"老三届"学生的群体行为，有些学校的"老三届"甚至将老师活活打死。

有人从缺少"忏悔"意识的角度来反思这些回忆。"忏悔"是西方文化的一部分，苏菲的选择也是"形势"所迫，可是她却为这个选择承担了一辈子的罪责。

一个人是否应该具有对历史负有罪责的意识？应该如何负责？面对这样的苦难记忆，到底如何解释才更有力？是文化制度原因，还是意识形态上全面否定之后，在心理层面，曾经害人的也更容易把自己塑造成受害者？或许我们真的"没有寻求到一个能够表述浩劫经验的最基本的行动文法和象征符号"（杜维明语）？这在一时难以回答。但是，做这样的课题，确实应该警醒自己要勇敢面对一些东西，比如集体遗忘。

六　"青春无悔"记忆的建构逻辑

（一）"悖论"现象

在我们做知青调查和阅读知青文献的时候，明显感受到三个悖论的存在。

一是知青的"无悔"归因意涵和当年知青上山下乡运动所宣传的意义明显不同，这在前述"无悔"归因及其意涵里面有所涉及。即知青今天所讲述的"无悔"是比较个人化的意义，如"经历是一种财富"、下乡磨炼了个人的品性、认识到人性的善良等。而"老三届"知青当年上山下乡的意义却是：拥护毛主席的路线，做革命青年，走与工农相结合的道路；战天斗地，改造农村，大有作为；改造自己，到艰苦的环境把自己锻炼成为合格的接班人。显然，今天知青对"无悔"的意义归纳与当年相比形成一种错位。

二是"有悔"和"无悔"之间的悖论。在知青个体讲述过程中，尽管"无悔"的逻辑十分鲜明而且比较圆满，但是事实上，"青春无悔"记忆是有枝蔓的，只不过这个枝蔓显得很含糊。比如"受苦"本身是否值得？这个答案从某种角度看来有点含糊，从周文本的叙述，我们就可以看出几处前后矛盾的地方来。

A. "我"（遥远的我，那时候）受了苦，所以更有韧性（现在的我）。

B. 那个时候的苦，说不定就是现在的病源。

> 像我这种长期在农村劳动的，累得慌，老不注意；这长期开车，

老不注意，不注意，不定什么时候就感染了（腰椎结核）呢。

C. 知青这代人受了国家运动的苦，所以承受了共和国的苦难。

　　唉，我跟你说，不管怎么说，就从冠冕堂皇的角度来说，我们这帮人承担了共和国的一部分痛苦，我们肩膀上承担了一部分，真是承担了一部分。别的届，他不敢说这种话。

D. 如果没有这个（苦），我们一些人会大有作为的。

这个"苦"看起来是多义的。因为从个体角度而言，一方面他强调知青时候的"苦"使现在的自己变得更能吃"苦"，另一方面又讲那个时候的"苦"给自己"落下"病痛。从群体角度而言，"苦"使这个群体"扛"了共和国的苦难，又耽误了这个群体的青春，不然会"大有作为"的。

不过，透过繁长的周文本，以及访谈中所感受到的氛围，我们发现B、D的意涵也仅仅是隐约一闪，看起来，它更像是作为A、C的一个弱小枝蔓和修饰而存在。比如B意涵中周的病痛，是通过周对自己母亲不幸病逝的讲述而引发出来的，接着是他猜测病痛的原因：有可能是在农村或者开车时劳累造成的。这样"苦"本身有可能是落下病痛的根源，但是周并没有在此"纠缠"，他的话题很快就转换到因为病痛不能和同学一起"回去"（回乡）看看的事情上去，而且讲有关"回去"的篇幅拉得很长。如此，这个"病"在整个文本中似乎仅仅作为一个原因而存在，它成为阻碍自己这次"回去"的一个重要甚至是唯一的原因——使自己今年没能"回去"看看。而"回去"的事件变得重要了，其中周的惋惜口吻是很强烈的，它传达了周对过去生活的地方（也是自己过去受过苦的地方）的一种难言的眷恋和深切的感情。接着，周说自己经常"回去"，然后是他强调和自己一起插队的女生的优秀品质——"我看见我这些同学啊，尤其是那帮女生啊，都特别要强"。她们在困难面前不低头，包括下岗的，一丁点儿都不占别人的便宜，"聚会的时候，大家争先恐后地掏钱"。同插情谊，同插伙伴那份让人赞服的人品，成为周的讲述重点。这样，一闪念的"有悔"意涵也仅仅是个闪念，有侧重点的讲述，不仅没有使"无悔"的逻辑受到影响，而且似乎显得更加生动了——我落下了病痛，可是我还要"回去"看看；它阻碍了我这次回去看看，使我深感遗憾。那个地方于我而言是个意义（同插情谊）凝聚的地方，它成为回忆者大篇幅、大力度讲述的对象。

C 和 D 之间的关系也与此相似。对 D 的讲述往往连同"我们这代人最苦、最惨"一起出现。它强调的是知青受苦的形象，即知青承受苦的能力更大，能"熬"，而没有具体讲如果没有这个（运动）知青如何"大有作为"。这点在白文本中也有很明显的表述。白讲唯一后悔的地方是没有上大学，可是接下来，她就否定了"如果没有这个运动"的假设："像我们这代人，没有你奋斗的机会，就是你想奋斗，没有机会，你奋斗也没有这个机会去奋斗。"显得有些语无伦次，不过重点却是鲜明的："国家这样，我们只能如此。"还是一种自己无力、不能负责任的个体乃至群体的无悔心态。

这些看起来的矛盾，其实力量是不均衡的，起码在知青的讲述里是这样的，知青有侧重点，他们明显筛选了一些事实，这样一些事实变得重要，另一些事实变得无关紧要。其实，B、D 对于 A、C 并没有构成"威胁"。不经意的蜻蜓点水式的述说，使似乎萌发出来的"有悔"并没有成长为一种力量。

不仅如此，而且，落下病痛的苦和没能上大学的苦，反而使我们这代人受的苦变得更形象、更深刻，为共和国扛的苦也变得更切肤、更残酷。讲述者对枝蔓的处理技巧在某种程度上反而使它（"有悔"）看起来像是作为"无悔"的修辞而存在。

三是详谈下乡生活与略谈甚至不谈"文革"经历之间形成对比。如周讲述的时候对下乡的苦难生活描述活灵活现，可是基本上不谈"文革"，当我们追问"文革"这段经历的时候，他称红卫兵为"他们"，于是我们问："您不是红卫兵？"周回答说："我不是（红卫兵）。我是红旗……"其实，周对红卫兵的讲述是模糊的、定义不清的。不过，我们可以从他的含混的讲述中，推断他曾是个红卫兵。但是他不仅不讲自己的红卫兵经历，而且否定自己的红卫兵身份。他表述红卫兵经历时是谨慎的、隐晦的。

周对红卫兵问题的讲述主要有四段。

材料 1：我不是（红卫兵）。我是红旗，红旗就是以各班班干部为主的，那边纯粹是出身好的。到最后，我们班红卫兵也没占多大"市场"。因为他不是各班的好学生。然后从 8 月以后，毛主席接见红卫兵以后，他们就走入社会了，什么四旧了，打人了，都是从那里来的。就像我们这帮人，和红卫兵对立的这帮人哪……

材料 2：那时红卫兵啊，我不知道你怎么划分这个概念。刚开始有一拨特别早的，那帮人可以说是为首分子，那帮人。从现在讲，全是从他们开始捣乱的，然后是一帮，毛主席接见红卫兵以后……你要说啊，其实都参加过红卫兵，因为到后期各个组织都开始招兵买马，因为人员不够了，你再开始招谁？根红苗壮的没了，那开始怎么办？那就开始执行党的政策了。扩大自己的组织，基本上都参加红卫兵了，不参加的极少。到了后来，1966 年的，基本上都是红卫兵。街上的人都戴着袖章，不戴的反而奇怪了。

材料 3：中学红卫兵给我感觉是瞎闹，不懂事，大学红卫兵有样子，他们对"文化大革命"的发展，别管是向前还是向后，起了作用，别管是好作用还是坏作用，反正是起了作用了，中学生起了什么作用？中学红卫兵就是那么一段，杀进社会的一段。所谓的造反、所谓的破四旧，什么都敢干了。大街上看见这个牌子不对，就砸了，那个牌子封建，砸了，上哪个庙里砸去。破四旧烧楼、抄家，这都是中学红卫兵干的。

材料 4：在"文化大革命"中，我们确实是受到伤害了，也伤害别人了，这一点，作为每一个知青、每一个参加"文化大革命"的人，都不应该回避，每个人都应该有一个反思。你参加过斗争会没有，你参加过斗老师没有，只不过是程度不一样吧，有人更激进一点，有人更暧昧一点，没有人揭竿而起，说我坚决反对这样干，没有一个人。实际上来讲，我们每一个人在受到伤害的同时，我们也伤害了别人，这是包括社会上的人，包括自己的老师，包括自己的父母。所以我特别烦，现在看到一些文章把自己说得多——（后面是转换话题，说自己的母亲）

上述材料包括以下要点。

A. 那时候是一呼百应，恨不得都急了，全挤着，那时候整个学校里全乱了。

B. 我不是（红卫兵）。我是红旗，红旗就是以各班班干部为主的。

C. 到最后我们班红卫兵也没占多大"市场"。因为他不是各班好学生。然后从 8 月以后，毛主席接见红卫兵以后，他们就走入社会了，就打打杀杀了，开始砸东西了。

D. 就像我们这帮人，和红卫兵对立的这帮人哪……

E. 那时红卫兵啊，我不知道你怎么划分这个概念。

F. 你要说啊，其实都参加过红卫兵……

G. 街上的人都戴着袖章，不戴的反而奇怪了。

H. 我们每一个人在受到伤害的同时，我们也伤害了别人，这是包括社会上的人，包括自己的老师，包括自己的父母（把"我"抽象化、广泛化，在自我关系中，抽象的"我们"成为他者，用他者来说话，似乎脱掉了干系）。

他否定自己的红卫兵身份，但是后来似乎又戴了袖章。"我们"和"他们"之间在开始的讲述中存在明显的区别，后来界限又变得模糊了。关于红卫兵的讲述，前后断断续续，是不连贯的，之间穿插着农村饮食习惯、自己的饥饿经历以及受苦体验。他从反面讲述了红卫兵的行为，但是没有讲红旗具体做了什么。讲了红卫兵如何打人，伤害人，而忽略掉了"我们"。讲到"我们也伤害了别人"时，并没有使伤害具体化。

记忆（讲述）有所抹去，变成一种否定（"我不是红卫兵"），"我"在其中被广泛化（"我们"也伤害别人了），"我们"成为"我"的修辞，使"我"抽象化。"我"的形象也因此变得模糊。这是自我抹去的一种方式。

群体受害形象和"我"受害形象共存，肯定了"群体"害人形象，却没有"我"害人形象。其中的替代和转换的隐喻时隐时现。这种修辞手法化解了某种内在的紧张关系。

1. 记忆的"黑洞"

遗忘被有的学者称为"记忆的黑洞现象"，[①] 而在寻求因果关系的时候我们无形中要去掉一些东西。即记忆的抹去是遵循了一套逻辑关系的，不合逻辑的就被隐去，于是"被抹去的"就成了记忆中的"黑洞"。而这种记忆和遗忘的关系往往是由讲述造成的，当叙事本身被看作一次对个人记忆的唤起与抹去的运动。

如果从记忆和遗忘的角度来分析，我们可以看出"青春无悔"的记忆大致有以下几方面内容。

第一，记忆与叙事。

A. 对"下乡"氛围的记忆表述：它提供的是一个别无选择、没有自主性的"青春"道路。事件的起因向他者归因，塑造了一个"受迫害者"的形象。

B. "我"无悔：表现出色——在乡下干活卖力，多苦都不叫累。

C. "我"不后悔：经过下乡，起码不怕吃苦了。

D. "我"偷过鸡：不过这不是"大事"，"借粮不还"，不过都是因为饥饿。

E. 别人有悔：别人打老师、斗老乡（我往往以旁观者的立场投以同

---

① 纳日碧力戈：《各烟屯蓝靛瑶的信仰仪式、社会记忆和学者反思》，《思想战线》2000年第2期。

情的目光），女知青与当地人结婚……

F. 我们这代人无悔：我们具有优良的品质。

G. 我们这一代人有悔（实则无悔）：我们也害过人，不过是形势造成的。

我们在前面提到过，无悔的逻辑是很鲜明的，虽然"有悔"作为"枝蔓"，但还是存在的，不过记忆起来的"有悔"往往是以"我们"的人称出现的，而且讲述者往往强调是那个时代，是非常时期的国家造成的，是"我们"更是"我"所无力的、无法负责任的。作为能承担实体责任的"我"则一直是"无悔"的。

第二，遗忘与隐匿。

A. 避谈自己有悔的事情：比如我们调查了二十多个知青，每个人都没有谈及自己的红卫兵经历。

B. 含混的语气和大线条的方式：讲到自己同伴打人——男生在乡下抽打富农老太太，把自己分离出来。

知青在谈经历的时候，更愿意谈他们下乡这段生活，而且谈的大部分都是吃苦；他们不愿意谈"文革"和"文革"中他们的社会角色，总之对"文革"的描述是粗线条的，这有意无意是一种回避，形成记忆的"黑洞"。

这些"黑洞"显然与现在的意识形态有很大的关联。例如红卫兵经历的讲法。如果按照梁晓声的说法，那么知青中十有八九是红卫兵。而他们为什么不谈这段经历呢？从主流意识形态来看，这是可以理解的。一方面知青把自己塑造为受害者形象，"那个时候小，什么都不懂"，是国家造成的这一切，这样，知青就可以在心理和言语上对"无悔"的归因比较安心；另一方面现在社会上也不断地否定红卫兵，影视作品中对这段的描写几乎都是戴着红袖标，一帮红卫兵打另一帮红卫兵，全是反面角色。所以知青遇到这种非常尴尬的情况，也尽量不说那段经历。在我们调查过的二十几位知青中，基本上没有人谈红卫兵经历。当过红卫兵的也矢口否定自己的这个身份。但是知青不讲是否就意味着忘却了呢？

显然不是,记忆的"黑洞"对于亲历者而言,仅仅是讲述层面的,它使"无悔"的逻辑看起来显得更圆满一些。

这样一种记忆方式的背后是什么呢?即为什么知青的"无悔"归因跳过了当年知青上山下乡运动的意涵?为什么"无悔"和"有悔"同时存在于知青的记忆中,而知青却强调"无悔"的声音?为什么几乎所有的知青都详谈下乡而略过"文革"经历?

2. 历史语境的转换

随着历史的变迁,语境也随之改变。显然,今天已非当年知青上山下乡的语境,当年全国上下一片"红海洋",毛主席的话就是最高指示。那个时代("文革"前及"文革"期间)的话语方式塑造了知青的意义世界,它对个人精神乃至于身体都有重要的影响。例如,知青在农村吃饭前背语录,穿衣服越有补丁越革命。我们可以在最私密的个人通信中感受到这种气氛。

> 果儿:你好!
>
> ……我看你信上提及因工资少了些好像有不够圆满的思想,同时对哪里来哪里去的分配恐怕也感到不很满意。当然这是我的主观看法,不了解情况不好乱发言,不管怎么样,一句话应该紧跟毛主席的战略部署,不可有丝毫为私字出发,首先这点你应该警惕,千万不要和他们一样去讨价还价,要经得起考验……
>
> 现在我们居委会工宣队也正在把毛泽东思想带进每个学习班……(问题)就看工宣队的处理了,反正坏人是一个也跑不了……最近恐怕要揪斗坏人啦!我们会忙一些……
>
> 祝
>
> 你永远紧跟毛主席
>
> 母字
>
> 1969.1.9 晚

这是 1993 年"南京知青春华秋实展"搜集的知青母亲给在江苏省新浦县东方红农垦大学畜牧医系学习的孩子的家书。《知青书信选编》的编者没有告诉我们更多的信息，不过在信中，我们可以猜测到，他们家出身似乎不好——"我的情况项主任和王伯伯老工人已经做过介绍，他们对我很好，出身不能选择，出路可以自己选的"。父亲已经去世，但没有写因为什么去世。信尾的话显然不是私人性的，而是口号式的教诲。在信中，我们可以体会到某种紧张。也是写信人和收信人的"现实紧迫性"——"不了解情况不好乱发言，不管怎么样，一句话应该紧跟毛主席的战略部署，不可有丝毫为私字出发，首先这点你应该警惕"，"反正坏人是一个也跑不了……最近恐怕要揪斗坏人啦！"这些事件让写信人紧张，也让读信人紧张。

当上山下乡被看作革命青年走与工农相结合道路的最激进形式，知青下去的意义就变得重大了。

（下乡）是自愿去的。但是……反正怎么讲呢，也有我自己的一个特殊的因素，当时觉得应该和家庭划清界限。去了以后才能证明，就是跟大家平起平坐，就是说同一起跑线上，就是比较公平的竞争。

我觉得和家庭分离，我得去，我要不去的话，那，那……是吧？那人家，肯定大家都，连出身好的都下乡，都上山下乡。

但是总的来说，就是说我这么下乡了以后吧，第一我的行动是革命行动，是响应毛主席号召，没有人可以否认这点，对吧？第二点呢，就是说，怎么讲，反正就是说，嗯，……也不好说……就是说，（与）家庭划清界限这事很难说了，当时自己有这种想法，觉得要彻底脱离家庭，得响应毛主席号召，得去。

（在农场）平时呢，义务加班都是自愿的，没有一个人说强制你，但是好像互相的眼睛都像探照灯似的，互相看着似的。但是就比着、攀着，有点……就像你们现在攀比吃，攀比穿，攀比谁有汽

车、有房子一样，我们就攀比谁干得多。我基本上那会儿我就加班啊。（以上出自任文本，2001）

这一年代中的自我显然具有某类的特征。"我如何表现自我"在当时具有现实紧迫性。"革命年代"，"我"自有一套"自我表达"的话语模式和行为方式。在惧怕、恐慌和兴奋的"红海洋"中，自我表现与自我表达遵循一套逻辑——按照需要与家人划分界限（隐匿、否定、拒斥了血缘关系）。知青当年的自我表达呈现出一种特有的方式，这显然是当时历史语境下的产物。

而知青所面向的情境已经是今非昔比了。首先"文革"被彻底否定，继而整个上山下乡运动也被否定。毛泽东当年的指示在今天看来已经显得不合时宜。知青"无悔"归因显然也含有否定当年的意涵，因为它基本上完全是另外一套意义系统。这套"无悔"意义系统所显示的更像是一种日常生活的价值观，比如不怕吃苦、见识到人性的善良、经历是一种财富等，大有一种回归人生意义的趋势。知青不谈红卫兵经历，少谈"文革"，是与否定后的主流意识形态紧密相关的，如一些影视作品对红卫兵形象的刻画（基本上是反面角色），知青显然也很少动用这部分回忆来建构自我形象。

（二）"青春无悔"的集体构建

当主流意识形态对上山下乡运动持否定态度的时候，知青执着于"无悔"的意涵，其个人的"坚持"更像是知青集体权力运作的结果，在知青文学和知青聚会中，"无悔"的意涵更加鲜明，而且声势强劲。

1. 知青文学——传播广泛的刻写方式

知青文学在知青中具有很广泛的影响。所谓"知青文学"，一般指的是知青作家创作的以知青生活为主要内容的作品。"知青文学"包括各类体裁，如诗歌、报告文学、小说等，其中小说创作最为丰富，而且影响较大。如果知青文学还包括一般个人回忆录，那么这个创作群体又扩大了许多，显然影响也更广泛了。就我们所采访的知青中，就有许多人写过回忆录。

知青文学大概于 1980 年前后产生，它以反映知青们的特殊历史经历和现实经历，揭示知青的特殊心理为内容。高歌"青春不悔"，嗟叹"苦难与风流"的话语，一度流行在所有的知青文学中。

知青题材多为纪实体，它描述了一代青年人的人生经历和成长道路。文学作品作为一种社会记忆方式有它的独特性。显然，它的"真实性"会受到质疑，文学本身的虚构特点，使得记忆这个本来就很神秘的概念在这里变得更加扑朔迷离。

但是作为一种刻写方式，知青文学也是一种民间回忆历史的方式。作为印刷品，它的影响可想而知。有人批评知青题材多为纪实体，不少是资料的堆砌，仅仅停留在表象上的描述，但是不可否认，"知青文学"现象，已经凝聚成一个可以不断复述和再演绎的"知青"话语，它带着深刻的历史烙印和一种独特的精神气质，在文坛乃至普通知青中间有着广泛的影响。

知青文学当然不能一概而论，它是一个时间性的概念。有人认为，由于 80 年代的知青文学距离历史太近，许多作品的精神形态恰恰与他们所经历的历史形成"同构关系"。90 年代的作品就多了些冷静和反思。而从 80 年代的高扬理想到 90 年代的冷静再现，知青文学的发展无不深受主流思想和主流文学的影响，一直没有理论和思想上的独立和自由。这些说法从某种角度来看有一定的合理性，不过，我认为知青文学中一直弥漫着某种独特的精神气质。当然，这里暂时不对这个问题展开系统讨论，我们的立足点是：在知青文学中，知青的形象是怎样的？"青春无悔"在知青文学中是如何被记忆的？尤其是一些有影响的知青作家是如何记忆青春的？因为他们以文学的形式参与制造了知青的集体记忆。

在一次访谈中，叶辛以"回过头去看"的态度讲述了当时的苦："那生活是真的很艰苦的，对于我们读过一点书的人来说，这苦不在于劳动强度多么大，生活条件多么苦，而主要来自精神方面，我们在当时看不到希望，也没有前途，这种近乎绝望的感受是很可怕的。"但是他认为这些"苦"是有用的："它对于我的人生观和恋爱观都是有很大影响的，也帮助我了解了普通劳动人民的真实生活，对于我今天的写作有着很大的好处。"

叶辛的《蹉跎岁月》包含了苦涩、无意义的意涵。但是作为一名知青作家，他显然是在其中找到了意义，也就是"苦"的意义。

在中原农村当了近三年知青的上海女作家王安忆说："我始终不能适应农村。不过，农村是一个很感性的、审美化的世界，农村给我提供了一种审美的方式、艺术的方式。农村是一切生命的根。我当年正是在黯淡的心情、强烈的青春期忧郁中，对农村的环境、自然的方式留下了鲜明的印象。"

知青作家在个人回忆中为自己找寻价值，为自己的青春找寻价值。而通过知青作品，知青作家似乎在一段荒谬的历史中为一代人找寻价值。

从《绿夜》到《黑骏马》，从《大阪》到《北方的河》，张承志塑造了一个个奋斗不息、坚忍不拔的精神偶像。在这里，他巧妙地回避了对那场运动的微观描述，而以过来人的身份眷顾一些美好的情感，高扬这一代人面对现实世界的不妥协精神，从而在某种意义上完成了对一代人"根"的追寻。

人们普遍认为，梁晓声愤怒地为他们这一代人打抱不平，他的作品充满了浓郁的革命理想主义和英雄主义。中篇知青小说《今夜有暴风雪》产生过广泛影响，并被王蒙誉为一块"英雄悲壮的知青纪念碑"[1]。它用小说叙事的手法表达了知青的"青春"形象，自始至终充溢着"青春无悔"的感叹。所以通过对它的分析，可以从一个角度理解知青文学中"青春无悔"的含义。

这部作品写于1980年代初，在《蹉跎岁月》之后。叶辛在《蹉跎岁月》中流露出知青的青春是伤痕的和无意义的，梁晓声作品的问世无

---

[1] 秦宇慧：《文革后小说创作流程》，燕山出版社，1997。

疑与《蹉跎岁月》形成了一种对话关系。它营造了一种意义的气氛，在喧嚣的风雪中，树立了一群青春英雄主义的形象。

作品以北大荒40万知青即将返城的时刻为切入点，展现了不同的知青人物和生活场景。

小说的开始，就是一群知青中途拦车、争先恐后返城的情景。"雪原上，几排泥草房的低矮的轮廓，不见炊烟，不见人影，死寂异常，仿佛一处游迁部落的遗址——那里曾经是黑龙江生产建设兵团的一个连队，几天前还是。"人去楼空，全然衰败的景象，让人联想到这个运动曾经的轰轰烈烈，对比如此强烈，以至于使人茫然："当我们不顾一切地回城的时候，是否意味着我们在否定当时的自己？当整整一代人都不顾一切地回城的时候，是否意味着我们在否定那个时代？当我们不顾一切地回城的时候，是否意味着我们在否定当时的自己？"《今夜有暴风雪》中的小木匠在知青中素来地位低下，在知青返城夜里却无形中成为自己连队（工程连）的带头人，这时他的感情是复杂的："十年来，他第一次体验到，能够代表多人的意志，每一句都能够被众人所服从，这种感受是多么不一般！"可是在"内心充满自信的同时，又是那么空泛，甚至有点苍凉，有点苦涩"。知青对自己奋斗过十年的土地的感情是复杂的，自己的道路在刹那间转轨——原来的一切都要被抛掉，空泛，苍凉，苦涩，这些意味着什么呢？郑亚茹临走，要带走点什么，却什么也没有拿走，于是她流泪了。这种感情显然是复杂的。

《今夜有暴风雪》中知青的形象也是青春受难者的形象。他们被蒙骗过：在暴风雪之夜，在团里要扣压知青返城文件的时候，老政委孙国泰提醒马崇汉"那么多知识青年是怎样来到北大荒的"：

> 兵团组建的第二年，马崇汉作为兵团的代表，乘飞机来往于各大城市之间，做了一场又一场的精彩演说式的动员报告：正规部队的性质，不但发军装，还发特别设计的领章帽徽，居住砖瓦化，生活军事化，生产机械化……如此这般天花乱坠，欺骗了多少知识青年啊！

他们被打击过：曹铁强报名申请去北大荒，却因为母亲的问题而没有被批准，于是他哭了；裴晓芸申请一支枪，却因为不是"红五类"而没有被批准，她也哭了。显然，知青裴晓芸的痛苦回忆要更多一些。她是一个政治上有"特嫌"的歌唱家和一个大学里的"反动讲师"的女儿，"永远笼罩着哀哀的愁云"。母亲早逝使她自小缺少母爱，父亲在十年浩劫的第一年也离开了人世，使她无家可归。16岁，全连最小的女知青因为没有亲人，一个人留在"大宿舍"里孤零零地过年——"那种孤独之感，咄咄逼人"。

他们被阻拦过：在知青返城大潮中，团部扣压知青返城文件。这些苦难是知青集体记忆的一个重要内容，但苦难并不是可怕的。

他们不怕死，只要能做英雄。

他们就怕平凡的生活。艰苦他们已经习惯了，习惯了的就是平凡的。而"平凡"对他们来说是一种软性的挑战。他们没有足够的耐力应付这种挑战。渐渐冷却的政治兴奋在他们身上转化成追求那种惊天地、泣鬼神的英雄壮歌的激情。

这是"最荒谬的年代有最真诚的理想"的知青，他们以"真诚"打造了一个激动人心的自我认同。"裴晓芸冻僵在哨岗上，我们心中的一根隐秘的弦被轻轻地拨动了。潜意识中的英雄情结使我们获得了难以言表的阅读快感，一种部分人拥有的，有时甚至是虚幻的集体意识代替了每个个体的亲身经历和独特经验。"这些集体记忆抹掉（遮掩）个人记忆，以致使个人记忆残缺、遗失。

裴晓芸的经历，使苦难者神圣化。真诚、浓郁的革命理想主义和英雄主义、对人的至善至美的礼赞，使我们暂时忘却了那个时代本身。也可以称之为"精神乌托邦"，不过它确实是知青的精神特质。徐友渔认为[1]，

---

[1] 参见秦宇慧《文革后小说创作流程》，北京燕山出版社，1997。

"这是一种特殊的理想主义，说它理想，是因为它超出庸俗琐碎的日常生活，而且常常超出了一己之私利，和人类自古以来追求的美好目标有关系，从而显得高尚和神圣……它把革命的价值高于一切，高于物质享受，高于文化、科学、艺术，高于人与人之间美好的关系，甚至高于生命本身"。

而知青返城是否意味着否定知青本身？在《今夜有暴风雪》中不是这样的。运动和作为个体的人乃至于群体之间有一种张力：历史可以否定，青春不容否定。这中间的转换机制似乎全在人的情感之中，例如，郑亚茹在"走"与"留"之间的矛盾。离开？可是这里有她的爱人。只有他才可以医治她的爱情伤痕。

留下？……八百余名都走了，四十余万都走了，自己留下来？选择和大多数人相逆的生活之路，别人的经验告诉她，那是太冒险了！……何况，此后她的双脚踏在这块土地上，心灵会感到时时不安宁的。因为这里埋下了刘迈克和裴晓芸，在今天。

最后她选择了离开，却是带着泪的离开。

她临登上长途汽车，从北大荒的土地上装了一牙具缸雪，雪，已经化成了水，可她双手仍捧着牙具缸。

至此，从种种场景来看，"青春无悔"情结是复杂而神秘的。梁晓声说，"生活有时像一位父亲，有时像一位母亲，有时严厉，有时慈祥，有时不免粗暴，有时感情细腻，但它总是不忘自己的责任，开导着它年轻的孩子们"。把这段生活比作父亲和母亲，显然带着浓郁的感情色彩。知青在"人"的层次上，以情感的方式肯定了知青的青春的生活。

在暴风雪之夜，面对赶到团部的全连战士，曹铁强发表了这样的讲演：

也许，今天夜晚，就是兵团史上的最后一页。兵团的历史，就是我们兵团战士的历史。我们每一个，都应该尊重这段历史，不论今后社会将要对生产兵团的历史做出怎样的评价，但我们兵团战士这个称号，是附加着功绩的！是不应受到侮辱的！……

这种语句在小说中不止一次出现。曹铁强对要走的郑亚茹说的也是类似的话：

我知道，你是要离开的了。希望你，今后再回想起，在同任何人谈起我们兵团战士在北大荒的十年历史时，不要抱怨，不要诅咒，不要自嘲和嘲笑，更不要……诋毁……我们付出和丧失了许多许多，可我们得到的，还是要比失去的多，比失去的有份量。这也是我对你的……请求……

这也是小说的主题。带有明显的意识形态色彩，这是一种群体压力和集体记忆的暴力。曹的逻辑是兵团历史等于兵团战士，等于兵团个人，从大推到小，抽离出具体事件，升华出功绩。用情感，以某一个细节来感动这个群体和局外人。就像裴晓芸的苦痛记忆，但裴晓芸的回忆带给她的是快乐。

回忆，这是一种特殊的精神享受，如果谁确有值得回忆的经历。内心的痛苦，感情的折磨，不公平的处境，破灭的希望，萌发的希望，种种希望变成种种失望后心灵受到的极猛烈的冲击，这些经历，便是回忆对人具有的非凡魅力。尤其在谁认为自己获得了幸福之后。

这是裴晓芸第一次上岗后在回忆中体会到的快乐。"苦"在快乐的时候被赋予了意义，苦没有白"挨"，因为她终于被允许"上岗"了。"我们付出和丧失了许多许多，可我们得到的，还是要比失去的多，比失去的有份量。"成为知青青春的基调，于是"无悔"的含义凸显出来。不仅如此，还应该"不要抱怨，不要诅咒，不要自嘲和嘲笑，更不要……诋毁……"这样，青春已经完全被肯定。裴晓芸的死使它更加提升了一步：青春变得神圣了。夹杂着个人情感，它被糅合成一个神圣而又神秘的知青历史记忆。

这种记忆结构与周的个人苦难记忆如出一辙。这种意义归因的逻辑显然与下乡时有所不同，"下乡"时是从大的意识形态（国家层面的大有作为、接受再教育）来讲述个人的行为；今天，知青却以集体乃至于个人的行为（充满了情感色彩）来看待这个宏大叙事。所有的一切均被某种精神所湮没。而"青春无悔"给我们的不只是一个平面化和概念化的模糊印象。

知青文学中一般强调"坏事本身就是好事"，或曰坏事本身包含积极的意义（下乡受苦之时，也是青春迷人之日；劳累即锻炼；离开城市进入底层，才真正开始认识中国社会，真正接受了有别于官方宣传与学校课程的活生生的"再教育"，等等）。知青作家强调下乡之祸，即青春之福。[①]

许子东认为，"虽无结果，仍为奋斗的过程而骄傲"是知青小说集体记忆的一个基本信念。"红卫兵—知青"角度的文学，就是在结局等于开端的情况下，证实过程仍有意义，而意义就在过程之中。史铁生通过对农民的理解，感悟在乡村生活的苦中之乐；梁晓声用莎士比亚古典悲剧情节重新改造北大荒记忆，来证明青春没有浪费，年华没有虚度。

意向性与叙事结构之间的关系是显而易见的。显然，前者支配了后者。谁是叙事者，通常谁就占有道德上的优势，由谁来说是重要的，曾经作为知青的作家将"文革"期间普通男女的"杂乱无章"的生活，叙述成起承转合、四季分明"动人心弦的故事"。

罗兰·巴尔特认为，叙事作品是一种综合性很强的，主要以嵌入和

---

① 许子东：《为了忘却的集体记忆——解读50篇文革小说》，生活·读书·新知三联书店，2000。

包裹句法为基础的语言；叙事作品的每个点同时向几个方向辐射……功能单位被整个叙事作品"抓住"，而叙事作品也只有靠其功能单位的畸变和辐射来"维系"。[①] 从结构主义或符号学的角度来看，叙事就是对已发生的事情或已经开始发生的事情进行整理或重新整理、陈述或重新讲述的过程。米勒认为，故事的文化功能是一种对文化中关于人类存在，关于时间、命运、自我，关于我们的过去、现在和将来等等人类生活的最基本的假设进行肯定、巩固甚至创造的功能。[②] 我们之所以一再地需要"相同"的故事，是因为我们把它作为最有力的方法之一，甚至就是最有力的方法，在维护文化的基本意识形态。

无论是在过去还是在对过去的诠释中，历史都遵循一种模式或者结构，按照这种模式或结构，某种事件比其他事件具有更大的意义。在这一意义上，结构制约着知青作家的写作。

"青春无悔"作为一种记忆，有它自己的叙事结构。它的话语权掌握在有能力讲故事的知青（如知青作家梁晓声、史铁生，《今夜有暴风雪》中的知青连长曹铁强）的手中，以此来建构、维护和"灌输"它的基本意识形态。在这个结构里，某些事件变得比其他事件更加重要。

2. 聚会——一种集体操演方式

聚会作为知青纪念活动之一，有时比较自发，有时组织严格，形式也时简时繁，在知青中的影响比较广泛。知青聚会是知青集体记忆的一种重要演练方式。我把知青聚会作为一种仪式来研究。人类学对仪式的研究比较多。仪式创造是一个很普遍的问题，但仪式本身却是一个具有特殊意义的现象。如果从功能角度来分析，那么仪式的种类是不尽枚举的。一般仪式都具有一定的形式，表达一定的内容，传达一定的意义。

保罗·康纳顿认为，研究记忆的社会构成，就是研究使共同记忆成

---

① 参见许子东《为了忘却的集体记忆——解读50篇文革小说》，生活·读书·新知三联书店，2000。

② 参见许子东《为了忘却的集体记忆——解读50篇文革小说》，生活·读书·新知三联书店，2000。

为可能的传授行为，这也是一种社会如何记忆的研究。[①] 他把纪念仪式和身体实践作为至关重要的传授行为。而有关过去的意向和有关过去的记忆知识，是通过（或多或少是仪式性的）操演来传达和维持的。

知青聚会有一个仪式过程，包含了一种格式化的内容。它再生产知青话语，例如它可以启发回忆。有许多回忆录就是因为纪念仪式和聚会而留下的。聚会本身反映了参与者的精神气质。

而知青聚会作为一种纪念仪式，它记忆什么？它要表达什么内容？它的记忆方式又是怎样的？如果说作为一种宣言，那么它要宣告什么？如果说作为一种精神气质，那么这气质又是什么？如果作为一种权力运作，那么它要否定什么？这是本节尝试回答的问题。

以下是北大荒知青的一次聚会记录，地点在北京和平里化工招待所，时间为1999年，名为纪念知识青年上山下乡三十周年、加工连建制三十周年的大型联谊会。聚会的规模很大，到会者达到该连当年成员的85%。气氛是"欢乐、激动而热烈"的。

据记录，仪式是以这样的方式开始的：

> 下午两点，指导员王传明的点名揭开了大会的序幕。像二十多年前在连队食堂开大会一样，指导员高声点名，台下的战友大声应答，战友们年近半百，声音依旧。于富生还故意用当年的怪声怪气回答，有人笑着说，"还和小时候一样"，引起哄堂大笑。

仪式研究者认为，要想仪式对参与者起作用，就要参与者在身体的基础上习惯于这些仪式的操演。操演记忆是身体性的。体化实践亦为姿态的记忆（身体语言），在习惯记忆里，过去就积淀在身体中。指导员点名和台下的对答之间重复了当年的身体姿态，"声音依旧""还和小时候一样"，知青显然习惯于这个仪式的"操演"，因为记忆保存在身体

---

① 保罗·康纳顿：《社会如何记忆》，纳日碧力戈译，上海人民出版社，2000。

之中。

开幕词中点明这次聚会的主题是："回顾历史、重温友情、面向未来。"显然，与一般的知青聚会主题相似。不过，这次聚会的仪式操演性要更强一些。

发言是有秩序、有准备地进行的。发言有长幼次序，但是发言者的内容是重复的。原指导员在会上发言：

> 我这人生来好做梦，但做梦也没有想到分别二十多年的我们，今天竟会从祖国的四面八方在首都北京相聚。机关的同志问我，是什么力量把你们凝聚在一起？我说：这凝聚力来自对黑土地的不了情。我十分珍惜在加工连的那份艰辛，那份快乐；我将牢牢铭记加工连对我的关爱和培育！

北京某知青在会上发言：

> 在过去的岁月里，我们常常缅怀离我们而去的战友，十分珍惜知青之间的真情、友情，更忘不了老同志、老领导对我们知青的爱护、教诲之情。可以说，时间可以改变一切，唯一不变的是真情。我想，我们有北大荒这段生活经历，我们就能够战胜各种困难，能够勇敢面对我们的各色人生。因为我们曾经是北大荒人。我想说，但愿有来生之年，再和同志们甘苦与共。

他们都提到了那时候的"苦"："我想，我们有北大荒这段生活经历，我们就能够战胜各种困难，能够勇敢面对我们的各色人生。"这种对待苦难的态度和我们前面访谈过的知青感受是完全一致的，即以前的苦使他（她）能战胜人生各色苦难。只不过这里更强调一种群体认同感，一句"因为我们曾经是北大荒人"成为点睛之笔。而且珍惜苦难是知青一致要表达的意涵，那个时候的"苦"成为一种"稀缺资源"、人生的资本。

聚会的仪式语言作为一种记忆手段，是强有力的，因为它是一种操演性的语言，是形式化的。这次聚会安排了许多"节目"。如会议、会议后的合影（被记录为"全家福"）、当晚的联欢晚会（演出的是一些经过精心排练的节目，如小合唱、诗歌朗诵、独唱、京剧、沪剧，都是"当年的老段子"）、"难忘的人和事"座谈会、"回顾展"等。

这次大会征集"难忘的人和事"征文 70 余篇。早在半年以前，各地代表开始撰写回忆文章，记述当年难忘的一件往事。大会还组织了"难忘的人和事"大型座谈会。

> 有十几个代表在座谈会上发言。他们分别回忆了当年秋收、看电影、足球赛、紧急集合、扛麻袋等往事。有的人激动不已，声泪俱下。座谈会把大家带回到三十年前，很多人听着听着，不禁掩面而泣。

"回顾展"展出了当年的"历史文物"，包括三十年前的生活用品、用具、照片、日记、书信、诗歌、印刷品、文字资料等。"回顾展"的前言是："在加工连建制三十周年的纪念活动期间，当我们走进这一展室，可以看到当年的历史，回顾黑土地上难忘的往事，听到北大荒遥远而熟悉的声音。让我们共同回忆往事，珍惜友谊，热爱生活，面向未来。"

记录者（知青）写道：

> 这些展品分别从北京、上海、天津、哈尔滨、前进农场等地征集，共一千余件。展品真实反映了当年兵团战士的生活和工作、情趣和友谊，生动再现了昔日北大荒艰苦的生活环境，展示出北大荒人战天斗地的英雄主义气概和乐观主义的精神风貌。

这个仪式不仅是表达性的，也不仅是形式化的演出，强调、强化其中的意义是更重要的。记录者记录（此次聚会的意义也尽在其中）：

> 代表们认为：在当时的历史条件下，知识青年响应党的号召，满怀热血，奔赴边疆、农村的行为是值得肯定的。他们在开发边疆，发展工农业生产，建设农村文化事业等方面做出了积极贡献。广大知识青年在农村经受了暴风骤雨的洗礼，他们把青春留在了农村，把汗水、热血甚至生命献给了垦荒事业。这一代人经历了磨炼和考验。他们在恶劣的生存环境下培养出顽强的适应能力；他们敢于和大自然奋斗的英雄气概，可歌可泣；他们相互之间同甘共苦，患难相助，结下牢不可破的友谊；他们不但从老职工那里学到了生产技术，而且学到了纯朴、善良、宽厚的优秀品质；他们在那里学会做人、做事，逐步走上了人生的舞台；他们在不断奉献的同时，不断学习、积累，从黑土地的营养中汲取了生存的力量。
>
> 某知青代表发言：知识青年从朴素的感情出发，自发地组织活动，回顾历史，重温友情……知识青年是肩负着重大社会责任的一代人，他们的特殊经历锻炼了他们的品质和意志，赋予他们永远保持乐观主义精神和积极向上的人生观。知识青年的历史，将不会随时间的流逝而被湮没。今后，知识青年的社会活动，将不会受其他方面的影响而继续正常开展。

这个意义超出了前面我们提到的个体乃至群体受苦的意义，即通过下乡，知青不仅获得了财富、锻炼了品质、体验到人性的善良，而且它还完全肯定当年知青下乡这个行为和结果，它认为这也是有意义的："在当时的历史条件下，知识青年响应党的号召，满怀热血，奔赴边疆、农村的行为是值得肯定的。他们在开发边疆，发展工农业生产，建设农村文化事业等方面做出了积极贡献。"这个仪式对于意义的烘托渲染显然是更加鲜明和更加强烈的。它对于"知青是作为一个集体"的意识的塑造是大手笔的。

我们访谈的时候，问及知青聚会的事情，知青的回答和这次的聚会仪式有很多相似之处：谈谈那个时候的苦和乐。而知青群体回忆的"苦"往往停留在某个层次上，是身体的苦，有意无意忽略彼此的矛盾争端。忆乐，仅是日常生活的趣事——强调他们的青春者的形象，一副青春活力的形象。知青不谈"现在"（因为"现在"，知青是分层的），谈现在是"大忌"。这显然是一种集体记忆的方式，潜意识里是要抹去差别。

知青聚会的内容是重复的，而重复性必然意味着延续过去。① 这次聚会中联欢晚会表演的都是"当年的老段子"，"回顾展"中的所有作品也是展出"当年"。但是这个聚会有它自己显著的规则，它传达出的意义是和谐一致的。

这次聚会仪式在某种程度上也充满了否认策略，它以肯定某些意义的方式来否定与此相对立的意义。这场聚会的记录者提到："最近，有人把知识青年上山下乡纪念活动的思潮称作'知青情结'。还有一些作家、学者著书写文章批评，甚至批判所谓的'知青情结'。他们认为：当前老知青对那段历史缺乏深刻的认识，知青对历史的反思缺乏深度。老知青过分沉湎于对过去的怀念，缺少批判精神，知青在精神上是贫乏可怜的。"而会议代表指出："在上山下乡三十周年期间普遍出现的所谓'知青情结'是很正常的，不值得大惊小怪，更不必著文批判讨伐……知识青年从朴素的感情出发，自发地组织活动，回顾历史，重温友情。这本身就是对历史的反思和总结……知识青年是肩负着重大社会责任的一代人，他们的特殊经历锻炼了他们的品质和意志，赋予他们永远保持乐观主义精神和积极向上的人生观。知识青年的历史，将不会随时间的流逝而被湮没。"显然，否定的意义和肯定的意义是针锋相对的。

知青聚会仪式所肯定的各方面意义都是和谐的，在这个意义下生产出一种"情绪"来，这个情绪唤起和感染了参加这个仪式的人。如"难

① 保罗·康纳顿：《社会如何记忆》，纳日碧力戈译，上海人民出版社，2000。

忘的人和事"大型座谈会，使很多人"激动不已，声泪俱下"。

这场标明纪念的聚会仪式，显然是一种传播社会记忆的手段。而在纪念仪式中被记忆的究竟是什么？显然，答案部分在于一种认同感。它预设了某种态度，这对于塑造集体记忆是十分重要的。

仪式研究者认为，仪式不仅限于仪式场合，它还有渗透性，仪式能够把价值和意义赋予那些操演者的全部生活。如果说在仪式的操演过程中存在着一种支配性的话语，那么知青聚会显然具有一种群体权力运作的特征。

（三）抗拒无意义：与主流叙事形成一种对话关系

"青春无悔"树立和强调的并不是悔与不悔的事件，因为"青春无悔"并不意味着青春中没有悔恨，尽管中间的表达方式比较隐晦。上面我们已经提到知青的"苦"其实有多种内涵，就如同知青对待自己的青春一样，知青对于这个苦的感情是复杂的。但是，当"青春无悔"作为一种口号式的概念被提取出来，而且作为一般知青共有的感受（"不后悔"），那么我们就有必要去追问：这套逻辑反对的是什么？强调的是什么？从表面上看来，它显然与"有悔"形成一种对照的关系。

而对"有悔""无悔"的争论体现了知青群体和个人的意义危机。而这种意义危机是与大历史紧密关联的。上山下乡在当年作为一场轰轰烈烈的运动，与红卫兵运动一样富有理想主义色彩，是革命青年走与工农相结合道路的最激进形式。一些知青认为只有到最艰苦的地方，才能锻炼出色的共产主义接班人。知青在青年时代受到的教育就是不能让青春虚度。

事实上，知青下乡前和下乡后的心理状态产生了巨大的反差。下乡前的知青完全是理想主义的，对社会现实几乎没有什么理解。"下去"之后才开始逐渐了解社会。关于这点，许多知青都谈到过。充满豪情壮志的知青下去之后首先面临的是生活问题，许多知青讲述了他们最初下去时的惊愕。

知青刘讲："小时候一提农村，就是辽阔的田野，明白吗？就是开拖拉机的。确实挺美好的，到了那里不是这样的。"而当地知青办去学校做宣传，往往美化当地情况。据知青周讲："（招人）是到我们学校里来嘛……打听他们那里怎么样，他们说他们那里产煤、小麦、玉米。当时不都吃这个嘛，没想到去那之后，是吃不上小麦，没想到去那里也是特别荒凉。那会儿想象中挺好的，山上全是树木啊，全是草啊，没想到……对黄土高原没概念，小学对山也没有概念，就中学那会儿，也没接触过。对山洪也没有概念，根本不懂。"

可以看出，最初知青对农村的生活只是一种想象，想象的依据或者是在郊区劳动的生活体验，或者是书本上所描写的农村生活。如果说存在两套生活逻辑，一套是理想主义的书本逻辑，一套是日常生活逻辑，那么知青在初步见识农村之后，就在思想上产生了一种在克尔凯郭尔意义上的惊愕现象①。日常生活的苦难对美好的理想主义本身就是一个极大的挑战，因为知青并没有思想上的准备。

农村生活的困苦、平淡、琐碎是给知青理想主义的另一个重要打击。周谈到乡下生活最苦闷的地方就是看不到前途，而农民本身文化水平不高，只能教导学生农作物如何种植的问题，对于知青的精神苦闷并不能理解，更谈不上指导，所以再教育的目标，在知青看来不过是个"侈谈"。许多人认为受到了"蒙骗"。

1971 年的"林彪事件"传到各地知青中后，他们陷入了茫然、困惑。他们首先感到的是自己对领袖的赤诚之心和圣洁之情受到了伤害，认为自己上了当、受了骗，精神上受到了沉重的打击。一些知青从这个

---

① "存在一个有限意义域，除非我们经历了一种特别的惊愕（shock），才会被迫冲破'有限'的意义域所划定的界限，抛弃我们原有的态度，倾听到一种异样的实在之音"（舒茨语）。显然，在我们的日常生活中，那些惊愕的经验是不断地降临到我们头上的，而且它们本身也总是附着在它们的实在之上。它们向我们展示，在标准时间里，活动的世界并不是单一的、有限的意义域，只是我们在意向生活中可获得的众多意义域中的一个。如听相声，发现自己像是突然跳跃进一个怪诞可笑、纯属虚构的世界里，这是一种瞬间的跳跃。而多重实在，就是维特根斯坦讲的多种生活相互交织的状态。参见李猛《舒茨和他的现象学社会学》，载杨善华主编《当代西方社会学理论》，北京大学出版社，1999，第 24 页。

时候开始反思。

政策上允许知青大批返城并给知青安排工作，国家在宏观层面上否定了知青运动。而知青"拼着命"返城是否意味着他们否定了这场运动？是否意味着他们否定了自己？

刘小萌认为上山下乡是一场"教育人的运动"，知青历经坎坷，被磨炼出坚忍的毅力、不屈不挠的意志、脚踏实地和自强自立的作风。显然，没有完全否定整个运动，大有"青春无悔"的气势。而事实上，知青情结是"剪不断，理还乱"的。定宜庄①指出，知青的心态是复杂的。在乡下时，希望对这个运动全盘否定，他们认为只有这样他们才能合理合法地回到生身的城市去；但回到城市之后，他们中很多人又游移不定了，因为否定这一切无疑否定了自己。

可以说，没有哪一代年轻人比知青承受了更多的意义苦难（意义危机）。在做访谈的时候，面对那些普通知青，我们也能感受到知青那种欲说不能的复杂心态。

> 如果你从当时国家宏观的经济角度来看，当时确实就是无法就业，人太多了。积压了好几届……这几届学生积压在一起，无法分配（工作），就采取这种方法，上山下乡。你看怎么说了，也可以说是一种蒙骗，也可以这么讲。为什么说是蒙骗？你用这种手段解决问题，不跟人家讲明实际情况，这不是蒙骗？实际上知青上山下乡，方向没错，像你们现在这样的年轻人到农村去锻炼一年，很有好处，但是现在条件好多了。像你们这样的年轻人去锻炼一年去，这辈子真是干点什么，不怵，不怕，以后工作不管多艰苦，能忍受。适应能力比别人强，能受累，能忍受打击呀。不过当时采取的方法不对，大拨轰，下去以后，而且没做好工作的情况下，这么下去根本不对。比如说，现在高中生下去锻炼一年，确实有好处。（出自

① 定宜庄：《中国知青史——初澜（一九五三—一九六八年）》，中国社会科学出版社，1998。

周文本，2001）

现在周体会到当初国家让知青下乡是为了解决就业问题，但是当时国家"没有讲明情况"，显然，当年鼓励知青下去的那些意义、那些理想主义的渲染和宣传就已经不再有意义。但是他又说，知青下乡的方向没有错，而这个方向是什么，从他以下的谈话中我们可以得知是"锻炼"，而且锻炼的时间比较短，比如说"锻炼一年"，去接受"吃苦"教育。这种意义与当年"到最艰苦的农村去，锻炼共产主义接班人"的意义显然有一些类似。不过是换成了现在的表达方式——共产主义接班人被置换成"这辈子真是干点什么""不管多么艰苦的工作"，不怵、不怕了，适应能力比别人强，能忍受劳累和打击。

他一方面强调国家为了解决就业而不讲明情况使自己"受了蒙骗"，另一方面说知青下乡方向（锻炼）没有错，只不过是国家没有组织好。这两层意义对周而言实际上充满了矛盾。按照周的说法，如果当年国家说明了实际情况——解决就业，那么周就不会感觉受到"蒙骗"，可是这样周会"下去"吗？显然不一定，而且极有可能不会去。周又说，下乡的方向对，可是他指的方向是当年所宣传的意义之一：是锻炼；而如果周不下去，那么他就得不到"锻炼"了。

在这语义充满矛盾的地方，我们可以感受到，知青所强调的事情有两点：其一，"我当年下乡是受到了蒙骗"，"我"是受到迫害的，身为受害者形象是他要阐明的；其二，下乡对于"我"是有意义的，这个意义是他要树立的。

这显然是一套"无悔"逻辑。而这个"无悔"明显带有建构的痕迹。作为"无悔"的建构过程，它显然不是简单地"恢复过去"或"重构"过去，它带有很强的意义倾向。知青要讲意义，他所讲的意义是对知青一生的意义，"是我们自己的意义"，而不是大历史的意义，显然大历史的意义是被否定的。而知青"他要寻找意义，从无意义中寻找意义，他能够证实自己，说服自己：自己的一生没有虚度"（出自程文本）。

同样面对一个历史事件，个人、群体和国家所认为的意义明显各有不同。后者在政策和行动上已经否定了这个事件（运动），而前者（个人和群体）却要在"无意义中寻找意义"。这体现了不同政治力量（个人乃至群体的生活政治和国家的政治生活）对过去社会遗产的不同理解，知青以个体体验和回忆话语来建构另外一套意义系统。一方面与当年"下去"的意义相区别（事实上也是否定了那套意义）；另一方面以这套意义来标明失败的上山下乡运动也有意外后果——是一场"教育人的运动"，而且完成了使命。

本章通过知青访谈和文献阅读，发现"青春无悔"构成了知青对上山下乡经历的主流记忆。该记忆实际包含了两个层面：个体记忆和集体记忆。

就个体记忆而言，知青将"无悔"归因为经历是一种财富、一种品性的磨炼和对人性善的认识等。这样一种个人"无悔"含义的建构是以苦的记忆和叙述为基础的，即"我们受苦，但这种苦磨炼和提升了我们，所以我们不后悔"。就集体记忆而言，无悔被归因为"与共和国共苦难"。换言之，"我们""扛"了共和国的苦，在这里，无悔是通过个体的"苦"的意义转置实现的，即个体的苦提升为国家的苦难。

上述两种记忆逻辑的联结是通过个人的苦到集体的苦感再到国家的苦难，这样扩展实现的。个人的苦通常是以事件的形式被叙述和记忆的，共同的经历使个体化的事件性的苦弥漫成为一种群体可感的苦感，知青文学、公开聚会等集体权力运作将这种苦感提升为一种国家的苦难。于是，不管多么琐碎的"苦"都变成了一种庄严的"苦难"，为国家"扛着苦难"。"苦"不仅对个人具有意义，而且因此获得了一种国家历史的意义。

在知青的讲述中，尽管"青春无悔"是主旋律，但有悔的"噪音"不时出现，在文献里，"有悔""无悔"的争论也一直存在。另外，我们发现，知青对无悔的归因和当初对上山下乡运动宣传的意义差异很大。而且，知青在讲述他们的经历过程时，对知青生活的详尽描述和对"文革"经历有意无意的忽略这种反差给我们留下很深的印象。显然，知青的这种记忆特征是与历史情境、集体权力运作、主流意识形态紧密相关的。当"无悔"成为知青集体记忆（如知青文学和知青聚会）的最强音，它对知青个人的影响是显而易见的；当"文革"被彻底否定，红卫兵形象彻底成为一个反角，知青的记忆和遗忘方式与社会制度变迁也有着紧密的关联。即"青春无悔"记忆的建构过程明显受到了集体权力、历史变迁等因素的形塑，但是知青在这里并不是完全被动的，"青春无悔"建构出来的有意义与整个历史的无意义形成了一种鲜明的对比，也可以说是一种对抗关系。

"青春无悔"一方面将无悔的归因和意涵转换成不同于当年下去的另一套意义系统，这在某种程度上对上山下乡也是一种否定，对大历史的无意义形成一种呼应关系；另一方面，"青春无悔"作为一种强劲的声音存在于知青的个体和集体记忆中，它的意义感与对整个上山下乡的否定的声音形成一种对抗。而这个意义的内在其实是一种顺从的机制，但是顺从却走出了一个反抗之路，这就是反抗历史的无意义。

知青的"无悔"与学界对"文革"的反思——是否需要忏悔形成一种对照的关系。知青拒绝成为责任主体，与需要忏悔形成一种对抗关系。他们执着于意义的建构，以此来确证今天的自己，而没有反思这代人的过与错，这个记忆模式确实有它保守的一面。而"青春无悔"记忆模式作为知青苦难记忆的方向，显然与中国文化有着紧密的关联。

1. 个人记忆与集体记忆

刘小萌指出，持有"知青情结"的也只是一部分人，或者只是人们心中一时的情感。而这个情感大有"青春无悔"的气势，即经历了风风雨雨，认为往事不堪回首的知青，"如今回顾往事，更热衷的是略带伤感但更具这代人特色的自豪心情去怀旧"。这个发自部分人的、一时的情感在知青小说和知青聚会中营造了强有力的氛围，在个人生活操演中（例如回忆生活）也占据一席之地，例如知青周反复强调"我们这群人"所历练出来的优秀品质。当然，这里面（周的讲述）究竟有多少记忆是完全属于个人的，有多少是完全属于集体的，我们无从测量，但是有一点我们可以肯定，就是知青对过去的记忆被现在的记忆（例如集体记忆）所影响和填充。

上文已经提到，知青个体的回忆中也有含混的地方，虽然它本身有一个"无悔"的逻辑。如果说存在一个知青集体记忆，那么这个集体记忆更多的是被"无悔"的逻辑所包容。而相当"个人化"的记忆，是否完全是一种集体的社会行为（哈布瓦赫的观点是如此的），这显然值得商榷。

知青集体记忆和知青个体生活记忆之间的关系类似于"世界历史"和"日常生活"之间的关系。[①] 知青集体史和知青个人生活史之间也存在一个分隔和层级的关系，知青集体史呈现出的是一个鲜明的意义史，"青春无悔"作为其中极为重要的历史叙事手段，被演绎成一种历史知识和实践资源。在日常生活中，事件难以构成一个十分圆满的系列，无论是本体论的还是认识论的。而在"世界历史"中，所有的事件总是有因有果，具有完整的系列和前后逻辑的，都被放在一个超越性的框架中来理解。日常生活既不像今天的许多历史学家和社会学家所相信的那样，是历史尚待开发的处女地，也不像舒茨等学者所认为的那样，是一种所有历史分享的一种奠基性的东西。日常生活就是一种历史处境，是不同历史叙事争夺的战场，就像它是国家治理争夺的战场一样。"青春无悔"记忆是"镶嵌"在个体生活记忆中的，并没有替代个体对知青生活的体验及记忆。个体无意义（个体在乡下的困惑和迷茫）感不时去"瓦解""青春无悔"中的意义。

"青春无悔"的集体记忆也确实填充、支配了个体记忆，但是"有悔"的个体记忆也作为噪音，干扰着"青春无悔"的逻辑。

波德莱尔指出："过去，一面保持了幽灵特有的妙趣，一面将重获光明和重新开始生命的运动，并将变成现在。"[②] 也就是说，"过去"具有幽灵那种不可捉摸的特征，从过去到现在的运动过程，是一个过去

① 李猛：《在日常生活与历史之间——口述史札记之三》，《五音》1998 年第 8 期。
② 参见 J. 德里达《多义的记忆——为保罗·德曼而作》，蒋梓骅译，中央编译出版社，1999。

"重获光明和重新开始生命运动"的过程。这种过程往往是借助了叙事的手段，叙述本身对记忆形成一种建构过程。叙事与记忆建构之间的关系如何，关键在于叙事者要表达什么、建构什么。泰戈尔把它比作绘画，在叙述过程中，甚至往往是根据个人喜好而去增减记忆。

在知青对苦感的回忆中，讲述本身对"无悔"形成一个建构的过程，回忆者"选取"了一些事件，使它们清晰化，作为构建"无悔"的符号标志，包括情节、线索、效果与归因。在记忆的枝蔓之处，我们可以很明显地感受到个人的这种剪裁以及建构技术。

建构过程中的修辞成分是显而易见的。知青以讲"苦"或者说以群体性的"苦感"来化解原有的意义中心（即原来所宣传的理想主义意义系统），而知青所讲的苦和所强调的苦感无非是为了树立一套自身的意义系统，这尤其见于知青的集体记忆，比如知青文学和知青聚会。在知青个体讲述的时候，我们可以感受到他们的具体的建构技巧。比如，模糊化一些事情（参见周对红卫兵经历的谈法），或者干脆不谈某些事情，如许多知青根本就不谈"文革"中的经历。

这种建构的行为一方面因为时间关系，作为回忆者，他们握有这份资源——曾经作为亲身经历者，而且在讲述性的回忆中具有话语权，"遥远的我"在向现在运动的过程中，被"现在的我"所"观望"，"现在的我"在"透视时间"里，有余力去"梳理"过去，意义结构就存在于这种"梳理"的过程中。替代和转换、隐瞒和挪用是最常见的修辞。当讲述本身也变成了一件日常生活事件，则塑造和建构的意涵就更加明显了。讲述者和听众具有明显的分野，被讲述出来的文本成为"自传"的一种。而自传的特征往往是打动人心的自我证明，而不是关于自我的全部事实。

建构行为本身，另一方面体现了权力关系。例如，知青回忆中的"国家"力量使知青的讲述变得谨慎。再如，"青春无悔"记忆中的集体权力特征也是十分明显的。谁是叙事者，通常谁就占有道德上的优势。知青的作家将"文革"期间普通男女的"杂乱无章"的生活，叙述成起承转合、四季分明的"动人心弦的故事"。而当这些作品作为刻写实践，它的符号暴力是显而易见的。

2. 记忆与遗忘

记忆是什么？记忆本身存在于传统记忆的辩证法中。记忆本身就包含遗忘，人们总是玩弄一种记忆来反对另一种记忆。记忆是唤醒、叙述，遗忘、叙述和唤醒、遗忘，它仅为抹去过去之本质（先前性）才与过去发生关系。而普鲁斯特认为，过去是不可能被挽回的，存在一个无法达及的先前性（an unreachable anteriority）。记忆总是与它的修辞一起出现。记忆是个幽灵文本：它们只留下一些踪迹，而我们永远无法定义踪迹，也永远无法定义幽灵①。

"记忆"在本章中表现为一系列讲述出来的材料。既然"遥远"的过去无法企及，那么"记忆起来的"是什么，它与"真实"（先前性）的距离有多远，它意味着什么，对这些问题的回答是颇费周折的，同时也是值得我们研究思考的。而我只能努力弄清楚知青想说什么，想表达什么。

在周文本中，我们比较容易看出他记起的事件以及琐碎。这样，对"记起了什么"（抑或叙述了什么）的描述是不难的。由于我们对他只进行过两次访谈，而且缺少旁人的"证词"，所以我们不能确认他"遗忘"了什么。但是我们可以在"含混"的句词以及前后矛盾的语气中，"揣测"他的"遗忘"，考察他对记忆和遗忘的处理技术。在访谈过程中，他对知青生活的"苦"鲜活化，对红卫兵经历比较隐匿，对"迫害者"泛化、抽象化，显示出他的记忆（或遗忘）结构。可以说，这个"无悔"的回忆里包含了多层历史话语，至少包含个人讲述的自身体验记忆、集体共享的文化记忆、官方话语。如果把这个记忆本身当成历史，那么显而易见的是历史本身是分层的。"青春无悔"作为个人体验乃至于集体记忆是处于知青记忆体系中的某一层的。

福柯说："记忆是斗争的重要因素之一……谁控制了人们的记忆，谁就控制了人们的行为的脉络……因此，占有记忆，控制它，管理它，

---

① J. 德里达：《多义的记忆——为保罗·德曼而作》，蒋梓骅译，中央编译出版社，1999。

是生死攸关的。"① 记忆（遗忘）中是充满权力关系的。如果把"青春无悔"作为一种反遗忘技术，② 那么这种反抗不仅是群体化的，而且也是个体化的，它是知青群体乃至于个体记忆中的最鲜明特征。保罗·康纳顿说，当国家机器被系统地用来剥夺其公民的记忆时，公民反对国家权力的斗争，就是他们的记忆反抗强迫性忘记的斗争。③ 在政策否定上山下乡运动的过程中，"青春无悔"作为一个"记忆战"的战场，体现了不同政治力量（个人的生活政治和国家的政治生活）对过去社会遗产的争夺。知青以讲述"不幸"经历作为创伤记忆来化解原有的"意义中心"，生命的意义脱离了原来的形而上的抽象意义，另一套意义系统的确凿成为一种反抗的力量。

3. 知青"苦难"研究的意义

本章在对"青春无悔"逻辑讨论的过程中一直把知青的"苦感"作为重点。事实上也确实如此，在我们访谈的过程中，知青的"苦"是被讲述最多的内容，这在开始是我们所没有想到的。而且正如我们前面提到的，知青的讲述基本上都是一个版本，即虽然诉苦占了很大篇幅，但是到最后，知青并没有多么"痛恨"这段生活。从苦到意义的升华是知青诉苦的十分鲜明的特征，而且知青对苦难似乎很有感情，知青感谢苦难也是其中的一个主题：苦难让他们认识到人性的善良，认识到自己的能力极限，等等。一方面他们把自己塑造为一个受害者的形象，把所受的苦全部归因为他者；另一方面又不指明害人者。"形势使然"是知青

① 米歇尔·福柯：《性经验史》，余碧平译，上海人民出版社，2000。

② "反遗忘技术"概念将记忆与遗忘个体化，诸如"忏悔"和"诉苦"都是非常个人化的。李猛指出，反遗忘技术并不是"恢复过去"，也不能简单地称之为"重构"过去。"技术"意味着某种牵扯到学习、使用、变形的复杂过程。也许我们应该把"过去"的出现看作一个生产的过程，它同样需要资本、技术、原料和管理，也许唯一不同的是它的产品不是简单地被消费，不是在消费中耗尽，而是在消费中被再生产出来，在消费中获得了资本的增值。而反遗忘也仅仅是记忆的一个手段，只是它以"遗忘"的方式来定义记忆。但是，如果说，它仅仅重复了"记忆本身是建构性的"观点也是不中肯的，因为反遗忘本身暗含了作为个体在充满权力关系的记忆活动中的主动性。参见李猛《关于时间的社会学札记》，《五音》1997 年总第 4 期。

③ 保罗·康纳顿：《社会如何记忆》，纳日碧力戈译，上海人民出版社，2000。

"恕"以及平和的最重要心理依据。这种把苦难化解的态度表面上与土改的诉苦明显不同，它仅到"翻心"的程度，而没有反抗的步骤。不过，我们应该意识到，土改时候所诉的苦，是共产主义传统对农民的苦进行了"挖掘"和引导。事实上，对于多数农民而言，"苦"的方向性并不明显，从诉苦会经常失败这点就可以看出来。这种自然的苦的态度与知青的苦相似性更大。

这种对苦宽恕并化解的态度似乎与中国文化有更多的关联。前面提到，苦难作为一个人类共享的事实，被不同文化制度所记忆的方向明显不同。例如犹太人的奥斯维辛苦难，迫害者和受害者有着鲜明的界限，迫害者受到惩罚，受害者在不断地反思；虽然也是"形势使然"，可是遭遇苦难的人（如苏菲）却"无辜受难"，承担一部分罪责。这是他们苦难记忆的方向。

对于知青而言，"青春无悔"是苦难记忆的重要组成部分，是他们这个群体苦难记忆的方向。那么这样一个方向，究竟与文化制度有着怎样的关联，通过对"青春无悔"的研究，我希望能对中国人的苦难态度做一个思考。不过，本章未能完成这个议题。

在个体记忆和集体记忆这两条逻辑对"青春无悔"的塑造机制中，都以"苦感"作为起点和终点。苦的意义是他们诉说的重点，也是知青精神气质的样态之一。

韦伯的《新教伦理与资本主义精神》是对精神气质的研究，是一部心态史的研究。刘小枫指出，心态、精神气质或体验结构，体现为历史的确定的价值偏爱系统，它给每一时代和文化单位打上自己的印记。具体的、实际的心态构成了生活中的价值优先或后置的选择规则，进而规定了某个民族或个人的世界观和世界认知的意向结构。心态决定着人的身体——精神统一的此时此地的实际样式，人的实存样式在生存论上浸淫着某种结构。① "青春无悔"可以说延续着知青在历史脉络中的"核心

---

① 刘小枫：《现代性社会理论绪论》，上海三联书店，1998。

自我"（a core self），"核心自我"概念源自《分裂的一代》（理伯卡·E. 卡拉奇），它被定位为"自我"（self），即通过在有意义的社会生活中找到位置，以及在社会关系结构中寻求到赞誉和公认，个体获得了一种认同感、一种身份。伯格和拉克曼指出："身份和认同是通过社会化过程形成的，一旦形成，它就会维持下去，并通过社会关系得到修正或者重塑。"①

"青春无悔"代表一种认同感和身份，作为一种体验结构，我们很难给它一个明确的定义。但是它的意向性是很明确的，它与政治制度的安排有很大的关系，与价值理念更是有着直接的关联，其中苦感和意义感是最重要的体验结构。

对"青春无悔"的研究也是一部一代人心态史的研究，这里还仅仅是一个初探。

---

① 参见理伯卡·E. 卡拉奇：《分裂的一代》，覃文珍等译，社会科学文献出版社，2001。

| 第九章 |
在城乡缝隙间的边缘性记忆*

　　乡村与城市之间的关系一直是 1949 年以来，甚至是近代以来中国社会的一个重要问题，其中现代化进程中的乡村社会的劣势地位更是一直令人困惑。"向上追溯三代或者四代，你们家就是农民"，此种说法不时出自某些城市人之口，如此朴素的观点却暗示了城乡之间的微妙关系。更有人提出"不了解农村，就不了解中国"，在某种意义上确实如此。不过，对于现代化进程中的社会，理解农村终究难以脱离城乡之间的关系命题。知青当年遭遇的那场"上山下乡"运动，在某种程度上也正是 1949 年以来城乡关系的一个构成部分。不管是否出于自愿，那一代城市青年中的相当一部分人走上了从城市进入乡村的道路；他们在农村生活若干年后，其中的绝大多数又重新走回了返城之路。这样一个曲折的过程，也正是乡村遭遇城市的过程。若干年后，持续不断的知青话语依然饱含城乡命题；而且，具有城市身份的知青回忆始终没有脱离宏大的城乡背景，甚至可以说知青话语一直内在于城乡主题。因此，当代知青的城乡情结对于认识城乡间的纠葛，具有重要的现实意义。本章试图透过知青的城乡情结，从知青（社会）苦难角度来探索中国社会特有的城乡关系问题。

---

* 本章所研究的知青都是下乡知青，基本上不涉及回乡知青。事实上，回乡知青具有更多的艰辛，因为他们被命定地走上回乡的道路。同是在农村，回乡知青与下乡知青的苦难是很不相同的。参见陈新意《从下岗到下放(1968 – 1998)》，《二十一世纪》1999 年第 56 期。

一 城乡关系的传统二元思路及其道德意涵

关于城市与乡村的关系问题，很长一段时间以来，主流学术界一直将它描述为一种对立（或者对比）的关系，如城乡二元模式的论述①。关于城乡二元模式，有一个非常长的政治政策背景和研究传承，如从"剪刀差"中城市剥夺农村到户籍制限制农村人口流向城市，再到民工潮中城市对农民工的歧视以及农民工在福利待遇上所遭遇到的城乡差别等。我们认为，这样一个论述是非常强有力的，对于现实的针对性也是非常强的。不过，它们都把持着一种道德立场。

应该说，在农村问题研究上，我们需要已有的道德立场。因为不这样，似乎不足以震撼人的心灵。如吕新雨正是通过对纪录片《毛毛告状》的阐发，表达了她的关怀。②从她的分析中可以感受到，在城乡关系中，城市是有原罪的，城乡之间存在着一种孽缘关系。这种饱含情感的理智分析，往往显得更加有力。其他的研究，如从城乡收入差距角度，或从农村社会保障角度进行的问题研究，也具有比较强的针对性。不过，这样的一种分析显然还不够。因为，它在强调这一方面社会现实的同时，事实上也在遮蔽或者忽视另外一种社会现实。城乡关系事实上是一种非常复杂的关系，尤其是在具有历史沿革的问题中，我们不能仅从一种立场或者精确的统计数字方面着手。事实上，可以从一些文学或文字中体悟到，城乡之间的关系不仅体现为简单的社会公正问题，如剥夺与被剥夺、平等与不平等，而且可以看到更加复杂的关系。如关于乡土资源的

---

① 城乡二元格局在中国社会具有非常长的历史传承。从当年知青下乡到现在，农村与城市的关系有一些微调，如户籍制松动后的民工潮等，但是城市与乡村关系的底色——二元话语以及二元认知图式已经形成。这里不立足于城乡关系的历史发展过程和不同时代特征的角度，而是寻找此种历史进程中的内在表达，如从社会（知青）苦难角度来看待城乡之间的复杂纠葛。

② 吕新雨：《"孽债"、大众传媒与外来妹的上海故事——关于电视纪录片〈毛毛告状〉》，《天涯》2006年第3期。

讨论。①当然，这从某种角度来看，可能是一部分人的一厢情愿，但是，它也呈现出另外一种形式的乡村模样，而不仅仅是受苦受难、等待被改造的农村形象。这样的分析会有利于对农村形象的梳理，并促使我们对"真实的农村面貌"以及城乡关系进行其他面向的探索。

二 知青苦难对于城乡命题展开的可能性

本章的立意在于，不仅仅从城乡收入差距角度和城乡间社会保障差距角度以及简单的城市"化"农村的角度，也不仅仅从社会不平等的单一角度，还试图从知青对农村的观念以及行动中，寻找城乡关系的联结点；通过这样一个联结点，我们试图阐释城乡之间具有更复杂的关系（如缠绕关系），从社会公正角度，它展现的又是一种多维度的社会公正问题以及制度公正问题。事实上，长久以来，中国也不存在纯粹的农村问题或者城市问题，二者的交织正形成着中国社会的重大现实问题。②但是厘清二者之间的关联，需要花费很大的力气，而不能仅从统计数字，或者如二元对立的视角来观看中国的乡村与城市。同时，我们认为，就知青研究这个领域而言，知青与农民之间的互动以及彼此之间的生活认识，也应该是知青研究的一个不可或缺的构成部分。但是，这些却经常遭受研究者的忽略。我们也希望能从城乡关系角度走出知青研究自恋式的探索，如单一的知青苦难研究、知青主流文化讨论等。以往针对知青生活史的研究，面对知青个体的连贯的多枝节的生活，研究者往往不得不做一个果断的"截取"，"做"出一个分析事件或者研究主题，这带给我们启示的同时，也掩盖了知青纷繁复杂经历的其他方面。因为在研究

---

① 黄平提出，西部或者农村边缘地区从现代经济理性角度来看是不适宜居住的，不过，几千年来，人们不仅在那里居住，而且表露亲情、自信以及互助。他认为这是另外一种社会资源。参见 2004 年 12 月 18 日 "中国小康社会与小康指数" 学术研讨会发言（北京）。另外，范丽珠认为，乡村普遍存在的民间信仰活动中蕴含着丰富的社会性公益活动的治理功能。参见范丽珠《公益活动与中国乡村社会资源》，《社会》2006 年第 5 期。

② 秦晖认为，中国目前情况下，不存在纯粹的农村问题。参见秦晖《农民流动、城市化、劳工权益与西部开发——当代中国的市场经济与公民权问题》，《浙江学刊》2002 年第 1 期。

主题之外，肯定存在没有被表达出来的他们的生活、他们的欲望以及他们的痛楚。目前，对于城乡关系同样存在这样的问题；同时，知青文学或者知青回忆录乃至知青方面的学术研究，在面对农民这个问题上往往也是如此。也如一些知青小说，虽然会展示出"正统"学术外的知青与农村之间的关系主题，但是缺乏一种系统、全局的眼光。如所谓"后知青文学"出现了农民角度的小说，包括《大树还小》[①] 等，视角却也显得有些偏狭。当然，知青小说所描述的生动现实，往往会展示出这样一种关系，即恰恰是我们要寻找的社会科学主流研究之外的那种被忽略的城乡关系。而关于知青学术研究方面的脸谱化现象更加严重，缺少城乡视角方面的探索，[②] 这样的忽略甚至包含在知青们的很多回忆录或反思文章中。对于知青个人而言，当然我们无法苛求他们跳出个体而具有普遍的反思性；对于研究者而言，却恰恰需要具备这样的胸怀。

这里试图从知青的社会苦难角度来展示城乡之间的复杂关系。因为知青下乡事实上就是城乡之间的一次大相遇；从知青下乡到现在，关于知青与农村之间的话题并没有间断，1999～2002 年，我们曾经访谈过 20 多位男女知青，稍后笔者也曾不集中地做过知青访谈以及参与观察。另外，知青文学和知青的回忆依然继续着，尽管这其中的立足点多在知青个体或者知青群体，但是，其间不时闪现出"农民""农活"的字眼，这恰恰说明农民和农村正是上山下乡运动不可分割的重要组成部分，也说明学术研究应该关怀这样一种事实。当年的知青如今多数已过古稀之年，相信他们关于城乡的体验，即关于知青经历所展示出来的农村讲述，会向我们提供另外一种视角观照下的城乡关系。

---

① 刘醒龙的《大树还小》（中篇小说）展示了农民眼中的知青故事，在农民看来，知青没有一个好东西：好吃懒做，偷鸡摸狗，将垸里的年轻人带坏。参见杨健《中国知青文学史》，中国工人出版社，2002。

② 徐友渔曾说，在知青所写的回忆和反思文章中，过去的一切，方方面面，都被缅怀、回味、咀嚼，不论是受苦还是受惠，所有的人都尽力表达各方面的酸甜苦辣。但令人吃惊的是，广大农民明明也是上山下乡运动波及的一方，但从来没有文章从农民的角度做评论和检讨，从来没有人论及下乡政策和知青的所作所为是增进还是侵害了农民的福利。参见徐友渔《知青经历和下乡运动》，《北京文学》1998 年第 6 期。

本章主要以知青苦难作为落脚点，并以此为基础来展示知青的城乡身份及其痛楚。事实上，知青个体或者群体的苦难是混杂在城乡不平等的现实关系中的。①即如果说我们认为存在这样一种知青类型的苦难，那么这个苦难的缘起就是知青下乡，其苦难不仅昭示着农村的艰辛，也展示了城乡相遇后知青的不适以及迷茫甚至痛苦。而归城后部分知青的"思乡"也恰恰说明了知青苦难与农村之间是蕴含着复杂的关系的；从某种角度而言，它首先体现了社会体制内在的苦难以及知青个体或者群体在心灵上的苦难，其次又展示了城乡间乡愁式的关系存在。

三 知青苦难与城乡不平等格局之间的关系

从现有的关于知青的研究资料中得知，当年知青下乡的目的有一种"就业说"。国家为解决城市就业，将知青安置到具有"广阔天地"特点的农村去，而没有顾及当时农村的状况。事实上，据很多知青反映，当时农民的生活也不好；而大批知青下乡，对农民造成了事实上的冲击。

> 到那儿不久，我就发现一个有意思的现象，当地的农村社员，对知青有着一种畏惧和戒备的心态。好多次，走在长长的田埂上，不管知青是一个人还是几个人，狭路相遇的农村社员，不管是担挑的，背背篼的，牵牛的或是其他扛东西的，不管身上负荷多重，都要老远就跳下田埂进行回避，给空手轻装的知青把路让出来。那情形，可能40年代的"良民"遇见"皇军"，也不过如此。时间长一些，跟生产队的社员混熟了，才知道，那种遇知青如遇土匪的畏惧

---

① 如有学者提出："如果知青承受的是一种不公正的命运，那么实际承认了城乡间同样不公正的一种权力。而知青们倾诉的苦难，在相当大的程度上，不是由这种不公正的背景决定的吗？"参见易秀芳《情系黄土——知青反思小说之陕北情》，《宜春学院学报》2005年第S1期。

和戒备，都是前两年那批"红卫兵知青"——我们的兄长——给闹腾的。

那时在男知青当中，没有偷过社员家的鸡，是胆小鬼的象征，会被别人嘲笑，所以，为了不被别人看不起，你无论如何都得去体验一回。这偷鸡作业，通常采用"顺手牵鸡"的方式，赶场或串门时，看到路边有鸡，先略微观察一下周围情况，如果是几个人同行，则由专人担任警戒和掩护，然后用打麻雀的弹弓，瞄准鸡的脑袋就是一粒石子，中弹的鸡往往只能耷拉着脑袋，在地上伸腿，这时快步上前，一手抓着鸡，一手把鸡脖子一拧，就再不会听到鸡叫了，最后把鸡往军布挎包一装，便完事大吉。丢了鸡的社员，基本上没有"吃了豹子胆"要找知青索要的，发觉鸡被偷了，都只有自认倒霉。当时在农村的知青，受到政策的保护，是农村中一个特殊的群体，"贫下中农"并不敢公然欺负。[①]

此种文字并不是有意站在农村的立场上来"控诉"具有城市身份的当年知青，而是试图说明，事实上，当年农村并不真正需要他们，反而有时候把他们当成负担。而且，如果考虑到农村在城市现代化进程中所付出的代价，那么农村这次承担责任也一样意味着剧痛。

那个时代没有下岗工人，却有数百万知青到农村，去分食农民本已填不饱的碗中餐；全国城镇，不知有多少待业青年就业无门，知青和待业青年的总数，不知是今天下岗工人的多少倍。[②]

而农民似乎一直在承担着这样的代价付出，如新中国自 1958 年起实行户籍制度，限制人口自由迁徙。1960 年发生大面积饥荒时，为避免动

---

① 李复奎：《难忘的知青岁月》，《中国社会导刊》2005 年第 7 期。
② 梅桑榆：《历史是否可以随意抹去》，《唯实》2000 年第 1 期。

荡，政府又规定农民不得外出逃荒要饭。① 再如，在户籍制度稍稍松动的时代，如 1990 年代开始的民工潮中，城市对农民的评价恶潮如涌，很多城市为了保证下岗工人就业，甚至制定了限制农民工进城的政策。学界的二元看法，也正是依据了这样的事实背景，需要进一步反思。关于乡村之于城市的痛苦问题，张贤亮曾说：

> 中国历来解决城市社会问题的出路都在农村，历史上都是这样。农村好像是个大水库，也好像是个可以藏污纳垢的所在。农村承担了所有的社会压力，他们是金字塔最底下的那一层，是所有"排泄物"的大容器。②

文学家的批判听起来非常悲壮，而农民是这个悲壮的最直接的载体。但是，这依然是一种单纯的对立视角，具有一定的局限性。

（一）知青苦难与乡村社会苦难

第一，农活之苦——受苦不是一个褒义词，怕苦却是一个贬义词。事实上，当年知青在乡下所受到的"苦难"，尤其是生活上的苦难，很多是农活性质的苦难，如犁地、锄地。

> 割麦子苦极了，那时夜里三点钟起来割麦子，一般是听见钟声才起来。有时听错了，夜里几个人起来了，就穿上衣服去割麦子……
>
> 比如说上老玉米地里去，老玉米长得老高，人钻进里面，谁也看不见谁，在里面刨地上的草，老玉米叶子就在你脸上划来划去，等走到那头的时候，脸上都是划的道子，满身汗流浃背的，沙极了，特别疼。割麦子的时候，我们到困了的时候，就往地下一躺，根本

---

① 李钧：《两类"农民英雄"与两种英雄观》，《河北学刊》2005 年第 6 期。
② 东土：《第一代"非主流知青张贤亮解析"知青运动》，http://chendong.blog.sohu.com/1551150.html，最后访问日期：2019 年 12 月 30 日。

就没有说在地上铺个报纸啊，什么都不铺，就往地下一躺，一会儿就睡着了，所以说劳动时候的苦也挺苦的。（BLZ，女，原为某工厂工人，2001 年已退休）

而关于如此这般的农活之苦，不仅女知青讲，男知青也讲，而且非常形象，听者如临其境。

> 我们什么苦都吃过，我们收麦子……小路，红土地，下着雨，黏得不行。到老山沟，哎哟喂，下起雨了……跑不上来了，下雨，马上一路红土。没听说，没见过。还有剜谷，粒粒皆辛苦，那时没体会。剜谷，就是咱们吃的小米。种的谷子拿那个篓，就是北京的间苗，一定的行距，不能密密麻麻长着，不通风就死了。跪着，哎哟喂，拿着那个小弯锄，一眼望不到边，我们腿软，跪那儿，腿都软了。（WCR，男，某银行后勤职员）

"受苦人"是陕北老乡对自己的称呼，他们管劳动叫"受苦"，干重活了叫"苦重"。[1] 而劳动者有时候并不被认为是"美丽"的，一位从农村"逃离"出来的文人曾这样描述农民的受苦生活：

> 在整个关中平原，在整个中国的土地上，我不知道有多少像我母亲和我祖母那样的农民，他们把生活叫作受苦，把农民叫作下苦人。你仔细看看那些下苦人吧，他们的腰一律下弯，他们的腿几乎都变成了罗圈腿。他们告诉你，劳动能使人变成残疾，他们告诉你，劳动是一种受难，他们告诉你，工作者不是美丽的。劳动，是怎样使我的祖父祖母变得丑陋！[2]

---

[1] 王子冀、庞沄编：《守望记忆》，中国工人出版社，2002，第 75 页。

[2] 陈壁生：《"他者"眼光的局限——读杰华〈都市里的农家女——性别、流动与社会变迁〉》，《开放时代》2006 年第 6 期。

可能这样的说法会令一些人觉得稍有偏颇，不过，却表达着一定的社会事实。主流社会对诸如农民种地这样的苦力，事实上一直是不抱有积极的夸赞态度的。比如，长期以来农民子女考大学往往被称为"鲤鱼跳龙门"，表明这些农家出身的后代的生活从此会有质的变化：起码会脱离苦的农活；另外，从当年知青"诅咒"农村生活的艰辛以及知青返城时他们的疯狂举动中更可以看出，"逃离"农村是有着怎样的一种毅力以及决心，并代表着一种成就。"土插"（知青下乡）与"洋插"（如留学）的苦当然不可同日而语。在现有的社会分类图式中，前者并不会带来任何个人发展的优势。不过，农民所说的受苦，不仅仅是苦的本身含义，也不仅是一种消极的含义。它一方面表达苦的生活不容易，另一方面表达这就是一种生活方式，其中包含着道德伦理的因素。如在山西农村，农民也管自己叫"受苦人"。某人比较能干农活并且收入也相对较好，就会被称为"能受（苦）"；某人为了儿子娶妻盖了一座新房，就会被称为"受下一座房子"；等等。这表达了一种因为能受苦而成就的"光荣"感。能受苦的人会得到百姓的认同和夸奖，因为相比于"偷抢"，劳动在农村占据着道德上的优势。这样的评价在农村也是一种社会事实。因此，苦对于农民和农村而言，具有比较复杂的含义。综合知青和老乡对农活之苦的感悟，可以看到，受苦并不完全是一个褒义词，而怕苦却是一个贬义词。

当然，相对于知青而言，其整体苦难的性质并不是这样的。知青的特殊经历（如下乡、返城、城市中的再定位等），使得他们在乡下的时候就能超越于此种纯粹生活上的艰辛，而具有了另外一种"苦闷"，如他们的精神苦难等。当然，就知青的苦而言，具有非常多的特点，如少小离家之思乡的苦、"林彪事件"对知青的震撼、精神上难熬城乡差距之苦，等等，这里试图讨论与城乡关系有关的这些知青苦难。

第二，在农村，生病的恐惧——"你连自己的生命都保护不了的话"。知青苦难在一定程度上反映了农村在城乡关系中的劣势，这不仅表现在一般生活中。在访谈中，我们遇到一位女知青 CYF①，从她返城的原因中可以归纳出农民生活的另一种苦难，这种苦难用知青的话来评价就是贫穷、"愚昧"。CYF 回城的原因据她自己讲述，是在她坐月子期间，替她到小学代课的另一名女知青由于不明原因的病而迅速离开了人世，这让她对在乡村的生存感到了绝望。这也恰恰是从知青（她）的角度展示出来的农村生活的另外一种现实，即在农村生活，不仅意味着干农活苦，而且意味着贫困、闭塞，生命质量比较低下。据 CYF 讲，她家里成分不好，是"历史反革命"，因此她是愿意下乡的，也想在农村扎根一辈子。

> （女同学死后）我才急着要走，原来你觉得留在那儿，你能对那里有用。可是你连自己的生命都保护不了的话，那就别的都谈不上了。所以那个时候，那是 1977 年，那时候才开始考虑是不是今后离开。（2001 年）

对于那个女同学的死，她描述得非常详细。我们推测，这不仅是她回城的主要原因，更是她个人生命中抹不去的一道伤痕。

> 我曾经也想过写我们知青的生活……后来内蒙古知青出过一本书叫《草原启示录》……我投过稿，可我这篇稿，人家要看符合不符合发表，我就写的（就是关于）死的这个同学，后来稿子没有（被）用……

她是如此描述"女同学之死"的：

---

① 所引用的个案情况：CYF，1967 年 12 月 15 日离开北京去内蒙古插队。时年 19 岁，老高二，在 101 中学读书，家庭被定为"历史反革命"。1979 年返回北京，当时已经与当地一个农民结婚，并有两个孩子。在插队期间，她的朋友因为生病去世（1977 年），这给她的打击非常大。回来后，她在北京家具厂门市部卖家具，后来到商店当售货员，现已退休。丈夫在 1981 年来到北京，2001 年在北京一家小公司做会计工作。

她（女同学）是师范附中的，就是现在的首师大，师范附中老初二的，她也找了当地的，她比我结婚早。在小组里她是第一个跟当地人结婚的，结婚以后就跟她接触比较多，关系比较好，就视为以后长期待下去的知己，有一个知己，都在农村长期待下去。结果我生孩子、坐月子，她替我教书，我的产假没满，她就得病死了，不到两个月吧……她到死都没有查出病因来……六一之前到六一，她到 7 月 8 日就死了。到 7 月初那段（时间），她的病就暴发了。当时说她是什么呢，大队合作医疗说她是肺结核，可是她是高烧，谁说她是肺结核？她当时太想干下去了，学校当时说，她如果能坚持到学校放假，下学期接着当老师。结果她一直没休息，后来她吃不进东西去了，然后她婆婆每天给她煮两个鸡蛋带着。就这样，要么回北京看病去，她妈妈在北京……她不想告诉她妈妈，怕她妈妈担心。再一个，她回北京，当时的几十块钱的车费都觉得困难。可能慢慢地能好了，等于她一个是经济困难，一个是太想当老师了，再一个就说农民的愚昧的思想吧，得了病不赶紧看，拿命扛，缺少医疗知识这种。最后有一天早上她跟我说，什么东西都吃不进去了。我说，我这里有葡萄糖……那天早上她从我家走了以后，再也没见到她。她到学校以后，到中午的时候就抽搐了，发高烧说胡话了，学校让她家里人把她送到合作医疗……村里的小伙子用小树搭了一个担架，把她抬回我们村，我们村后就是公路，我们村离公社两里路，又抬到公社，都没舍得叫救护车……

农村医疗条件不好，当年亦如此。在知青小说中也多有这样的表述。这里，CYF 事后谈到农民的"愚昧思想"，"用命"去扛病，恰恰是对农村社会现实的一种真诚的认识。我们可以看到，与城市相比，农村甚至不能令一个年轻生命得到应有的延续；在残酷的现实中，这么壮实的生命就这么稀里糊涂地离去了。农民可能不会这么切身体会这方面的城乡差距，不过，知青却在体验中具体化了这样的差别，如可以"回北京看病"。我们所访谈的这个知青，她后来也生病了（据她讲是产后惊吓），但是回北京看好了。如她所认为的那样：农村"连生命都保护不了"。当然，这位知青所讲述的死去的女同学最后终于没有回北京看病，也有着时代的复杂原因，如父亲下放，同时远在北京的母亲身体又不好。因此，从这个角度来说，我们说知青的苦难是多层次的。不过，我们的立足点并不在于单纯讨论知青各种苦难的特点以及类型，而是力图表达知青苦难与城乡关系的暗合方面的特征。

第三，从农村到城市：并非荣归故里。回城后的知青是尴尬的，因为农村生活并不像留洋一样，能给个人发展带来可以夸耀的资本；相反，在农村学会的农活技术在城市无用武之地，甚至还是一个负资本，如遭人耻笑。在一定程度上可以说，这样的情形恰恰复制了城乡关系的不平等格局，展现了农村在这个格局中的劣势地位。回城之后的知青往往成为城市边缘人。如一些知青讲到，返城之后不敢出屋，因为怕别人问起。

> 一个很大的理由就是我们到北京以后，人家不理解我们，人家排斥我们，其实我们原来是北京人，等我们下乡以后，他们就觉得把这些人赶走了，等这些人又回来了，然后就觉得这些人抢了他们什么。我也不明白北京人什么心理，是觉得这些知青回来呢给他造成什么交通堵塞，你老农民似的。（知青访谈：CWM，女，某高校老师）

显然，知青返城不是荣归故里。这样看来，知青对革命的"幻灭"（下乡——大有作为）以及对"干事业"的灰心，事实上，根本原因在于城乡差距下农村的劣势地位，因为农村并不能为这些激情满怀的城市青年的知青生涯"镀金"。回城后，当下乡经历并没有给知青的现实带来好处的时候，在工厂工作的知青曾积极争取将知青生活作为一段工龄，这样的举动更是表明了城市话语系统的优越性，因为农村并不存在工龄，当然更不会有与此密切关联的各种保障；在农村生活一辈子就是受苦一辈子，活到老干到老，难免知青们要积极远离农村。

（二） 知青苦难与社会苦难

第一，知青苦难的意涵。知青下乡也可以看作他们人生的第一份工作，是一次陡然的生命转折。在社会分类体系中，下乡是一种向下的社会流动。这种不怎么"正面"的变故给知青生活带来巨大影响。首先，主要体现在知青个人生命历程中种种的"悖离"，如知青晚婚晚育，或不婚不育，甚至已婚者婚姻不幸福，成为一种苦难的人生。

> 据我所知，许多老三届，自己婚姻并不幸福，自己的同学，理想中的并没成。后来岁数大了，不如在一个小县城（找）了，找也是他（她），不找也是他（她），找当地人不甘心，成了以后没什么感情可言，可即使这样，全都维持着。据我所知，全都是这样，没感情，甚至分居，也不离婚，因为有孩子，要把孩子培养成人，就这样耗着。（知青访谈：ZZS，男，某公司司机）

ZZS 所讲，虽不能代表整体，却表达了他作为一名知青的心态，以及他对不幸福婚姻的一种归因。

至于知青的痛苦，一是包含与乡村生活关联的苦，如干农活之"苦熬"。二是他们精神上的苦。一位知青讲道："林彪事件"后，再也不相信政治。这可能是他思想的一个成熟点，却也是苦难的再承受。对于知青而言，上山下乡的可能的主题充满了苦涩之味。这首先是教育农民的失败，教育农民在当年是一个革命话题，至少在那个时代的意识形态下以及当时相当一部分知青的思想中是这样的。这是一个现代化的问题：用城市影响乡村，用知识改造落后。这一点被现实证明不可行，相当一部分人认为知青下乡反而给农村增加了负担。

三是隔阂。多数知青不想也不愿意融入农村。在这场运动渐渐冷静下来之后（尤其是林彪事件之后），知青感觉自己受骗了，农村不再是知青期待"大有作为"的广阔天地，而知青的"表现"转换成逃离农村的"砝码"。

四是精神困惑。一方面是知青对革命的失望，另一方面，知青的失望源于乡村贫瘠的生活现实。如果受苦本身就是意义，显然，"苦"并不会令从城市社会来的知青满意。因为只有受苦并不会获得救赎。农民日复一日，一辈又一辈，受苦者的后辈还是受苦。这样的苦的生活带有一种荒谬性，类似西西弗斯。而对类似生活的反思也增加了知青生活的苦闷。

五是乡愁。知青离开故乡也是一种苦的表现形式。不过，乡愁在知青下乡的可能主题中并不具有决定性的作用。知青之苦在知青看来主要是"看不到未来的前途"（ZZS访谈内容）。显然，这个前途是农村无法给予知青的，在知青看来，走向城市是获得救赎的可见途径。因此，很多知青在后来争相"表现"，希望获得推荐。他们为得到一个回城的通行证，甚至遭受乡村干部的迫害。这个过程中，不平等已然蕴藏其中。ZZS所进行的曲折的进城路线，是从山西农村到山西省城太原，再到北京。不平等（具有行政级别并被分出了地位高下）的地域代表了不同等的社会现实。

这样看来，"返城"就是知青获得救赎的最佳途径了，因为他们认为苦尽甘来了。事实上，也并不如此简单。在他们承受了不断震荡之苦（如下乡、农村生活、返城）之后，有些人又下岗了。当然，变幻的生活也提供给他们一种机会，就如同农民工进城获得了生活改变的机会一样，而一辈子扎根土地的农民是没有这样的机会的。

第二，不同群体对彼此苦难的隔阂。

（现在）农民和乡村干部……提起曾经发生在他们生活中的这段往事，他们的反应是淡淡的，也是实际的。郫县友爱乡清河村村民邵先华每当谈起知青，就是挖红萝卜、担粪这类琐事。"毛主席喊他们下乡是对的嘛！"他总是这么说。在农民和乡村干部的记忆中，知青来了，又走了，就像一阵轻风，从林盘后面吹过来，又从田野上吹走了。①

知青与农民之间一直是无法相互彻底理解的。我们访谈过的一个知青说："我融入不进农村，我只会听（山西方言），但是却不会说，在乡下我一直说北京话。"而她所在村的老乡也一直认为知青终归是要走的。当年刚刚下乡的时候，知青兴致勃勃地喊着"扎根"，但旁观的农民说：你们肯定要走的。

知青 ZZS 当时还特别不愿意听这样的话，但是，后来大批知青的行为证实了农民的预言。农民开始就认定知青是要走的，说明农民深谙城乡之间生活的巨大差距。知青后来所说的"干活苦极了"的大多事情，事实上都是农村最常见的劳动，如"挖红萝卜、担粪"，都不是最重的体力活，不是"苦重"，所以，在农民看来只能算是"琐事"。因为农民需要日复一日地重复这样的"知青苦难"。跳出去的知青体会到"干活苦极了"，事实上，也是在说明知青已经认识到农民的劳动是非常辛苦的。而农民不是没有这样的体会，只是由于他们更缺少跳出去的机会，所以，出现了农民的"淡淡的反应"以及"琐事"的说法。农民甚至说"下乡是对的"，这并不表明农民对苦麻木了，而是说明他们习惯了一种不得不忍并且在人的限度内还是可以忍下去的生活状态。

成功的知青说，苦难隔了很远，才看到其中的乐。也就是逃离与超脱才使之前的苦难经历生成了一些美感。这种逃离对于广大农民而言，显然不具备条件，也终于成为他们永远不能实现的梦想而已。也因此，在农民对于苦的看法中，我们找不到类似"美"的宣言，有的只是责任感或者道德观，他们难以获得知青"超脱"之后的美学。回顾知青岁月，老曹（资深拍卖师）说："那是苦难，现在隔了很远，才能看到其

---

① 徐虹、陈宇：《知青无法忘却的青春记忆》，http://sichuan. scol. com. cn/tfzz/20051216/
2005121685804. htm。

中的乐。这段遭遇使我们丧失了一些宝贵的东西，很多青春的梦想没了，最大的遗憾是我这辈子没有参加过高考，确实不堪回首。但那段日子也使人受益匪浅，终生难忘。"[①]

面对如此不同的群体体会以及各自遭受的生活苦难，我们需要揭示这些"普通人日常生活中的种种痛苦，并透过社会学的理解，揭示出痛苦背后深刻的社会和政治根源"[②]，力图展示这样最寻常的生活苦难的荒谬性所在。

第三，城乡分类系统蕴含的苦难——身在农村之痛。离开农村是知青返城的核心话题，甚至一直回响在整个上山下乡运动过程中。因为返城成为城市知青生命的一个救赎。对于农村青年尤其是回乡知青而言，他们的命运在很多方面显得还不如下乡知青。如贾平凹在《我是农民》中提到了农村青年与城市知青之间的差别：

> 在大多数人的概念中，知青指那些原本住在城里，有着还算富裕的日子，突然敲锣打鼓地来到乡下当农民的那些孩子；我的家却原本在乡下，不是来当农民，而是本来就是农民。
>
> 我读过许多知青小说，那些城里的孩子离开了亲情，离开了舒适，到乡下去受许许多多的苦难，应该诅咒，应该倾诉，而且也曾让我悲伤落泪，但我读罢了又常常想：他们不应该到乡下来，我们就该生在乡下吗？一样的瓷片，有的贴在了灶台上，有的贴在了厕所里，将灶台上的拿着贴到厕所，灶台上的呼天抢地，哪里又能听到厕所里的啜泣呢？
>
> 而我那时是多么羡慕着从城里来的知青啊！他们敲锣打鼓地来，有人领着队来，他们从事着村里重要而往往是轻松的工作，比如赤

---

① 徐虹、陈宇：《知青无法忘却的青春记忆》，http://sichuan. scol. com. cn/tfzz/20051216/2005121685804. htm。

② 毕向阳：《转型时代社会学的责任与使命——布迪厄〈世界的苦难〉及其启示》，《社会》2005 年第 4 期。

脚医生、代理教师、拖拉机手、记工员、文艺宣传队员，他们有固定的中等偏上的口粮定额，可以定期回城，带来收音机、手电筒、万金油，还有饼干和水果糖。他们穿军裤，脖子上挂口罩，有尼龙袜子和帆布裤带……他们吸引了村里漂亮的姑娘，姑娘们在首先选择了他们之后才能轮到来选择我们。①

贾平凹的评论显示了当年农村青年与下乡知青的不同心理创伤。但是关于这方面的讨论与知青话题相比，显得相当薄弱。从贾平凹的这一番话中，我们也可以看出城市与乡村之间的明显不同：知青毕竟是城里人（其身份已定），他们可以享受种种异于农村人的待遇。不管怎样，这在农村人看来，都是一种优厚。贾平凹从更细致入微的人的情感角度，让我们体会到了农村青年心理上的极大的不平衡，以及一种"恨"的生成机制。

而怨恨是人类苦难的最深重、最普遍的形式。②贾平凹的此种表达，事实上也是一种"对痛苦的反应和表达"。③下乡知青面对农村生活之痛，欣然"扎根"者寥寥无几。陈村的短篇小说《我曾经在这里生活》表达了他在乡村生活的苦涩，"力尽不知热，但觉夏日长"，以及等待逃离乡村的"焦灼"。关于下乡知青的"农村之苦"，我们多可以在后来是社会精英的作家那里得到求证：

（孔捷生）1968 年秋，我尚未满 16 岁，便到农村去插队……我在那里晒蜕了几层皮，担断了两条扁担。但随着壁上蛛网的增多，我感到了幻灭。④

---

① 贾平凹：《我是农民》，中国社会出版社，2006。
② 布迪厄、华康德：《实践与反思——反思社会学导引》，李猛、李康译，中央编译出版社，1998。
③ 毕向阳：《转型时代社会学的责任与使命——布迪厄〈世界的苦难〉及其启示》，《社会》2005 年第 4 期。
④ 何言宏：《"知青作家"的身份认同——"文革"后知识分子身份认同的历史起源研究》，《南京师大学报》2001 年第 5 期。

下乡知青中即使有"扎根"的，也往往出于无奈，而且不会受到任何称赞，甚至还会招来冷眼和鄙薄。如男知青 ZZS 对农民娶女知青的批判：

> 我记得那时候，黄庄那儿有个女生，我估计家里比较困难，对北京的家里没什么眷恋了，经人介绍，跟当地的有个人结婚了，当地一个放羊的……特别懒惰的才放羊……那时候我就觉得她混得很惨……同学来了，连盐都没有。

在这样的苦难倾诉中，我们看到的更多是对农村的控诉，似乎农村就是他们苦难的根源。显然，作家写出的只是表层体验，普通知青看到的也是日常生活的一种；而苦难本身是具有深刻的社会原因以及政治原因的，如城乡分治政策、户籍制、剪刀差等。这样的"怨恨"形式以及与此类似、尚没有被表达出来的社会怨恨，按布迪厄所说，都是人类苦难的一个表现形式。对此，研究者需要保持应有的警觉，并应该深入挖掘内在的根源。

四　知青对农村的多样化记忆

（一）个体的疗救与怀乡

怀默霆曾对中国乡村与城市的二元关系历史进行了比较分析，并认为，在 1949 年前，中国的城乡关系并不是这么紧张和对立，而是一种乡愁式的存在，也就是那些少小离家的人，老的时候都追求一种落叶归根的状态。① 无疑，他的这种分析对我们构成启发，不过，他恰恰忽视了这样一种现实，即其所说的乡愁式的乡村城市关系在今天也是一股不可

---

① 怀默霆（Martin King Whyte）：《中国发展过程中的城市与农村》，《国外社会学》2000 年第5 期。

忽略的暗流，并往往被忽视。

我们完全可以说，乡村不全然是苦难。当年农村的"广阔天地"并没有让知青大有作为，却也承担了另外一种功能，即一种治疗的功能，尤其是对于那些家庭成分不好的知青，农村的政治斗争显然不如城市里密集和激烈。在现代化进程中，一些人提出"乡土资源"这个概念，也具有一定的合理性。起码它有助于改变乡村在现代化话语系统中的一味被动的地位和劣势评价。我们的访谈对象CYF认为，当年农村精神上相对宽松。在城市家庭饱受社会歧视的煎熬时刻，乡村社会使她感到"没有那么大精神压力了……总的来说，那时候精神上觉得比在北京要愉快，如果不是为了这个，我不会留在那儿，不会同意结婚，我不是因为先结婚再决定留在那里，而是先觉得可以留在那里，然后才结了婚"。她甚至想"永远在农村待下去，觉得在那里是一个有用的人，可以得到尊重"。在农村，她感到自己是受尊敬的人："农民看着有文化的，他们也喜欢。"很长一段时间里，她是小学老师，是受到农民爱护的。尽管CYF怀着伤感之情讲述了女同学之死，尽管她想着逃离农村来拯救自己的病弱之躯，但从她的话语里，我们依旧可以看到，她的知青阶段的生活也不全然为苦难：

> 总的来说，现在想起来，好像现在的孩子下乡看看，到处看看一样，就是眼界开阔了。如果没有那段插队的经历，你不能了解中国的国情，从一个大的很穷的农业国过来的，这么一个国家；如果没有那段经历，对它不可能有认识。而且后来的心情趋于平静，过去对于自己的出身不好等，心里总是不能平静。看那些老农民一生勤勤恳恳、受苦受累呆着过着，可是他们有的也生活得挺快乐、挺知足。

这是CYF对自己下乡生活的总体评价，显然这个评价来自农村生活的体验，来自她个人对中国"国情"的理解，这个国情在此可指贫困的农村生活，亦可指一些老农受苦受累一生却也快乐知足的豁达。从个人体验而言，她肯定了下乡的生活，因为农村治疗了城市家庭带给她个人的精神苦难。对于她而言，农村具有一种疗救的功能。她通过对比，使自己获得一种心灵上的平静。这出自她的朴素的判断，即"那些老农民一生勤勤恳恳、受苦受累呆着过着，可是他们有的也生活得挺快乐、挺知足"。

苦难事实上已然存在，但是，不可否认，苦难意义有被建构出来的"嫌疑"（如 CYF 将自己在城市所受到的精神压抑与老农民的无穷无尽的苦累相比，并获得心灵上的安宁）。因此，苦难本身于当事人而言，并不尽然表现为"苦"的意涵。在知青 CYF 看来，老农民一生受苦受累活着，却也能快乐、自足。有人将这种受苦人的生活描述为"苦中作乐"，这样定义是带着无奈的，就像我们认为的无功的苦就是荒谬的苦一样，如西西弗斯。这种判断显然不是切肤者的感受，在很大程度上很难说是正确的。因为我们不是"下苦人"，不是西西弗斯。这个时候，我们没有理由认定，那些被定义为苦难中人的乐是无奈的乐，是苦涩的乐。程振兴认为，（在某个意义上）无论是张承志的"金牧场"还是史铁生的"清平湾"，以审美静观的心态滤去苦难，以超然的姿态作美学"还乡"之思，是有其人心人情的真诚的，并非粉饰苦难。[1]

自此可以看出，乡村与城市的关系并不尽然是一种二元对立，而是有情感勾连的。恰如怀默霆对 1949 年前城市与乡村关系的分析一样，城市中的一些人是把农村作为自己的根的；有很多人说，即使现在你不是农民，但是向上追溯三代或者四代，你们家应该是农民。这也说明了"进城"后的人们对自己根的怀念或者纪念，也不能说这样的怀旧不是出自一种真诚。

当然，单纯的精神上放松，并不能令 CYF 留在农村。"物质条件"的决定性作用，令她在该离开的时候还是离开了。因此，关于乡土资源

---

[1] 参见於可训《历史记忆与民间文本——关于〈中国知青民间备忘文本〉的一次对话》，《海南师范学院学报》2003 年第 2 期。

的解释，从这个角度来说，显得非常无力。但是，我们不能因此说城市与乡村之间存在着必然的二元对立，更不必然是城市人与农村人之间的情感对立。

（二）知青群体的复杂城乡叙述

综观知青话语中的农村形象，我们发现，第一，农村是知青生活回忆中知青群体受苦受难的具体地点，这一点可以在知青回忆录和我们的访谈中找到多个出处。

第二，农村也是知青逃离后的意义追寻之地。这一点与前述一点之间并不必然存在矛盾关系，知青在成功的苦难哲学中弥合了二者的不和谐。在某种程度上，对于具体知青而言，能够逃离农村就是一种成功。一些人往往是在这个点上找到了弥合矛盾的理由：农村是受苦却也是有意义的地方。

如果说"青春无悔"代表着精英话语，不可能代表整个知青群体，但是起码代表了一部分观点，表达了一部分真实。当然，我们可以从"历史往往由强者来书写"[1] 这类批判中对这样的精英话语进行批判，即这个强势并不代表数量，而是所造成的声势；虽然强势的声音往往会成为一个社会的主流，但不一定代表沉默的大多数。

不过，我们访谈过的普通知青也往往保持着意义追求的冲动。关于这一点，如果从上述批判角度出发，确实很难寻找原因。或者我们过于强调知青精英与普通知青之间的信念不同，所以才导致了我们的理解难题？关于普通知青的意义追求冲动，存在一种可能的解释，就是对于这类知青而言，成功逃离农村是成就他们苦难哲学的最根本原因。也就是说，只要是离开了农村的知青，他们都能够把持着一份对农村生活的"超然"反思，从此以后，他们不必再遭受农活之苦，因而具备了超脱的条件。因此，相对于农村人，多数知青把持了"成功式"的哲学思

---

[1] 《游离于农民的文人心态——试析知青文学中的主体创作心态》，http://www.bloger.com.cn/user1/23810/archives/2004/64627.shtml。

考，诸如"那时候真是苦，不过对于我也是一个锤炼"等类似话语。

第三，农村是知青想象中的一个归宿。知青们往往认为乡下是自己的一个根，是他们一辈子摆脱不了的东西。这首先体现在作家的浪漫主义想象中，如史铁生的《在那遥远的清平湾》，又如李海音的《回乡之路》。

> 故乡是一座小山村，是这一栋小木屋，是这一条小山溪，老泉井，抑或是你睡过的那一张木板床？事实上，我们所追寻的故乡，是一个精神家园，是一种理念中的情感。①

当年在农村受苦受累的知青蓦然记起在乡村的点滴，并将之视为"精神家园"。这显然是一种想象中的存在，并仅仅是他们回忆中的一个所在。被滤去了当年真实生活的杂质，甚至只是知青作家想象过但是未曾真实经历过的那么一块地方。不仅如此，一些普通知青也有类似想法，如 ZZS 还想着到农村开一家养老院，他说自己就想在那里养老。这显然是一个更贴近现实的想法，也比作家的想象更容易实现。

ZZS 对知青的苦难概括得比较"到位"：遭遇"大跃进"、三年自然灾害、"文革"、上山下乡、晚婚晚育、下岗等，并认为知青这一拨可能不得不面临"安乐死"的问题。当然，这只是他的一种猜想，却暗示了他的心理。也可能正是当年下乡的受苦经历，使他具备了在艰苦条件下为个人生存而奋斗的决心，并且只相信自己。而乡村养老院的想法正回应了这样一种观念：不指望儿女，去农村养老。农村寄托了他的归宿的希望，很有 1949 年前一些士绅告老还乡的意味。

第四，乡村是知青难以说清楚的情怀。我们依然找不到恰当的词语来描述知青对于农村的复杂感情。正如一个知青所说的："（当年）似乎留下点什么，但是说不清楚是什么，也不是留恋那里的人。但是想回去看看。"那么，将农村视为知青"第二故乡"的说法又显得单薄了；如

---

① 《我们能熬过苦难，但绝不赞美苦难》，http://bbs.wybstv.com.cn/dispbbs.asp? boardid = 40&id = 8673，最后访问日期：2020 年 1 月 30 日。

果是"故乡",那么此"故乡"不同于"重土难迁"的"故乡"含义。我们只能赋予这个"第二故乡"以另外一种意义,却又难以言传:是一些眷恋,却又有隔阂,亲切又疏远?

第五,留守者的沉默。

> (留守知青)是一个特殊而难解的群体,曾经的激情早已消退,伴随他们的是日复一日的没有奢望的平淡日子。[①]

在现有的关于知青的出版物中,我们很难寻觅到留守知青的声音。难道是因为他们顺从了那段生活,抑或对苦难生活变得麻木?写到这里,感觉留守知青似乎分散了我们要研究的苦难主题:其中的喜怒哀乐不过人生而已。

但布迪厄看来,这是一种麻木的生活认识。事实上,留守知青已经更多地成为农民,或者说,他们事实上已经"农民化"了,命运只能托付给乡村了,纵有千般无奈。在"他们沉默着"这个意义上,我们认为,农民的生活类似西西弗斯的神话,是荒谬的;农活的苦是一种价值不大和不值得说的日复一日的苦。

而不管留守者内心曾经拥有过多少指点江山的青春豪迈,现在已经是日复一日的农民式的生活苦难。知青中少数的留守者的沉默也类似于农民中的大多数的沉默;或者也类似于部分成功返城而后又陷入诸如下岗等困顿生活中的普通知青的生活磨难并失语。

综上,本章的讨论有以下几方面的意涵。

第一,"知青下乡本身就是受苦"已经普遍成为共识,不过,大多讨论基本上将这样的苦难简单归结为政治运动的后果之一。讨论者们往往讲述知青"被迫下去"之苦以及受"政治欺骗"的苦,似乎政治(或者知青政策)是知青苦难的主要乃至唯一根源。笔者认为,知青苦难的

---

① 徐敏:《留守陕北的北京知青》,《新西部》2006 年第 8 期。

更基本原因在于中国社会特有的城乡关系问题。诚然，"知青下去"的直接原因是由当时的政治背景以及国家的城市就业政策，但是，只讲述这个面向是不够的。而且，这些问题在以往研究中被过多地强调了，这样，就忽略掉了农村社会本身的特征以及城乡关系格局这样一些内在因素在知青苦难形成中的作用。事实上，在知青讲述中以及一些相关研究中，"农村"和"农民"都是高频率出现的词语，却往往被当作最自然不过的事情，或者常识一般的底色。这种视而不见，已经成为认识知青问题的一个障碍。这种处理方式对知青的苦难根源认识得还不够全面，从而影响了人们认识中国社会制度苦难的深度。当年，知青去农村，被渲染成"大有作为"的前途，它意味着政治和事业发展前途。尤其是早几年下去的老三届知青，他们曾被广泛动员，并普遍认可这样的价值。知青下乡是带着政治理想和事业抱负的，这种"大有作为"的宣传以及当年知青的"心气"，与"新农村建设""乡村改造运动"有着类似的地方。只不过知青所进行的农村改造缺乏蓝图，而且政策安排上过于粗糙，因此，下乡知青的境况并不如意，知青、家长、政府乃至农民多方面都不满意。在当时还没有下去的知青眼中，农村在某种程度上是山清水秀的诗意田园，或是拖拉机式的现代化耕种场景，这种想象显然脱离了当年农村社会生活的现实。事实上，在合作化、人民公社以及三年自然灾害后，农村社会已然十分贫困。大人们知道这样的现状和"国情"，所以"孩子下去家长哭"，知青下去后"傻眼"更是一个普遍的现实。这表明了当年城市人们对城乡差距的感性认知。去改造农村的知青下去之后反而被农村的强大惯性改变了，尤其是那些留守知青，现在已经成为地道的农民。这不能不说是一个悲剧性的现实。因此，我们说，农村社会的劣势地位孕育了知青的苦难，这也是返城知青日后诉苦形成的社会根源和制度背景。

第二，知青的苦难经历更多地展示了苦难的乡村生活，以及不平等的乡村－城市格局。知青苦难叙事体现为一种不平等的社会现实，表征为一个群体对另外一个群体的剥夺，深层原因却在于制度安排。

目前，关于知青与农村的表述中，表面上充满了对抗关系，如《大树还小》等文学作品，基本上是对知青下乡后"罪状"的列举；而知青对农村的怨恨也有更多的表达。① 这样的对抗，事实上复制了城乡二元的对立图式，而这样的图式已经内化于每一个看到这样事实或者经历过这样事实的人心中。中国社会关于城乡的分类图式内在于知青群体中，并体现在他们的表达中。

第三，知青话语中展示的并不是简单的知青－农民间对立叙事逻辑。知青之于乡村，不仅是苦难的表达形式，同时也表达出城乡之间的另一种关系。它不是对抗式的，也有想象中的精神交流以及情感交流。

我们发现，虽然二元体制下的焦虑内在于知青叙事，如大返城时期知青的焦躁，但知青主体又有对焦虑的反思，如很多知青认为下乡对认识"国情"有帮助，② 并认为农村并非一无是处。虽然当年知青下去有种宿命的因素（很多人"别无选择"地"不得不"下去），但对于一些人而言，存在着获得"救赎"的因素，如"出身"不好的知青 CYF。对于那些或者满怀政治激情的，或者为解决家庭生计而下去的知青，在没下去之前，那种"向往着""憧憬着"的情怀，就是一种"此在"或此刻生发出来的救赎自身的一种情绪倾向。这些阶段性的情感也是他们生命历程中的一段心路历程，是无法抹去的，也是褪不去的曾经的存在以及现实一种。这在某种程度上使得知青对农村（或对那段经历）的感情显得有些暧昧不清。

第四，城乡之间的分化还在持续中。城市中的不同知青阶层（如知青精英与普通知青，有话语权的知青与没有话语权的知青）的关系，也都是一个复杂的关系图像。而知青的苦难倾诉以及反思，甚至关于颇有争议的"青春无悔"的声音不仅是知青的自恋式叙事和自恋式反省，也

---

① 参见谢春池《谁为我们祝福》，《厦门文学》（1995 年 10 月号），其中描写了知青对乡村干部的怨恨以及多年后的报复。

② 知青们多次提及的"国情"一词，具有非常多的含义，如理解了中国的贫穷，以及农村人的安贫乐道等。

不仅是知青生命历程的主旋律，还是历史中各种关系的纠缠，如城乡关系的厚重感。当然，多数知青所表达的历史也并非那一段历史，即使全体知青所叙述的历史也未必是一个全面的知青史，因为农民在知青历史中的讲述依然占据非常重要的地位。

第五，关于苦难救赎。在获得拯救的知青看来，尤其是对于那些在世俗社会上比较成功的知青而言，知青的苦难叙事存在着一种二重性。一方面是知青控诉苦难，另一方面却又出现了感谢苦难的主题（如有关"青春无悔"话语的讨论），这是一个值得周详分析的复杂现象。

不过，可以肯定的是，对于大多数知青而言，当年他们生活上的苦和他们精神上的闷，主要来源于农村社会缺少一种"愿景"。逃离农村的知青获得了苦难的救赎，特别是对于日后获得成功的知青们而言，这样的救赎意义显得更加突出。对于留守知青而言，这样的苦在延续，并没有成为他们意义反思的根源，也恰如农民对农活的看法：就是简单地"受苦"。受苦本身不具有崇高的价值，而是生命延续的"苦熬"，是生命的本色。

可以试想一下，如果这一代知青下去的不是农村，而是一个比中国城市更好的地方，如美国、加拿大，那么，知青的话语很有可能是另外一套系统，是成功哲学？总之，就不会充满如此多的苦难哲学。因此，我们认为，类似知青这样的一种苦难，既有主流话语所说的是国家政策的一个结果，另一方面也有农村生活蕴含的切肤苦难。或者可以说，知青苦难在某种程度上就是农村生活苦难的另一种表现形式，因为恰恰是知青的农村遭遇，造成了很多知青不幸福的命运。当然也形成了这一代人的独特的哲学。

第六，对苦难的理解。苦难在中国文化中往往具有一种救赎的意义，如"吃得苦中苦，方为人上人"，再如"梅花香自苦寒来"，乃至于很长一段时间里学生课本中都有关于"逆境更容易成才"的讨论。这些俗语本身可以有着更加复杂的语境解释和意义体会，不过，总体而言，都负载了道德的含义，恰如山西农村对于能受苦的人的赞誉。这样的道德含义普遍存在于正在受苦的大多数劳动者身上，并支撑着中国社会伦理的一部分。对于苦难，我们甚至可以从心灵救赎等角度来考察苦难的各种面向。如有人认为，地狱是人生的一种状态，即我们生活在苦难中而不知不觉。[①] 而文学家往往强调苦难的个人性，[②] 并容易得出众生的苦难皆不相同，都值得同情的结论。他们往往借助有血有肉的情感分析向读者展示苦难的具体性，也往往会因为过于投入而迷失掉一部分反思能力。这样的态度也仅是表达了苦难的个体生成以及人耐受苦难的程度，或者说只是表达了苦难的荒谬的一面，而对于苦难的社会根源往往缺乏理性的分析。

社会学者在讨论苦难类型以及苦难根源的时候，往往容易因类型问题而陷入刻板化的陷阱，如当前关于城乡问题的数字差距研究中存在的问题，冰冷的数字下面缺少了农村人或者城市人的具体情感（如事实陈述过程中被格式化方法和视域忽略掉的"枝节"，以及情感表达中被理智舍去的含糊的语调或者语气）。这种困境在很大程度上来自社会科学研究方法中的一种内在局限，是值得社会科学研究者反思的关键问题。

---

① 参见陀思妥耶夫斯基《卡拉马佐夫兄弟》，耿济之译，人民文学出版社，1981；陈建新：《苦难的史诗——论〈卡拉马佐夫兄弟〉》，《阿坝师范高等专科学校学报》1999 年第 1 期。
② 如李锐认为，生而为人是一种命运，只能接受"人"这一物种的命运。而人这一物种除了接受宇宙、自然带给人类的苦难与困境外，还要不断地品尝人自己给自己酿造的苦酒，在人类自身设置的泥潭中挣扎。人类的苦难在于对自己的丑恶、缺失、局限的无奈与无能，对人类本性的永远的无能。参见李锐《另一种纪念碑》，山东文艺出版社，2002；李寒波：《苦难意识和悲剧情怀——小说家李锐的独特个性》，《吕梁教育学院学报》2006 年第 1 期。

第十章

亲历者与旁观者的性别记忆

据统计，在 20 世纪六七十年代上山下乡运动中，女知青在插队时期成婚比例明显高于男知青。当时女知青的婚姻形式有三种，即与男知青结婚、与城镇居民结婚、与当地农民结婚，其中女知青与农民的婚姻占主导地位。[①] 刘小萌指出，知青与农民的婚姻是插队知青婚姻的主体，其中又以女知青嫁农民为多，占比超过 65%。[②]

关于与当地农民结婚的女知青这一群体，目前的研究性文献较少。一些学者描画了这类女知青的生存处境，但他们的解释也有不足的一面，如李巧宁[③]将女知青与农民的婚姻不幸福归因于城乡二元体制以及女知青自身的高位认同，张鼎立的文学研究也是从这一角度讨论女知青与农民的婚姻问题的。[④] 概言之，既往研究中城乡差异因素占据主导位置，而其他因素往往被忽视了，尤其是对居于核心的性别话语问题没有充分观照。金一虹早期的作品也主要是从城乡角度切入的[⑤]，对性别话语在

---

① 刘小萌：《上山下乡知识青年的婚姻问题》，《青年研究》1994 年第 8 期；李巧宁：《女知青与农民婚姻的历史考察》，《学术论坛》2003 年第 6 期。

② 刘小萌：《中国知青史——大潮（一九六六—一九八〇年）》，中国社会科学出版社，1998，第 511–512 页。

③ 李巧宁：《女知青与农民婚姻的历史考察》，《学术论坛》2003 年第 6 期。

④ 张鼎立：《城乡对峙与现代性的迷茫——阎连科〈最后一名女知青〉及其谱系解读》，《广东广播电视大学学报》2007 年第 5 期。

⑤ 金一虹：《在两种文明间振荡——文革中上山下乡女知青问题初探》，《妇女研究论丛》1993 年第 2 期。

其中的作用虽有涉及但没有做过多的讨论。她在分析中指出，女知青虽有性别平等意识，但她们的"改变传统性别分工模式的努力注定是失败的"，进入婚姻的女知青很快就成了当地的小媳妇，遵从农村的性别规范。这是对此类事件中性别关系特征的有力判定。

以往有关性别话语的讨论构成性别研究的核心内容之一。对于新中国成立以来中国社会的性别话语问题，吴小英认为，性别话语的构成有三个基本要素：国家、市场和传统文化，它的背后是一种力量关系在较力的过程。^① 其中，传统性别话语是最为基本的要素，它经历历次中国运动后，依然岿然挺立着。学界普遍认为改革前 30 年的性别话语以"男女都一样""妇女能顶半边天"为主导理念，带有机械的"去性别化"特点。它源于马克思主义的妇女解放理论，带有强烈的国家意志和政治化色彩。学者们一般认为，对于改革前 30 年的特定时期性别话语，即便国家构建了性别平等的蓝图，但这种性别平等话语带有依附性特征，从属于国家利益和社会生产的需要。^②

目前关于改革前 30 年的革命话语在女性解放实践中的作用问题，尚需进一步讨论。同时，男女平等话语在改革前 30 年是否变成一个"被普遍接受的政治时尚深入人心"，^③ 尚需进入女性的日常生活实践中，才能得到更好的理解。

本章涉及的性别话语概念包括男女平等话语/女性解放话语与传统性别话语。传统性别话语在这里主要指男主外、女主内的家庭分工模式，以及女性在家庭生活中处于被支配地位的一种生存状态。女性解放话语则来自新中国成立前后有关"男女平等"的一些政治性表达，如"妇女翻身""妇女能顶半边天""时代不同了，男女都一样"等内容。这里的"话语"概念可以理解为"规范"的同义词，如性别话语可以理解为性

---

① 吴小英：《市场化背景下性别话语的转型》，《中国社会科学》2009 年第 2 期。
② 金一虹：《"铁姑娘"再思考——中国文化大革命期间的社会性别与劳动》，《社会学研究》2006 年第 1 期。
③ 吴小英：《市场化背景下性别话语的转型》，《中国社会科学》2009 年第 2 期。

别规范，它主要是一种观念层面的存在。它也包含了福柯意义上的"话语"意涵，即用来建构知识领域和社会实践领域的不同方式，它是在历史实践过程中形成的，内含着某种权力关系，规定着某种社会秩序。①笔者认为，福柯的"话语"概念进一步深化了作为规范的"话语"的意义深度。

在研究方法和研究思路上，本章以知青访谈、知青回忆录，以及旁观者对女知青婚姻的叙事/记忆等为资料基础，试图从记忆的视角，通过分析女知青与当地农民的婚姻叙事，讨论社会记忆中的性别话语问题。

关于女知青与农民的婚姻问题，既有的资料包括旁观者讲述的悲剧婚姻故事以及女知青自我讲述的婚姻故事，二者都构成了嫁给当地农民的女知青婚姻的记忆话语，只不过前者是局外人讲述的，后者是亲历者讲述的。不同讲述主体对女知青婚姻的记忆内容存在一些共同之处，但也有差异。本章试图分析回忆中的女知青在农村的婚姻故事，以探究这两类故事试图在说明什么，以及表达了怎样的社会意涵。

一 女性解放话语与传统性别话语的博弈

这里涉及的旁观者主要包括两类：一类是报告文学的作者（如讲述廖晓东故事的常鸣）；另一类是同样有下乡经历的女知青（如讲述张同学故事的许惠英）。二者基本是站在"娘家人"的立场上，对嫁给当地农民的女知青的悲剧婚姻进行"控诉"，其更像是一个伤痕叙事。目前缺乏当地农民的讲述，即婆家人的立场，这尚需资料的补充和研究的拓展。学者们曾深入研究的白启娴个案中，部分涉及当地农民的话语，不过他们的观点仍类似于"娘家人"立场，"婆家人"立场可能更需要关注女知青的农村丈夫及其家人的讲述，但他们多是沉默的，即便有人主动去访谈，他们往往也采取回避的态度，如白启娴的丈夫。"文革"时

---

① 吴小英：《市场化背景下性别话语的转型》，《中国社会科学》2009 年第 2 期。

期，女大学生白启娴同农民社员结婚，《河北日报》发表她的来信和编者按，支持她的革命行动，批判那种看不起农民的旧传统观念，《人民日报》1974年2月7日第1版以《敢于同旧传统观念彻底决裂》为题全文转发她的来信。[①]

来自不同讲述主体的女知青婚姻叙事中，往往都突出了不同性别话语之间的复杂关系。可以说，"文革"时期的女知青，即城市的女知识青年，她们无论是在革命思想还是在性别意识方面，都处于那个时代思想的最前沿。接受最前沿思想的女知青几乎秉持的都是女性解放话语，即性别平等话语，它有利于女知青在各种权力/结构关系中谋得一个展现自我的空间，凸显女性的能动性，打破惯常/传统的被动性和顺从性。但在农村的婚姻经历中，她们往往遭遇了最顽固的传统性别关系，这时女性解放话语（即男女平等话语）是处于多重关系之中的，也可以说是处于多重束缚之中的。通过梳理来自不同讲述主体的叙事，可以发现，其中主要凸显了传统性别话语、贫下中农话语、一般性革命话语与女性解放话语之间相互制约的关系。

这里的革命话语可以定义为新中国成立前后国家层面推动的影响颇广的系列新理念。这里涉及的贫下中农话语是革命话语的一个组成部分，它是农村土改时期产生的革命话语；"女性能顶半边天"（即女性解放话语）也构成革命话语的一个组成部分。不过，在女知青的农村生活实践中，二者往往是冲突的。因为贫下中农话语中不涉及女性解放这一维度，在廖晓东案例中，贫下中农话语中的性别维度借用了传统性别话语。当我们提及"革命话语"时，它包括贫下中农话语、"女性能顶半边天"话语，以及其他一般性革命话语，如对于知青而言，包括知识青年上山下乡"接受贫下中农再教育""大有作为"等内容。一般性革命话语（除女性解放话语外）基本不做性别区分，因此它最容易借用/挪用传统性别话语。

[①] 宋瑞璇：《反潮流英雄？国家话语与个人记忆中的女知青典型——以白启娴为例》，硕士学位论文，复旦大学，2012。

在"文革"时期的上山下乡运动中，明显存在的是"革命话语"对女知青性别意识的积极影响。她们在"农村是一个广阔的天地，在那里是可以大有作为的"无性别化政治号召下，到农村自力更生，想为改变农村落后面貌发挥自己的力量，甚至很多人以"铁姑娘"的标准来要求自己。

> 一年下来，所有的农活都干过了，连吆喝牛扶犁那种纯男人世界的事也体验了一把。最后剩下的，是冬闲里淘茅粪，被称作"苦重"。熬不过我的软磨硬泡，几个队长同意我去……这样忙活了一个月。①

但与革命话语密切相关的男女平等话语遭遇了农村的传统性别话语后，在现实中发生了变形。即便革命话语站在女性解放话语的一边，我们也可以发现女知青的"革命理想"与"性别平等话语"之间的张力/错位问题，即革命话语并不等同于性别解放话语，其中传统性别话语是一个核心的影响机制。在传统性别话语下，性别平等话语往往处于下风，甚至有时一般性革命话语也处于下风。

我首先以在内蒙古插队的女知青 XY 的回忆录作为旁观者讲述故事的引子。② 值得指出的是，尽管 XY 的故事是亲历者讲述的，但因为其中的一部分内容与本部分讨论的主要案例——旁观者讲述的廖晓东的故事所表达的内涵是类似的，故也将其放在旁观者讲述的悲剧婚姻故事前进行讨论。通过对比两类叙事，我们发现，亲历者讲述的女知青婚姻故事中，也包括了旁观者讲述的意涵。不过，即便是同样的意涵，旁观者的讲述因其故事的悲剧性而往往更具有震撼性，而亲历者的讲述多带有日常生活（平淡性）的特征。旁观者讲述的故事更像是一种观念中的对传

---

① 卢小飞：《青春方程式》，载刘中陆主编《青春方程式——五十个北京女知青的自述》，北京大学出版社，1995，第48页。

② 参见 XY 在《内蒙古插队知青回忆录》中的文字，未公开出版。

统性别话语的批判，它看起来也像是一种社会期待，是一个在观念层面试图"翻转事实"的期待（譬如廖晓东不该病死、张同学不应自寻短见，是外力害了她们，等等）。所谓"为不平者鸣"，给廖晓东故事写报告文学的记者署名即为"常鸣"，看起来似乎不是一个巧合。

（一）XY 与丈夫的第一次冲突及其和解

笔者访谈的 XY 在 1969 年从北京下乡到内蒙古，因为受了较为严重的腿伤，丧失了靠体力劳动去获取生活资料的能力，三年后她嫁给了当地农民；结婚后，她过了两年围着锅台转的生活，腿伤也基本恢复了。这时听说大队在安排知青去民办学校当老师。她想到自己需要在农村发挥一个知识青年应该发挥的作用，于是找到负责此事的大队副书记，副书记答应了，但她没有去成，想不到阻碍她去的是自己的丈夫张老三。丈夫说：

> 这个家不用你去挣工分，你只要把家料理好就行。女人出去做事是疯疯癫癫跳得放不下了。（2015 年访谈）

XY 给丈夫讲自己的道理，但是丈夫不听，且态度十分强硬，XY 一气之下回到北京。后来丈夫来信，态度上有所妥协，同时请大队书记来北京做说客，大队书记答应回去后把她安排到大队合作医疗工作，此时她的儿子也 1 岁多了。XY 回忆说，更重要的是为了儿子，她回去了。

这是女知青和丈夫在革命话语和传统性别话语之间冲突的第一个回合。在其中可以发现，她与丈夫的和解，靠的不是她自己的道理（革命话语），"在农村发挥一个知识青年应该发挥的作用"，而是来自双方的态度妥协：丈夫写信求饶、请本地权威人士去说情，甚至还有儿子这一"人质"在其中发挥了关键作用。当然，男方这时已经做出让步：同意她去大队合作医疗工作。对于女方而言，在情感上首先还要考虑到自己的孩子。这一回合博弈的结果是他们重新和好。

显然，去大队合作医疗也是女性外出工作的一种形式。在这一冲突中，看来作为丈夫的一方确实是做出了让步。但事实证明，这种让步也仅仅是为了和好而采取的一种权宜手段。在接下来的冲突中，我们看到，事实上双方谁也没有改变，甚至丈夫有升级为家庭暴力的倾向。

（二）XY与丈夫的第二次冲突及其升级

丈夫的传统性别意识与女方的知青服务于农村的革命意识之间的冲突，在现实中被激化。一次 XY 参加公社培训班，会议结束较晚，她提前接了孩子一起去开会，并在外面吃了饭，到家天已经黑了。

> 自行车还没支好，她丈夫就从后面上来踹了一脚，边踹边骂：你还回来?! XY 后来向大队妇联主任反映此事。据 XY 回忆，为了这件事，妇联主任没少往他们家跑。

在第二个回合的冲突中，我们发现，现实依然没有改变，持传统性别话语的丈夫和持革命话语的妻子谁也没有说服谁，冲突还有升级的趋势。妻子后来依靠当地权威人士的多次斡旋，才得以继续外出工作。这是农村基层政权的权力发挥了作用，而不是革命话语压倒了传统性别话语。

在 XY 的案例中，我们发现，革命话语和女性解放话语是一致的，但它们没有压倒传统性别话语，二者之间处于激烈的冲突状态，甚至需要借助外力（这里指基层政权的力量）才能得到部分化解。女知青 XY 和农民丈夫最终没有能够白头偕老，最后二人离婚，女方返京并"偷回"孩子，丈夫郁郁寡欢以致英年早逝。

这种话语关系在青岛女知青廖晓东的案例中①，也有类似的反映。

---

① 下文将详细分析廖晓东个案。廖晓东案例和张同学案例都是旁观者讲述的女知青嫁给当地农民的故事，而非亲历者的自述。XY 和 CYF 自述的与当地农民的婚姻故事，包括了旁观者讲述的内涵，但也有旁观者看不到的意涵，如下文 XY 和 CYF 谈及的夫妻双方相互支持、人老后抱团取暖的内容。

甚至有些情节都是一样的。例如，女知青都因为在外工作回家晚而被打：XY 被丈夫踹、廖晓东被丈夫甩耳光，而且都被骂。理由也是一样的："女人家应该以家为重，而不是在外面跑来跑去。"

我们发现，革命话语和女性解放话语在日常生活中是弱势的，它无法给在农村的孤身一人的女知青提供一个保护伞，归根结底，传统性别话语是革命话语无法改变的一个顽固存在。站在 XY 和廖晓东二人丈夫的立场上，他们的愤怒和打骂来自他们一直身处其中的传统性别话语影响。从男性立场来看，他们为女性提供了一种庇护。例如，在笔者访谈的女知青 XY 看来，传统性别话语对当时丧失体力劳动能力的 XY 来说，也起到一种庇护的作用：在 XY 嫁到张家的头两年内，她确实是围着锅台转了，并且腿伤得到了恢复。但是，我们看到这种庇护也是以对女性的特定要求为前提的，就是女性需要在家操持家务，所谓"女主内"。而"女主外"则被看作对家庭生活的一种侵犯和对丈夫情感的"伤害"，女性参与社会劳动，导致其在家里也有了经济地位，"男人觉得越发管不了这个女人了"（XY 丈夫语）。

XY 和廖晓东所秉持的理由是一致的：即便作为女性，也应该在农村有所作为。她们参照的对象是其他的知青同伴，所受到的教育则来自毛泽东的政治话语：知识青年到农村去，广阔天地，大有作为。这一革命话语是不分性别的，对女性而言，它同时也是女性解放话语/男女平等话语，只不过没有明说而已。但这样一套话语，并不被农民所认可，在农村日常生活中，农民认同的是男主外、女主内的分工模式观念。这种价值观念与前来下乡的知青之间的冲突是明显的，在笔者阅读到的女知青回忆录中，她们中很多人都讲述了这种经历。例如有些活，女性是不被允许做的，如扶犁、冬天淘粪等①，在农民看来，这些是农活中的"苦重"，是男性专属的，但女知青们中的很多人并没有遵从这套安排，而是尝试着突破这一限制。

---

① 卢小飞：《青春方程式》，载刘中陆主编《青春方程式——五十个北京女知青的自述》，北京大学出版社，1995。

当然，在很大程度上，也可以说农村的这些限制给女性提供了一种庇护。这种价值部分是基于男女生理差异以及体力上的差异而形成的一种相对自然的劳动分工，但这种分工被社会固化后，也成为社会"歧视"的基础，如农村的一些场合，不允许女性参加，甚至认为女性是不吉利/洁净的。

在女知青突破一些农活分工的过程中，也出现了文化冲突，但一般还是浅层次的。也就是说，未婚女知青即便与农民的观念相左，发生了冲突也是属于表面层次的，而一旦进入家庭层面，女知青与男农民就容易出现如上所述的更为复杂的关系和纠葛。

但在 XY 亲历者讲述的案例中，我们发现，这仅限于一个失败的婚姻故事，而不是一个悲剧婚姻。前者主要指婚姻解体，不涉及人员伤亡，而后者则包括人员伤亡，如下文谈及的旁观者讲述的廖晓东和张同学的案例。

二　旁观者讲述的悲剧婚姻故事

（一）女性平等话语被革命话语所压抑，转而屈从于传统中不平等的性别话语

革命话语也并不总是站在男女两性平等的立场上，有时候革命话语会借助传统性别话语来完成自己的目标，如廖晓东案例中的贫下中农话语便是如此。金一虹在研究"文革"时期的铁姑娘时，发现女性解放话语是当时国家经济发展战略中的一个手段，这时它是处于国家经济发展话语、政治话语之下的一种话语，是为其他宏大话语服务的。[①]

当经济发展话语与女性解放话语一致的时候，国家会宣传让女性走出家门，为国民经济服务，为中国的现代化事业服务。但国家和社会也

---

① 金一虹：《"铁姑娘"再思考——中国文化大革命期间的社会性别与劳动》，《社会学研究》2006 年第 1 期。

会转而使用传统性别话语，去引导女性劳动资源的流向，例如在劳动资源比较丰富时，将女性作为一个劳动力蓄水池。在 1990 年代中国下岗情况比较严重时，又出现很多声音"让女性回家"，以解决国家的困难。甚至有学者直接提出，让女性回家是解决当时就业问题的最为省力的一种方式。①

"文革"时期，在城镇安置位置短缺时，国家鼓励男女知青都下乡务农，并号召男女知青"大有作为"。在"文革"时期的知青口述史中，我们关注的往往是"时代不同了，男女都一样"的性别平等话语，而没有注意到传统性别话语在这一时期仍然是十分顽固的。在知青这一代"革命者"身上，我们还看到了传统的禁锢，它体现为一种社会压制，其与当时的政治要求合流，造成了一种双重压抑型的生存状态。

这一双重压抑体现在女知青廖晓东的身上。② 廖晓东，青岛女知青。1968 年 4 月，21 岁的廖晓东响应党的号召，离开了繁华的故乡青岛，到当时山东省诸城县桃林公社插队落户，并与本村的一位农民结婚，生育一子一女，1974 年春因病逝世。

她怀揣着"我们是新中国的青年，长在红旗下，应该响应党的号召，到农村去会大有作为"的理念主动申请下乡。刚到农村，听说本村的一个贫下中农代表丁法因贫困而一直打光棍，她当即决定嫁给这位贫下中农。她的决心来自以下理由：

> 贫下中农同志们，社会主义是个光明、伟大的社会，是我们贫下中农自己当家作主的社会。可刚才，我听说这位最穷的贫下中农 30 多岁了还没媳妇，这是个当主人的样子吗？这样典型的贫下中农代表怎么没人嫁呢？我现在郑重宣布，我要嫁给这位贫下中农代表。

---

① 孙立平：《重建性别角色关系》，《社会学研究》1994 年第 6 期。
② 本研究有关廖晓东的资料主要来自常鸣的长篇报告，下面的直接引文不再做注。参见常鸣《不让贫农打光棍 廖晓东的悲剧人生》，http://mp.weixin.qq.com/s/ghimEIgrEp7WQ8tBjJzmqQ，最后访问日期：2017 年 5 月 6 日。

她对同来的知青好友说，"这样的贫下中农打光棍，我感到心酸。我的选择无怨无悔"。同伴对她的选择表示不理解和反对，在与同伴辩论的过程中，她事实上已经将自己的行为与战争年代的舍身英雄，以及平凡生活中的雷锋榜样行为画等号了。她说：

> 那么雷锋呢？他为什么在平凡的岗位上做出不平凡的业绩？他们班、他们连甚至他们部队，为什么他能做到而别人做不到呢？还有王杰，他本来自己可以脱险，但他却把生的机会留给民兵，自己扑向炸药包。

在此后的共同生活中，廖晓东的这种舍身的一心为公的精神与她的丈夫丁法的家庭本位思想发生了不可调和的冲突。在城乡生活习惯的差异〔包括丈夫睡觉前不洗脚、光着身子睡觉，不（允许）使用雪花膏、洗脸盆、香皂等〕方面，她以"和贫下中农结合，就要适应他们的生活习惯"来说服自己过这种不和谐的私人生活。而在观念层面，他们的冲突则不可调和，且充满了悲剧的色彩。

（二）旁观者讲述的第一回合的冲突

他们冲突的第一个回合来自婚后廖晓东还不断参与村里的事务引发的。在丁法的眼里，"结了婚成了家，就应该老老实实在家里待着，不能外出"。但廖晓东不是帮助孩子们念书，就是到村里或烈军属家干活。终于有一天晚上，丁法抡起巴掌打了她三个耳光。以下是他们的对话：

> "别人的事用不着你去操心。你白天干活，晚上教书，家里的活不干，哪像个妇道人家。"
> "妇道人家应该什么样？"廖晓东不解。
> "你自己应该明白。"丁法非常不满。
> "我不明白。"廖晓东声音大了些。

"怎么？不服气？"丁法又跳起来，朝着她又是两耳光。

"你是不是不服？"

"没有。"廖晓东连忙否认。

"你说，是不是不服？"

"真的没有。我是来接受贫下中农再教育的，我愿意接受贫下中农的耳光。"

丁法"哼"了一声："告诉你，你既然是来当贫下中农的学生，就得尝尝贫下中农受的苦。"

廖晓东说："我知道，贫下中农在旧社会受地主的鞭子，我长在新社会，没有尝到这种苦，我愿意尝尝。"

"什么？你把我当成了地主！"丁法气得朝她猛踢了一脚。

而此时廖晓东已怀有身孕。事后，廖晓东是这样反思的："是不是我对贫下中农的阶级感情不够深？是我们的世界观没有很好地改造，贫下中农对我们还不理解？"她的反思发生在革命话语的框架下，而缺失了性别平等的维度。因此，她的性别意识是被抑制的，甚至这时革命话语反而站在了传统性别话语的一方，明明是丈夫在施虐，却以"你既然是来当贫下中农的学生，就得尝尝贫下中农受的苦"来作为管教和束缚廖晓东的一个说辞。

（三）旁观者讲述的第二回合冲突

他们冲突的第二个回合来自后来廖晓东提出在农村开"无人商店"，她被树为典型并到一些地方做报告，引来丈夫的不满。

"你整天忙乎什么？"

"公社里安排的。"

丁法不听她解释，"啪"一个耳光又送上："告诉你，山里人看不惯一个女人整天在外溜溜乱转，不顾家。"

廖晓东抱着孩子默然流着泪。这是自己的丈夫，她不敢再说什么，说也没有用。

笔者认为，廖晓东的案例主要体现的话语关系是：性别平等话语被革命话语抑制了，传统的不平等性别话语占据绝对上风。主要有以下两个表现。

首先，也是处于革命话语下的贫下中农代表丁法认为，女性应在男性的控制之下。尽管廖晓东秉持的依然是女知青也要有所作为的理念，但在表面上，她还是顺从了这种"夫"权，表现为面对丈夫的打骂由最初的辩解发展为最后的沉默。这是二者之间博弈的后果。

丁法是当地贫下中农的代表，廖晓东们下乡后的第一课——诉苦会上就有丁法的发言，但在贫下中农的话语中，不包括男女平等的女性解放话语。贫下中农与女性解放话语之间是冲突的；性别关系的现代话语还没有进入这个山村，丁法对廖晓东的要求是以山里人的标准为基础的："像个妇道人家"，把家里的活都干了，不能"整天在外溜溜乱转，不顾家"。丁法所秉持的"家法"在一定程度上是适用于所谓私人领域的，即便它无法公然对抗公共领域的话语，但在当地农村还是有一席之地的，甚至公共领域的话语在面对它时还要做出些许让步。例如，即便村支书知道了廖晓东遭受了家庭暴力，也没有对丁法进行处罚。廖晓东用公共领域的话语去和丁法进行沟通是无效的，在她说出自己的外出活动是"公社里的安排"后，她甚至因这一"辩解"得到了丁法的又一耳光。这意味着即便是"公社的安排"也无法震慑住丁法的"家法"。在息事宁人的层面，廖晓东至少在表面上接受了这一博弈后果：她只有默默流泪，不敢再说什么，因为他是丈夫。她的内心对这一夫权是忍让和退却的。

丁法甚至还以"接受贫下中农再教育"来为他的暴力言行寻找说辞："你既然是来当贫下中农的学生，就得尝尝贫下中农受的苦。"这个"苦"在他们冲突的情境中，特指丁法甩来的耳光和飞脚。

综上可见，对于婚后丁法的打骂，廖晓东起初试图以女性解放话语和革命话语去辩解，但在丁法这里说不通，因为他没有现代文化。最后廖晓东唯有"不敢再说什么，说了也没有用"的哀叹，因为"这是自己的丈夫"。本来是说理，最后变成了"清官难断的家务事"，没有了对错。

其次，问题更深层的原因还在于廖晓东自身也深处贫下中农话语中，而对于自身的命运缺乏一种自省。也就是说，贫下中农话语对她的"女性能顶半边天"/男女平等意识是抑制的。

她的好友、同插知青伙伴曾多次劝她离婚，但她在革命话语之下，退却了。第一，她与农民结合的材料已经报到上面去了，她因此成了一个典型，而离婚则意味着破坏了这一典型。第二，在贫下中农话语下，她将个人的利益完全舍弃了，而舍弃个人利益也是革命话语的一个重要内涵。

以下是她在与同伴争论是否返城问题时的一些看法。可以看出，她是言出必行、不走回头路、践行所谓"初心"的这么一个纯粹的人。

廖：咱们都是写了决心书的，怎么好反悔呢？再说，农村也离不开咱们。我们是毛主席号召下乡的，现在回城，这不是否定吗？

知青同伴：你感到你现在的家庭很幸福吗？

廖：这不是一回事，我立志在农村，并不是为了追求个人幸福。我留在农村不是为了我自己，同样也不是为了丁家。你怎么能用这种患得患失的观点来衡量这场政治运动？

如上所述，对于她与丁法之间无法调和的冲突，她在痛苦中做了反思："是不是我对贫下中农的阶级感情不够深？是我们的世界观没有很好地改造，贫下中农对我们还不理解？"

她的反思体现了贫下中农思想对她人生不幸之自省的抑制状态。贫下中农和城市知青之间的无法沟通状态，变为她的自责：是自己没有得到很好的改造，贫下中农不能理解。事实上，在贫下中农自身不改造的前提下，如果她要改造得令对方满意，则需要她放弃革命观，成为一个传统女性。作为一个"革命女性"，她是可以参与社会活动的，家务活动是同时做甚至是可以靠后的事情。如果不放弃革命观，就要让贫下中农来理解她们，也需要贫下中农去理解更为全面的革命话语，而不仅仅是农村的阶级话语以及知青接受贫下中农再教育话语，还应该包括新中国的性别话语，例如毛泽东的"女性能顶半边天"理念。但事实上，廖晓东在反思层面，缺乏对传统的男女不平等话语进行批判的意识。根本原因在于，她所秉持的贫下中农革命话语中是排斥性别平等话语的，而廖晓东也正是在这一革命话语下，将性别平等话语抑制了，导致了她的悲惨命运。

（四）旁观者的讲述：不同话语在农村社会生活中的力量对比

内蒙古下乡的女知青许惠英回忆了一个与农民结婚的女知青的"十八岁的幻灭"：[1] 初中毕业的女知青张同学下乡初期，嘲笑知青点三个女同学受不了劳作之苦而出嫁，认为她们背叛了革命的诺言。但一年后，张同学也成为农家媳妇了。主要在于，她与知青点的男同学有矛盾，加之她自己不会做饭。先是成为她婆婆的农村大妈经常拉她去家里吃饭，后来是在干农活时，日后成为她丈夫的青年农民主动帮她干农活……日子久了，她觉得在农村有个丈夫也没什么不好，可以摆脱繁重的劳动，可以吃上现成的饭菜，还可以得到别人的疼爱，于是自己做主嫁给了比她小一岁的农民。

婚后她生了个女孩，并由受人疼爱的女知青变为农村妇女，要承担繁重的家务劳动。丈夫说："是我的媳妇就得给我干，要不就抱孩子回北京！"她的反抗遭到丈夫和婆婆的殴打。她找到同来插队的带队女知青许惠英，请求她的帮助。许惠英心生同情和气愤，但想不出好主意，

---

① 许惠英：《十八岁的幻灭》，载《草原启示录》，中国工人出版社，1991，第 426－428 页。

就从"毛主席语录"中找出一条来安慰她："有利的情况和主动的恢复，产生于'再坚持一下'的努力之中。"她平静地说，"能再坚持一下，能挺过磨难"。半年后，许惠英听到她喝敌敌畏自杀身亡的消息。原来她再次怀孕，想做人工流产，但丈夫和婆婆不同意，一气之下，她喝下了一瓶敌敌畏。

这一案例可以反映现实中至少三种话语之间的关系博弈，以及传统性别话语的决定性力量。一是革命话语，表现为张同学最初对已婚女同学的嘲笑，她认为这些人走入小家庭是背叛了革命诺言；也表现为她在遭受婆婆和丈夫的殴打后寻求同是知青的帮助时，得到的鼓励和安慰是毛主席语录，她也在这安慰中暂时得到平静和力量。

二是性别平等话语，这来自张同学最初的信仰，即因为革命的诺言，女性也应该战天斗地，而不应该躲进小家庭寻求庇护；也表现在当她与婆家意见不合时，她有自己的坚持和反抗，尽管这最后导致她走向绝路。

三是传统性别话语，这表现为在家庭生活中，丈夫和婆婆对她的各种管制：成为农村媳妇，就得承担家务、任劳任怨，在与传统性别话语的博弈中，她显然是处于弱势的一方。

我们发现，张同学所接触和践行的革命话语包括战天斗地、大有作为以及男女平等思想，但这些话语在农村的日常生活中显得很无力和无助。表现在即便是觉得拥有强大思想力量、坚持革命话语的张同学，最后也在现实中妥协了，她觉得嫁给当地人是寻求庇护的一种方式：可以摆脱繁重的劳动，可以吃上现成的饭菜，还可以得到别人的疼爱。婚后生活中的不顺（面对强大传统性别话语的压抑），让她去寻求知青同伴的帮助，但现实生活的"紧箍咒"效应，最终使得她失去了"再坚持一下"的耐心和勇气。

我们认为，在上述三种话语对弈中，传统性别话语占据了上风，它是当地维系社会生活的重要规则，而革命话语及女性自主意识在农村的日常生活中不仅不能给离家在外、孤身奋战的女知青提供抗衡当地传统性别话语的现实基础，也无法给予她们维持生存和保护自我的力量。张同学在婚前与男知青矛盾激化，使得她孤身一人在农村谋生，并遇到了前所未有的困境。如同回忆者许惠英的评价：女孩子十六七岁时的生理和心理尚不成熟，怎能承受"改天换地"的重荷呢？

笔者认为，在农村生活中，革命话语和男女平等话语占据下风也是现实生活中其力量薄弱的反映，即它们无法解决现实生活中的问题。而传统性别话语，基本上可以提供给顺从的女性以庇护，即可解决基本生存问题。

三 亲历者的叙事：记忆中的性别话语

亲历者的讲述与旁观者的讲述之间是有差异的。笔者通过亲历者的讲述初步归纳了亲历者记忆的以下特点，有助于我们理解亲历者记忆中的性别话语的特征，也为我们理解前文所述的冲突视野下的性别话语关系提供了另一种视角。

（一）亲历者的记忆对婚姻关系的重构

显然，廖晓东、XY 和张同学所经历的都是失败的婚姻。人们普遍认为廖晓东被害死在这种悲剧婚姻之中，如《羊城晚报》曾以《女知青下决心不让贫农当光棍 婚后 6 年被虐致死》[①] 为题回顾了廖晓东在农村的经历；XY 最后与丈夫离婚，并把儿子偷偷从内蒙古接到北京，远离了农村的家庭；张同学则以生命为代价弃绝了农村的家庭，乃至人世。

在这些失败的婚姻中，我们一般首先将其归因为男性对女性的压制（不平等的性别关系），或如上述所说，是传统性别话语对女性解放话语的压抑。但事实上，在这些失败的婚姻中还包含了更为丰富的社会意涵。从亲历者的视角来看，我们发现事后回忆者的追溯中出现了不同的性别

---

① 《女知青下决心不让贫农当光棍 婚后 6 年被虐致死》，http://news. china. com/history/all/11025807/20150310/19363693. html。

关系内容。

2016 年，我访谈了 XY，此时她单身一人，自己居住。儿子结婚已经成家且有了孩子，但她与儿子、儿媳的关系看起来并不和睦。其他知青告诉我，她后来又结过婚，但又离婚了。在我问她时，她没有说起自己再婚的事情，而是提起了第一任丈夫离婚后在农村郁郁寡欢而死的事情。言谈之间，她很伤感，甚至说起后悔没有接前夫来北京的事情。

在谈话中，我们发现一个复杂的性别关系实践，其中出现了相互依存的内容。中国有句老话：少年夫妻老来伴，所讲的就是一种互相依存的性别关系。

因此，值得反思的一个问题是：当我们在谈论性别平等时，我们在谈论什么？可以说，在实践中它是立体、多元的。在女知青 XY 的追溯中有种种干扰因素，例如情感因素。因此，可以说，XY 所讲述的甚至并不是真实发生和存在过的性别关系，而是受当事人当下情境影响的回忆之中的夫妻关系。在现实生活中，XY 与丈夫的生活是不和谐的，她在外面工作时，要时刻忍气吞声，怕惹得他过于不高兴。但是这种忍气吞声还是无法避免冲突，如 XY 一次外出开会回来晚了，丈夫就又打又骂。XY 靠自身的力量无法应付这种情况，她只有求助外援——大队妇联主任。据她讲，长期以来，她得了胸口疼的病。这是发生在"文革"时期的女知青和农民之间的婚姻关系。但是在 2016 年，经历漫长的岁月和时代变迁，当 XY 进入老年阶段，想起当时自己的离开（并偷走儿子）导致丈夫郁郁寡欢，以致其很早就去世了，她在言谈中带有悔意。我们认为，回忆中的两性关系颇带有罗曼蒂克的色彩，它具有精神层面守望相助的意味，这时候的回忆性诉说滤去了现实中曾经发生过的矛盾，最后双方变成一种纯净的关系，甚至变成一种浪漫之爱。这也是 XY 在晚年对"少年夫妻老来伴"理想的期待和想象。

上述记忆中的性别关系与现实中的性别关系相比，之所以会发生变化，与记忆自身的特征有很大的关系，即记忆与真实之间是有距离的，记忆总是对过去的一种再建构；在再建构的过程中，人们普遍受到当下社会处境的影响，所谓现在的社会框架影响了记忆的形成。① XY 对丈夫的记忆，受到当下老年时期孑然一身无所依靠、情感无所依的影响。与丈夫的婚姻即便充满了冲突，但是在回忆中，被滤去了很多当时存在的棱角，甚至成为她的一种玫瑰色的记忆，可称之为"怀旧型记忆"。如普希金所说的，"那过去了的，就会成为亲切的怀恋"（普希金《假如生活欺骗了你》）。而依旧与农村丈夫生活在一起的北京女知青 CYF 对丈夫则是另一种评价，她认为自己始终无法与丈夫在精神层面取得共识，无法完成精神上的沟通；二人当下在生活中的种种不合适还成为 CYF 对过往生活不满的触发点（2015 年访谈）。

贺萧在讨论中国集合体化时期老年女性的记忆时指出，在访谈的时间点上，老年妇女从当下的制高点回望自己的青少年和中年，这塑造了她们的自我理解。② 每一个故事都是一个说法、一种阐释，不仅经过了记忆、忘却和细节重组的编码组合，还经过节奏、重点和声调的加工调试。诸多不同的因素都会影响这些说法的形成。这证实了哈布瓦赫记忆建构论③的观点。萧贺的结论是：农村妇女的记忆带有明显的社会性别特征，但妇女内部是有差异的，如劳模、妇女干部、普通妇女的记忆是不同的，如普通妇女多讲述家庭生活过程，而劳模、妇女干部的记忆中则充满了对公共生活的叙事。萧贺将社会性别看作嵌套在一个不断变化的语境中的、依具体情形而定的实践和理解。在特别的时刻，如革命的时刻，社会性别的某些意义被剥离。这说明需要将社会性别放在一系列权力关系中去理解，而社会性别也不是唯一的分析范畴和分析工具。

从亲历者记忆的角度来看，当事人的失败婚姻，只是他们过去失败经历中的一个阶段性事件。在她们日后的叙述中，这种冲突和不幸已经有所淡化（例如 XY）。

---

① 莫里斯·哈布瓦赫：《论集体记忆》，毕然、郭金华译，上海人民出版社，2002。
② 贺萧（Gail Hershatter）：《记忆的性别：农村妇女和中国集体化历史》，张赟译，人民出版社，2017。
③ 莫里斯·哈布瓦赫：《论集体记忆》，毕然、郭金华译，上海人民出版社，2002。

可以看到，被旁观者讲述的女知青嫁给当地人的故事，多强调的是完全失败的故事，笔者以为，这主要在于它没有了当事人的回忆视角和情感维度。它多强调来自农村的传统性别观念的顽固性，甚至革命话语在其面前也是无所作为的。而亲历者视角则加入了时间的因素，将这一失败的婚姻在其生命历程中重新做了评估，甚至"失败"二字都是可以商榷的，例如 XY 对去世丈夫的思念。

那么，女性解放话语是否一直处于一种依附地位？在社会现实中，女性解放话语是处于经济、政治之下的话语吗？从女性的角度来看，显然它并不是退而求其次的问题；在实践中，它是与政治、经济甚至情感等并存的、相互纠葛的过程。因此，对女性解放话语的分析尚需引入更多样化的视角。

（二）亲历者的视角：婚姻比事业更重要

在性别平等话语中，一般将女性的公共活动作为衡量男女平等的重要指标，如女性参加工作的比例、女性在工作中被提拔的比例，等等。后者强调了"事业"之于女性人生质量的重要意义，而忽略了家庭对于女性的意义。在往事回溯的过程中，有很多女知青将婚姻关系作为衡量自己人生幸福与否的重要变量。

北京 1966 届初中毕业生、女知青刘竹 1969 年与当地农民（也是复员军人）结婚，婚后二人在过日子中没有出现不同性别话语之间的冲突，而是出现了情感冲突。她的丈夫在结婚 3 年后，就不断有外遇（到 1982 年为止有三次），她想到离婚，想到去死，但都忍住了。她不断地想"孩子应该有个完整的家"，如果离婚，那么"受苦的是孩子"。这样一段不幸福的婚姻导致她对自己人生意义的定位是"失败"的，即便她的事业是成功的。

我到雁北 26 年，几经艰苦曲折，在社会生活中收获了赞扬、尊重，1994 年是山西某县中的教研组长、教工会主席，又当了县政协委员。而在个人婚姻上，我却是个失败者，收获更多的是辛酸和痛苦。[①]

她的事业是成功的，还成为"县政协委员"，但她给自己的人生定位是："我的人生像千沟万壑的黄土高原，弯弯曲曲、坎坷不平"，显然，这是她对自己婚姻生活的评价。事实上，她在回忆录中对于婚姻和事业打拼的叙述比例为5:1，从中可见在主观层面婚姻在她人生经历中的重要作用，而孩子则是一个重要的难以割舍的纽带，这也往往使得女性在是否离婚的问题上处于被动位置，也凸显了婚姻在女性人生中的重要位置。在刘竹的回忆中，婚姻超过了事业的比重。这并不是说，现实生活中，对于女性而言，事业不如婚姻重要，而是说在一部分女知青的观念中，婚姻对于其人生幸福感的重要性比事业更为关键。这一观念也是一种记忆的视角，即在对自己的人生做出评价时，占据主导的思想决定了女知青回忆的结构以及回忆的内容。在本案例中，女知青的婚姻问题成为其人生意义形成的关键变量。这一回忆话语，事实上也是社会观念的一种反映，如"女怕嫁错郎、男怕入错行"。这种观念是人们根据现实生活的一种总结，其又往往发展成为人们行为和处事的规则。

（三）亲历者视角下的革命话语与性别意识

革命话语在本议题中占据着十分重要的位置。不论是传统性别话语，还是女性解放话语都与革命话语有关联，甚至可以说在一些情况下，革命话语对于传统话语与解放话语的策略性偏好与使用，在很大程度上形塑了旁观者与亲历者的性别意识。那么，亲历者被革命话语塑造的性别意识的特点又是怎样的呢？以下尝试以相关个案为基础，做一些初步的讨论。

笔者在阅读的知青回忆录中发现，女知青中存在着一种革命婚姻的

[①] 刘竹：《人生路弯弯》，载刘中陆主编《青春方程式——五十个北京女知青的自述》，北京大学出版社，1995，第108页。

观念，表现在他们压抑了个人幸福的冲动，以"为人民服务"的想法去践行自己的婚姻，当然，这类婚姻多是失败的。例如北京女知青庄月，她在"文革"结束后嫁给了一位电大的男老师，这个男老师本是贫苦农民的儿子，后经过自己的努力读了大学。但这个男老师先后离婚几次，庄月在和他举办婚礼的一周前，又发现了他的一个情人。此时，庄月感觉到自己并不爱这个男人，但还是和这个男人结婚了，婚后发现这个男人还在和其他女人来往。在回忆这段生活的时候，庄月指出，铸成这一大错的最主要原因是她自己的婚姻观。

> 我的婚姻观与我的人生观和价值观是一致的，严格认真的自我改造洗净心灵的一切私欲，连正当的个人要求也被排除了。婚恋被净化成一种奉献和社会承诺。我希望通过婚姻给他人带来幸福，并在承担别人无法承担的苦难和奉献中使生命与之一起辉煌。我希望找一个有个性、有能力甚至心灵残缺的丈夫，靠我的帮助使他完美。我以为自己心中那片绿色可以融化一切邪恶，以为靠了自己的牺牲可以拯救堕落的灵魂，前提是只要他真心爱我。①

从庄月的讲述中可以发现，她的革命理念压抑了自己的个人要求，即作为一个女人的幸福的要求，甚至认为结婚也是一种"奉献"和"革命"，她想以自己的努力/牺牲让残缺的对方变得完美，融化和拯救对方的灵魂。她"想给他人带来幸福"，自己却在其中消失了。

还有一些女知青经过失败的婚姻后，不再将婚姻作为自己的人生重要内容，转而以事业作为人生的目标。如北京女知青思馨，因"文革"中母亲被打成反革命，她在北大荒过着被监督改造的艰辛生活。她对自己的婚姻生活本身没做太多的讲述，只是说特定的环境铸成了她的失败婚姻，但她并没有因此气馁，她说道：

① 庄月：《那片绿洲》，载刘中陆主编《青春方程式——五十个北京女知青的自述》，北京大学出版社，1995，第221页。

我不愿，也没有更多精力再去接受建立、建设家庭的磨砺。我的兴奋点在为社会做贡献的过程中，充分地体现我的人生价值，一个人是否愉快和幸福在自身的感觉。我认为幸福的感觉应该是对社会做贡献、做实事，体现自己是对社会有用的，体现自己的价值。应该把痛苦的经历变成一种知识，由于我比一般人经历的痛苦多，因此，我比别人得到的多。[①]

尽管上述两位女知青并不属于本章主要讨论的女知青与农民婚姻的范畴，尤其是思馨这个案例，她甚至没有提及自己失败婚姻的具体情况，对于她是否嫁给过农民，我们更是无从得知。但是，从性别观念上看，这两个女知青与那些和当地农民结婚的女知青之间，并没有本质上的差别。尤其是庄月以舍弃自己的幸福为代价"救济"对方的想法，与廖晓东如出一辙。这说明，革命话语对于形塑女知青们的性别意识具有重要影响。在上述的案例中，一方面，存在着革命话语对女知青的个人幸福的压抑作用；另一方面，也存在一种女性解放自我的作用，如思馨经过失败的婚姻之后，不再把婚姻作为女性生活和生存的唯一，而是靠自己的努力闯出一番事业，她也在社会中找到了立足之地和大有作为的天地。可以说，她解放了自我，她不再是传统性别话语下依附于男性的小女人，毋庸置疑，这其中有革命话语的作用。

四　旁观者与亲历者两类叙事的意义

"旁观者"和"亲历者"是两类不同的社会记忆主体，下面就两者的关联性以及为什么要进行如此分类的研究缘由进行一些初步的辨析。上述历史材料表明，在"文革"时期女知青嫁给当地农民的婚姻讲述

---

① 思馨：《北大荒·香港·北京》，载刘中陆主编《青春方程式——五十个北京女知青的自述》，北京大学出版社，1995，第83页。

中，旁观者更多受到性别平等观念的影响，不论是撰写廖晓东报告文学的常鸣，还是身为知青的旁观者许惠英，他们讲述的女知青之死都在为这类婚姻家庭中女性与男性的不平等地位，以及女性所受到的压抑"鸣不平"。他们认为是不平等的男女地位造成了女知青的悲惨命运，是传统性别话语导致了这类婚姻的悲剧。

而与之相比，作为亲历者，与农民缔结婚姻的女知青多有着对这类婚姻的温情回忆。例如 XY 即便经历的是一个失败的婚姻：她很早就与在农村的丈夫离婚了，并"偷"回孩子。但在她晚年的回忆中，她认为，这些导致了在农村的丈夫的郁郁寡欢和过早去世，她后悔没早些把丈夫从农村接过来。笔者访谈的 CYF（2001 年、2015 年）经历的是一个仍在存续的婚姻，她当时因为家庭出身不好，在农村被逼婚，嫁给当地一个比自己小两岁的农民，二人在生活上也有很多不和谐之处，主要是文化交流上有障碍，如丈夫看不懂电影。还应该有其他方面的摩擦，不过 CYF 没有告诉我们。据 CYF 说，这些影响了她的精神状态，她自认为有一段时间的精神疾病与此有关，但为了两个孩子，她返城后还是将丈夫接到北京。两个人一直将就过着，走到了生命的晚年，目前两个人还生活在一起。在 CYF 的讲述中，也不乏夫妻之间的温暖互助，如 CYF 要写家史，被丈夫劝阻，主要担心 CYF 再次受到精神刺激。

需要进一步讨论的是：亲历者和旁观者的视角区分的意义是什么？这一意义或许不仅是社会记忆视角的带入，背后更是一般性社会意见与个体生命体验之间的差别，以往的性别意识研究讨论更多的是普遍性的性别意识或理念型的性别意识，而缺乏深入女性个体意识的努力。当我们深入到这些女性的个体回忆与叙述中，就会发现她们的很多性别意识超出了"一般性社会意见"的边界。这些亲历者提供了一种最为珍贵的社会事实，因为唯有它才是"活着"的、真实的存在。

而所谓一般性社会意见，事实上也是一种"生活理想"，男女平等话语未尝不是一种现代化进程中的"生活理想"。自近代以来，它作为一种理念经由历次相关的社会运动，在很大一部人中间变得深入人心，男女平等话语是女性争取话语权和女性解放的理念依据。上述旁观者讲述的女知青与农民的悲剧婚姻叙事中，基本"控诉"了女性在传统性别话语下的逆境及其后果，其背后包括"性别平等"或人与人平等这些"生活理想"的理念基础。但旁观者的叙事往往限于"生活理想"这一理念类型，而缺乏对"生活实践"的深刻体察，它讲出来的还不是完整的女知青与农民的婚姻故事。"文革"时期上山下乡运动中的女知青，作为"革命青年"也是秉持男女平等这一性别话语的，但在这些亲历者的叙事中，出现了一种与"生活理想"相妥协的情况。典型案例是 XY，她经历了失败的婚姻，但在生命的晚年，她还念念不忘农村的丈夫，后悔没早些接丈夫到北京，后悔没在离婚后对丈夫的郁郁寡欢的精神状态尽早干预。这种属于亲历者的带有温度的讲述，超出了传统性别话语之压抑以及男女平等话语之反抗的边界，它代表着一种真实存在的生活现实。它也挑战了以传统性别话语和性别平等话语作为理念的清晰性和完整性，暴露出二者的模糊性和值得探讨的地方。而社会学的一个基本任务也应该是探讨"生活理想"和"生活实践"之间的张力。

由上述讨论可见，性别平等话语在现实中是处于多重关系之中的，即便在革命话语之下，性别平等话语也难以与传统性别话语取得平等的地位。① 在这种情况下，如果忽视亲历者的视角，那么我们讨论的男女平等，仍会沦为一个无法达成的理想。在旁观者讲述的视域下，我们看到的往往都是女性在婚姻中的被动状态，女性被压抑甚至成为女性的必然命运。而亲历者的记忆视角可以说出另外一些有关性别关系的故事，这是一种更切近亲历者生活实践的视角。我们可以看到，在日常生活中，即便很多时候无法达成男女平等，可男女组成的婚姻家庭多数时候还在

① 左际平的分析也表明，来自国家层面的革命话语所蕴含的女性解放思想是工具性的，即为了国家的社会主义建设，而不是个人层面的个性解放，因此决定了它的从属地位，也决定了革命话语在性别话语层面的从属地位。这也可以解释廖晓东的女性解放话语的局限性，因为它是工具性的，而非个体价值层面的解放。而且，家庭是国家层面的性别话语相互忽视的领域，这也导致了男女两性平等的局限性。廖晓东在革命话语中的女性生活实践的失败形象，意味着这一时期的女性解放是一种"幻像"。参见左际平《20 世纪 50 年代的妇女解放和男女义务平等：中国城市夫妻的经历与感受》，《社会》2005 年第 1 期。

正常运转着，这说明男女之间的关系不仅仅是平等的维度，还包括其他层面的关系，如互相依存、互相依赖的关系。这种关系体现在 XY 进入老年阶段的回忆中，它是男女缔结婚姻后的温暖情愫。

这种关系也表现在婚姻还在维持的 CYF 和她的农村丈夫之间，即便他们二人在思想观念上有很大差异，如文化程度上的差异，在看电影时与丈夫毫无共同语言，这让 CYF 很失落。但思想层面的差异并没有妨碍他们继续走下去，他们在生活上互相照料，在应对外界风险时互相依靠，以及在老年时期能相互陪伴，这些是这类婚姻存续的重要因素。

当然，时下在实践中传统性别话语依然是被不断改造的一个存在，而且在理念层面它依然多表现为对女性的"压制"。笔者认为，性别平等话语是从男女关系中抽象出来的一种类型，在现实生活中，难以单凭这个说法去过日子。现实中，多是妥协的男女关系的实践。

我们在女知青的记忆研究中发现，在农村社会，传统性别话语基本是胜利的一方，它甚至可以借用革命的名义，对女性生活进行挤压，如廖晓东的案例。通过对改革前 30 年存在的性别话语案例的分析，我们看到性别话语在社会生活中是处于多重关系中的，它充满了复杂性。而以记忆的视角进入分析，可以发现不同性别话语内部并非铁板一块，而是充满了有待商榷的空间。从记忆文本中观察性别话语的实践可以发现，性别话语如同吴小英所说的，[①] 在现实中是一个"模糊、有争议"的存在，因此认清记忆话语的讲述主体是比较关键的，即谁在讲述这些性别故事？他们的取舍标准是什么？利益诉求又是什么？本章初步对旁观者和亲历者的讲述视角的相同与不同之处做了区分，更深入的探讨还有待未来的研究。

---

① 吴小英：《市场化背景下性别话语的转型》，《中国社会科学》2009 年第 2 期。

第十一章

社会记忆结构

中国社会的记忆结构是一个比较大的概念，可以被理解为特定社会文化中记忆的各组成部分的搭配和排列。它还是一个总体性概念，若要认识整个社会记忆结构，尚需做很多实证研究和理论讨论工作。本章试图从知青的回忆中，归纳其中的一些结构性因素，并尝试在理论上能有所提升，作为中国社会记忆结构的初探工作。

近年来中国学界对于记忆的研究，主要有几种倾向：记忆的历史学视角、记忆的档案学视角和记忆的社会学视角等。其中，记忆的社会学视角是本章的理论对话基础。这一派研究往往在访谈资料的基础上，归纳出一些记忆特征，如方慧容的"无事件境"、① 吴飞对中国某乡村天主教群体记忆特征的讨论、② 郭于华对陕北骥村女性记忆特征的描述、③ 王汉生等对知青集体记忆特点的归纳④等。但鲜有研究更进一步追问这些记忆特征中的文化特征或社会结构问题，事实上，目前社会学讨论中还

---

① 参见方慧容《"无事件境"与生活世界中的"真实"——西村农民土地改革时期社会生活的记忆》，载杨念群主编《空间·记忆·社会转型："新生活史"研究论文精选集》，上海人民出版社，2001。

② 参见吴飞《麦芒上的圣言：一个乡村天主教群体中的信仰和生活》，宗教文化出版社，2013。

③ 参见郭于华《心灵的集体化：陕北骥村农业合作化的女性记忆》，《中国社会科学》2003年第4期；郭于华：《受苦人的讲述：骥村历史与一种文明的逻辑》，香港中文大学出版社，2013。

④ 参见王汉生、刘亚秋《社会记忆及其建构——一项关于知青集体记忆的研究》，《社会》2006年第3期。

没有人提出中国社会的记忆结构问题。

所谓记忆结构，也被称为记忆的社会结构。[①] 它与现实的社会结构并不是直接对应的，记忆的结构首先源自记忆特征的归纳，它带有观念层面的含义。在一定程度上，可以认为它体现了人们观念中的社会运行的规则，尽管与客观的社会结构有所差别，但它对现实的限制或促发之力并不逊色。这里对它的定义和理解来自哈布瓦赫和阿斯曼夫妇的理论传统。

哈布瓦赫集体记忆理论中的"社会框架论"，[②] 暗示了记忆的社会结构性存在，即记忆的再现更多受制于社会中的各种关系，个体记忆受制于特定群体结构。阿莱达·阿斯曼指出，诺拉的记忆之场研究[③]表明，集体记忆背后既不是集体灵魂也不是客观精神，而是带有不同标志和符号的社会。[④] 通过共同的符号，个人分享一个共同的记忆和一个共同的身份认同。[⑤] 在这一意义上，尼采[⑥]、哈布瓦赫[⑦]、诺拉的记忆理论都有强调回忆的结构主义的、保障身份认同的特点。阿莱达·阿斯曼在其鸿篇巨制《回忆的空间：文化记忆的形式和变迁》[⑧] 中大致三处提及"回忆的结构"这一概念。其中，回忆结构的一个重要特征是与记忆的自身

---

① 记忆的社会结构包括不同的要素，本章从知青记忆中概括出的"关系"和"义务"特征是其中的两个要素；对于中国社会记忆结构这一整体的认识还需做更多的实证和理论研究。这一概念意味着，人们的回忆过程并不是完全随个人意愿是绝对自由的，在特定社会中，无形中总会有一股力引导着人们朝向特定的方向回忆。进一步来说，其中的各要素是人们回忆过程中的社会力（涂尔干语），这些社会力导致人们的回忆带有某种结构性特征。

② 莫里斯·哈布瓦赫：《论集体记忆》，毕然、郭金华译，上海人民出版社，2002。

③ 皮埃尔·诺拉：《记忆与历史之间：场所问题》，载《记忆之场：法国国民意识的文化社会史》，黄艳红等译，南京大学出版社，2015。

④ 阿莱达·阿斯曼：《回忆空间：文化记忆的形式和变迁》，潘璐译，北京大学出版社，2016，第145页。

⑤ Aleida Assmann, *Cultural Memory and Western Civilization*：*Functions*，*Media*，*Archives*. Cambridge：Cambridge University Press，2011.

⑥ 参见弗里德里希·威廉·尼采《历史的用途与滥用》，陈涛、周辉荣译，上海人民出版社，2005。

⑦ 参见莫里斯·哈布瓦赫《论集体记忆》，毕然、郭金华译，上海人民出版社，2002。

⑧ 阿莱达·阿斯曼：《回忆空间：文化记忆的形式和变迁》，潘璐译，北京大学出版社，2016，第169、280页。

特征密切相关。

这里对记忆结构的阐发更多受到扬·阿斯曼理论的启发。① 按照阿斯曼的讨论，任何社会，其特定的文化特征都会决定该社会具有不同的"历史发生器"②。即对于古埃及和基督教社会而言，它们触发的回忆（被回忆起的历史）是不同的。对于前者而言，存在着一种循环的时间概念，而后者则呈现为一种线性时间观。在基督教社会，存在着一种由罪责文化引发的历史触发器。那么，在中国社会，人们对于过去的记忆具有怎样的特征，它的历史触发器是什么？其中又体现了怎样的社会观念？本章试图通过对知青集体记忆中的结构性特征的探寻，来回答上述问题。

在社会学领域，自1979年社会学恢复以来，学者们较多关注到社会学的"科学"特征，而对其"人文"特征缺乏关注。费孝通认为，对人的精神世界的社会学探究，构成社会学人文性格的一个重要组成部分。它在纷繁复杂的社会现象中，具有某种决定性作用，若忽略了这一层面，则无法真正理解社会的存在和运行。同时，又由于它是社会学研究中较为薄弱的部分，基于什么样的方法论、方法和规范去研究，目前还无定论，但对其探索无疑是具有重要意义的。对中国社会记忆结构的探索，构成了社会学探索人们"精神世界"的一个组成部分。

本章主要以老三届知青的回忆文本为案例，试图通过归纳知青集体记忆的特征来初步讨论中国社会的记忆结构问题。以往对知青集体记忆的讨论，多关注的是集体记忆特征的归纳这一层面，如对知青苦难记忆特征的探究，并多从社会变迁以及知青集体权力的角度去探究其形成原因，而对于其中的文化因素缺乏进一步的思考，更没有在理论上将既有

---

① Jan Assmann, *Cultural Memory and Early Civilization*：*Writing*，*Remembrance*，*and Political I-magination*. Cambridge：Cambridge University Press，2011；扬·阿斯曼：《古代东方如何沟通和代表过去》，载哈拉尔德·韦尔策主编《社会记忆：历史、回忆、传承》，季斌、王立君、白锡堃译，北京大学出版社，2007。

② 历史发生器指人们在表达过去方面的一种沟通需求。而表达本身就意味着在没有形式和结构的东西中植入一种形式和结构。扬·阿斯曼认为，不同文化中，被植入的形式和结构是不同的（参见扬·阿斯曼《古代东方如何沟通和代表过去》，载哈拉尔德·韦尔策编《社会记忆：历史、回忆、传承》，季斌、王立君、白锡堃译，北京大学出版社，2007，第38页）。

思考提升为"记忆结构"层面的认识。本章试图在既有讨论的基础上，推进有关知青集体记忆的讨论。

一 记忆研究的权力观和文化观的再审视

已有关于记忆的社会维度的探讨，可以归纳出两个较为鲜明的脉络。其一是记忆的权力观。二战以后，有关记忆的研究，尤其是讨论有关国家记忆与社会关系的案例中，多以权力观作为入手点。其典型的观点是：记忆与遗忘的关键因素是权力的作用，如郭于华的观点：我们记不住，是因为有人不让我们记住。这是记忆研究的主流范式。其二是记忆研究的文化维度。其典型观点如扬·阿斯曼所言，不同文化模式下人们的记忆是有差异的。

（一）记忆权力观的反思

记忆的权力观主要包括以下几个层面。

第一，认为权力的控制导致了社会的记忆或遗忘。如福柯认为，占有、控制和管理记忆与遗忘，对于斗争来说尤为重要。[1] 因为通过这样的方式，可以控制人们的行动。

郭于华指出，历史并不是一个现成的东西，等待人们去发现它，历史是一个建构的过程。[2] 但是这个建构的过程是由权力来控制的（这是记忆政治学的内容）。她认为，"人们记不起，是因为有人不让记起"。这是较为典型的从权力角度观察政治干预记忆过程的观点。而权力再建构记忆的过程，就是一种遗忘的过程。她指出，各种权力运作导致我们对普通人和遇难者的声音关注甚少。

第二，强调权力控制人们的记忆后会引发不良社会后果。李猛在有

---

[1] 米歇尔·福柯：《性经验史》，余碧平译，上海人民出版社，2002。

[2] 郭于华：《权力如何阉割我们的历史记忆》，http://news.ifeng.com/a/20141204/42645206_0.shtml。

关口述史研究的反思中提及反遗忘技术。① 由他的观点可以引申出：人们的头脑中不仅发生了遗忘，而且出现了对遗忘的无情的掩饰和装饰，甚至使得人们忘却了对它们的遗忘。这一观点提及了遗忘在记忆中的重要作用——政治斗争的武器，而且遗忘这一行为也会被无情地遗忘，甚至成为名副其实的"记忆的黑洞"②（遗忘的不可见状况）。

海伦娜讨论了通过暴力手段进行的社会遗忘及其社会后果。③ 如南非种族隔离政策在社会中造成的后果，表现在它对人们的身体和心智造成伤害，并产生了与之相伴的谎言和沉默，危及人们思考过去历史的基本能力。

第三，通过对国家权力制造遗忘的批判，试图找出一种救赎之路。如本雅明在《历史哲学论纲》中提出的观点。④ 本雅明认为，马克思的线性历史观，容易忽视历史的受难者，从而导致对历史的遗忘，因此苦难记忆被作为反抗科学历史编撰的武器，而被赋予了较高的位置。本雅明指出，一切文明都伴随着野蛮行径。当务之急是质疑每一个优胜者的统治，解放被践踏的历史记忆。《历史哲学论纲》批判的就是优胜者的思想。本雅明提出"无名者的牢笼"概念，并指出要把无名者放在最醒目的位置上，履行解放无名者的承诺，防止无名的逝者再次被现实的合法性和强权玷污。⑤

但是，存在一个悖论，即德里达所谓的"双重束缚"：⑥ 一方面，对于那些赋予我们丰厚遗产的前辈以及那些历史受难者而言，我们心存感

---

① 李猛：《关于时间的社会学札记》，《五音》1997 年第 4 期；李猛：《拯救谁的历史?》，《社会理论论坛》1997 年第 3 期。

② 纳日碧力戈：《各烟屯蓝靛瑶的信仰仪式、社会记忆和学者反思》，《思想战线》2000 年第 2 期。

③ Pohlandt-McCormick Helena, "'I Saw a Nightmare': Violence and The Construction of Memory", *History and Theory* 39 (4), 2000.

④ 瓦尔特·本雅明：《启迪：本雅明文选》，张旭东等译，生活·读书·新知三联书店，2014。

⑤ 弗莱切：《记忆的承诺：马克思、本雅明、德里达的历史与政治》，田明译，华东师范大学出版社，2009，第 161-214 页。

⑥ 参见弗莱切《记忆的承诺：马克思、本雅明、德里达的历史与政治》，田明译，华东师范大学出版社，2009。

激；另一方面，为了获得纯粹的赠予，我们又不得不背信弃义，即我们发现，不仅仅是统治者实施了野蛮行为，大多数人都是野蛮行为的受益者。如同弗莱切所说，在北美，历史恶行比比皆是，但却看不见人们的反抗意图，他们反而利用历史辉煌去肯定历史恶行。[①]

（二）有待发掘的记忆文化观

记忆的文化观认为记忆的再现取决于内在于社会的文化结构。文化结构并不是一种泛化的文化概念，它源于特定社会中的案例归纳和总结。在本章中，亦指特定社会的记忆结构，即记忆话语中的结构性因素。但已有研究中对于特定社会的记忆现象的文化角度的解读相对较弱，尤其是中国社会中的文化取向的记忆研究，并没有得到应有的重视。

这方面在经典记忆讨论和当下的记忆讨论中都有所涉及，尽管没有成为记忆研究的主流方式。

经典记忆理论，如哈布瓦赫的社会建构论[②]认为，记忆或选择性记忆之所以发生，在于过去的社会框架与现在的社会框架遭遇后，处于现在情境中的人们，会为了现在的社会框架/利益而牺牲过去的社会框架。为了现在，会牺牲过去，这就是选择性记忆发生的原因。所谓社会框架，在哈布瓦赫的阐述中也表现为一种传统文化的作用,[③] 如他对封建社会

---

① 此外，还存在一种权力观下的社会/文化解释，例如一些学者讨论社会与国家之间发生共谋的可能性，突出了国家的记忆或遗忘在社会的名义下发生，从而突出了特定社会的文化和历史影响。阿伦特在《极权主义的起源》中提到，希特勒的极权主义正是源自德国社会的反犹主义意识形态。罗威讨论了二战后欧洲的混乱状态。二战期间，在无数次以种族、阶级等为名义的屠杀后，欧洲大陆上的人们，事实上都承受过某种程度的不公之苦。而各方领导人用了 6 年时间助长仇恨，以此作为胜利的武器。因此，1945 年并不是二战灾难终结的年份。甚至在今天世界动荡的格局下，依然有着前期社会仇恨的影子。而想要谋取利益的人，总是企图以各种方式利用社会的仇恨，甚至歪曲历史。权力观的社会/文化解释可以概括为记忆的权力—文化解释模式。参见汉娜·阿伦特《极权主义的起源》，林骧华译，生活·读书·新知三联书店，2008；基思·罗威：《野蛮大陆：第二次世界大战后的欧洲》（序），黎英亮译，社会科学文献出版社，2015；弗莱切：《记忆的承诺：马克思、本雅明、德里达的历史与政治》，田明译，华东师范大学出版社，2009，第 216－244 页。

② 参见莫里斯·哈布瓦赫《论集体记忆》，毕然、郭金华译，上海人民出版社，2002。

③ 刘亚秋：《哈布瓦赫集体记忆的社会观》，《学术研究》2017 年第 1 期。

中贵族价值体系对于维持贵族身份及其社会品质的讨论。① 虽历经社会变迁却依然能够保存下来的所谓贵族遗风，还能受到后来社会的正面评价，而这正是社会框架概念所表达的特定社会的文化内涵。

尼古拉斯·拉塞尔提及记忆背后的社会（思想）意涵。② 从拉塞尔的讨论中可以发现，记忆的最后根基是文化/思想问题。这方面，扬·阿斯曼的记忆研究③提供了典范。他对古代埃及的记忆研究，展现的是一种文化的记忆/遗忘（观），大概这是他提出文化记忆的最深层意义。在《古代东方如何沟通和代表过去》中，扬·阿斯曼指出，深层文化的差别，导致了不同的记忆方向问题，这成为阿斯曼夫妇文化记忆理论的重点。可以说，扬·阿斯曼对记忆的文化探究，涉及记忆中较为本质的东西，如西方社会的法的历史基础。以二战后德国的罪责反思为例，在此，罪责（对自己的行为以及数代人的行为进行总结和承担责任）作为历史发生器（即"历史回忆是如何发生的"），其依据的是一种表达过去和沟通历史的框架。这一框架是在《圣经》这一"救世史"（即"历史是一串前后关联的事件链条"）的背景下产生的，它同法、罪责、判决和惩罚等概念紧密相关。

回忆与遗忘问题的最后根基在各种文化、体制中。即在很大程度上，回忆/遗忘最终是一种文化行为，因为无论是记忆还是遗忘，都以一种特定的文化法则作为背景，是一种沟通历史和代表过去的表征。而回忆/遗忘本身体现为一些社会活动，如礼仪仪式、文献对事件的记载方式，其中包含了人们对于发生过的事件的看法。这些导致了不同的记忆取向和叙说方式，如埃及人对事件的看法与美索不达米亚人、赫梯人以及《圣经》对事件的看法是不同的。这使其对过去采取了不同的态度，而这恰是沟通历史和表达过去的不同的文化方式。

---

① 莫里斯·哈布瓦赫：《论集体记忆》，毕然、郭金华译，上海人民出版社，2002。

② Nicolas Russell, "Collective Memory before and after Halbwachs", *The French Review* 79 （4）, 2006.

③ 参见扬·阿斯曼《古代东方如何沟通和代表过去》，载哈拉尔德·韦尔策主编《社会记忆：历史、回忆、传承》，季斌、王立君、白锡堃译，北京大学出版社，2007。

文化维度对于记忆研究十分重要，但当代很多记忆研究往往忽视了这一维度，例如对中国记忆研究颇有影响的保罗·康纳顿的记忆研究[1]便是如此。保罗·康纳顿将记忆问题转变为对纪念仪式和身体习惯的讨论，这种将记忆形式化的讨论，事实上在很大程度上远离了对记忆和文化的研究。

在此，拉塞尔对保罗·康纳顿的批评比较有代表性。[2] 他认为，保罗·康纳顿关注的仅是程序模式的记忆，而这种记忆仅表现为对保罗·康纳顿所说的"操演"记忆的表面关注，却没有涉及记忆背后的社会（思想）意涵。保罗·康纳顿对操演记忆的思考，在拉塞尔看来，其主要问题在于他仅关注了记忆中有关人们共享的社会实践的层面，其展现的程序记忆的典型例子是：法国现代早期的礼节、仪式和法国大革命时期的穿着，对社会思想的描述则成为他的记忆研究中的缺憾。而记忆在西方社会思想史中，对其内在思想的思考恰恰是一个核心关注。

对于中国记忆现象的解释，也需要植入文化维度的视角。因为只有通过对特定文化的理解，才能解释特定社会的记忆现象。

在对中国社会的记忆研究中，权力观的讨论占据主流地位。一些主要学者的记忆研究主要是在权力脉络下展开的。例如，刘新的研究指出，新中国成立后，国家试图将地方事件纳入官方历史中，改变农民记忆的运作，这也是一种重新历史化的方式。[3] 比如诉苦行为，把一些本来没有事件化的经验事件化，结果是痛苦经验被事件化，而快乐经验则是缺席的。方慧容等人的口述史研究也是在这一路径下的讨论。方慧容用"无事件境"这一概念描述河北西村女性对土地改革时期社会生活的记忆特征。[4]

① 保罗·康纳顿：《社会如何记忆》，纳日碧力戈译，上海人民出版社，2000。

② Nicolas Russell, "Collective Memory before and after Halbwachs", *The French Review* 79 (4), 2006.

③ 转自郑广怀《社会记忆理论和研究述评——自哈布瓦奇以来》，《二十一世纪》2005 年第40 期。

④ 方慧容：《"无事件境"与生活世界中的"真实"——西村农民土地改革时期社会生活的记忆》，载杨念群主编《空间·记忆·社会转型："新生活史"研究论文精选集》，上海人民出版社，2001，第492 页。

她通过对西村农民"诉苦"叙事的分析，探析西村农民"无事件境"记忆特征的社会和历史根源。其中的诉苦方式，便是重新历史化的方式。郭于华通过对陕北骥村农业合作化的女性记忆内容和特点的梳理，发现宏大的社会工程对女性生存状态与精神状态的重新建构。① 她认为女性在承受生命中巨大的苦难的同时所感觉到的精神快乐正是建立在既是认识又是"误识"基础上的"符号权力"治理功效的体现。她通过农村女性的口述将农村的日常生活和国家的治理模式之间建立起勾连 。

景军对西北某村的苦难记忆研究涉及两个主题：一是人类的苦难，包括个人经历的痛苦和记忆，以及社区遭受的挫败以及记忆；二是人们对苦难经历的处理，以及在政治事件、经济萧条、文化传承不断受阻后的乡土重建。② 他的研究也将权力与记忆的关系作为重要内容之一。尽管他的研究涉及中国社会的一些特定文化特征，如亲属关系等，但对于中国的社会记忆结构等问题还有待进一步的探讨和梳理。

综上，我们认为，对于社会记忆的研究，目前主要有两种解释路径：一是权力观；二是文化观。但已有研究多从权力角度来解读记忆行为，而相对弱化了文化维度的解释。从权力观阐释记忆或遗忘有一个弊端，就是忽视了不同文化所具有的不同特征对记忆的深层影响。因为权力观的视角较为单一，且有些讨论基本不涉及文化特征，可以认为，很多类似研究的潜在假设是：所有的文化都是同质的。在这一潜在假设的影响下，即便有些研究对文化问题有所涉及，其对文化维度的诠释也不可避免地显得薄弱。

郭于华在讨论记忆的建构与遗忘之间的关系时，提出权力是遗忘发生的机制这一观点。③ 这是连接经典记忆理论（社会建构论）与记忆政治学（记忆/遗忘的权力说）的一个节点。如上所述，她指出，历史是

---

① 郭于华：《心灵的集体化：陕北骥村农业合作化的女性记忆》，《中国社会科学》2003 年第 4 期。

② 郭于华：《受苦人的讲述：骥村历史与一种文明的逻辑》，香港中文大学出版社，2013。

③ 郭于华：《权力如何阉割我们的历史记忆》，http://news.ifeng.com/a/20141204/42645206_0.shtml。

一个建构的过程，但是这个建构的过程是由权力来控制的。由权力再建构的记忆过程，就是一种遗忘的过程。她提出了各种权力运作导致我们对普通人和遇难者的声音关注甚少。这也是一种遗忘。她解释了记忆或遗忘的机制之一是权力，并尤其关注了在权力机制下被遗忘的普通人和历史受难者。但是，她的理论不能解释以下问题：即便在口述史中普通人是有形象和声音的（即有主体性），但普通人似乎也在不断地发生健忘。那么，这其中的原因是什么？郭于华对历史受难者的反思方式与本雅明等人的反思方式是类似的，他们的反思在某种程度上潜藏着以下的假设：似乎只要记住了小人物、记住了受难者，那么似乎遗忘的情况会改善一些。但是这些方法，还是不能解释小人物的健忘。因此，有必要从文化的角度对记忆/遗忘现象做出更为全面的阐释。

我们在上述既有研究的基础上，试图从文化的角度去阐述社会记忆问题，并对中国社会的记忆结构进行初探，以推进对中国社会记忆问题的文化维度的思考。①

本章的案例来自笔者收集的知青文献资料和知青访谈。文献资料来源类型较多，有知青回忆录、其他来源的知青访谈，还包括 2012 年梁晓声编剧的央视一台黄金剧场的电视剧《知青》和同名小说《知青》。② 田野访谈资料分为两个阶段：1999～2002 年我参与的"重大历史事件与知

---

① 诚然，对特定社会的记忆现象的讨论，很多时候权力与文化是共同发生作用的。这里并不否认这一点，但因为既往的记忆研究的权力视角过于主流，以致经常掩盖了文化的作用。因此，我们在讨论中国社会的记忆结构时，着力突出了记忆中的文化问题。但在这方面的强调和肯定，并不意味着否认记忆的文化—权力的作用维度。

② 以电视剧和小说作为记忆研究题材，是当下文化记忆研究中的一个重要方向。主要在于记忆研究在根本上是对人们观念的一种研究。而对于所谓记忆之真，阿莱达做了较为深入的讨论。在她看来，记忆的真不等于历史的真。但人们回忆中不经意的"记错"现象（虚假记忆），往往意味着观念层面的"真"，而观念之真有时甚至找不到一个现实对应之物。为深入讨论人们的观念及文化表征问题，文学作品和影视等常成为记忆研究者的素材。如阿莱达通过分析莎士比亚及其他一些当代德国小说，来研究德国社会的文化观念问题。在德国，还有一些学者专门通过文学作品研究来讨论社会的观念问题，并提出相应的理论观点，如"模仿理论"等。本章在讨论中使用的梁晓声的《知青》电视剧、《三体》小说等相关描述，都是在这一意义上使用的。为避免其现实的局限性，本研究在使用这些资料时，还比照了笔者在田野调查中获得的感受和资料，即以双重资料相互佐证。

青的生命历程"课题组对 20 多名的知青访谈；2013～2015 年我对 20 余名的知青访谈。访谈主体为北京的老三届知青。这一群体的特点是：他们较为广泛地（主动或被动）参与了"文革"时期的红卫兵运动，他们对这一时期的回忆和述说构成了本章讨论的"忏悔说"的必需资料。

通过资料的解读，我发现知青的记忆话语中，有两类尤为值得关注的结构性记忆：其一为关系型记忆；其二为义务型记忆。二者间是一种并列但不构成相互对应的关系，其构成了知青集体记忆的鲜明特征，对于解释中国人的记忆特征具有启示意义。

二 关系型记忆

所谓关系型记忆，在这里指为维系既有的社会关系与平衡各种利益，即便过去经历了各种苦痛，人们还是多倾向于记取过去的积极因素。对于此概念，下文还会随着案例的展开而做进一步的阐释。我在知青回忆的资料中发现，温暖记忆模式和抱团取暖的概念很能体现关系型记忆的特点和内涵。

（一） 温暖记忆的提出及其内在逻辑

老鬼在写作《我的母亲杨沫》时，试图将一些历史如实记叙，但遭到哥哥的反对。他哥哥认为，对于母亲的缺点不应该再如实写作而应该省略，要多写母亲的优点。老鬼认为，他哥哥的记忆模式是温暖模式的，而他自己的则是反思模式的。[①] 我认为，对于知青历史的记忆，也存在"温暖模式"和"反思模式"之分。

通过阅读知青的回忆录和笔者的访谈资料，我们发现，在知青的回忆内容中，较为典型地存在以下两个方面温暖记忆的类型。首先是知青之间的互助。这方面的记忆，多来自当年知青们的彼此互助，但这一记

---

① 老鬼：《我的母亲杨沫》，同心出版社，2011。

忆类型忽视或弱化了当年知青们之间的矛盾，如为争取返城指标而发生的竞争。其次是老乡与知青之间的友好关系。这一记忆类型相对弱化了知青与老乡之间的冲突，如相对普遍出现的知青分食老乡粮食引发的老乡不满、有些男知青在农村因为过分饥饿而偷吃老乡养的鸡等。而在上述两类温暖模式的回忆中，人性善常成为知青讲述的主要内容。而所谓人性善的问题，也是梁晓声的《知青》小说[①]和《知青》电视剧表达的主题。他们通过对这种善的凸显，来避免去回忆相对不好的事情，这里面使用的是一种善和恶相对应的回忆方法。那么，更进一步，这一温暖记忆模式的主要逻辑和表现是什么？

从人性的温暖上升为人性的光辉

将"人性的温暖"与"人性的光辉"勾连，凸显温暖叙事模式的社会意义。即存在一种将知青讲述的"人性的温暖"上升为一种所谓的"人性的光辉"的话语模式，[②] 以此抑制过去的伤痛记忆。

"人性的光辉"是我在知青访谈中得到的词语，在这里指在"文革"极端化氛围中，人们或者不参与作恶，或者即便参与了，也是心怀怜悯的同情者。而且，他们基本将不作恶，或作恶程度不严重，归因于家庭长辈尤其是母亲的作用（访谈资料 A，2015 年；LB，2015 年）。在很多知青的讲述中，这时家庭中的男性家长基本是被革命的对象，至少在一段时间内如此。

首先，"人性的温暖"是"人性的光辉"的基础。以下是梁晓声在《知青》小说扉页中出现的段落：

> 人不但无法选择出身，更无法选择所处时代
>
> 但无论这两点对人多么不利，人仍有选择自己人性坐标的可能

---

① 梁晓声：《知青》，青岛出版社，2012。

② 人性温暖在这里指知青们在回忆中提到他们当年在日常生活中得到的一些一般关照，而人性光辉则带有政治意涵，如即便在当时政治压力下，一些境况比较糟糕的人（如被定义"现行反革命"的知青）依然能得到一些人的关照，这不仅提供了温暖（情），也让人充满了敬意（义）。

哪怕选择余地很小很小，于是人类会从史性文化中发现

即使在寒冬般的年代，竟也有人性的温暖存在

而那，正是社会终究要进步的希望

2015 年 4 月 11 日，梁晓声接受凤凰卫视"我们一起走过"栏目采访时，再次提到"人性的温暖"一词。[1] 他提到，别人在下乡生活中经历了很多坎坷，日后更多记住了心酸，但"很奇怪，我记住的都是一些很温暖的事情"。他还以个人的亲身经历诠释了"人性的温暖"的丰富内涵。

在下乡前，他的家庭生活是贫困的。父亲是三线工人，每隔两三年回家一次。靠父亲一人养活一家人很困难，母亲不得不出去工作。哥哥在上大学半年后——1965 年患上了精神病，回家休养后有所好转，但"文革"期间，在学校被批斗，精神状态又变得不好，这次之后就再也没有好转起来。深夜，梁晓声经常和母亲陪着哥哥在哈尔滨城找"敌人据点"，他哥哥说，"只有真正发现了据点，才证明我不是'反革命'"。在下乡后回家探亲时，梁晓声发现哥哥的病情有所加重，需要家里自制的手铐、脚镣和铁链，家里的玻璃等都被哥哥打碎。全家六口人挤在十几平方米房间内的一个炕上。显然，他在家里经历的（他称之为"令人光火的生活"）远比下乡经历的更为苦痛。

在连队，他因为不配合连长批斗一个违规探亲的知青，被下放到木材加工厂抬木头，累出了急性肝炎。但是知青工友们知道他是因为帮了别人而流落至此，对他都很好。他从此发现了"民间的法则"，还发现了那个年代的"纯真友谊"。他始终在关注：人性在特殊年代，它的好的方面还能呈现吗？如果能够呈现，那么好的时代不是更应该呈现吗？这是他的期待。

在"文革"期间，复旦大学一位招生的老师看过他写的文章后，前

---

① 凤凰卫视"我们一起走过"访谈系列：《年轮——梁晓声》，https://v.qq.com/x/page/s0152tveqv3.html，最后访问日期：2015 年 4 月 11 日。

来招生。这位老师与梁晓声谈了当时报纸正在批判的苏联作家车尔尼雪夫斯基，并问梁晓声的看法。梁晓声表达了真实的看法："现在我们批他，以后会感到羞耻的。"来招生的老师和他说："这句话就不要和别人说了。"一个多月后，他收到了复旦大学中文系的录取通知书。

凡此种种，他的结论是：在"文革"那个看起来很不好的岁月，他却在影响自己命运的关键时刻，遇到了很多好人。

在他的叙述中并没有强调"文革"时期的罪责，如哥哥加重的精神病的源头或批斗老师的社会政治。梁晓声在之前还说过，"如果将当年某些极凶恶的红卫兵比作历史罪人，其实是并不夸张的，一点儿也不算耸人听闻"。但是，他在这里深信一种人道主义可以医治、对抗这种"罪恶"。他讲到，从雨果等的文学作品中发现了这种强大的人道主义。他反复提及的"人性的温暖"，在他的语境/逻辑中某种程度上是可以得到解释的。

"人性的光辉"的升华

上述所谓"人性的温暖"，在许多知青的日后讲述中，甚至成为一个关键问题，如它可以减缓参与者的残暴。在"人性"黯淡无光、被否定的时代，所表现出来的人性如同光辉一样，常留在一些知青的心底。在以下讨论中，笔者以"人性的光辉"来代替。

徐友渔调查的一位当年颇有地位的红卫兵头领讲到，他的父亲从来都坚定地用民族主义思想教育子女，对当时的极左意识形态持保留和批评的态度。[①] 这对他的暴力行为产生了教化、舒缓的作用。

关于"人性的光辉"在一些回忆录中有更为详细的记录。如李然回忆，[②] 1966 年他初中毕业之际，"文革"开始了。作为"保皇派"，他为了弥补"过错"，将班主任王老师列入了批判的行列，看到造反派对老

---

① 徐友渔：《红卫兵行为的调查和分析》，载李辉编著《残缺的窗栏板——历史中的红卫兵》，海天出版社，1998，第 142－143 页。

② 李然：《我的老师》，载李辉编著《残缺的窗栏板——历史中的红卫兵》，海天出版社，1998，第 269－270 页。

师的批斗，他内心"隐隐作痛"。得知此事的母亲难过得掉下了眼泪，说："我看她不像牛鬼蛇神，你们不能恩将仇报。"母亲还担心王老师去寻短见，令"我感到惊慌"。

> 幸好王老师并不像我母亲想象的那么软弱，她终于顽强地挺过来了……我为那次批斗会时的错误举动而感到内疚，我离开学校后一直无颜再去看望老师。

事实上，这里的"人性的光辉"，不仅指人性中善良的一面，也指一些知青提及的中国传统文化的基本要素（如报恩、对长辈有礼等）所发挥的作用。这是通过家庭传承的，而家里的长辈往往是母亲起到了较为重要的作用。

这种原有文化的惯性，还包含父母对子女的宽容和爱意，在很大程度上，它是与当时革命话语有着巨大差异的另一套话语体系。如 XC 分析，即便"文革"中家庭是被"革命"了的，但家庭的温情不仅存在，而且对"革命"二字具有一定的消解作用。当时 XC 因为看到父亲的单位贴了父亲的大字报，试图和父亲划清界限。当天晚上，母亲和他的一番对话，让他认识到父亲的问题并不是严重的问题。当然，他已经忘记了谈话的内容，但是母亲肯定说出了一个他认同的道理（访谈资料 XC，2015）。

当然，知青们对于人性的温暖的回忆不仅限于上述主题。这一"温暖模式"从根本上着眼于世间人与人之间的关系的和谐与和解，因此在一定程度上可以说是一种现实的利益模式。

在众多有关"文革"的回忆中，有人提出可以用上述"平凡的善"来对抗平庸的恶，[①] 也因此，这一"平凡的善"具有了更大的意义，类似于普通日子的人性的温暖转而成为人性的光辉。这一模式与梁晓声的

---

① 陆晓娅：《生命的暗夜》，载王克明、宋小明主编《我们忏悔》，中信出版社，2014。

人性叙事模式是类似的，梁晓声也是在温暖模式的层面，寻求非常时代的人性温暖因素的行为。而这些因素在当时也确实是存在的，不过这一温暖模式的限度在于无法完成一种反思性的叙事。在这种叙事中，我们发现，邪恶的过去和美好的未来之间的关系是暧昧不清的。

从"被迫害"到"感谢"的逻辑

那么，温暖模式还有哪些重要的逻辑？在对资料的分析中，我首先发现存在一种从"被迫害"到"感谢"的逻辑。这种逻辑在知青群体中是较为普遍的。在我阅读到的一些回忆录以及所做访谈中，多有这样的表述。

如到黑龙江生产建设兵团下乡的知青陈岩平记叙的一位女知青，①恰是从"被迫害"到"感谢"逻辑的典型代表。她在北大荒被打成"现行反革命"时，刚满20岁。同学们与她划清界限，家里人也没有写信问候。在一个陌生的社会，她每天都被监督改造，干最累、最脏的活，甚至失去生存的勇气。在这种处境中，日后占据她内心的却是"北大荒人"的温暖。如在被监管劳动的情况下，居然有老职工"从容得像跟熟人一样朝她打招呼"，她因此泪流满面。严冬，她给职工家里送水，经常被叫进屋去暖和一下，并被美食（如白糖、黏豆包，甚至饺子）款待。"现行反革命"的经历，反而让她体会到了"北大荒人的洁白无瑕的心"。

这是一种典型的从"被迫害"到"感谢"逻辑的演绎。其逻辑发生的基本原因在于"转移"和"替换"，即将对事情的记叙重点由 A（迫害者）转为 B（帮助者），被迫害方面的经历被淡化。在这种逻辑下，她从另外一些人那里得到的帮助则成为记忆中的重点，也成为下文提及的"温暖模式"记忆的原动力。显然，这是一种非常保守的记忆模式——被迫害的经历和记忆被抹去/淡化，被帮助的经历被记忆/升华。

这种从"被迫害"到"感谢"的逻辑，对于一些知青而言，典型地

---

① 义昕（陈岩平）：《洁白无瑕的心》，载石肖岩主编《北大荒风云录》，中国青年出版社，1990，第 13 – 15 页。

表现出他们下乡之后吃苦，然后去努力总结下乡的积极意义，是自我认同在其中起到了重要作用。

沉浸于现实利益中的温暖记忆类型

在研究中，笔者发现普通人的记忆更加缺乏自觉性/反思性，他们往往陷入一种文化的惯性中，去记忆事件中的诸多美好。如我们访谈的CXZ、XY等人，所持有的反而是更加缺乏反思的保守型记忆。

> 我在连队几乎待到最后才返城，但也没有什么。现在想起来过去都是快乐的事情，想着当地的人对自己挺好。还有就是当年自己与连队的人没有什么交流，但是日后再见面时特别亲，甚至比亲兄弟姐妹还亲。
>
> 回城后到街道工厂，当时主任对自己特别不好。而自己的技术是过硬的，后来就不干了。还吃过低保。近几年，好像厂长也不想用这个主任了，主任让我去给说情去。这样我也去了，不计前嫌。后来主任几次让我回去再干，我都拒绝了……对过去不愉快的事情不去想了，就想别人的好。即便别人对我不好，也要想到他的好。（CXZ访谈，2015）

CXZ回忆的下乡生活都是正面的，负面因素她没有提；即便访谈员多次提示后，她还是没有说。她的讲述展现的是一种缺乏反思的往事。对于她而言，更愿意说的是，婆婆一家人给她带来的各种麻烦——婆婆、大姑子、小姑子及性格比较软弱的丈夫。她纠缠于其中，最后以离婚结束了这场纠纷。她现在与女儿、女婿住在一个拆迁得来的半地下的两居室（40平方米），"是属于拆迁中没有吃亏的"。她对目前的生活是满意的，甚至有时还能出去旅游，如去中国台湾。

下乡生活对她的影响，从她的讲述来看，是她坚持要有"一颗为别人着想的心"。她的知青朋友较多，近年来她的返乡行动比较积极，与当地老乡之间有着良好的互动。总体上，对于她来讲，当年下乡和返城后那种紧迫的生活已经过去了。现在，面对生活中的困难，她以佛教的一些理念来鼓励自己，认为要从自身找原因，并立志做一个脾气好、温和、健康的人。她的记忆是一种典型的保守型特征，属于沉浸于现实利益中的记忆类型。所谓现实利益，在这里并非单指一种经济关系，而是说陷入现实的人际关系网的缔造中。这种人际关系的缔造，阻碍了他们对过去伤痛的回忆，因为伤痛是破坏性的。

（二）温暖记忆模式得以形成的原因

那么，温暖记忆模式何以形成？老三届知青的经历与中国的"文革"是相伴而行的，对于这一时期的一些知青而言，十年"文革"往往也意味着近十年甚至更长时间的知青经历。在特定的社会历史条件下，绝大多数知青下乡是"被迫的"，此外，无论是否具有红卫兵身份，下乡前大部分知青都有参与红卫兵运动的经历，在几乎无人能逃的历史境遇中，他们或主动或被动被裹挟在这一历史洪流中。即有些人曾经是施害者，还有些人是受害者，甚至有些人既是受害者也是施害者。那么，在过去那并不美好的经历中，怎样才能提取和提升出上述这一温暖记忆模式？

第一，避谈或忽略受害经历。一些亲历者避谈受害的经历，甚至还有人与迫害者保持着相对"良好"的关系。我访谈的一些知青，几乎都不爱提当年的伤痛经历。

如笔者访谈的在云南生产建设兵团下乡的北京女知青 SFY，在访谈员的多次追问下，她提到了当年在下乡时遇到的最烦的事情是"搞运动、挨整"。

对于过去这一最令她烦恼的事情，她不愿意多提。从已经显露的迹象来看，知青们在这次被整的过程中是"惨烈"的，有女知青试图喝敌敌畏自杀。关于整人的人她没有多提，甚至有些含糊。当我们问："是当地人整你们吗？"她的回答是："是他们整我们。"

但是，在她看来目前已经克服了这一切，如"我们这些被整过的人精神状态很好"，即便是那位喝过敌敌畏的女同学"也都缓过来了"，甚至更加出色——2001 年已经是一所中学的校长。事实上，在事发几年后，尤其是在"林彪事件"后，觉得"这也不是什么事"。

看起来，其不是与过去整自己的人和解，而是与过去的历史和解了。条件是"到了后几年"，即时间是一个重要变量，随着时间流逝，历史情境发生变化，于是所有发生的苦难都变成"也不是什么事"了。人们与过去的痛苦和解了——她甚至还与过去整自己的指导员保持还不错的关系。但不能否定，在下乡经历中，这段被整的经历是令其"最烦恼"的事情，也是其受到打击最大的事情。这种苦超越了劳动时遭受的种种身体层面的伤痛，但时过境迁后，她能与历史达成和解。看似大家都克服了过去的伤痛，甚至被整的人变得更为优秀。

上述谈及的和解逻辑在 2012 年央视一台黄金剧场的电视剧《知青》中，也表现得比较明显。例如，孙敬文和齐勇一家的恩怨及其化解的逻辑。

《知青》剧中哈尔滨知青齐勇与孙敬文一家的恩怨，据孙敬文的讲述："我的哥哥犯了杀人罪（指杀死了齐勇的弟弟），被判了 16 年。（缘由是）我的父亲和齐勇的父亲都是哈一机的工人。但他们不是一个派的，我父亲是炮轰派，齐勇的父亲是捍联总。① 这样一来，两个派的孩子见了面以后，也就打了起来。"失去弟弟的齐勇不能释怀。到北大荒下乡后，他处处与孙敬文过不去，甚至"恨不得整死孙敬文"。

排长张靖严是这样劝解的："老人为什么政治观点不同？不是那场运动吗？那是时代的悲剧，不能怪孩子。"他甚至说："你弟弟的死和孩子没有关系，也不是大人之间的事。要是没有这场运动，你们两家老人也不可能分成两个派别，那孩子们也不可能见面就死掐呀。实事求是地讲，这是历史的悲剧。"

作为受害者，当时齐勇的回应是："我不管什么历史不历史，到现

---

① 关于炮轰派和捍联总在梁晓声的《一个红卫兵的自白》中有所阐释，该书最初出版于 1987 年。

在这口气就是'别'（四声）不过来。"

张靖严说："齐勇，你和孙敬文已经是悲剧的受害者了，你再这样折腾有意思吗？再要整出什么大事来，别的我不说，就说你，你对得起你家人吗？你们齐家就你这么一个儿子。我劝你呀，千万别做什么傻事。"其他知青也劝他："听人劝吃饱饭，冤冤相报何时了啊。"

最后两家和解了，齐勇甚至娶了孙敬文的姐姐、女班长孙曼玲为妻。

第二，认为迫害者与受害者的恩怨根源于非人格化的时代和运动。孙敬文和齐勇一家恩怨化解的对话传达出了这样一种逻辑："文革"中的运动使得迫害者和受害者都成为受害者，这是和解的社会基础。而受害者的真正迫害者（迫害的源头）是一种非人的存在——"那场运动"。因此，似乎不需要具体人为迫害行为负具体的责任。此外，对于被害者的劝解，还出现了民间的一些逻辑，如"冤冤相报何时了"等。这些民间的道理与国家化解恩怨的想法暗合，并形成合力，使得人们认同了这一和解的价值。[①]

在对齐勇的劝解中，出现的"时代的悲剧"和"历史的悲剧"等话语，意在将"文革"中齐家和孙家发生的纠葛、个人的过错都归于时代和历史，认为所有的负面史实都是由运动造成的。而具体到人，无论是"哈一机"的两个派系，还是这两个派系下的齐家老人和孙家老人，乃至于齐勇死去的弟弟和孙敬文服刑的哥哥，在根本上他们也都是无过错的。

这一逻辑在日后已经公开发表的知青们的讲述中也较为常见。即无论是迫害者还是被害者，具体个人对于"文革"时期出现的悲剧，都以"时代的错误"为由，之后讲述者似乎就可以释怀了。这种和解逻辑决定了日后知青回忆中有关个人间的关系，以温暖回忆模式为主流。

[①] 李伟东通过对清华附中高631班"文革"前及早期的记忆研究表明，暴力记忆阻隔了群体和解。他的研究较为关注派系之间的冲突问题，所得的一些结论与本章的一些判断有一定差异。而探究这两种不同结论（例如，是和解还是记恨）尚需增加有差异的个案，并限定访谈问题、条件等，这是需要进一步讨论的问题。参见李伟东《清华附中高631班（1963-1968）》，博士学位论文，北京大学，2012。

第三，知青集体记忆"霸权"压抑了个体记忆的伤痛。这一温暖叙事模式的存续还在于既有的知青聚会和回忆录的撰写行为（集体记忆）对个体记忆的压抑和强化。

而个体知青在这类集体记忆模式下的述说，多导致某种"妥协"，例如知青CYF的记忆。她在回忆中面临的困境是：如何在一本回忆录中，不突出自己的伤痛回忆？权衡过后，她选择了在内蒙古插队时被同村"大哥大嫂"善待的记忆。她给我看了她所在农村插队知青的一本未正式出版的回忆录，里面记录了她写的"大哥大嫂"给她的温暖记忆文本。她讲述了自己回忆的困境：我怎么写下乡生活？在那里，我同时受到了同插伙伴和一些老乡的批判，这是刻骨铭心的伤痛。她甚至被"逼"嫁给农民。事实上，她的"大哥"也参与了她的"逼嫁"事件，她最后嫁给了"大哥"的叔伯弟弟。我们猜想，"大哥"做人整体上比较正直，这成为她建构记忆中的"大哥"的正面形象的动因之一。而她建构过去记忆的困境在于：一方面，她难以忘记过去的伤痛；另一方面，嫁给农民的她目前还保持着与插队所在地的密切关系，同时，与插队同学也还处于密切联系中，如他们不断聚会。在这种情况下权衡现实各种关系的利弊，她精心选择了过去的温暖元素，而压抑了自我的表达。笔者在阅读她的回忆录时发现，她对这些温暖的描述是较为抽象和写意的，基本没有具体事件，有的仅是一些感觉，类似"寒风中的温暖"。她的精心挑选使得她也参与了温暖记忆模式的建构。这一温暖记忆显然遮蔽了过往的伤痛。

（三）关系型记忆的提出及初步解读

笔者认为，上述的温暖叙事基本都是关系取向的，即以营造现实的关系为取向。因此，我们在讨论温暖记忆的基础上提出一种关系记忆的类型。所谓关系型记忆，它立足于现实的各种利益关系，是朝向"现在"而不是朝向"过去"的记忆类型。例如，CYF为维系当下现实社会中与当地老乡和插队同伴之间的关系，压抑了自己的伤痛记忆，而选择了温暖记忆模式。在记忆理论中，它与哈布瓦赫的"社会建构论"有着内在的一致性，而与本雅明的"记忆的承诺"则是相反的方向。所谓社会建构论，在这里指现在的社会框架（在这里指群体间的关系）对于过去的回忆起到主导作用，过去的社会框架（在这里表现为伤痛和不和谐的矛盾）则起到次要的作用。它是朝向"现在"的记忆理论。而本雅明的"记忆的承诺"是指，认为对"过去"死难者的追忆，是一项必要的理论工作，即在对过去的建构中，不能以现实的利益而牺牲了过去的真实。本雅明批判的是胜利者的哲学，他的记忆理论是朝向"过去"的。

一般而言，朝向现在的记忆理论往往被批评为缺乏反思性，如上述提出的温暖记忆类型，以及由此而生发出的关系记忆类型。

许子东在讨论《血色黄昏》的"文革"叙事时，提及老鬼对于自己在兵团被打成反革命经历的反思。[1] 其中，较为经典的一段话，来自作风正派的连长对老鬼被整的真正原因的分析。

> 我看有个很重要的原因，就是你群众关系太差。除了摔跤，从不关心别人。表面上，你好像很强，把王连高打得喊爹喊娘，其实你弱着哩！因为你没群众，谁都团结不了。要是你能在群众中站得住，有威信，那就不好打倒啰，你说是不是？[2]

许子东深感此种归因大有不足，并对这种文化做出批判。他反诘："怎么，难道人的个性自由的权利，就只存在于与旁人的感情关系中吗？一个人有没有罪，最终不依据法律而只取决于世俗人伦关系吗？如果一个人将其全部生命放在与旁人搞好感情关系上，最后他的性格是否会扭曲变形？如果一个民族中的每一个人都这样扭曲自己以求不犯罪，那么久而久之这个民族又将会怎么样？"他将其作为"文革"之源的一种反思，即个性、地位与众不同且不善搞好世俗人伦关系，是一些人遭受苦

---

① 许子东：《重读"文革"》，人民文学出版社，2011，第250、285页。
② 老鬼：《血色黄昏》，新星出版社，2010，第444页。

难的重要原因，甚至比政治原因更为重要。

许子东的思考具有一定的现实意义，但若将老鬼等的思维方式仅仅作为国民劣根性去批判，显然是存在局限的。在前文提及的知青回忆中多有温暖因素，它对于既有体制弊端的反思确实是不足的，但它可能也是我们的社会得以维系的一个根基。之所以在这一层面概括这种关系取向的记忆，在于它可以促成一种社群精神。

虽然老鬼的个人自传反思了他不重视关系所引发的不利社会后果，而这种关系取向的记忆在一般情况下会导致一种温暖模式的记忆类型，以及一种缺乏深入反思的记忆后果。但是，它也营造了一种现世间互相帮扶的关系。如知青群体之间的彼此互助，当下甚至出现了一种互助养老形式；在精神层面，知青自己提出了"抱团取暖"的观念。

所谓抱团取暖，表现在当下的知青们频繁聚会、一起跳舞、一起游玩，甚至大有一批人想一起养老，并提出了抱团养老的观念："抱团养老是一种适用于有知青经历的老年人的养老方式，是指知青们在家中或异地居住，知青彼此间采取自助互帮的养老方式。据调查，这种方式已在原黑龙江、新疆、云南兵团的小范围内知青群体中出现；有人调查发现，70%的老知青愿意采取抱团养老的方式进行自我照料，一方面他们眷恋知青岁月，知青群体间有共同的话题；另一方面他们担心被议论子女不孝，而不愿意去机构养老。"①

那么，这种抱团取暖意味着什么？笔者认为，抱团取暖的真正意义在于维系一种关系，而这种关系不能仅通过利益维度来解释，也不能仅被标识为某种"国民劣根性"。它包含着诸多难以用利益形容的温暖情愫，它是制造快乐的因素。即人们可以回顾过去，但不过分被过去的伤痛所纠结，因而，人们可以重寻过去的美好，并产生一种"好"（指利于当事者身心）的怀旧主义。笔者称之为关系型记忆。

这种关系型记忆不仅遏制了一种负面情愫（包括遏制复仇的情绪），

---

① 老知青：《知青养老之路究竟在哪里》，http://www.360doc.com/content/16/0219/10/8507568_535673188.shtml，最后访问日期：2016年2月19日。

还营造了一种社区的概念，使得社群内正面的情感得以生长。笔者在访谈中发现，知青们已经表达了这种共同体的概念，如有知青认为，知青聚会时，大家在一起，忽视了彼此的阶层，因此觉得很快乐（LDD, 2014）。

通过进一步思考，笔者认为，上述正面的关系型回忆，可能是中国社会中一种独特的气质，而如果只是从铭记伤痛的角度批判它，则不能充分认识它的功能。而中国型的关系营造，也不全然是一种负面的，它还包括了一种推己及人的因素，即这种关系类型的文化可能遏制了一种功利主义的人性，甚至其中还包括了种种令人赞叹的"义举"（在这里指知青之间的互助，尤其是不斤斤计较的付出）。

费孝通晚年对其重要概念——差序格局的重新解读，回到了一种推己及人的文化层面："能想到人家，不光是想自己，这是中国人际关系当中一条很主要的东西"，而且，这是"切切实实发生在中国老百姓的日常生活里面的，是从中国文化里面出来的"。[1] 人们依据这种具有伦理意义的差序格局，由内至外，构建每个人心中的世界图景。[2] 上述许子东对中国式关系的批评代表了另一种取向，即站在西方"求真"的立场对中国文化的一些特质进行批评。应该说，这种批评也有其意义，但它忽视了关系文化营造人际社区的积极意义，以及中国人"情理"之过程与意义。[3] 在这里，我们更深切体会到钱穆有关文化研究[4]的观念：任何一个文化系统都有优点与长处，也有其劣点与短处；对中国文化的研究，不可专寻短处，应多从长处看。

当然，一方面，这种关系型的回忆，如"对于过去的不快，不肯轻易撕破脸"，在很大程度上可以弥合过去的伤痛，并有利于社群主义的生成；另一方面，在深层次上，它维持了既有的体制和利益关系，本章

---

① 费孝通：《中国文化与新世纪的社会学人类学》，载《费孝通全集》第16卷，内蒙古人民出版社，2009，第274页。

② 周飞舟：《从"志在富民"到"文化自觉"：费孝通先生晚年的思想转向》，《社会》2017年第4期。

③ 梁漱溟：《中国文化问题》，《民族文化》（月刊）1941年5月。

④ 钱穆：《如何研究中国文化史》，载《中国历史研究法》，生活·读书·新知三联书店，1999。

在这一意义上，认为这种关系型记忆决定了知青的记忆类型是一种相对保守的记忆。

综观这类保守类型的记忆，也可以认为，关系是知青群体之历史回忆的触发器。即知青群体对于"关系"的文化观念，决定了他们的回忆方向及回忆的主体内容。这不同于扬·阿斯曼讨论的基督教文明，[①]尤其是在德国，罪责是最强大和最多产的历史发生器。在二战后，围绕着大屠杀事件，德国社会产生了很多有关罪责问题的记忆话语。在这一意义上，我们认为，对于中国社会记忆类型的分析，如果只从罪责角度去反思是有所局限的，因为它与我们的历史发生器之间有很大的错位。

进一步而言，上述的关系型记忆，是对善恶观的一种平衡。它彰显过去的善，事实上在某种程度上是对抗过去的恶，如梁晓声对人性的诠释，他希望以此来彰显一种希望，去除未来世界中的恶。总体上，可以认为，它体现了中国人的公平观，这是一种现世中的平衡观，利于一种社群主义的生成。

那么，记住好的，是不是就遮蔽了过去历史的苦痛？我们认为，记住好的，不意味着就忘记了痛苦。好的东西立在那里，作为规范，它强化了善在人们生活中的位置。恶的不被提起，意味着恶是被压抑着的。它不等于当事人的遗忘，至多是一种沉默，且没有成为其生活中的焦虑的重心，而是一种偶尔提及的过去。至少对于知青的回忆是如此的。

（四）代际记忆传递的断裂：关系型记忆的一个后果

知青偶尔提及的"恶"，应该还潜在地影响着他们现世的生活，但传递给后代的则要少得多，尤其是在显在的层面。除去潜移默化的部分，言说部分的传递是非常少的，因为他们对于过去的苦痛基本上是"沉默"的。

因此，在代际传递方式上，关系型记忆着眼于一种横向的关系，即

---

① 扬·阿斯曼：《古代东方如何沟通和代表过去》，载哈拉尔德·韦尔策主编《社会记忆：历史、回忆、传承》，季斌、王立君、白锡堃译，北京大学出版社，2007，第50页。

亲历者彼此之间，但它对于纵向的代际关系则是忽视的。这在笔者访谈的知青家庭记忆中，表现得较为明显。即原有事实的记忆和讲述在家庭内部是相对缺乏的。如 CYF 试图写家史，但遭到丈夫的反对；WL 不去和自己的儿子谈及自己的母亲是如何在"文革"中被造反派打死的，她担心儿子会因此仇恨社会。

上述状况是知青代际记忆断裂的原因之一。在一些公共事件中，可以发现这种记忆断裂的普遍性。

在 2012 年《知青》剧播出后，起初是亲历者对该剧的温暖叙事方式不满，这时出现很多批评和争论；但时隔两年（2014 年）当该剧在乐视网重播后，通过网络民族志的观察，新一代的年轻网友（基本为 70 后至 90 后，甚至有 00 后）则以雀跃欢呼的态度来赞美这部电视剧的美妙之处："那个年代没有那么多勾心斗角，人也淳朴。想回到那个年代。"（张玉雯_qq1293，2015 年 2 月）有人说："很可惜，没赶上那个伟大的时代。向他们致敬！"（limaodou11，2014 年 12 月）某位 00 后的观众发出感慨："我是 00 后，非常羡慕他们。"（匿名用户 4335769562t，2015 年 4 月）从中可见，遗忘在知青后代的群体中得以普遍发生。

在笔者访谈的知青中，也有很多人提及，下一代对知青史已经完全不了解，也没有兴趣去了解。如笔者访谈的知青 CYF，她试图给 1977 年出生的儿子讲述自己的经历，儿子表现出不耐烦和不倾听的态度；她给 1973 年出生的女儿讲述自己的经历，女儿则以"幸好我出国了"来回应母亲的痛苦经历，其展现的态度整体上也是"漠然"。

当然，知青的代际记忆的断裂，不仅是温暖模式叙事的结果，显然还存在其他有待探寻的原因。这里暂不展开讨论。

三 义务型记忆

与关系型记忆的广泛社会基础不同，义务型记忆是笔者从知青群体中的特定类型知青的忏悔记忆中总结出来的。所谓义务，包含某种必须履行任务的意涵，即意味着必须如此，它的背后是一种文化压力。在知青群体中，一些知青为什么在晚年去"忏悔"？这并不是一种令人心情愉悦的过程，而是来自过去某种"不堪"的经历所带来的内心不安，迫使他们"不吐不快"，其背后有一套文化规则在起作用，下文将对此做更细致的分析。知青的忏悔记忆出自 2010 年前后一些知青的公开忏悔，主要是"文革"初期具有红卫兵身份的知青的忏悔，例如王冀豫、刘伯勤等。① 下文将通过对忏悔记忆的梳理，来阐述义务型记忆。

（一）"忏悔说"的内涵与局限

在 2010 年前后，有一批知青进行了更大胆的尝试——他们将自己的红卫兵经历讲述出来，甚至有人还登报道歉（如王冀豫、刘伯勤等），向当年被自己伤害的师友进行"忏悔"。曾到陕北插队的北京知青王克明等还编辑出版了《我们忏悔》② 一书，它是这方面成果的合集。

笔者在访谈中发现，在其他一些类型的知青个体身上也发生了类似的变化，这些人的讲述不同于 2001 年前后笔者访谈时获取的信息。针对同一个人，他们在 2015 年前后的表述要比 2002 年的表述多了更多的政治内容，即不只是谈及下乡时受苦的生活经历。所谓政治内容，多指个人在红卫兵经历中所犯下的过错及自我反思。

如笔者访谈的知青 XC，他讲述自己在学校时曾批判过同学 LB 改写毛主席诗词；知青 LB（2015 年访谈）讲述了自己曾揭发过自己的父亲；等等。

一些红卫兵经历（或类红卫兵经历）的个体讲述价值，诚如《我们忏悔》的编者在前言中所说，主流意识形态在试图淡化一些历史记忆，而知青们以亲身经历，试图揭开过去的面纱。在这一思想指引下，讲述者将被迫害者的知青形象转变为迫害者的红卫兵形象，提出了个人罪责

---

① 参见王冀豫《背负杀人的罪责》，《炎黄春秋》2010 年第 5 期；刘伯勤：《我的"文革"经历》，载王克明、宋小明主编《我们忏悔》，中信出版社，2014。
② 王克明、宋小明主编《我们忏悔》，中信出版社，2014。

问题，并证实了这一观点：个体即便在那样的情况下也是有权选择的，反驳了一些知青讲述中的"无从选择说"。

《我们忏悔》的前言还提到，那个时代不是所有人都有过分的行为。而一些人的不齿行为，使其成为事实上的罪过参与者。这些人可能从中出头表现，牟取利益。①

笔者访谈其中的一位作者 MKM（2015 年访谈），他提到能够有上述反思行为，主要在于思想方法的转变。因为知青一代从小受到的教育就是集体主义范式，认为级别越大意义就越大，就越应该具有优先权。在集体主义视域下，个人是没有地位的。笔者访谈的另一位知青 DJH（2013 年访谈）也说，他们这一代人耻于提个人要求，即便个人有所要求，也要以集体的名义去争取。

由于上述原因，这一代人甚至会以集体的名义去作"恶"，事后也会以集体的名义去含糊个体责任。MKM 认为，他首先是思想方法发生转变，即认识到个体在集体中的位置并不是无足轻重的，之后才从内心深处认为那时候确实做错了。而这些"错事"包括与父母划清界限、揭发伤害老师、回避疏远亲友、对同学咄咄逼人、强制乡亲"割自留地尾巴"等。

上述"忏悔说"相比于知青群体之前的"有悔说""无悔说""无从选择说"，②它作为反遗忘话语，显得更有力度。主要表现在它澄清了一些问题，如"有悔说""无悔说"，包括"无从选择说"，都是"文革"结束后知青们的一种自我保全的逻辑，即"不愿否定青年年华"，"为了珍惜过往的年轻，为了守护曾经的真诚"，因而忽视了自己的责任问题。③

---

① 王克明、宋小明主编《我们忏悔》（序），中信出版社，2014，第 6 页。
② 这三种说法是有关知青叙事的三种主要声音，它们的含义分别是：尽管知青岁月是苦难的，但今天说起来没什么值得后悔的，个人还是能从其中收获一些价值；知青岁月是苦难的，真后悔有那样一段岁月，痛彻心扉；知青下乡和当年的主要错误行为，都是大势所趋，个体无从选择。
③ 王克明、宋小明主编《我们忏悔》（序），中信出版社，2014，第 4 页。

这导致知青群体中出现大量的保守记忆，[①] 其对主流的"无怨无悔"记忆即便是反抗的，也呈碎片化状态。而"忏悔"记忆模式则从个体责任角度，直面知青经历中最难以启齿的"红卫兵经历"，这在知青叙事中具有突破性意义。

但是，上述"忏悔"主题也引发了新的争论。如宋彬彬 2013 年的道歉事件。她被一些人质疑"不真诚"，名为"忏悔"，事实上是在推卸责任。[②] 徐贲指出了"忏悔"模式的限制，即"忏悔"模式针对的是知青群体中以往的保守记忆，它自身并不是一种全新的形式，其中暗含的保守因素是非常顽固的。笔者在访谈中也发现了这一因素。例如 LB 坦诚曾揭发过自己的父亲，但他认为这并没有给父亲造成很大的伤害。他对于"揭发"这一行为背后的原因及个体罪责问题还是缺乏更深入的思考。

而且，在红卫兵坦诚往事的过程中，甚至出现了从"迫害"到"感谢"的逻辑，如陈小鲁[③]在给北京八中老师道歉时，当时受到迫害的一位老师甚至提出了要感谢陈小鲁的话语，感谢陈小鲁在当年降低了对该老师的迫害程度（陈小鲁曾制止北京第八中学学生采取更极端化的方式对待这位老师）。这使得道歉会变成了感谢会。笔者还发现，一些人试图忏悔时却遭到了同伴和被迫害者的反对，如陆晓娅的忏悔，同学们都不同意她去忏悔，老师们说：怎么还提这事？老师担心同学们面子上不好过。

上述讨论说明，反遗忘话语确实在知青群体中存在，他们中有人甚至有意识地利用这一点反抗主流的知青叙事。但在很多人的讲述中，依然存在着强大的保守因素，如上述提及的由道歉到感谢的逻辑，以及忏

---

① 这一概念最初由王汉生先生（2014）提出，它与批判性记忆相对应，特指知青记忆中缺乏反思的那部分内容。

② 徐贲：《宋彬彬的"错"和"罪"》，http://www.aisixiang.com/data/71436.html，最后访问日期：2014 年 1 月 13 日。

③ 陈小鲁，1946 年生，为北京第八中学 1966 届高中毕业生。其没有下乡经历，但可作为一种忏悔的类型。这里用此个案，意在说明红卫兵忏悔过程中的文化境遇。

悔但不追究真相的讲述方式。这种保守记忆的顽固性，甚至很难单独用国家力量的塑造来解释，其与中国传统文化的关联性不容忽视。下文以王冀豫为案例，来说明忏悔说的文化逻辑。"忏悔说"的内在逻辑如下。

第一，不是道歉，而是愧疚。王克明认为，是"思想方法"发生了转化，才使得"忏悔"行为发生。他的表述中这一思想方法多指来自西方的个体化思想的影响。但笔者在考察中发现一类非常重要的"忏悔"行为，是来自中国传统文化的影响。如王冀豫的忏悔案例。

王冀豫①在1967年8月5日打死人（死者为对立派学生王雁鸿，19岁），那时，他16岁。

> 在监狱里，想出去道歉（但一直没去）。后来没见过他爸妈，不让见（公安部门怕引起纠纷）。他侄子后来找到我，他（死者）父亲死的时候都没有提我，也知道我叫什么，我父亲是做什么的。他不愿意这件事情成为一个清算的线索。他读懂"文革"了，（他可能认为）老百姓之间的仇恨没有任何意义。但他没有选择遗忘，比较理性。

尽管他没有当面去道歉，但是这件事在他心里一直过不去。2010年他写了《背负杀人的罪责》在《炎黄春秋》上发表。这时他50多岁，"开始反思，对以前的事是呕吐的。把发霉的东西放在阳光下晒晒，剔除一下灵魂的肮脏……"

对于当年的、曾经的、对立派的同学，他们成了好朋友。在他看来，这时候，一声道歉似乎不能说明什么问题，更重要的是内心的活动。而道歉似乎更应该是时代而非个人层面的东西。

---

① 王冀豫，1951年生，1967年8月5日在北京粮校武斗中打死人；1969年3月24日赴山西插队；1969年12月入伍；1979年到北京特殊钢厂当工人；1989年办稻香湖马场，做牧马人工作至今。

对立派同学，那时恨不得杀了他们。现在是好朋友。我现在要是跟他们道歉，他们肯定说，别跟我装孙子。我们之间肯定是这种情况。所以我不觉得道歉……道歉，是一个时代罪恶的一声叹息。

后来想着我得洗心革面，得做好事。每年都烧纸（给自己打死的那个人），开始纸不着……然后，我说，我不是求你原谅，我连自己都不原谅。冬天来了，天冷了，你拿回属于自己的东西。后来纸着了……

从中可以看出，中国人对待过错的态度或认错的态度，不是西方意义的"忏悔"姿态，而是一种心照不宣、彼此理解和包容的态度。忏悔是西方的概念，源自西方的宗教，使用在中国人的身上显得不太合适。那么，怎样的词语，才可以用来表达中国人对于"罪恶"的态度？在王冀豫案例中，用"愧疚"更适合，而且"愧疚"似乎不需要对方知道——他一直没有去找死者的家人去赔礼道歉，这种愧疚是一种内向的。

第二，不是"忏悔"，而是"认账"。王冀豫在 2014 年 1 月 10 日接受了凤凰卫视记者陈晓楠的提问。他认为，只是忏悔还是不够，最关键的是"认账"。王冀豫接受过多次访谈，之后死者的侄子找到了王冀豫，说：我们不原谅你，永远不原谅。但是我敬佩你，因为你"认账"。

当王冀豫公开发表文章后，另一位亲历者鲁钝①发表了他在当年的所见。如果按照鲁钝的回忆，王冀豫不是打死人的直接凶手，致命的一枪并不是他"刺"的。若是如此，王冀豫的所有忏悔及愧疚似乎都变得没有必要，事后又会变成对那个时代荒谬性的谴责，因为缺乏具体责任主体。在 2014 年陈晓楠的《活着——冷暖人生》访谈中，王冀豫说，即便没有另两个同伴的打击，自己的两棍也是致命的。他明确承担了属于

---

① 鲁钝：《对王冀豫〈背负杀人的自责〉一文的补充》，http://www.yhcqw.com/html/kwgnew/2010/515/10515195017EHDBH73535B50IHDC1EHGADA.html，最后访问日期：2010 年 5 月 30 日。

自己的罪责,甚至独自承担了这一罪责。对于这件事,他觉得自己不是"忏悔",而是"认账"。因为"忏悔"不能说明问题。

第三,自我道德审判——报应说。王冀豫对自我有一个道德评估。以下对话来自陈晓楠对王冀豫的访谈。

> 虽然一面之缘,但他折磨了我一辈子,躺一万年。①

所谓"折磨了我一辈子,躺一万年"是指王冀豫打死人后的一个多月内,他对自己的道德审判。据他回忆:

> 一天晚上,梦到一个穿着白纱的女人,纱上面有血渍。她高极了。我躺在一个木板子上,难受极了。后来那个女人说,你要在这个板子上躺一万年。

那么,王冀豫内心过不去的坎是什么呢?如上所述,是一种道德层面的,表现为"穿着带血白纱女神"的审判。在他看来,那些当年做坏事的人最后都没有得到好的"报应"。他列举的四位最后都没有得到好的下场,甚至自己有一只眼睛也失明了。

第四,救赎:作为一种仪式的公开道歉。那么,个人心中过不去的坎,如何才能找到出路?王冀豫找到的途径是向公众道歉,而不是面对面求得被害者家属的谅解。

2010年5月,王冀豫在《炎黄春秋》发表道歉文章:《背负杀人的罪责》,这是他的自我救赎。自此,他终于如释重负——"非常的释怀"。

死者的侄子找到了王冀豫,对他表达了看法。② 尽管仍然无法获得原谅,但王冀豫得到了死者家属的"敬意"。这说明,王冀豫的公开

---

① 王冀豫:《那年冬至烧纸》,载王克明、宋小明主编《我们忏悔》,中信出版社,2014。
② 参见范承刚等《"我们仍是少数":"文革"忏悔者的努力与困顿》,《南方周末》2013年7月20日。

"认账"行为得到了认可。①

第五，心灵自修。对于一些知青而言，似乎迫害者对被害者的道歉与和解比公开道歉的难度更大。在少数几个人谈话中被访谈人一般不会明确讲述打人事件，至多会含糊提起。如 ZSS 说，"我们受到伤害了，也伤害了别人"。其不仅含糊讲述伤害别人的事情，而且在事后对被伤害者也无明确的道歉行为。但这并不表明其毫无悔过之心。这一事件在个人反思层面是存在的，意味着做错事的个体知青心里知道自己错了，最后变成一种"心灵的自修"，② 概言之，这是一种默默"认账"的逻辑。

如 ZSS 讲，刚到农村知青们就"打了富农老太太一顿"。他后来发现地主、富农都是挺能干的人家，"勤快而且会算计"。和他在一个县插队的北京 WCR 回应说，"插队对于每个人都是一件刻骨铭心的事情，别去伤害老百姓的感情"。WCR 和 ZSS 的对话，更像是一种"认账"和委婉的道歉，如王冀豫一样。其道歉不是对着受难者及其家属，而是对着公众或者陌生人说出来，甚至不吐不快，理由是为了自己的解脱，但说的过程更像是一个仪式。

可见，上述所谓忏悔行为，其原因从根本上讲是忏悔者内心有一道过不去的坎。而这个坎多来自中国传统文化给予的其特殊文化心理，如王冀豫看到的"道德女神"的审判；ZZS、WCR 的"自己知道"的认账逻辑等。上述几方面可称为中国人忏悔逻辑的特征。

（二）对"忏悔说"的进一步讨论

"忏悔说"的内在逻辑基础在于表达了一种平衡观，即"报应说"的理念：有过错者必然受到惩罚。事实上，这也是我们社会公平观念的

---

① 为什么王冀豫的忏悔得到了死者家属认可，而宋彬彬的忏悔没有得到谅解？初步的分析在于王冀豫承担了"罪的满溢"部分的罪责，即对于不属于他负担的部分罪责，他也主动承担了。如鲁钝所说，最致命的一枪不是他刺的，但他没有因此减轻自己的罪责。他的承担方式与《苏菲的抉择》中的母亲苏菲的思路有类似之处，即他们都承担了"罪的满溢"部分的罪责。

② 这一状态较为普遍地存在于知青群体中，它一般是未公开的。这对于记忆的代际传递是不利的，容易导致社会记忆链条的断裂。

一种表达。即罪与罚之间的平衡，它内在于人们的内心，甚至成为行事的准则基础，王冀豫的忏悔行为即根源于此。

扬·阿斯曼在讨论古代东方社会的文化记忆时，提及古埃及人对法律、公正、忠诚、真诚等概念的理解，认为这是社会互动的结构，并提炼出"互动的公正"这一概念，认为这一概念很好地表达了古代公正原则所具有的约束力及其所发挥的连接作用。它之所以能将人们联系起来，在于它促成了社会的凝聚力和互助性。而正因为有了公正原则，有所作为的人才能获得成功，有罪过的人才会受到惩罚。[①]

他强调，相信善有善报、恶有恶报在日常生活中的运作，可以既不借助神力，也不借助国家政权的强力，而是建立在人与人之间和睦相处的经验之上。当然，他在分析具体的古代社会如美索不达米亚时，还是强调了神的意志在这一观念背后的作用。而这一观念也恰是决定人们相处规则的社会力。

尽管上述分析以古代的东方社会为基础，且没有涉及中国社会，但其对于理解本章的"报应说"具有启示意义。我们认为，在"报应说"中体现出来的罪与罚思想，是王冀豫忏悔行为的文化根源，它体现了恶有恶报的行为驱动力。其背后是一种平衡的公正观。即便是上述提及的受害者和迫害者的双重身份逻辑思想，也与这一公正观有着内在的关联，即作恶者本身也是受害者，因而得到某种平衡。对此，尚需进一步分析。

同时，这种报应说中所涉及的"恶"的部分意义，内在于杰弗里·亚历山大所谓"恶的文化社会学"[②]中。即对"恶"的恐惧、排斥和害怕等令人揪心的经历创造了净化的机会，维持着柏拉图所谓"公正的记忆"的生命。而这种恐惧的认识激发着人们对他人的恶进行谴责、对自

---

① 扬·阿斯曼：《文化记忆：早期高级文化中的文字、回忆和政治身份》，金寿福、黄晓晨译，北京大学出版社，2015，第 249 – 252 页。

② 杰弗里·亚历山大：《社会生活的意义：一种文化社会学的视角》，周怡等译，北京大学出版社，2011，第 113 – 114 页。

己的恶进行忏悔，并举行集体层面的惩罚和净化仪式。这样，神圣、道德和善才能得以复兴。

知青的罪责观念与一些学者们讨论的西方文化有所不同。卡尔·雅斯贝尔斯在讨论纳粹大屠杀问题时，根据不同的行为，他区分出四种罪：确实有违法行为的被定为刑事罪；帮助上述人获得权力的被定为政治罪；听任犯罪行为发生的被定为伦理罪；那些因别人被杀而自己幸存，没有尽到保护人类文明责任的被定为抽象罪。[1] 电影《苏菲的抉择》记叙的母亲承担的便是上述的"抽象罪"。[2] 在刘小枫的评论中，体现"抽象罪"这一概念的是苏菲的"无辜负疚"：苏菲和两个孩子在被送往集中营的路上，为保住两个孩子的性命，苏菲不惜以美色诱惑德国军官。当德国军官问苏菲留下哪个孩子，否则都得死时，最后一刻，她选择了儿子放弃了女儿。二战后，她拒绝了一位作家的求婚，为自己的被迫选择而痛苦一生。从中可以看出，西方人对于罪责的态度不同于中国人，他们可以是"无辜负疚"的。

小说《三体》谈及红卫兵—知青对于罪责的认识，在很大程度上代表了这一代人甚至中国人对待过往伤痛的态度。[3] 虽然该小说是虚拟的，但笔者在多次阅读后发现，其中表达的态度是较为典型的伤痛后姿态。其中呈现的迫害者和受害者之间的恩怨和情感表达得较为真实，同时也是上述"忏悔说"的一个内在逻辑。

叶文洁的父亲死于四个女红卫兵之手，多年后，她试图和对方谈一谈，想"了结过往的恩怨"。但红卫兵们回答她："已经'了结'了。"

其"了结"的基础之一是四个人在红卫兵运动和知青运动中已经承受了其他苦难——一个女孩在武斗中被坦克轧断了一只手；一个女孩在农村抢救公共财产时遇难。她们所有人在农村度过了最艰苦的日子，回城后，她们甚至连工作都找不到。

---

① 安德鲁·瑞格比：《暴力之后的正义与和解》，刘成译，译林出版社，2003，第 6-7 页。
② 刘小枫：《我们这一代的怕和爱》，生活·读书·新知三联书店，1996。
③ 刘慈欣：《三体》，重庆出版社，2008。

"了结"的基础之二是过去已经成为历史，无论是当年叱咤风云的红卫兵，还是经历坎坷的知青，都会很快被时代忘干净。

"了结"的基础之三是红卫兵在历史中，既不是建功立业的"烈士"，也不是遗臭万年的"敌人"，而是一段历史。当这群人成为非人的存在——历史，他们的罪责以及"被害者"和"迫害者"之间的恩怨也被化解了。

以上理由似乎说服了被害者叶文洁，她与施害者之间的恩怨在这次说理中得到了化解。这种罪责"了结"的态度并没有纠缠于"迫害"的事件，而是将这一迫害事件放置于一个长时段历史中，以"报应说"来化解。如果遭到了报应，则恩怨就化解了。事实上，上述红卫兵、知青的讲述即是这一逻辑，而被害人也是在这一逻辑中认为事情已经"了结"了。

小说还交代了叶文洁父亲去世后，人们对于"逝者"的态度。叶文洁的父亲惨死后，母亲很快从精神错乱中恢复过来，继续在政治夹缝中求得生存。紧跟形势高喊口号，终于得到了一点报偿，重新走上讲台，并嫁给了当时一位受迫害的干部。多年后，母女再次相遇，都避谈遇害的父亲。父亲惨死的当天，母亲也参与"揭发"了。但母亲的新丈夫对叶文洁说，不要追究历史旧账："对于你父亲之死，你母亲不仅没有责任，还是受害者。"而这也是叶文洁母亲的态度。

类似的表达在笔者的知青访谈及一些知青回忆录中多有出现，只不过没有那么直白和典型，因此这里选取了上述案例。例如，迫害者自身也受到了迫害的逻辑，使得一些人在面对过往罪责时在心理上能够有所舒缓，即他们的双重身份，也使得他们认为自己已找到了平衡。这可视为中国"报应"观念的表达。在王冀豫案例中也可以看到，这种"报应"观念对于迫害者的影响是较大的，甚至左右了他们"忏悔"的形式和过程。

有关"报"或"报应"的观念已有学者做了一些讨论。在更广泛意义上，也可视为中国社会关系的一个特征，它是对人们之间特定交往形式的特征的概括。翟学伟认为，报是中国社会一个比较核心的文化观念，但相比于人情、面子、关系等概念，还没有被充分发掘。① 已有学者如杨联陞、文崇一、许烺光、黄光国等对"报"都有过论述。据杨联陞的研究，② "报"原意为"祭祀"，后用于祖宗恩典层面。在中国传统文化中，报的范围以家庭/家族、社区为基础，如个人的不妥行为可以累及子孙；后因佛教的传入，业报和轮回的观念，导致"报"穿过"生命之链"，进入"前世、今生和来世"层面。③ 已有关于"报"的讨论主要包括两个层面："报恩"和"报仇"。目前对于后者的讨论相对薄弱，且对于"仇"的讨论多以阻止的观念为基础进行讨论，如"冤冤相报何时了"，它讨论的是"受害者"对"施害者"的应然态度。但因"报"是双方面的一种关系，上述观察忽视了另一方的关系，即事后"施害者"对"受害者"的态度。我们在经验层面发现了"施害者"对"受害者"的忏悔仪式表达，可以视其为人们"求福"和"免灾"的一种赎罪形式。通过忏悔，或可达致一种"社会稍有秩序，人心稍得安宁"的后果。④

　　本章依据知青忏悔实践中所提出的"报"的观念总结出一种义务型记忆形式，认为知青忏悔背后的重要文化规则是"报"；它作为一种文化规则，产生了一种形塑社会之力，可以称之为社会精神的一种。

四　社会记忆结构中的公平观

（一）中国社会的记忆结构：关系型记忆和义务型记忆

　　本章提出关系型记忆和义务型记忆，并将其作为中国社会记忆结构

① 翟学伟：《报的运作方位》，《社会学研究》2007 年第 1 期。
② 杨联陞：《报——中国社会关系的一个基础》，载《中国文化中"报"、"保"、"包"之意义》，贵州人民出版社，2009。
③ 杨联陞：《报——中国社会关系的一个基础》，载《中国文化中"报"、"保"、"包"之意义》，贵州人民出版社，2009；翟学伟：《报的运作方位》，《社会学研究》2007 年第 1 期。
④ 钱穆：《国史大纲》，商务印书馆，2010。

中的一个组成部分。记忆结构是指人们记忆中的结构性因素，具有一定的普遍性。

首先，关系型记忆抽象自知青回忆中普遍出现的温暖因素，它是关系取向的回忆话语，它的特征是以营造现世的关系为内涵或目的。关系型记忆概念，也具有较深的理论传承。在本章中，它是对温暖叙事模式的进一步抽象和回应。在既有理论传统中，有关关系的讨论已经非常之多，诸如费孝通先生的"差序格局"概念，以及社会心理学者等所做的关系研究，等等。相比于以往研究，本章从社会记忆角度对中国社会独特的"关系"现象进行了进一步解读。在记忆的研究脉络下，它之所以会加强社会的遗忘，主要在于它抑制了人们对过去伤痛历史的回忆和述说，本质上是维持了既有的体制和制度格局。但它也是中国社会得以保存和发展的一个积极因素，它可以营造一种友好、和谐的关系，利于一种社群共同体的缔造，例如知青群体提出的"抱团取暖"话语。甚至，这种记忆还可以激发种种"义举"，特指不斤斤计较的付出、对他人的帮助，等等。

更进一步，可以认为，"关系"是激发知青回忆历史的一个触发器，这不同于扬·阿斯曼讨论的德国文化中的"罪责"发生器。

其次，义务型记忆总结自老红卫兵（如王冀豫）的忏悔说，它有一定适用范围。在本章中特指"文革"时期出身于干部家庭的老红卫兵的一些观念，他们中有人在"文革"初期参与了一些日后难以面对的伤痛事件。在这些事件之后，他们中有人把个人的厄运归因于当时所犯的错误（"报应说"）。我们从这个案例中抽象出这一概念，还在于认为这一概念可以部分代表中国人的正义观，具有一定的普遍性。当然，其适用范围还有待进一步的讨论。

在现象上，义务型记忆指人们在 A 处犯错，但在 B 处吃亏，因此可以得到内心的平衡和社会的谅解。迫害者与被害者之间的平衡也是在这一意义上达成的。这导致以"报应说"为中心的"忏悔说"最后朝向一种心灵内省，而不是正面的积极面对。

义务型的社会记忆结构，如上所述尤其体现了我们社会的公正观念（即平衡观）：知青群体的忏悔记忆并非出自任何冲动，也不是因为什么天生的兴趣，而是基于一种义务/压力，这种义务是培育我们文化的组成部分（善有善报、恶有恶报）。这种"有过错必然受到惩罚"的观念（公正观念），是社会自我"净化"过程。在很大程度上，关系型回忆也是我们社会达致某种平衡、维持既有社会秩序的方式，它体现的是广义上的公正观。义务型记忆之于社会的作用，有社会法（即奖惩）的功能；关系型回忆之于社会的作用，有社会秩序自我恢复的功能，如可避免清算的逻辑，推动社会继续前行。

（二）记忆结构中的公平观念及其思考

在讨论知青的义务型记忆时，我们着重强调了中国人的公正观念问题。事实上，如上所述，知青对往事的叙事中，在过去的是非善恶中，他们所持的关系型记忆也体现了一种公正观，这事实上是一种自我平衡。即关系中的好和坏两个方面，人们往往突出了好的一面，并去压抑坏的一面。梁晓声和多数知青的讲述，都有这类特点。而对于另一部分知青而言，他们抛出的"恶"的报应说，事实上是一枚硬币的两面。

哲学脉络中的公平的分析，如罗尔斯的公正研究，设定一个原初状态，即通过无知之幕来讨论正义得以实现的条件。我们认为，公正的概念，事实上是一种社会性的和文化性的。它事实上是源自人们的一种观念。以记忆的实证方式，探究中国人的公平观念，对于理解中国社会的深层结构提供了另一条路径。

综上，我们还试图在理论上通过"关系型记忆"和"义务型记忆"概念，来回应理论对话部分之"以往研究多关注权力问题而忽视了文化维度"这一问题，并试图推进中国社会学的记忆研究。"关系型记忆"和"义务型记忆"这两个概念对于中国社会记忆结构中的独特文化内涵，在某种程度上有所揭示，有助于进一步认识中国社会的运行规则。

在方法层面，我们以知青集体记忆为个案初步讨论中国社会记忆结构,是一个由个案到理论的提升过程。即便个案是一个"有界限的系统",但"走出个案"一直是人文社会科学的共同追求。如涂尔干通过对澳洲图腾制度的描述来解释原始宗教的基本形式,林德夫妇通过对美国中镇的案例研究去讨论"当代美国文化"。其中,个案可以是非常独特的,甚至是偏离正常状态的,但它凸显出的某些特征却具有重要的代表性。克里夫·西尔指出,个案是根据其逻辑关联或理论意义进行外推的,外推的有效性不取决于个案的代表性,而取决于理论推理的力量。①这里对知青集体记忆中关系型记忆和义务型记忆的归纳和讨论,在上述意义上,可以视为对中国社会记忆结构的一个初步讨论。它假定"关系"和"义务"文化具有相当的普遍性,而我们的探索多停留于案例特征的分析,进一步的理论提升尚待更广泛的讨论。

---

① 卢晖临、李雪:《如何走出个案——从个案研究到扩展个案研究》,《中国社会科学》2007年第1期。

参考文献

阿斯曼，阿莱达，2016，《回忆空间：文化记忆的形式和变迁》，潘璐译，北京大学出版社。

阿斯曼，阿莱达，2017，《记忆还是遗忘：处理创伤性过去的四种文化模式》，陶东风、王蜜译，《国外理论动态》第 11 期。

阿斯曼，阿莱达，2012，《回忆有多真实?》，载哈拉尔德·韦尔策主编《社会记忆：历史、回忆、传承》，季斌、王立君、白锡堃译，北京大学出版社。

阿斯曼，阿莱达、扬·阿斯曼，2012，《昨日重现——媒介与社会记忆》，载冯亚琳、阿斯特莉特·埃尔主编《文化记忆理论读本》，余传玲等译，北京大学出版社。

阿伦特，汉娜，2008，《极权主义的起源》，林骧华译，生活·读书·新知三联书店。

阿斯曼，扬，2007，《古代东方如何沟通和代表过去》，载哈拉尔德·韦尔策主编《社会记忆：历史、回忆、传承》，季斌、王立君、白锡堃译，北京大学出版社。

阿斯曼，扬，2012，《文化记忆》，载阿斯特莉埃·埃尔、冯亚琳主编《文化记忆理论读本》，余传玲等译，北京大学出版社。

阿斯曼，扬，2015，《文化记忆：早期高级文化中的文字、回忆和政治身份》，金寿福、黄晓晨译，北京大学出版社。

埃尔德，E. H.、葛小佳，1998，《变迁社会中的人生——生命历程及其中国实例》，郭于华译，《中国社会科学季刊》秋季卷总第 24 期。

埃利亚斯，诺贝特，1999，《文明的进程》第 1 卷，王佩莉译，生活·读书·新知三联书店。

安文江，1998，《我不忏悔》，载徐友渔主编《1966：我们那一代的回忆》，中国文联出版公司。

阿伦特编，2014，《启迪：本雅明文选》，张旭东、王斑译，生活·读书·新知三联书店。

伯格森，2018，《道德和宗教的两个来源》，彭海涛译，北京时代华文书局。

毕向阳，2015，《转型时代社会学的责任与使命——布迪厄〈世界的苦难〉及其启示》，《社会》第 4 期。

布迪厄、华康德，1998，《实践与反思——反思社会学导引》，李猛、李康译，中央编译出版社。

陈璧生，2006，《"他者"眼光的局限——读杰华〈都市里的农家女——性别、社会流动与社会变迁〉》，《开放时代》第 6 期。

陈国战，2017，《〈黄雀记〉：如何缚住记忆的幽灵》，《文化研究》第 3 期。

陈占江、包智明，2015，《"费孝通问题"与中国现代性》，《中央民族大学学报》第 1 期。

陈建新，1999，《苦难的史诗——论〈卡拉马佐夫兄弟〉》，《阿坝师范高等专科学校学报》第 1 期。

陈新意，1999，《从下岗到下放（1968 – 1998）》，《二十一世纪》第 56 期。

陈亚军，2018，《真诚比真理重要》，《甘肃社会科学》第 2 期。

陈蕴西，2006，《空间重组与孙中山崇拜——以民国时期中山公园为中心的考察》，《史林》第 1 期。

陈蕴西，2012，《纪念空间与社会记忆》，《学术月刊》第 7 期。

成伯清，2015，《时间、叙事与想象——将历史维度带回社会学》，《江海学刊》第 5 期。

仇立平，2016，《社会研究方法论辩背后的中国研究反思》，《新视野》第 6 期。

德里达，J.，1999，《多义的记忆——为保罗·德曼而作》，蒋梓骅译，中央编译出版社。

丁东，1998，《与李辉书——对红卫兵、老三届的一些反思》，载李辉编著《残缺的窗栏板——历史中的红卫兵》，海天出版社。

单士宏，2018，《列维纳斯：与神圣性对话》，姜丹丹、赵鸣、张引弘译，华东师范大学出版社。

定宜庄，1998，《中国知青史——初潮（一九五三—一九六八年）》，中国社会科学出版社。

定宜庄，2003，《口述传统与口述历史》，《广西民族学院学报》第 3 期。

范承刚等，2013，《"我们仍是少数"："文革"忏悔者的努力与困顿》，《南方周末》7 月 20 日。

范丽珠，2006，《公益活动与中国乡村社会资源》，《社会》第 5 期。

方慧容，2001，《"无事件境"与生活世界中的"真实"——西村农民土地改革时期社会生活的记忆》，载杨念群主编《空间·记忆·社会转型："新社会史"研究论文精选集》，上海人民出版社。

费孝通，1933/2009，《亲迎婚俗之研究》，载《费孝通全集》第 1 卷，内蒙古人民出版社。

费孝通，1933/2009，《社会学家派克教授论中国》，载《费孝通全集》第 1 卷，内蒙古人民出版社。

费孝通，1934/2009，《从"社会进化"到"社会平衡"》，载《费孝通全集》第 1 卷，内蒙古人民出版社。

费孝通，1935/2009，《桂行通讯》，载《费孝通全集》第 1 卷，内蒙古人民出版社。

费孝通，1936/2009，《花篮瑶社会组织》，载《费孝通全集》第 1 卷，内蒙古人民出版社。

费孝通，1936/2009，《社会研究能有用么》，载《费孝通全集》第 1 卷，内蒙古人民出版社。

费孝通，1936/2009，《伦市寄言：本刊三年的回忆》，载《费孝通全集》第 2 卷，内蒙古人民出版社。

费孝通，1936/2009，《江村通讯》，载《费孝通全集》第 1 卷，内蒙古人民出版社。

费孝通，1936/2009，《社会研究的关键》，载《费孝通全集》第 1 卷，内蒙古人民出版社。

费孝通，1937/2009，《论马氏文化论》，载《费孝通全集》第 2 卷，内蒙古人民出版社。

费孝通，1937/2009，《书评》，载《费孝通全集》第 2 卷，内蒙古人民出版社。

费孝通，1937/2009，《显微镜下切片素描》，载《费孝通全集》第 2 卷，内蒙古人民出版社。

费孝通，1937/2009，《复刊周年通讯》，载《费孝通全集》第 2 卷，内蒙古人民出版社。

费孝通，1937/2009，《从社会变迁到人口研究》，载《费孝通全集》第 2 卷，内蒙古人民出版社。

费孝通，1944/2009，《禄村农田》（导言），载《费孝通全集》第 3 卷，内蒙古人民出版社。

费孝通，1945/2009，《初访美国》，载《费孝通全集》第 3 卷，内蒙古人民出版社。

费孝通，1985/2009，《社会学学科建设与规划》，载《费孝通全集》第 11 卷，内蒙古人民出版社。

费孝通，1988/2009，《中华民族的多元一体格局》，载《费孝通全集》第 13 卷，内蒙古人民出版社。

费孝通，1990，《缺席的对话——人的研究在中国——个人的经历》，《读书》第 10 期。

费孝通，1991/2009，《志在富民》，载《费孝通全集》第 13 卷，内蒙古人民出版社。

费孝通，1992/2009，《孔林片思》，载《费孝通全集》第 14 卷，内蒙古人民出版社。

费孝通，1993/2009，《社会学重建的回顾》，载《费孝通全集》第 13 卷，内蒙古人民出版社。

费孝通，1993/2009，《个人·群体·社会——一生学术历程的自我思考》，载《费孝通全集》第 14 卷，内蒙古人民出版社。

费孝通，1994/2009，《人不知而不愠》，载《费孝通全集》第 14 卷，内蒙古人民出版社。

费孝通，1994/2009，《略谈中国社会学》，载《费孝通全集》第 14 卷，内蒙古人民出版社。

费孝通，1995/2009，《小城镇研究十年反思》，载《费孝通全集》第 15 卷，内蒙古人民出版社。

费孝通，1995/2009，《开风气 育人才》，载《费孝通全集》第 15 卷，内蒙古人民出版社。

费孝通，1997/2009，《人文价值再思考》，载《费孝通全集》第 16 卷，内蒙古人民出版社。

费孝通，1997/2009，《反思·对话·文化自觉》，载《费孝通全集》第 16 卷，内蒙古人民出版社。

费孝通，1998/2009，《完成"文化自觉"使命 创造现代中华文化》，载《费孝通全集》第 16 卷，内蒙古人民出版社。

费孝通，1998，《从反思到文化自觉和交流》，《读书》第 11 期。

费孝通，1998/2009，《中国文化与新世纪的社会学人类学》，载《费孝通全集》第 16 卷，内蒙古人民出版社。

费孝通，1999/2009，《我对中国农民生活的认识过程》，载《费孝通全集》第 16 卷，内蒙古人民出版社。

费孝通，1999/2009，《推己及人》，载《费孝通全集》第 16 卷，内蒙古人民出版社。

费孝通，1999/2009，《重建社会学与人类学的回顾和体会》，载《费孝通全集》第 16 卷，内蒙古人民出版社。

费孝通，2000/2009，《补课札记——重温派克社会学》，载《费孝通全集》第 17 卷，内蒙古人民出版社。

费孝通，2002/2009，《文化论中人与自然的关系再认识》，载《费孝通全集》第 17 卷，内蒙古人民出版社。

费孝通，2002/2009，《〈社会学精品原版教材系列〉序言》，载《费孝通全集》第 17 卷，内蒙古人民出版社。

费孝通，2003，《试谈扩展社会学的传统界限》，《北京大学学报》第 3 期。

费孝通，2003，《文化自觉的思想来源与现实意义》，《文史哲》第 3 期。

费孝通，2003，《关于"文化自觉"的一些自白》，《群言》第 4 期。

费孝通，2003，《我为什么主张"文化自觉"》，《冶金政工研究》第 6 期。

费孝通，2003/2009，《暮年漫谈》，载《费孝通全集》第 17 卷，内蒙古人民出版社。

费孝通，2003/2009，《对文化的历史性和社会性的思考》，载《费孝通全集》第 17 卷，内蒙古人民出版社。

费孝通，2004，《对文化的历史性和社会性的思考》，《思想战线》第 2 期。

费孝通，2004/2009，《"美美与共"和人类文明》，载《费孝通全集》第 17 卷，内蒙古人民出版社。

弗莱切，2009，《记忆的承诺：马克思、本雅明、德里达的历史与政治》，田明译，华东师范大学出版社。

福柯，米歇尔，2002，《性经验史》，余碧平译，上海人民出版社。

高蕊，2015，《记忆中的伤痛：阶级建构逻辑下的集体认同与抗战叙事》，《社会》第 3 期。

葛兰西，安东尼奥，2000，《狱中札记》，曹雷雨等译，中国社会科学出版社。

戈夫曼，1990，《日常接触》，徐江敏译，华夏出版社。

顾洪章主编，1997，《中国知识青年上山下乡大事记》，中国检察出版社。

郭辉，2012，《中国记忆史研究的兴起与路径分析》，《史学理论研究》第 3 期。

郭景萍，2006，《社会记忆：一种社会再生产的情感力量》，《学习与实践》第 10 期。

郭于华，1998，《不适应的老人》，《读书》第 6 期。

郭于华，2002，《"弱者的武器"与"隐藏的文本"——研究农民反抗的底层视角》，《读书》第 7 期。

郭于华，2003，《心灵的集体化：陕北骥村农业合作化的女性记忆》，《中国社会科学》第 4 期。

郭于华，2003，《口述历史：有关记忆与忘却》，《读书》第 10 期。

郭于华，2008，《作为历史见证的"受苦人"的讲述》，《社会学研究》第 1 期。

郭于华，2009，《社会记忆与人的历史》，《中国社会科学报》8 月 20 日第 7 版。

郭于华，2013，《受苦人的讲述：骥村历史与一种文明的逻辑》，香港中文大学出版社。

郭于华、孙立平，2002，《诉苦：一种农民国家观念形成的中介机制》，《中国学术》第 4 期。

金一虹，1993，《在两种文明间振荡——文革中上山下乡女知青问题初探》，《妇女研究论丛》第 2 期。

金一虹，2006，《"铁姑娘"再思考——中国文化大革命期间的社会性别与劳动》,《社会学研究》第 1 期。

哈布瓦赫,莫里斯,2002,《论集体记忆》,毕然、郭金华译,上海人民
　　出版社。

贺萧(Gail Hershatter),2017,《记忆的性别:农村妇女和中国集体化历
　　史》,人民出版社。

何言宏,2001,《"知青作家"的身份认同——"文革"后知识分子身份
　　认同的历史起源研究》,《南京师大学报》第 5 期。

胡平,1998,《并非一次壮旅》,载李辉编著《残缺的窗栏板——历史中
　　的红卫兵》,海天出版社。

黄东兰,2004,《岳飞庙:创造公共记忆的"场"》,载孙江主编《事件·
　　记忆·叙述》,浙江人民出版社。

黄玉琴,2003,《"青春无悔的老三届":从自我认同到群体肖像》,硕士
　　学位论文,北京大学。

怀默霆(Martin King Whyte),2000,《中国发展过程中的城市与农村》,
　　《国外社会学》第 5 期。

吉登斯,1998,《社会的构成》,李康、李猛译,生活·读书·新知三联
　　书店。

吉登斯,1998,《现代性与自我认同》,赵旭东、方文译,生活·读书·
　　新知三联书店。

贾平凹,2006,《我是农民》,中国社会出版社。

蒋竹山,2019,《新文化史到全球史:当代历史学研究的几种新取向》
　　(导论),载蒋竹山主编《当代历史学新趋势》,联经出版公司。

景军,1995,《社会记忆理论与中国问题研究》,《中国社会科学季刊》
　　秋季卷总第 2 期。

景军,2013,《神堂记忆:一个中国乡村的历史、权力与道德》,吴飞
　　译,福建教育出版。

卡拉奇,2001,《分裂的一代》,覃文珍等译,社会科学文献出版社。

康纳顿,保罗,2000,《社会如何记忆》,纳日碧力戈译,上海人民出

版社。

科赫，格特鲁德，2007，《感情或效果：图片有哪些文字所没有的东西?》，载哈拉尔德·韦尔策主编《社会记忆：历史、回忆、传承》，季斌、王立君、白锡堃译，北京大学出版社。

Knort-Cetina，K.，1997，《原始分类与后现代性：走向社会学的"虚构"概念》，《社会理论论坛》第 1 期。

老鬼，2010，《血色黄昏》，新星出版社。

老鬼，2011，《我的母亲杨沫》，同心出版社。

李放春，2010，《苦、革命教化与思想权力——北方土改期间的"翻心"实践》，《开放时代》第 10 期。

李放春、李猛，1997，《集体记忆与社会认同——口述史和传记在社会与历史研究中的作用》，《社会理论论坛》第 1 期。

李复奎，2005，《难忘的知青岁月》，《中国社会导刊》第 7 期。

李恭忠，2005，《"文化"的视野及其它——重读杜赞奇的〈文化、权力与国家〉》，《郧阳师范高等专科学院学报》第 2 期。

李恭忠，2007《倭寇记忆与中国海权观念的演进——从〈筹海图编〉到〈洋防辑要〉的考察》，《江海学刊》第 3 期。

李恭忠，2016，《蒙冤叙事与下层抗争：天地会起源传说新论》，《南京大学学报》第 5 期。

李寒波，2006，《苦难意识和悲剧情怀——小说家李锐的独特个性》，《吕梁教育学院学报》第 1 期。

李辉，1998，《残缺的窗栏板》，载李辉编著《残缺的窗栏板——历史中的红卫兵》，海天出版社。

李静，2001，《"新知青文学"浮出水面》，《北京日报》3 月 11 日。

李钧，2005，《两类"农民英雄"与两种英雄观》，《河北学刊》第 6 期。

李康，1999，《西村十五年：从革命走向革命——1938 - 1952 冀东村庄基层组织机制变迁》，博士学位论文，北京大学。

利科，保罗，1999，《法国哲学家保罗·利科答中国学者问》，《哲学动态》第 11 期。

利科，保罗，2006，《世界文明与民族文化》，载《历史与真理》，姜志辉译，上海译文出版社。

利科，保罗，2019，《记忆，历史，遗忘》，李彦岑、陈颖译，华东师范大学出版社。

李里峰，2012，《个体记忆何以可能：建构论之反思》，《江海学刊》第 4 期。

李猛，1997，《拯救谁的历史？》，《社会理论论坛》总第 3 期。

李猛，1997，《关于时间的社会学札记》，《五音》总第 4 期。

李猛，1998，《在日常生活与历史之间——口述史札记之三》，《五音》总第 8 期。

李猛，1999，《舒茨和他的现象学社会学》，载杨善华主编《当代西方社会学理论》，北京大学出版社。

李猛，2013，《探寻他们是谁》，载吴飞《麦芒上的圣言：一个乡村天主教群体中的信仰与生活》，宗教文化出版社。

李培林、渠敬东、杨雅彬主编，2009，《中国社会学经典导读》（上册），社会科学文献出版社。

李巧宁，2003，《女知青与农民婚姻的历史考察》，《学术论坛》第 6 期。

李然，1998，《我的老师》，载李辉编著《残缺的窗栏板——历史中的红卫兵》，海天出版社。

李锐，2002，《另一种纪念碑》，山东文艺出版社。

李伟东，2012，《清华附中高 631 班（1963 - 1968）》，博士学位论文，北京大学。

李昕，2017，《创伤记忆与社会认同：南京大屠杀历史认知的公共建构》，《江海学刊》第 5 期。

李友梅，2010，《文化主体性及其困境——费孝通文化观的社会学分析》，《社会学研究》第 4 期。

梁克，2002，《从知识青年到"知青"：象征性共同体的"历史-个人"

建构》，硕士学位论文，北京大学。

梁漱溟，1941，《中国文化问题》，《民族文化》（月刊）5月。

梁晓声，1998，《知青与红卫兵》，载者永平主编《那个年代中的我们》，远方出版社。

梁晓声，1997，《今夜有暴风雪》，经济日报出版社、陕西旅游出版社。

梁晓声，2012，《知青》，青岛出版社。

梁晓声，2012，《一个红卫兵的自白》，文化艺术出版社。

林耀华，2008，《金翼：中国家族制度的社会学研究》，生活·读书·新知三联书店。

刘伯勤，2014，《我的"文革"经历》，载王克明、宋小明主编《我们忏悔》，中信出版社。

刘慈欣，2008，《三体》，重庆出版社。

刘小萌，1994，《上山下乡知识青年的婚姻问题》，《青年研究》第8期。

刘小萌，1998，《中国知青史——大潮（一九六六—一九八〇年）》，中国社会科学出版社。

刘小枫，1996，《我们这一代的怕和爱》，生活·读书·新知三联书店。

刘小枫，1998，《现代性社会理论绪论》，上海三联书店。

刘亚秋，1999，《生命历程理论综述》，学士学位论文，北京大学。

刘亚秋，2001，《当代西方社会学理论中的主体形象》，《北京大学研究生学志》第2-3期。

刘亚秋，2007，《声望危机下的学术群体：当代知识分子身份地位研究》，《社会》第6期。

刘亚秋，2010，《从集体记忆到个体记忆：对社会记忆研究的一个反思》，《社会》第5期。

刘亚秋，2013，《"总体性"与社会学的历史视野："中国社会变迁与社会学前沿：社会学的历史视野"学术研讨会综述》，《社会》第2期。

刘亚秋，2016，《哈布瓦赫集体记忆理论中的社会观》，《学术研究》第1期。

刘亚秋，2017，《记忆二重性与社会本体论——哈布瓦赫集体记忆的社会理论传统》，《社会学研究》第1期。

刘亚秋，2017，《记忆的微光的社会学分析——兼评阿莱达·阿斯曼的文化记忆理论》，《社会发展研究》第6期。

刘竹，1995，《人生路弯弯》，载刘中陆主编《青春方程式——五十个北京女知青的自述》，北京大学出版社。

卢晖临、李雪，2007，《如何走出个案——从个案研究到扩展个案研究》，《中国社会科学》第1期。

卢小飞，1995，《青春方程式》，载刘中陆主编《青春方程式——五十个北京女知青的自述》，北京大学出版社。

陆晓娅，2014，《生命的暗夜》，载王克明、宋小明主编《我们忏悔》，中信出版社。

罗威，基思，2015，《野蛮大陆：第二次世界大战后的欧洲》（序），黎英亮译，社会科学文献出版社。

罗志田，2000，《历史创造者对历史的再创造：修改"五四"历史记忆的一次尝试》，《四川大学学报》第5期。

吕鹤颖，2017，《新时期儿童视角小说的归罪隐喻》，《关东学刊》第2期。

吕鹤颖，2017，《作为一种思想方法的政治批评——对陶东风近年来文学批评的思考》，《湘潭大学学报》第6期。

吕新雨，2006，《"孽债"、大众传媒与外来妹的上海故事——关于电视纪录片〈毛毛告状〉》，《天涯》第3期。

玛格利特，阿维夏伊，2015，《记忆的伦理》，贺海仁译，清华大学出版社。

马林诺斯基，布，1938/2009，《〈江村经济〉序》，载《费孝通全集》第2卷，内蒙古人民出版社。

Mann，M.，1997，《社会权力的来源》第1卷，《社会理论论坛》总第1期。

梅桑榆，2000，《历史是否可以随意抹去》，《唯实》第 1 期。

孟庆延，2013，《学术史视野下的中国土地革命问题：议题转换与范式变革》，《社会》第 2 期。

米尔斯，2005，《社会学的想象力》，陈强、张永强译，生活·读书·新知三联书店。

纳日碧力戈，2000，《各烟屯蓝靛瑶的信仰仪式、社会记忆和学者反思》，《思想战线》第 2 期。

纳日碧力戈，2003，《作为操演的民间口述和作为行动的社会记忆》，《广西民族大学学报》第 3 期。

尼采，弗里德里希·威廉，2005，《历史的用途与滥用》，陈涛、周辉荣译，上海人民出版社。

诺拉，皮埃尔，2015，《记忆之场：法国国民意识的文化社会史》，黄艳红等译，南京大学出版社。

潘光旦，1929/2000，《冯小青：一件影恋之研究》，载潘乃穆、潘乃和主编《潘光旦文集》第 1 卷，北京大学出版社。

潘光旦，1930/2014，《文化的生物学观》，载《人文史观》，群言出版社。

潘光旦，1931/2014，《人文史观与“人治”“法治”的调和论》，载《人文史观》，群言出版社。

潘光旦，1935/2000，《当前民族的另一种说法》，载潘乃穆、潘乃和主编《潘光旦文集》第 9 卷，北京大学出版社。

潘光旦，1939/2014，《论青年与社会思想》，载《自由之路》，群言出版社。

潘光旦，1940/1997，《明伦新说》，载潘乃穆、潘乃和主编《潘光旦文集》第 5 卷，北京大学出版社。

潘光旦，1948/2016，《社会学者的点、线、面、体》，载吕文浩主编《中国近代思想家文库·潘光旦卷》，中国人民大学出版社。

Orbuch, T. , 1997，《重视人民的“讲述”：“讲述”社会学》，《社会理论论坛》第 3 期。

普鲁斯特，2012，《追忆似水年华》7 卷本，李恒基等译，译林出版社。

钱力成、张翮翾，2015 年，《社会记忆研究：西方脉络、中国图景与方法实践》，《社会学研究》第 6 期。

钱穆，2010，《国史大纲》，商务印书馆。

钱穆，1999，《如何研究中国文化史》，载《中国历史研究法》，生活·读书·新知三联书店。

秦晖，2002，《农民流动、城市化、劳工权益与西部开发——当代中国的市场经济与公民权问题》，《浙江学刊》第 1 期。

秦宇慧，1997，《文革后小说创作流程》，北京燕山出版社。

渠敬东，2017，《"山水"没落与现代中国艺术的困境》，《文化纵横》第 2 期。

渠敬东，2015，《返回历史视野，重塑社会学的想象力》，《社会》第 1 期。

渠敬东，2016，《破除"方法主义"迷信：中国学术自立的出路》，《文化纵横》第 2 期。

瑞格比，安德鲁，2003，《暴力之后的正义与和解》，刘成译，译林出版社。

舒衡哲，1995，《第二次世界大战：在博物馆的光照之外》，《东方》第 5 期。

思馨，1995，《北大荒·香港·北京》，载刘中陆主编《青春方程式——五十个北京女知青的自述》，北京大学出版社。

苏国勋，2006，《社会学与文化自觉——学习费孝通"文化自觉"概念的一些体会》，《社会学研究》第 2 期。

苏国勋，2005，《中国社会学的健康发展之路——坚持应用研究与理论研究相结合》，载《社会理论与当代现实》，北京大学出版社。

苏国勋、熊春文，2010，《见证中国社会学重建 30 年——苏国勋研究员访谈录》，《中国农业大学学报》第 2 期。

孙飞宇，2011，《流亡者与生活世界》，《社会学研究》第 5 期。

孙飞宇，2013，《方法论与生活世界：舒茨主体间性理论再讨论》，《社会》第 1 期。

孙江，2014，《记忆不能承受之重——陶传晋及其后人的南京记忆》，载孙江主编《新史学（第八卷）：历史与记忆》，中华书局。

孙江，2017，《唤起的空间——南京大屠杀事件的记忆伦理》，《江海学刊》第 5 期。

孙立平、郭于华，2000，《"软硬兼施"：正式权力非正式运作的过程分析》，载清华大学社会学系主编《清华社会学评论》特辑，鹭江出版社。

孙立平，1994，《重建性别角色关系》，《社会学研究》第 6 期。

孙立平，2002，《迈向实践的社会学》，《江海学刊》第 3 期。

孙立平，2002，《实践社会学与市场转型过程分析》，《中国社会科学》第 5 期。

孙秀林，2003，《上山下乡：知青集体记忆的内容与特点》，硕士学位论文，北京大学。

宋瑞璇，2012，《反潮流英雄？国家话语与个人记忆中的女知青典型——以白启娴为例》，硕士学位论文，复旦大学。

唐元超，2015，《转型中国的社会学想象力——〈大河移民上访的故事〉的方法论启示》，《北京大学研究生学志》第 1 期。

陶东风，2011，《"文艺与记忆"研究范式及其批评实践——以三个关键词为核心的考察》，《文艺研究》第 6 期。

陶东风，2013，《关于当代中国社会灾难书写的几个问题——以梁晓声的知青小说为例》，《当代文坛》第 5 期。

涂尔干，1912/2006，《宗教生活的基本形式》，渠东、汲喆译，上海人民出版社。

托什，约翰，2011，《口述史》，载定宜庄、汪润主编《口述史读本》，北京大学出版社。

陀思妥耶夫斯基，1981，《卡拉马佐夫兄弟》，耿济之译，人民文学出版社。

王蒙等，1998，《精神家园何妨重建——谈话录之一》，载李辉编著《残缺的窗栏板——历史中的红卫兵》，海天出版社。

王纪潮，2006，《有选择的社会记忆》，《博览群书》第5期。

王冀豫，2014，《那年冬至烧纸》，载王克明、宋小明主编《我们忏悔》，中信出版社。

王汉生、刘亚秋，2006，《社会记忆及其建构——一项关于知青集体记忆的研究》，《社会》第3期。

王明珂，2001，《历史事实、历史记忆与历史心性》，《历史研究》第5期。

王明珂，2013，《"文本"与"情境"对应下的文化表述》，《社会科学家》第2期。

王明珂，2015，《在文本与情境之间：历史人类学的研究方法反思》，《青海民族大学学报》第2期。

王明珂，2017，《田野、文本与历史记忆——以滇西为例》，《思想战线》第1期。

王明珂、徐杰舜（访谈），2004，《在历史学与人类学之间——人类学学者访谈之二十八》，《广西民族学院学报》第4期。

王铭铭，2008，《口述史·口承传统·人生史》，《西南民族大学学报》第2期。

王子冀、庞云编著，2002，《守望记忆》，中国工人出版社。

韦伯，1987，《新教伦理与资本主义精神》，于晓、陈维纲等译，生活·读书·新知三联书店。

吴飞，2013，《麦芒上的圣言：一个乡村天主教群体中的信仰和生活》，宗教文化出版社。

吴飞，2014，《五服图与古代中国的亲属制度》，《中国社会科学》第12期。

吴文藻，1982，《吴文藻自传》，《晋阳学刊》第 6 期。

吴小英，2009，《市场化背景下性别话语的转型》，《中国社会科学》第 2 期。

吴正强，2001，《在合法与荒谬间挣扎的群体——关于知青文学的思考》，《粤海风》第 6 期。

肖瑛，2014，《社会学研究的历史转向》，《中国社会科学报》6 月 27 日。

谢春池，1995，《谁为我们祝福》，《厦门文学》10 月号。

熊秉纯，2001，《质性研究方法刍议——来自社会性别视角的探索》，《社会学研究》第 5 期。

许惠英，1991，《十八岁的幻灭》，载《草原启示录》，中国工人出版社。

徐敏，2008，《留守陕北的北京知青》，《新西部》第 8 期。

徐友渔，1998，《红卫兵行为的调查和分析》，载李辉编著《残缺的窗栏板——历史中的红卫兵》，海天出版社。

徐友渔，1998，《知青经历和下乡运动》，《北京文学》第 6 期。

许子东，2000，《为了忘却的集体记忆：解读 50 篇文革小说》，生活·读书·新知三联书店。

许子东，2011，《重读"文革"》，人民文学出版社。

亚历山大，杰弗里，2011，《社会生活的意义：一种文化社会学的视角》，周怡等译，北京大学出版社。

阎云翔，2006，《差序格局与中国文化的等级观》，《社会学研究》第 4 期。

杨健，2002，《中国知青文学史》，中国工人出版社。

杨联陞，2009，《报——中国社会关系的一个基础》，载《中国文化中"报"、"保"、"包"之意义》，贵州人民出版社。

杨清媚，2010，《最后的绅士：以费孝通为个案的人类学史研究》，世界图书出版公司，2010 年。

杨善华、孙飞宇，2015，《"社会底蕴"：田野经验与思考》，《社会》第 1 期。

杨祥银，2010，《关于口述史学基本特征的思考》，《郑州大学学报》第 4 期。

叶启政，2016，《社会学家作为说故事者》，《社会》第 2 期。

叶启政，2008，《迈向修养社会学》，三民书局。

义昕（陈岩平），1990，《洁白无瑕的心》，载石肖岩主编《北大荒风云录》，中国青年出版社。

易秀芳，2005，《情系黄土——知青反思小说之陕北情》，《宜春学院学报》第 S1 期。

应星，2001，《大河移民上访的故事》，生活·读书·新知三联书店。

应星，2005，《评村民自治研究的新取向——以〈选举事件与村庄政治〉为例》，《社会学研究》第 1 期。

应星，2006，《略论叙事在中国社会研究中的运用及其限制》，《江苏行政学院学报》第 3 期。

应星，2014，《叩开"受苦人"的历史之门：读〈受苦人的讲述：骥村历史与一种文明的逻辑〉》，《社会》第 1 期。

应星，2016，《质性研究的方法论再反思》，《广西民族大学学报》第 4 期。

应星，2016，《"把革命带回来"：社会学新视野的拓展》，《社会》第 4 期。

应星，2017，《事件社会学脉络下的阶级政治与国家自主性——马克思〈路易·波拿巴的雾月十八日〉新释》，《社会学研究》第 2 期。

应星，2017，《新革命史：问题与方法》，《妇女研究论丛》第 5 期。

应星，2018，《"田野工作的想象力"：在科学与艺术之间——以〈大河移民上访的故事〉为例》，《社会》第 1 期。

应星，2018，《略述历史社会学在中国的初兴》，《学海》第 3 期。

应星、吴飞、赵晓力、沈原，2006，《重新认识中国社会学的思想传统》，《社会学研究》第 4 期。

於可训，2003，《历史记忆与民间文本——关于〈中国知青民间备忘文本〉的一次对话》，《海南师范学院学报》第 2 期。

张鼎立，2007，《城乡对峙与现代性的迷茫——阎连科〈最后一名女知青〉及其谱系解读》，《广东广播电视大学学报》第 5 期。

张勤，2017，《记忆视角下的史志研究及其实践意义》，《中国地方志》第 8 期。

张志扬，1999，《创伤记忆》，上海三联书店。

庄月，1995，《那片绿洲》，载刘中陆主编《青春方程式——五十个北京女知青的自述》，北京大学出版社。

翟学伟，2007，《报的运作方位》，《社会学研究》第 1 期。

赵静蓉，2015，《记忆的德性及其与中国记忆伦理化的现实路径》，《文学与文化》第 1 期。

赵世瑜，2002，《历史人类学：发现历史时期女性的历史记忆是否有了可能?》，《历史研究》第 6 期。

赵世瑜，2003，《传说、历史、历史记忆——从 20 世纪的新史学到后现代史学》，《中国社会科学》第 2 期。

赵世瑜，2006，《祖先记忆、家园象征与族群历史——山西洪洞大槐树传说解析》，《历史研究》第 1 期。

赵旭东，2010，《不为师而自成师——围绕费孝通教授的一些作品的阅读与联想》，载赵旭东主编《费孝通与乡土中国研究》，社会科学文献出版社。

赵旭东，2010，《超越社会学既有传统——对费孝通晚年社会学方法论思考的再思考》，《中国社会科学》第 6 期。

赵旭东，2019，《费孝通思想研究：作为一种纪念的理由》，《原生态民族文化学刊》第 1 期。

赵旭东，2019，《文化自觉与人的相互看——由作品去理解费孝通思想的一种途径》，《武汉科技大学学报》第 5 期。

赵旭东、王蹊，2019，《反思中的文化自觉——基于费孝通文化观的人类学方法论》，《学术界》第 9 期。

赵旭东、宋欣仪，2020，《从对话看文化——费孝通文化观中的对话人类学路径》，《中南民族大学学报》第 1 期。

赵跃飞，1999，《记忆的缺漏与枝蔓》，《中国档案》第 5 期。

郑斐文，2001，《历史创伤、再现与回忆：从德国的犹太浩劫纪念到台湾二·二八纪念碑》，《文化研究月报》第 7 期。

郑广怀，2005，《社会记忆理论和研究述评——自哈布瓦奇以来》，《二十一世纪》第 40 期。

周飞舟，2015，《差序格局和伦理本位：从丧服制度看中国社会结构的基本原则》，《社会》第 1 期。

周飞舟，2016，《论社会学研究的历史维度——以政府行为研究为例》，《江海学刊》第 1 期。

周飞舟，2017，《从"志在富民"到"文化自觉"：费孝通先生晚年的思想转向》，《社会》第 4 期。

周飞舟，2019，《人伦与位育：潘光旦先生的社会学思想及其儒学基础》，《社会学评论》第 4 期。

周海燕，2012，《"赵占魁运动"：新闻生产中工人模范的社会记忆重构》，《新闻记忆》第 1 期。

周海燕，2012，《吴满有：从记忆到遗忘——〈解放日报〉首个"典型报道"的新闻生产与社会记忆建构》，《江苏社会科学》第 3 期。

周海燕，2013，《记忆的政治》，中国发展出版社。

周海燕，2020，《见证历史，也建构历史：口述史中的社会建构》，《南京社会科学》第 6 期。

周永康、李甜甜，2015，《记忆的微光：社会记忆中的个体记忆——对阎连科小说〈我与父辈〉的社会学解读》，《名作欣赏》第 18 期。

周晓虹，2020，《口述史、集体记忆与新中国的工业化叙事——以洛阳工业基地和贵州"三线建设"企业为例》，《学习与探索》第 7 期。

左际平，2005，《20 世纪 50 年代的妇女解放和男女义务平等：中国城市夫妻的经历与感受》，《社会》第 1 期。

左玉河，2015，《中国口述史研究现状与口述历史学科建设》，《当代中国史研究》第2期。

Assmann, Aleida. 2011. *Cultural Memory and Western Civiliation：Functions, Media, Archives*. Cambridge：Cambridge University Press.

Assmann, Jan. 2011. *Cultural Memory and Early Civilization：Writing, Remembrance, and Political Imagination*. Cambridge：Cambridge University Press.

Elder, G. H., Jr. 1985. ed., *Life Course Dynamics：Trajectories and Transitions*, 1968 – 1980. Ithaca, NY. Cornell University Press.

Giele J. I. & Elder GH. Jr. 1998. ed., *Methods of Life Course Research：Qualitative and Quantitative Approaches*. Sage Publications, Inc.

Halbwachs, Maurice. 1939. "Individual Consciousness and Collective Mind, Trans", by John H. Mueller. *The American Journal of Sociology* 44 (6)：812 – 822.

Halbwachs, Maurice. 1938. "Individual Psychology and Collective Psychology", *American Sociological Review* 3 (5)：615 – 623.

Helena, Pohlandt-McCormick. 2000. "'I Saw a Nightmare-'：Violence and the Construction of Memory", *History and Theory* 39 (4).

Russell, Nicolas. 2006. "Collective Memory before and after Halbwachs", *The French Review* 79 (4).

Wertsch, James V. 2002. *Voices of Collective Remembering*. Cambridge：Cambridge University Press.

图书在版编目（CIP）数据

口述、记忆与主体性：社会学的人文转向／刘亚秋
著． -- 北京：社会科学文献出版社，2021.4（2025.7 重印）
（社会发展与社会治理文库）
ISBN 978 - 7 - 5201 - 8118 - 1

Ⅰ．①口…　Ⅱ．①刘…　Ⅲ．①社会学 - 中国 - 文集
Ⅳ．①C91 - 53

中国版本图书馆 CIP 数据核字（2021）第 051013 号

社会发展与社会治理文库
口述、记忆与主体性：社会学的人文转向

著　　者／刘亚秋

出　版　人／冀祥德
责任编辑／张小菲
责任印制／岳　阳

出　　版／社会科学文献出版社·群学分社（010）59367002
　　　　　　地址：北京市北三环中路甲 29 号院华龙大厦　邮编：100029
　　　　　　网址：www．ssap．com．cn
发　　行／社会科学文献出版社（010）59367028
印　　装／唐山玺诚印务有限公司

规　　格／开本：787mm × 1092mm　1/16
　　　　　　印　张：25.5　字　数：362 千字
版　　次／2021 年 4 月第 1 版　2025 年 7 月第 4 次印刷
书　　号／ISBN 978 - 7 - 5201 - 8118 - 1
定　　价／128.00 元

读者服务电话：4008918866